U0006643

百衲本二十四史

梁書

上海涵芬樓借北平
圖書館藏宋蜀大字
本景印闕卷以涵芬
樓藏元明遞修本配
補原書板匡高二十
三公分寬十九公分

《百衲本二十四史》新版刊印序

《百衲本二十四史》是近百年來校考最精良、版本最珍貴、蒐羅最廣泛的二十四史，先父王雲五先生於一九七六年〈重印補校百衲本二十四史序〉中已有論證。

一八九七年商務印書館在上海創立，創館元老張元濟先生於一九○二年正式主持商務印書館編譯所，將商務帶入「出版好書、匡輔教育」的出版之路。一九二一年(民國十年)王雲五先生經胡適先生推薦，接替主持商務印書館編譯所，並於一九三○年兼任總經理，與張元濟先生共同為商務印書館的百年大業作出貢獻。

張元濟先生入館後，積極蒐購民間珍貴藏書，一方面用來印製、廣泛發行，另一方面也為成立「涵芬樓」藏書室(後來開放為「東方圖書館」)預作準備。當年他並積極向各公私立圖書館商借影印各種版本的二十四史，逐一比較補正缺漏，然後在一九三○年開始付印，至一九三七年全部出齊。校印工程之艱鉅與可貴，從他所撰寫的《校史隨筆》可以了解。

商務涵芬樓所珍藏的二十四史及各種珍貴版本，可惜在一九三二年日本發動淞滬戰爭時，被日軍炸毀，化為一灰燼。《百衲本二十四史》的傳印，就顯得格外有意義。

王雲五先生於一九六四年在臺重新主持臺灣商務印書館，與當時總編輯楊樹人教授，依據臺北故宮博物院和中央圖書館珍藏的宋元版本，修補校正《百衲本二十四史》，並於一九七六年重版印行。

《百衲本二十四史》初印至今，已經八十年，雖經在臺補正重版，舊書均已售完，而各界索購者絡繹不絕，不得已先以隨需印刷供應，但仍然供不應求。

為了適應讀者的需要，本公司由副董事長施嘉明先生、總編輯方鵬程先生和舊書重印小組一起規劃，決定放大字體，以十八開精裝本重印《百衲本二十四史》，每種均加印目錄頁次，讓讀者方便查考，也讓我們與《百衲本二十四史》共同邁向百年大慶。值此付印前夕，特為之序。

臺灣商務印書館董事長王學哲謹序

二○一○年三月二十五日

梁書 五十六卷

唐姚思廉奉敕撰。

唐書思廉本傳稱，貞觀三年，詔思廉同魏徵撰。藝文志亦稱梁書、陳書，皆魏徵同撰。舊本惟題思廉，蓋徵本監修，不過參定其論讚（案此據《史通》古今正史篇，魏徵總知其務，凡有論讚，徵多預焉之文），獨標思廉，不沒秉筆之實也。

是書《舊唐書》經籍志及思廉本傳俱云五十卷，《新唐書》作五十六卷。考劉知幾《史通》，謂姚察有志撰勒，施功未周，其子思廉，憑其舊藁，加以新錄，述為《梁書》五十六卷。則《新唐書》所據，為思廉編目之舊。《舊唐書》誤脫六字，審矣。

思廉本推其父意以成書，每卷之後，題陳吏部尚書姚察者二十五篇，題史官陳吏部尚書姚察者一篇，蓋仿《漢書》卷後題班彪之例。其專稱史官者，殆思廉所續纂歟。

思廉承藉家學，既素有淵源，又貞觀二年，先已編纂。及詔入祕書省論撰之後，又越七年，其用力亦云勤篤。中如簡文紀，載大寶二年四月丙子，侯景襲郢州，執刺史蕭方諸。而元帝紀作閏四月丙午，則兩卷之內，月日參差。侯景傳上云張彪起義，下云彪寇錢塘，則數行之間。書法乖舛。

趙與峕《賓退錄》，議其於江革傳中，則稱何敬容掌選，序用多非其人。於敬容傳中，則稱其銓序明審，號為稱職，尤是非矛盾。其餘事蹟之複互者，前後錯見。證以《南史》，亦往往牴牾，蓋著書若是之難也。然持論多平允，排整次第，猶具漢晉以來相傳之史法。要異乎取成眾手，編次失倫者矣。（摘自景印《文淵閣四庫全書》總目史部卷四十五，二一二三頁）

重印補校百衲本二十四史序

百衲本者何？彙集諸種善本，有闕卷闕頁，復多方蒐求，以事配補，有如僧衣之補綴多處者也。

我國正史彙刻之存於今者，有汲古閣之十七史，有南北監之二十一史。清高宗初立，成明史，命武英殿開雕，至四年竣工；繼之者二十一史。其後又詔增劉昫唐書，與歐宋新唐書並行，越七年遂成武英殿二十三史。及四庫開館，諸臣復據永樂大典及太平御覽，冊府元龜等書，裒輯薛居正舊五代史，得旨刊布，以四十九年奏進；於是二十四史之名以立。

武英殿本以監本為依據。清高宗製序，雖有監本殘闕，併勅校讎之言，始意未嘗不思成一善本也。惟在事諸臣，既未能廣蒐善本，復不知慎加校勘，佚者未補，譌者未正，甚或彌縫缺乏，以譌亂真，誠可惜也。

本館前輩張菊生先生，以多年之時力，廣集佳槧，審慎校讎，自民十九年開始景印，迄二十六年甫竟全功。雖中經一二八之劫，抱書而走，然景印之初，海宇清寧，亦緣校讎精審，多費時日。嘗聞菊老荟印初稿，悉經手勘，朱墨爛然，盈闌溢幅，點畫纖細，鉤勒不遺，與同人共成校勘記，多至百數十冊，文字繁冗，尚待董理。爰取原稿若干條，集為校史隨筆，而付梓焉。

就隨筆所記，殿本訛闕殊多。分史言之，則史記正義多遺漏，漢書正文注文均有錯簡，宋書誤註為正文，南齊書地名脫誤，北齊書增補字句均據北史，而仍與北史有異同。魏書考證有誤，舊唐書有闕文，訂正錯簡亦有小誤，唐書有衍文，舊五代史遂佚於嘉業堂劉氏刊本，元史有衍文及闕文，且多錯簡，重出之傳，亦未刪盡。綜此諸失，殿本二十四史不如衲史遠矣，況善本精美，古香古色，尤非殿本所能望其項背。

茲將百衲本二十四史據以景印之版本列述於後：

三

宋　書　宋蜀大字本，北平國立圖書館吳興劉氏嘉業堂藏，闕卷以涵芬樓藏元明遞修本配補。

南齊書　宋蜀大字本，江安傅氏雙鑑樓藏。

梁　書　宋蜀大字本，北平國立圖書館及日本靜嘉堂文庫藏。

陳　書　宋蜀大字本，北平國立圖書館及日本靜嘉堂文庫藏。

魏　書　宋蜀大字本，北平國立圖書館江安傅氏雙鑑樓吳興劉氏嘉業堂及涵芬樓藏。

北齊書　宋蜀大字本，北平國立圖書館吳興劉氏嘉業堂及涵芬樓藏。

周　書　宋蜀大字本，吳縣潘氏范硯樓及自藏，闕卷以涵芬樓藏元明遞修本配補。

隋　書　元大字本，闕卷以北平國立圖書館江蘇省立圖書館藏本配補。

南　史　元大德刊本，北平國立圖書館及自藏。

北　史　元大德刊本，北平國立圖書館及自藏。

舊唐書　宋紹興刊本，常熟鐵琴銅劍樓藏，闕卷以明聞人詮覆宋本配補。

新唐書　北宋嘉祐刊本，日本岩崎氏靜嘉堂文庫藏，闕卷以北平國立圖書館江安傅氏雙鑑樓藏宋本配補。

舊五代史　原輯永樂大典有注本，吳興劉氏嘉業堂刻。

五代史記　宋慶元刊本，江安傅氏雙鑑樓藏。

宋　史　元至正刊本，北平國立圖書館藏，闕卷以明成化刊本配補。

遼　史　元至正刊本。

金　史　元至正刊本，北平國立圖書館藏，闕卷以涵芬樓藏元覆本配補。

元　史　明洪武刊本，北平國立圖書館及自藏。

明　史　清乾隆武英殿原刊本，附王頌蔚編集考證攟逸。

上開版本之搜求補綴，在彼時實已盡最大之能事。惟今者善本時有發見，前此認為業已失傳者，漸集於一隅，尤以中央圖書館及故宮博物院在抗戰期內，故家遺族，前此秘藏不宣，因播遷而割愛者不在少數；盡量收購，寄存盟邦，以策安全。近年悉數運回，使臺灣成為善本之總匯。百衲本後漢書原據本館前涵芬樓所藏宋紹興本影印，益以北平圖書館及日本靜嘉堂文庫殘本之配備，當時堪稱人間瑰寶；且志在存真，對其中未盡完善之處

一仍其舊。然故宮博物院近藏宋福唐郡庠覆景祐監刊元代修補本及中央圖書館所藏錢大昕手跋北宋刊本與宋慶元間建安劉元起刊本，各有其長處。本館總編輯楊樹人教授特據以覆校百衲本原刊，計修正原影本因配補殘本而致首尾不貫者五處，其中重複者四處，共圈刪衍文三十六字，補足脫漏一處，缺文二字，原板存留墨丁四十六處，補正五十二字。另有顯屬雕刻錯誤者若干字，亦酌為改正。於是宋刊原面目，大致可復舊觀矣。又前漢書原景本闕漏目錄全份，亦據故宮博物院珍藏宋福唐郡庠覆景祐監刊元代修補本補印十有四頁，以成全璧。校書如掃落葉，愈掃愈落，礙難悉數掃清，然多費一番心力，對於鑽研史籍者，定可多一番裨益。區區之意，當為讀者所樂聞，亦可稍慰本館前輩張菊老在天之靈，喜其繼起有人也。

本館衲史原以三十二開本連史紙印製，訂為八百二十冊，流行雖廣，以中經多難，存者無多，臺省尤感缺乏，各國亦多訪購，爰應各方之需求，改訂為十六開大本，縮印二頁為一面，字體較縮本四部叢刊初編為大，用上等印書紙精印精裝，訂為四十一鉅冊，以便檢閱，經重版數次。茲為謀普及，再縮印為二十四開本五十八冊，字體仍甚清晰，而售價不及原印十六開本之半，莘莘學子，多有購置之力，誠不負普及之名矣。付印有日，謹述概要。

中華民國六十五年雙十節王雲五識

五

股東會全體股東獻禮

本公司董事長王岫廬（雲五）先生，學界巨擘，社會棟樑，歷任艱巨，功在國家。一生繫中國文化出版之命脈，惠澤士林。本公司三度罹國難而得復興。咸賴 先生之大力。每次復興，莫不聲光煥發，蔚為奇蹟。民國五十二年冬， 先生退出政壇。次年秋重主本公司，謀慮擘劃，晨夕辛勞，不取分文之酬，而甘之如飴；蓋純出於愛護本公司與宏揚文化之心願。無 先生之犧牲精神與卓越領導，不能有今日之商務書館，已為識者之定評。今歲欣逢 先生八秩華誕，社會同慶。股東會同人本崇功報德之念，群思有以祝賀。 先生謙辭至再至三，當以恭敬不如從命，爰於五十六年股東會議席上全體決議，利用重印之百衲本二十四史，作為 華誕獻禮。要不過體認先生造福文化界之功績，聊表嵩祝悃誠於萬一耳。

中華民國五十六年四月十五日

臺灣商務印書館股份有限公司
股 東 會 全 體 股 東　謹啟

六

梁書目錄

梁書一

武帝上

散騎常侍姚　思廉　撰

高祖武皇帝諱衍字叔達小字練兒南蘭陵中
都里人漢相國何之後也何生鄷定族延延生
侍中彪彪生公府掾章章生皓皓生仰仰生太
傅望之望之生光祿大夫章育育生御史中丞紹
紹生光祿勳閎閎生濟陰太守閬閬生吳郡太
守冰冰生中山相苞苞生博士周周生蚰丘長

二九五　梁書紀一　一　李慧

矯矯生州從事遠遠生孝廉休休生廣陵郡丞
豹豹生太中大夫裔裔生淮陰令整整生濟陰
太守鎧鎧生州治中副子生南臺治書道
賜道生皇考諱順之齊高帝族弟也參預佐
命封臨湘縣族歷官侍中衛尉太子詹事領軍
將軍丹陽尹贈鎮北將軍高祖以宋孝武大明
八年甲辰歲生于秣陵縣同夏里三橋宅生而
有奇異兩髆駢骨頂上隆起右手文在手曰武
帝及長博學多通好籌略有文武干時流名

輦咸推許焉所居室常若雲氣人或過者體輒
蕭然起家巴陵王南中郎法曹行參軍遷衛將
軍王儉東閣祭酒儉一見深相器異謂廬江何
憲曰此蕭郎三十內當作侍中出此則貴不可
言竟陵王子良開西邸招文學高祖與沈約謝
朓王融蕭琛范雲任昉陸倕等並遊焉號曰八
友融俊爽識鑒過人尤敬異高祖每謂所親曰
宰制天下必在此人累遷隨王鎮西諮議參軍
尋以皇考艱去職隆昌初明帝輔政起高祖為

三九六　梁書紀一　二　王明

寧朔將軍鎮壽春服闋除太子庶子給事黃門
侍郎入直殿省預蕭諶等定策勳封建陽縣男
邑三百戶建武二年魏遣將軍劉昶王肅帥衆寇
司州以高祖為冠軍將軍軍主隸江州刺史王
廣爲援距義陽百餘里衆以魏軍盛趙莫敢
前高祖請爲先啟廣即分麾下精兵配高祖
爾夜便進去魏軍數里以魏軍不測
多少未敢逼黎明城內見援至因出軍攻魏柵
高祖帥所領自外進戰魏軍表裏受敵乃弃重

圍退走軍罷以高祖為右軍晉安王司馬淮陵太守還為太子中庶子領羽林監頃之出鎮石頭四年魏帝自率大眾寇雍州明帝令高祖赴援十月至襄陽詔又遣左民尚書崔慧景揔督諸軍高祖及雍州刺史曹武等並受節度明年三月慧景與高祖進行鄧城魏主帥十萬餘騎奄至慧景失色欲引退高祖固止之不從乃狼狽自拔魏騎乘之於是大敗高祖獨帥眾距戰殺數十百人魏騎稍却因得結陣斷後至夕得

下船慧景軍死傷略盡惟高祖全師而歸俄以高祖行雍州府事七月仍授持節都督雍梁南北秦四州郢州之竟陵司州之隨郡諸軍事輔國將軍雍州刺史其年明帝崩東昏即位揚州刺史始安王遙光尚書令徐孝嗣尚書右僕射江祏右將軍蕭坦之侍中江祀衛尉劉暄更直內省分日帖敕高祖聞之謂從舅張弘策曰政出多門亂其階矣詩云一國三公吾誰適從況今有六而可得平嫌隙若成方相誅滅當今避

禍惟有此地勤行仁義可坐作西伯但諸弟在都恐罹世禍須與益州圖之耳時高祖長兄懿罷益州還仍行郢州事乃使弘策詣郢陳計於懿曰昔晉惠庸主諸王爭權遂內難九興外寇三作今六貴爭權人握王憲制主畫敕各欲專譽媒眦成憾理相屠滅且積萬誅戮在東宮本無令肯虛坐主諸爭權人一總萬機恣其所欲且安欲為趙倫形迹已見襄人上天信無此理且

性其猜狹徒取亂機所可當軸惟有江劉而已祏怯而無斷暄弱而不才折鼎覆餗翹足可待蕭坦之胸懷猜忌動言相傷徐孝嗣才非柱石聽人穿鼻若隙開釁起必中外土崩今得守外藩幸圖身計智者見機不俟終日及今猜防未生宜召諸弟以時聚集後相防疑援足無路郢州控帶荊湘西注漢沔雍州士馬呼吸數萬歔聆其閒以觀天下代化則竭誠本朝時亂則為國蕃捍暴葉可得與時進退此蓋萬全之策如不早

圖悔無及也懿聞之變色心弗之許弘策還高
祖乃啟迎弟偉及憺是歲至襄陽於是潛造器
械多伐竹木沈於檀溪密為舟裝之備時所住
齊常有五色回轉狀若蟠龍其上紫氣騰起形
如織蓋望者莫不異焉永元二年冬懿被害信
至高祖密召長史王茂中兵吕僧珍別駕柳慶
遠功曹史吉士瞻等謀之既定以十一月乙巳
召僚佐集於聽事謂曰昔武王會孟津皆曰紂
可伐今昏主惡稔窮虐極暴誅戮朝賢罕有遺
育生人塗炭天命殛之卿等同心疾惡共興義
舉公等將相良在兹日各盡勳効我不食言是
日建牙於是收集得甲士萬餘人馬千餘四船
三千艘出檀溪竹木裝艦先是東昏以劉山陽
為巴陵太守配精兵三千使過荊州就行事蕭
潁胄必襲襄陽高祖知其謀乃遣參軍王天虎
龐慶國詣江陵遍與州府書及山陽西上高祖
謂諸將曰荊州本畏襄陽人如脣亡齒寒自有
傷弦之急寧不闇同邪我若總荊雍之兵掃定

東夏韓白重出不能為計況以無筭之民主役
御刀應敕之徒哉我能使山陽至荊便即授首
諸君試觀之何如及山陽至巴陵高祖後令天虎
齎書與潁胄兄弟去後高祖謂張弘策曰夫用
兵之道攻心為上攻城次之心戰為上兵戰次
之今日是也近遣天虎往荊州府人皆有書令段
乘驛其急乃止有兩封與行事兄弟云天虎口具
及問天虎而口無所說行事心膂彼聞必謂行事與天
有所道天虎是行事心腹彼聞必謂行事與天
獸共隱其事則人人生疑山陽惑於眾口判相
嫌貳則行事進退無以自明必漏吾謀內是馳
兩空函定一州矣山陽至江安聞之果疑不上
潁胄大懼乃斬天虎送首山陽信之將數
十人馳入潁便伏甲斬之送首高祖仍以南康
王尊號之議來告且日時月未利當須來年二
月遠便進兵況所藉義心一時驍銳事事相接猶
糧用自竭況頓兵十旬必生悔吝童兒見立異便大
恐疑息若頓兵十旬必生悔吝童兒見立異便大

事不成今太白出西方杖義而動天時人謀有
何不利慮分已定安可中息昔武王伐紂行逆
太歲復須待年月平竟陵太守曹景宗遣杜思
冲勸高祖迎南康王都襄陽待正尊號然後進
軍高祖不從王茂又私於張弘策曰我奉事節
下義無進退然今者以南康置人羊中彼便挾
天子以令諸矦而節下前去為人所使此豈歲
寒之計弘策言之高祖曰若使前途大事號令
故曰蘭艾同焚若功業克建威龍言四海號令天
下誰敢不從豈是碌碌受人麾分待至石城當
面曉王茂曹景宗也於沔南立新野郡以集新
附三年二月南康王為相國以高祖發襄陽留弟偉守襄
軍給鼓吹一部戊申高祖發襄陽為征東將
陽城總州府事弟憺守壘城府司馬莊丘黑守
樊城功曹史吉士詹兼長史白馬戍主黃嗣祖
兼司馬郡令杜永兼別駕小府錄事郭儼知轉
漕移檄京邑曰夫道不常夷時無永化險泰相
沿晦明非一皆屯困而後亨資多難以啟聖故

昌邑悖德宣孝典海西亂政簡文升歷垃拓
緒開基紹隆寶命理驗前經事昭往策獨夫擾
亂天常殿弃君德姦回淫縱歲月滋甚挺虐於
驕霸之年植險於驅世之日猜忌凶暴毒流而
箸暴戾昏荒無艮色懼自大行告過平常音服
梓官在殯覬麗至於選采懼娱遊冥有過平常音服
巾櫛姑姪莫辨掖庭有褌販之名姬姜被干戈
之服至乃形體宣露褻衣顛倒斬齘其間以為
懽笑騁肆淫放驅屏郊邑老弱波流士女塗炭
行產盈路輿尸竟道毋不及抱子不遑哭劫掠
剽脅以日繼夜晝伏宵遊淫酗嘗肆
醑歌墟邸寵恣愚堅亂惑妖蠱梅蟲兒茹法珍
臧獲廝小專制威柄誅夷忠良屠滅卿宰劉鎮
軍勇氏之尊盡忠奉國江僕射外戚之重昌誠
事上蕭領軍莨荦之宗志存柱石徐司空沈僕
穆或誠者艱難或劬勞王室垃受遺託同參顧
射搢紳冠冕人堃收歸或渭陽餘感或動庸九

命遣往事居俱竭心力宜其慶溢當年祚隆後

裔而一朝齎粉孩稚無遺人神怨結行路嗟憤

蕭令君忠公幹代誠貫幽顯往年冠賊遊南

鄭危逼拔刃飛泉孤城獨振及中流逆命憑陵

京邑謀歆禁省指授羣帥剋翦鯨鯢清我王度

崔慧景奇鋒迅駭兵交象馳義徒電掩殭敵剋殘

誓旅江甸奮不顧身獎義羣賢殄寇赴復

膽投名送款比屋交馳負糧景從愚智競省

大憝以固皇基功出桓文勳超伊呂而勞謙省

三刁州

■梁書紀一

九

王朏

己事昭心迹遂身退示祈榮滿敢賞未聞禍

酷遍及預稟精靈執不冤痛而羣孽搆放命蜂蠆

懷毒乃遣劉山陽驅扇連逃招逼亡命潛圖

密構規見掩襲蕭右軍夏族征虜忠夙舉義

形於色奇謀宏振應手梟懸天道滛罪不容

戮至於悖禮違教傷化虐人射天彈路比之猶

善劍胎斲脛方之非酷寓縣之竹未足紀其

過窮山澤之兔不能書其罪自草昧以來圖謀

所記昏君暴后未有若斯之甚者也既人神乏

主宗稷陷危海內沸騰壃板蕩百姓懍懍如

崩厥角蒼生喁喁無地其府荷眷前朝義

均休戚上懷委付之重下惟在原之痛豈可臥

薪引火坐觀傾覆至尊體自高宗特鍾寵明

逆日月粹昭靈神祥啟元龜符驗富舊楚

藩化流西夏謳歌攸奉萬有樂推右軍蕭潁胄

征虜將軍夏侯詳並同心翼戴即宮舊楚三靈

再朗九縣更新外平之連此旁始康哉之盛

在平敘日然帝德雖彰區宇大定元惡未黜天

青曲

■梁書紀一

十

沈譏

邑猶梗仰稟宸規率前啟路即日遣冠軍音陵

內史西昌京宗等三十軍主長朔五萬驍為羣

鸚視爭先龍驤並驅步出橫江直指朱雀長史

冠軍將軍襄陽太守王茂戌卒三十軍主戈船七

萬乘流電激推鋒扼險趣白城南中郎諮議

參軍軍主蕭偉等三十九軍主巨艦迅檻衝波

噎水旗鼓八萬焱集石頭南中郎諮議參軍

主簿蘭憺等四十二軍主熊羆之士甲楯十萬沿

波馳艫掩攄新亭益州刺史劉季連梁州刺史

柳惔恢司州刺史王僧景魏興太守裴師仁上庸
太守韋叡新城太守崔僧季並蕭奉明詔龍驤行
天罰蜀漢果銳汍流而下淮汝勁勇弩波遏舊
慕府緫率雄羆驍勇百萬繡甲燕弧屯兵冀馬
擬金沸地鳴輈眈天霜鋒曜日朱旗絳霄方舟
千里駱驛係進蕭石軍許謀上才兼資文武英
略峻遠執鈞巨世擁荆南之衆督四方之師宣
讚中權執鈞巨世擁荆南之衆督四方之師宣
步並集建業黙放愚狡均禮海昏廓清神甸掃
定京宇璧猶崩泰山而壓蟻壤決懸河而注熛
爐宣有不殄滅者武令資斧所加止梅蟲見如
法珍而已諸君或世冑羽儀書勳王府皆俛眉
姦儻受制凶威君能因變立功轉禍為福並誓
河岳求紆青紫若執迷不悟距逆王師勉求多
臨刑茲罔赦所謂火烈高原並蘭同派迺王
福無貽後悔賞罰之科有如白水高祖至貢陵
命長史王茂與太守曹景宗為前軍中兵參
軍張法安守貢陵城茂等至漢口輕兵濟江逼

郢城其刺史張沖置陣擁石橋浦義師與戰不
利軍主朱僧起死之諸將議欲併軍圍郢分兵
以襲西陽武昌高祖曰漢口不闢一里箭道交
至房僧寄以重兵固守為郢城人捔角若荼聚
進賊必絕我軍後一朝為阻則悔無所及今欲
遣王曹諸軍濟江與荆州軍相會以逼賊壘吾
自後圍魯山以通沔漢郢城貢陵間糧食既
下江陵湘中之兵連旗繼至糧食既足士衆稍
多圍守兩城不攻自拔天下之事卧取之耳諸
將皆曰善乃命王茂曹景宗帥衆濟岸進頓九
里其日張沖出軍迎戰茂等邀擊大破之皆弃
甲奔走荆州遣冠軍將軍鄧元起軍主王世興
田安等數千人會大軍於夏首高祖築漢口城
以守魯山命水軍主張惠紹朱思遠等遊邏江
中絕郢魯二城信使三月乙卯元起進據南堂
西峙田安之頓城北王世興頓曲水故城是時
張沖死其衆復推軍主薛元嗣及沖長史程茂
為主乙巳南康王即帝位於江陵改永元三年

為中興元年遙廢發東昏為涪陵王以高祖為尚
書左僕射加征東大將軍都督征討諸軍事假
黃鉞西臺又遣冠軍將軍蕭穎達領兵會于
軍是日元嗣軍主沈難當率輕舸數千亂流來
戰張惠紹等擊破盡擒之四月高祖出洭命王
茂蕭穎達等進軍逼郢城元嗣戰頗疲因不敢
出諸將欲攻之高祖不許五月東昏遣寧朔將
軍吳子陽軍主光子衿等十三軍救郢州進據
巴口六月西臺遣衛尉席闡文勞軍疥賚
等議謂高祖曰今頓兵兩岸不併軍圍郢城定西
陽武昌取江州此機已失莒若請救於魏興北
連和猶為上策高祖謂闡文曰漢口路通荊雍
控引秦梁糧運資儲聽此氣息所以兵厭漢口
連給數州今若併軍圍城又分兵前進魯山必
阻洄路所謂撞喉若糧運不通自然離散何謂
陽武昌取江州此機已失莒若請救於魏興
持久悟機一鄺生亦足脫距王師故非三千能下
然悟機一鄺生亦足脫距王師故非三千能下
進退無據未見其可西陽武昌取便得耳得便

應鎮守守兩城不滅萬人糧儲稱是卒無所出
脫賊軍有上者萬人攻一城兩城勢不遺孤城必
若我分軍應援則首尾俱弱如其不遺孤城必
陷一城既沒諸城相次土崩天下大事於是去
矣若郢州既拔席卷沿流西陽武昌自然風靡
何遽分兵散眾自貽其憂且丈夫舉動言於天
步況擁數州之兵以自誅聲堅懸河注火奚有不
滅豈容此面請救以自示弱彼未必能信恃徒貽
我醜聲耳此之下計何謂上策卿為我白鎮前
途攻取但以見付事在目中無患不捷特鎮軍
靖鎮之耳吳子陽等進軍武口高祖乃命軍主
梁天惠蔡道祐攄漁湖城唐僩期劉道曼屯白
陽壘夾兩岸而待之子陽又進據加湖去郢三
十里傍山帶水築壘柵以自固魯山城主房僧
寄死眾復推助防張樂祖代之七月高祖命王
茂帥軍主曹仲宗康絢等潛師襲加湖
將過子陽水涸不通艦其夜暴長眾軍乘流齊
進皷噪攻之賊俄而大潰子陽等寬走眾盡溺

子江王茂虜其餘而旋於是郢魯二城相視奪
氣先是東昏遣冠軍將軍陳伯之鎮江州爲子陽
等聲援高祖乃謂諸將曰夫征討未必須
力所聽威聲震耳今加隱彼之敗陳獸牙
即伯之子狼狽奔歸間人情理當惝懼我謂
九江傳檄可定也因命搜所獲俘囚得伯之幢
主蘇隆之厚加賞賜使致命焉爲魯山城主張樂
祖郢城主程茂薛元嗣相繼請降初郢城主閉
將佐文武男女口十餘萬人疾疫流腫死者十
七八及城開高祖並加隱卹其死者命給棺槥
先是汝南人胡文超起義於瀋陽求討義陽安
陸等郡以首效高祖又遣軍主唐脩期攻隨
郡並剋之司州刺史王僧景遣子貞孫入質司
部悉平陳伯之遣蘇隆之反命求未便進高
祖曰伯之此言意懷首鼠及其猶豫急往逼之
計無所出勢不得暴乃命鄧元起率衆即日泝
流八月天子遣黃門郎蘇回勞軍高祖登舟命
諸將以次進路留上庸太守韋叡守郢城行州

事鄧元起將至尋陽陳伯之猶猜懼乃收兵退
保湖口留其子虎牙守盆城及高祖至乃束甲
請罪九月天子詔高祖平定東夏並以便宜從
事是月留少府長史鄭紹叔守江州前軍
軍進據之仍遣曹景宗弃姑熟走至是時大
次蕪湖南豫州刺史申胄蕭穎達領馬步進
江寧東昏遣征虜將軍李居士率步軍迎戰景
宗擊走之於是王茂鄧元起呂僧珍進據赤鼻
邏曹景宗陳伯之爲遊兵是日新亭城主江道
林率兵出戰衆軍擒之於陣大軍次新林命王
茂進據越城曹景宗據皂莢橋鄧元起據道士
墩陳伯之據籬門道林率衆退屯航南義軍迫
之因復散走退保朱爵憑淮以自固時李居士
猶據新亭壘請東昏燒南岸邑屋以開戰場自
大航以西新亭水軍二千人歸降十月東昏又遣征虜
主朱僧勇率軍主胡獸牙等列陣於航南大
將軍王珍國率軍主
路悉配精手利器尚十餘萬人閹人王偃子持

白虎幡督率諸軍文開航背水以絕歸路王茂
曹景宗等搤用奔之將士皆殊死戰無不一當
百鼓噪震天地珍國之衆一時土崩投淮死者
積尸與航等後至者乘之以濟於是朱爵諸軍
望之皆潰義軍追至宣陽門李居士以新亭壘
午高祖鎮石頭命衆軍圍六門東昏悉焚燒門
徐元瑜以東府城降石頭白下諸軍並入城有
內驅逼遏營署官府並入城因以其衆來降高祖命諸
史桓和給東昏出戰因以其衆來降高祖命諸
軍築長圍初義師之逼東昏遣軍主左僧慶鎮
京口常僧景鎮廣陵李叔獻屯瓜步及申冑目
姑孰奔歸又使屯破墩以為東北聲援至是高
祖遣使曉喻並率衆降乃遣弟輔國將軍秀
鎮京口輔國將軍恢屯破墩從弟寧朔將軍景
鎮廣陵兵郡太守蔡寅弃郡赴義師十二月景
寅旦兼衛尉張稷北徐州刺史王珍國斬東昏
送首義師高祖命呂僧珍勒兵封府庫及圖籍
收繫妻潘妃及凶黨王喧之以下四十一人屬吏

誅之宣德皇后令廢涪陵王為東昏矦依漢海
昏矦故事授高祖中書監都督揚南徐二州諸
軍事大司馬錄尚書驃騎大將軍揚州刺史封
建安郡公食邑萬戶給班劍四十人黃鉞侍中
征討諸軍事並如故依晉武陵王遵承制故
事已卯高祖入屯閱武堂下令曰皇家不造遘
此昏凶禍挺動植蒙荼被人鬼社廟之危春臠為如
綴旒身籍皇宗曲荷先顧受任邊疆推轂萬里
眷言瞻烏痛心在目故率其尊主之情屬其志
生之志雖竇曆重昇明命有紹而獨夫醜縱方
熾京邑投袂援戈克弱多難虐政橫流為日既
久同惡相濟諒非一族仰稟朝命任在專征思
播皇澤被之率土凡厭負疊咸與惟新可大赦
天下唯王喧之等四十一人不在赦例又令曰夫
檟以司牧非役物以養生視人如傷豈非以
縱虐廢主弃常自絕宗廟窮凶極悖書契未有
征賦不一苛酷滋章繒繡土木菽粟犬馬徵發
閭左以无繕築流離寒暑繼以疫癘轉死溝渠

曾莫救恤朽肉枯骸烏戈鳶是厭加以天災人火

屢梦合掖官府臺寺尺椽無遺悲其黍離痛兼

麥秀遂使億兆離心疆徼侵弱斯人何辜離此

塗炭今明罠遘運大道公行思治之甿來蘇玆

日狠以冥薄屬當大寵雖運距中興艱同草昧

思闡皇休與之更始凡昏制謬課淫刑濫役外

可詳檢前源悉皆除蕩其昏主守散失諸所損耗

精立科條咸從原例又曰永元之季乾維落紐

政實多門有殊衛文之代權移於下事等曹恭

梁書紀一　十九　劉仁

之時遂使闔尹有翁媼之稱高安有法堯之旨

衢獄販官鉏山護澤開塞之機奏成小醜直道

正義擁抑彌年懷冤抱理莫知誰訴訴姦吏因之

筆削自己豈直賈生流涕許伯哭時而已哉今

理運惟新政刑得所矯革流弊實在兹日可通

檢尚書眾曹東昏時諸評訟失理及主者淹傳

不時施行者精加計辨依事議奏又下令以義

師臨陳致命及疾病死亡者並加葬斂收恤遺

孤又今日朱爵之捷逆徒送死者特許家人殯

葬若無親屬或有貧苦二縣長尉即為埋掩建

康城內不達天命自取淪滅亦同此科二年正

月天子遣兼侍中席闡文兼黃門侍郎樂法才

慰勞京邑追贈高祖散騎常侍左光祿大夫

考侍中丞相高祖下令曰夫在上化下草偃風

從世之漓淳怕由此作自永元失德書契奏紀

窮凶極悖焉可勝言既而琁室外構傾宮內積

奇技異服殫所未見上慢下暴淫佟競馳國命

朝權政移近習販官鬻爵賄貨公行並甲第康

梁書紀一　二十　鄭春

衢漸臺室廣室長袖低昂等和之賜珍羞百品

同伐冰之家愚人因之侵以成俗驕艷競奏季

麗相高至乃市井之家貂狐在御工商之子緹

繡是襲日入之次夜分未反味奕之朝期之清

旦聖明肇運厲精惟始雖曰纘戎殆同創革且

淫費之後繼以興師巨橋鹿臺凋罄不一孤乔

荷大寵務在澄清思所以仰述皇朝大帛之旨

俯屬微躬鹿裘之義解而更張斷雕為樸自非

可以奉粢盛脩絢冕習禮樂之容緝甲兵之備

此外衆費一皆禁絕御府中署量宜罷省掖庭
備御妾之數大子絕鄉儲之音其中有可以率
先卿士准的旷庶非食薄衣請自孤始加罩才
竝軌九官咸事若能人務退食競存約已移風
易俗庶幾月有成昔毛玠在朝士大夫不敢靡
衣偷食魏武歎曰孤之法不如毛當書孤雖德
謝往賢任重先達實望多士得其此心外可詳
爲條格成宣德皇后臨朝前詔進高祖都督中
司馬解承制百僚致敬如前

梁書紀一　二十一　周明

外諸軍事劍履上殿入朝不趨贊拜不名加前
後部羽葆鼓吹置左右長史司馬從事中郎掾
屬各四人竝依舊辟士餘竝如故詔曰夫日月
麗天高明所以表德出岳地柔博所以成功
代之者人是以七輔四叔致無爲於軒昊韋彭
故能庶物出而資始河海振而不洩二象貞觀
亦昏靖襄亂於股周大司馬收縱自天體茲齊
聖文洽九功武苞七德欽惟厥始徼猷早樹誠
筆親難功兖帷幘錫賦開　壞式表厥庸建武外

歷邊陲屢啓公釋書輶譽經營四方司爨懸切
樊漢危殆覆彊寇於沔濱僵胡馬於鄧泗永元
肇號難結羣觀專檀虐毒被倉壟溥天怵怵新
命懸晷刻无終有期神謨載挺建大策惟新
鼎祚投袂勤王沈流電奮姑熟掃塵霓電外披
加湖群盜一鼓殄撲朱辟修爲冰泮取新
蠠其如拾芥必盡撲彼已溺解此倒懸
內傾餘醜纖霾螟螣間夷穆方外蕭曹解兵
塗權里抃目近及遠讖聞夷穆方外蕭曹解

梁書紀　二十三　魏方

厓網被以寬政積弊窮昏一朝載廓蔽教遽漸
無思不被雖伊尹之執茲登德姬旦之光于四
海方斯茂如也昔呂望佐聖君猶享四履之
命文矦立功平后尚荷二弓之錫況於盛德元
其方散式間表甚未或能比而大輅渠門輞而
莫授春膏前訓無忘終食便宜勤升大典式九
群望其進位相國總百揆揚州刺史封十郡爲
梁公備九錫之禮加璽綬遠遊冠位在諸王上

加相國綠綟綬其驃騎大將軍如故依舊置梁
百司策曰二儀寂寞由寒暑而代行三才並用
資立人以為寶故能流形品物仰代天工允茲
元輔應期挺秀裁成天地之功幽恊神明之德
撥亂反正濟俗寧人盛烈光於有道大勳振於
無外雖伊陟之保乂王家姬公之蔑如也今將授公典策其
造茂鍾皇室元帝以休明早崩簡文以仁弱不
嗣高宗龑統宸居弗永雖鳳佮劬勞而隆平不
洽嗣君昏暴書契弗覩朝權國柄委之群豎勤
我忠賢誅殘台輔含冤抱痛嚌類靡餘寔繁非
一竝專國命嚬笑致災睚眥及禍厚斂毒賦載
離比屋溥天熬熬負身無所冤頸引決道樹相
望無近無遠號天靡告公藉昏明之期因兆人
之願援帥聖后朝成中興宗社之危已固天人
之望允塞此實公紹我絕綱大造皇家者也永
明季年邊隙大啓荊河連率招引戎荒江淮擾
遍勢同履虎公受言本朝輕兵赴襲廉以長算

制之環中排危冒險疆柔遠用坦然一方遝成
藩服此又公之功也在昔隆昌洪基已謝高宗
慮深社稷將行權道公定策帷帳激揚大節廒
帝立王謀猷深籌此又公之功也建武闡業廒
期公治兵六外討卷甲長驅鷲接距交綏電激風掃
獻雖遠戎狄內侵憑陵關塞司部危逼淪陷指
摧堅覆銳咽水塗原執俘象魏獻馘漢陛樊漢掃
毀帳號哭言歸此又公之功也
續至公星言鞗旅稟命徂征而軍機戎統事非
已出善策嘉謀抑而莫允鄧城之役胡馬卒至
元帥潛及不相報告甲捐師餘之虎口公南
收散卒比禦雕騎全眾方軌案路徐歸拯我邊
危重獲安堵此又公之功也漢南迴弱咫尺勍
寇重糧蓋闕器甲靡遺公作藩愛始因資廉託
整兵訓卒蒐狩有序俾我危城翻為彊鎮此又
公之功也永元紀號瞻烏已及雖廢昏有典六而
伊霍稱難公首建大策爰立明聖義踰晶綸勳
高代入易亂以化俾昏作明此又公之功也文

王之風雖被江漢京邑蠢動渾為洪流句吳於
越巢幕匪諭公投袂萬里事惟拯溺義聲所覃
無思不服此又公之功也魯城夏汭梗據中流
乘山置壘縈川自固公御此烏集陵茲地險頑
兵坐甲寒徙暑移我行求士志歸顧經以速
望俱拔此又公之功也惟此羣凶同惡濟緣
圖御以長策費無遺矢戰未窮兵踐華之固相
江負險蟻聚潰此又公之功也姦竪震皇復舉
臨應時褫潰此又公之功也姦竪震皇復舉
江湖水陸盤據規援夏首桴舉

斧蓄兵九派用擬勤王公稜威直指勢踰風電
旌旆未臨全州稽服此又公之功也姑熟衝要
密邇京畿凶徒熾聚斷塞津路公偏師啟塗排
方繼及兵威所震望旗自駭焚舟委辟卷甲宵
遁此又公之功也羣豎狂志在借一豕突淮
涘武騎如雲公爰命英勇因機駢銳氣冠版泉
勢踰洹水追奔逐北奄有通津熊耳比峻未足
云擬睢水不流曷其能及此又公之功也琅邪
石首襟帶岨固新疆東墉金湯是埒憑險作守

兵食兼資風激電駭莫不震疊城復千隍於是
平在此又公之功也獨夫昏很憑城靡懼鼓鍾
鞞鼓懷若有餘狃是邪孽忌斯冠晃凶狡因之
將逞拏戮公奇謀密運盛略潛通忠勇之徒得
拯億兆之勳重之以明德爰初厲志宗社危始岷峨
申厥効白旗宣室未之或比此又公之功也公有
濯纓來仕清猷映代時運艱難霆電義等南巢
已燎玉石同焚驅率貔貅抑揚南巢
功晉牧野若夫禹功寂漠微管誰嗣拯其將魚

驅其被髮解茲亂網理此棼終復禮祀帝反樂
河海永平故事聞之者歎息司隸舊章見之者
隕涕請我民命還之斗極憫憫搢紳重荷戴天
之慶哀哀黔首復蒙復地之恩德踰高仏功隣
造物超哉邈乎越矢無得而言焉朕又聞之疇庸
命德建化九伯斯征王道淳洽刑措用周
二南流化永久如燉既及晉鄭靡依惟公經綸
弗興歷茲永濟區夏道冠平伊稷賞薄於桓文豈所
天地寧濟區夏道冠平伊稷賞薄於桓文豈所

08-19

以憲章齊魯長總宇宙敬惟前列朕甚懼上焉今
進授相國改揚州刺史為牧以豫州之梁郡歷
陽南徐州之義興揚州之淮南宣城吳興會稽
新安東陽十郡封公為梁公錫茲白土苴以白
芽爰定爾邦用建冢社在昔夏商入居保佑逮
于畢毛亦作卿士任授梁公茅土金虎符梁公
持節兼太尉王亮授梁公茅土金虎符第
綏使持節兼司空王志授梁公茅土金虎符第
一至第五左竹使符第一至第十左相國位冠

舉后任總百司恢典舜宣與事革其以相國
總百揆去錄尚書之號上所假節侍中貂蟬中
書監印中外都督大司馬印綬建安公印策書
騎大將軍如故又加公九錫其敬聽後命以公
禮律兼修刑德備舉哀矜折獄罔不用情是用
在人天不崇本務惟穀是實是用錫公衮冕之
服赤舄副焉公鎔鈞所被變風以雅易俗陶民
載和邦國是用錫公軒懸之樂六佾之舞公文

德廣曇義聲遠洽推琴垂首夷歌請吏是用
錫公朱戶以居公揚清抑濁官方有序多士事
與械摸流詠是用錫公納陛以登公虎賁
以身軌物式過不虞折衝惟遠是用錫公虎賁
之士三百人公威同夏日志清姦宄茲命比族刑
茲罔赦是用錫公鈇鉞各一公跨躡嵩滇陵屬
區宇辟諸日月容光必至是用錫公彤弓一形
矢百盧弓十盧矢千公永言孝至感通神祇
嚴祀典祭有餘敬是用錫公秬鬯一卣圭瓚副
焉梁國置丞相以下一遵舊式欽哉其敬徇往
策祗服大禮對揚天祿春用膺多福以引我太祖
之休命高祖固辭勸進曰伏承嘉命顯至
佇策明公逡巡盛禮斯實國命人主前弗為
之致何者嗣君弁常自絕宗社國命人主前弗為
仇讎折棟崩橑壓焉自又卿士懷脯胾之痛黔
首懼比屋之誅明公亮格天之功拯水火之切
再疆日月重緻參辰反龜玉於塗泥濟斯民於
阮岸使夫匹婦二見羞言伊呂鄉校里塾恥談

五霸而位甲手阿衡地狹於曲阜慶賞之道尚
其未洽夫大寶公器非要非距至公至平當仁
誰讓明公宜祇奉天人允膺大禮無使後予之
歌同彼胥怨兼濟之人釃爲獨善公不許二月
辛酉府僚重請曰近以朝命蘊策冒奏丹誠奉
被還令未蒙虛受搢紳顒顒所未達蓋聞受
金於府通人弘致高蹈海隅四夫小節是必履
乘石而周公不以爲疑贈玉璜而太公不以爲
讓況代哲繼軌先德在人經綸草昧歎深微管

●梁書紀一　二十九　羊

加以朱方之役荆河是依班師振旅大造臺閣
雖復累繭救宋重胝存楚居今觀古魯何足云
而惑甚盜鍾功疑不賞皇天后土不勝其酷是
以王馬駿奔表微子之去金板出地告龍逢之
明公據鞍輟哭厲三軍之志獨居掩涕激義士
之心故能使海若登祇馨圖効祉山戎孤竹束
馬景從伐罪弔人一匡靜亂匪叨天功實勤雅
足且明公本自諸生取樂名教道風素論坐鎮雅
俗不習孫吳蘊茲神武驅盡誅之珉濟必封之

俗龜玉不毀誰之功與獨爲君子將使伊周何
地於是始受相國梁公之命是曰焚東昏淫奢
異服六十二種於都街車服反賜死
詔追贈梁公故夫人爲梁妃乙丑南兖州隊主
陳文興於桓城內鑿井得玉鎮騏驎金鏤玉璧
水精環各二枚又建康令羊瞻解稱鳳皇見縣
之桐下里宣德皇后稱美符瑞歸于相國府景
寅詔梁國初建宜須綜理可依舊選諸要職悉
依天朝之制高祖上表曰臣聞以言取士士飾

●梁書紀一　三十

其言以行取人人竭其行所謂才生於代窮達
惟時而風流遂徃馳騖成俗媒孽夸衒利盡錐
刀遂使官人之門宵朋轂擊豈直暴蓋露冠不
避寒暑遂乃戢屨杖策風雨必至良由鄉舉里
選不師古始稱肉度骨遺之管庫加以山河梁
畢關輿徵之恩金張許史忘舊業之替呼可傷
哉且夫譜諜訛誤詐僞多緒人物雅俗莫肯留
心是以冒襲良即成冠族妄修邊幅便爲雅
士負俗深累濠遭寵擢墓木已拱方被徽纆故

前代選官皆立選簿應在貫魚自有銓次冒籍
升降行能臧否或素定懷抱或得之餘論故得
簡通賓客無事掃門頃代陵夷九流羨失其有
勇退忘進懷質抱真者選部或以未經朝調難
於進用或有晦善藏聲自埋衡華又以名不素
著絕其階緒必須畫刺投狀然後彈冠則是驅
迫廉撝獎成澆競愚謂自今選曹宜精隱括依
舊立選簿使冠屨無爽名實不違庶人識崖涘
請自息且聞中間立格甲族以二十登仕後門
以過立試吏求之愚懷抑有未達何者設官分
職惟才是務若八元立年居皂隸而見抑四凶
弱冠處鼎族而宜甄是則世祿之富無意為善
布衣之士安為惡當其所以弘獎風流回後
進此實巨蠹尤宜刊革不然將使周人有路傍
之泣晉臣與漁獵之歎且俗長浮競人寡退情
若限歲登朝必增年就官故貌實民童籍已踰
立澤穢名教於斯為甚臣總司內外憂責是任
朝政得失義不容隱伏願陛下垂聖淑之姿降

聽覽之末則彝倫自穆憲章惟允稱高祖表
施行景戌詔曰蕭惟岳配天所以流稱太啟
南陽罽德所以光闡忠誠簡帝番君鷹上爵之
尊勤勞王室姬公增附庸之地前王令典茲上哲
方策長裕字旺罔不由此相國梁公體玆則威
齊聖廣淵文教內洽武功外暢推轂作藩則威
懷被於殊俗治兵教戰則霆雷赫於萬里道喪
時民謗邪孔熾且徒宗社如綴神哭鬼莫主而
哉至於兆庶殲亡衣冠殄滅餘類殘喘指命崇
朝含生業業投足無所遂乃山川及覆莫木塗
地與天仁被行葦之時信及豚魚之日何其遠
鎮相去之速黻公命師旅指景長騖而本朝
危切樊鄧追遠凶徒磐據水陸相望玉委自姑熟
屆于夏首嚴城勁卒馮川為固公浮江電
激風掃卅徒水覆地險雲傾籍教義勇前無疆
陣拯危京邑清我帝畿撲既燎於原火免將誅
於比屋悠悠兆庶命不在天茫茫六合咸受其
賜臣俗正本人不失職仁信並行禮樂同暢伊

周未足方軌桓文遠有懿德而爵後藩牧地終
秦楚非所以式酬光烈允答元勳寔是由公履謙
爲本形於造次嘉數末申晦朔增行便宜崇斯
禮秩允副遐邇之坐可進梁公爵爲王以豫州
之南譙廬江江州之壽陽郢州之武昌西陽南
徐州之南梁國开前爲二十郡其相國揚州牧驃
騎大將軍如故公固辭有詔斷表相國左長史
王瑩等率百僚敦請三月辛卯延陵縣華陽邏

三十二　三十三

主載車牒稱云十二月乙酉甘露降茅山彌漫
數里正月巳酉邏將潘道蓋於山石穴中得毛
龜二月辛酉邏將徐靈符又於山東見白麞
一景寅平旦山上雲霧四合須更有玄黃之色
狀如龍形長十餘丈乍隱乍顯久乃從西北升
天丁卯兗州刺史馬元和籤所領東平郡壽張
縣見驎虞一癸巳受梁王之命令曰孤以虛昧
任執國鈞雖風夜勤止念在興治而育德振民
邈然尚遠聖朝永言崔嵬式隆此眷命族伯盛典

方軌前烈嘉錫隆被禮數昭宗徒守原節終隔
體諒羣后百司重茲敢獎勉茲厚顏當此休祚
望昆彭以長想欽桓文而歎息思弘政塗莫知
津濟邦甸初啟藩宇惟新思尊嘉慶被之一
國國內殊死以下今月十五日昧爽以前一皆
原赦鰥寡孤獨不能自存者賜穀五斛府州所
統亦同錮蕩景午命王冕十有二旒建天子旌
旗頭雲罕樂舞八佾設鍾虡咨縣王妃王子王
女爵命之號一依舊儀景辰齊帝禪位于梁王

三十四

詔曰天五德更姶三正迭興八駭物資賢登庸啟
聖故帝跡所以代昌王度所以改耀革晦以明
由來尚矣齊德淪微危亡荐襲隆昌凶虐寒違
天地永元昏暴取素人神三光再沈七廟如綴
鼎業幾移含識知泯我高明之祚眇焉將墜永
惟屯難冰谷載懷相國梁王天誕睿哲神縱靈
武德格玄祇功均造物止宗杜之橫流反生人
之塗炭扶傾頹構之下拯溺逝川之中九區重

緝四維更紐絕禮還紀崩樂復張文館盈紳戎
亭息讋言浹海以馳風鐘輪裳而稟朝八表呈
祥五靈劭祉豈止鱗羽禎奇雲星瑞色而已哉
勳茂於百王道昭平萬代固以明配上天光華
日月者也河嶽表革命之符圖讖紀代終之運
樂推之心幽顯共積謳頌之誠華裔同臻晉水
政既微木德升緒天之曆數是有所歸握鏡珽
樞兀集明哲雖庸蔽闇于大道求監無替為
日巳久敢忘列代之高義人祇之至願平今便
敬禪于梁即安姞執依唐虞晉宋故事四月辛
西宣德皇后令曰西詔至帝憲章前代敬禪神
器于梁明可臨軒遣使恭授璽綬未亡人便歸
于別宮壬戌策曰咨爾梁王惟昔遂古之載肇
有生人皇雄大庚之辟赫胥算盧之后斯並龍
圖鳥跡以前慌忽杳冥之世固無得而詳焉洎
平農軒炎皥御八紘居之如執朽索去之若拍
君萬姓公器御之代放勛重華之主莫不以大道
重貞一駕汾陽便有窅然之志輒是適箕嶺即動

讓王之心故知戴黃屋服玉璽非所以示貴稱
尊乘大輅建旂推蓋令歸趣有地是故忘己
而字兆人殉物而君四海又於精華內竭奮撓
外勞則撫茲歸運惟能是與況兼平壑管華文
威圖啟瑞攝提夜朗燄光書發著者哉四百告終
晉宋亦弘斯典謝魏氏所以樂推姿及
葉重光三聖係軌嗣君喪德昏弃紀度毀齊夫
有漢所以昌揖黃德既謝符呼運二
綱阤絕地紐汪汪九域前罥為忱離溥天捐顧命
懸旌刻斯涉刳孕於事已輕求雖徵狹曾何足
陛言是以谷滿川枯山飛鬼哭七廟已危人神無
主惟王體茲上哲明聖在躬冥冥五靈已熙日
月彝升倫收序則端晃而協邑熙時難孔棘則推
鋒而拯涂炭功成造物德濟蒼生澤無不漸仁
無不被上達蒼昊下及川泉文教與鵬褭齊舉
武功與日車並運固以幽顯宅心謳訟斯屬豈
徒桴鼓播地卿雲叢最天而已哉至如晝觀爭明
夜飛枉矢上淪彗荆日既星亡除舊之徵必顯

更姓之符允集是以義師初踐芳露凝甘仁風
旣被素天自擾北關葊街之使風車火徹之民
膜拜稽首顧爲臣妾鍾石畢變事表於遷虞蛟
帝位于爾躬大祚告窮天祿永終於戲王允執
王非一族今仰祇乾象俯籍人願敬禪神器授
其中已於萬物乃因心於百姓實命無常圭帝
兆格文祖而膺大業以傳無疆之祚宣不盛歟

【梁書紀一 三十七 徐

又詔書曰夫生者天地之大德人者含生之通
稱並首同本未知所以異也而稟靈造化賢愚
之情不一託性五常彊本之分或舛羣后歷一
爭犯交興是故建君立長用相司牧非謂尊驕
在上以天下爲私者也兼以三正迭改五運相
遷緣文亦字徵河表洛在昔勛華達羲眷
求明哲授以蒸人遷虞事夏本因心於百姓殷
化爲周實受命於蒼昊爰自漢魏罔不率由降
及晉宋亦遵斯典我高皇所以格文祖而撫歸

運畢上天而恭寶曆者也至于季世禍亂荐臻
王度紛糾姦回熾積億兆夷人刀俎爲命已然
之遍若綫之危踖地逃形無所羣凶狹煽
志遲殘戮將欲先殄衣冠次移龜鼎衡保周召
並列貴人巢幕累卵此非切自非英聖速圖
仁爲已任則鴟泉鷹吻前刃焉已及惟王崇高則
天博厚儀地銘鑄六合陶甄萬有鋒馴交馳振
靈武以遐略雲雷方扇鞠義於勤王揚旌
於遠路戮妄究於魏闕德冠往初功無與二弘

【梁書紀一 三十八 蕭坐

濟艱難絹熙王道懷柔萬姓經營四方舉直措
柱較如畫一待旦同平殷后曰昊過於周文風
化肅邕穆禮樂交暢加以赦過宥罪神武不殺盛
德昭於景緯至義感於鬼神若夫納彼大麓膺
此歸運烈風不迷樂推收在治五曆於巳亂重
九鼎於旣輕自聲教所及車書所至革面回首
誕吟德澤九山滅磧四瀆安流祥風扇起淫雨
靜息玄甲遊於芳荃素馴於郊苑躍九川於
清漢鳴六象於高崗靈瑞雜沓玄符昭簪至於

星字紫宮水效孟月飛鴻滿野長彗橫天取新
之應既昭革故之徵必顯加以天表秀特軒狀
堯姿君臨之符諒非一揆書云天鑒厥德用集
大命詩云文王在上於昭于天所以二儀乃眷
幽明允叶豈惟宅是萬邦絹茲謳訟而已哉朕
是用擁琁沈首屬懷聖哲昔水行告厭我太祖
既受命代終在日天祿云謝亦以木德而傳于
梁遠尋前典降惟近代百辟趨達莫達朕心今
遣使持節兼太保侍中中書監兼尚書令汝南

縣開國族亮兼太尉散騎常侍中書令新吳縣
開國族志奉皇帝璽綬受終之禮一依唐虞故
事王其陟玆元后君臨萬方式傳洪烈以答上
天之休命高祖抗表陳讓表不獲通於是齊百
官豫章王元琳等八百一十九人及梁臺侍中
臣雲等一百二十七人竝上表勸進高祖謙讓
不受是日大史令蔣道秀陳天文符讖六十四
條事竝明箸羣臣重表固請乃從之

散騎常侍姚　思廉　撰

梁書二

武帝中

梁書紀二

天監元年夏四月景寅高祖即皇帝位於南郊
設壇柴燎告類于天曰皇帝臣諱敢用玄牡昭
告于皇天后帝齊氏以曆運斯既充終則亨欽
若天應以命于諱夫任是司牧惟能是授天命
不于常帝王非一族唐虞謝漢替魏升爰及
晉宋憲章在昔咸以君德駁四海元功子萬姓
故能大庇黎光宅區宇齊代云季世主昏凶
狡焉羣慝是崇是長肆厥姦回暴亂以播虐于
我有邦俾溥天慴慴將墜于深墼九服八荒之
内連率岳牧之君蹢角頓顙匡救無術即薪待
然援天靡訴譖投袂星言推鋒萬里屬其掛冠
之情用挺兆民之切衝膽普衆覆銳屠堅建立
人主克翦昏亂遂因時來宰司邦國濟民康世
實有愧勞而暴緯呈祥川岳劾祉朝夕坰牧日
月郊畿職代終之符既顯革運之期巳萃殊俗百

梁書紀二

蠻重譯獻款人神遠邇固不和會於是羣公卿
士咸致厥誠竝以皇乾降命難以謙拒齊帝脫
屣萬邦授以神器諱自惟匪德辭不獲許仰神
上玄之睠俯惟億兆之心宸極不可乆曠民神
不可乆主遂藉樂推膺此嘉祚以茲寡薄茲臨御
萬方顧求夙志永言祗惕敬簡元辰恭茲大禮
升壇受禪告類上帝惟梁明靈是饗禮畢備法
駕即建康宮臨太極前殿詔曰五精遞襲皇王
厥後用永保于我有梁

所以受命四海樂推殷周所以改物雖禪代相
舜遭會異時而微選用其流遠矣莫不振民
育德光被黎元朕以寡闇命不先後寧濟之功
屬當期運乘此時來因心萬物遂振厥弛維大
造區夏永言前蹤義均慙德齊氏以代終有徵
歷數云改欽若前載集大命于朕躬顧惟菲德
辭不獲命寅畏上靈用膺景業執袿柴之禮當
與能之祚繼迹百王君臨四海若涉大川罔知
攸濟洪基初兆萬品權與思俾慶澤覃被率土

可大赦天下改齊中興二年爲天監元年賜民爵二級文武加位二等鰥寡孤獨不能自存者人穀五斛逋布口錢宿債勿復收其犯鄉論清議贓汙淫盜一皆蕩滌洗除前注與之更始封齊帝爲巴陵王全食一郡載天子旌旗乘五時副車行齊正朔郊祀天地禮樂制度皆用齊典齊宣德皇后爲齊文帝妃齊后王氏爲巴陵王妃詔曰興運升降前代舊章齊世王侯封爵悉皆降省其有効著艱難者別有後命惟宋汝陰王不在除例又詔曰大運肇升嘉慶惟始劫賊餘口沒在臺府者悉可蠲放諸流徙之家並聽還本追尊皇考爲文皇帝廟曰太祖皇妣爲獻皇后追謚妃郗氏爲德皇后追封兄太傅懿爲長沙郡王謚曰宣武齊後軍諮議敷爲永陽郡王謚曰昭弟齊太常暢爲衡陽郡王謚曰宣齊給事黃門侍郎融爲桂陽郡王謚曰簡是日詔封文武功臣新除車騎將軍夏侯詳等十五人爲公侯食邑各有差以弟中護軍宏爲揚州刺

史封爲臨川郡王南徐州刺史秀爲安成郡王雍州刺史偉爲建安郡王左衞將軍恢爲鄱陽郡王荊州刺史憺爲始興郡王丁卯加領軍將軍王茂鎮軍將軍以中書監王亮爲尚書令中軍將軍相國左長史王瑩爲中書監撫軍將軍吏部尚書沈約爲尚書僕射長兼侍中范雲爲散騎常侍吏部尚書詔曰宋氏以來並恣淫侈傾宮之富遂盈數千推筭五都愁窮四海並嬰罹冤横拘逼不一撫紘命管良家不被蠲織室繡房幽厄猶見役斃國傷和莫斯爲甚凡後宮樂府西解暴室諸如此例一皆放遣若衰老不能自存官給廩食戊辰車騎將軍高句驪王高雲進號車騎大將軍鎮東大將軍百濟王餘大進號征東大將軍安西將軍宕昌王梁彌頷進號鎮西將軍鎮東大將軍倭王武進號征東將軍鎮西將軍河南王吐谷渾休留代進號征西將軍巴陵王薨于姑孰追謚爲齊和帝終禮一依故事己巳以光祿大夫張瓌爲右光祿大夫庚午鎮

南將軍江州刺史陳伯之進號征南將軍詔曰
觀風省俗弘規狩岳巡方明王盛軌所以
重華在上五品聿脩文命肇基四載斯履故能
物色幽微耳目屢鈞致王業於緝熙被淳風於
追通朕以寡薄昧于治方藉代終之運當狩命
之重取監前古懍若馭朽思所以振民育德不
殺勝殘解網更張置之仁壽而明勳照遠智不
周物兼以歲之不易未遑下征典言夕惕遠無忘
監寐可分遣內侍周省四方觀政聽謠訪賢舉

三百九四 ▓梁書紀二 五 何昇

滯其有田野不闢獄訟無章忘公殉私侵漁是
務者悉隨事以聞若懷寶迷邦蘊奇待價蓄響
藏真不求聞達並依名騰奏閣或遺隱使輶軒
所屆如朕親覽焉又詔曰金作贖刑有聞自昔
入縑以免施於中代民悅法行莫尚乎此永言
叔世偷薄成風嬰徇言入罪厭塗匪一斷弊之書
日繾於聽覽鉗鈇之刑歲積於牢犴死者不可
復生生者無因自返由此而望滋實庸可致乎
朕夕惕思治念崇政術斟酌前王擇其令典有

可以憲章邦國圉不由之庶愧心於四海昭情
素於萬物俗偽日父禁網彌繁漢文四百邈焉
巳遠雖省事清心無忘日用而委銜廢策事未
獲從可依周漢舊典有罪入贖外詳為條格以
時奏聞辛未以中領軍蔡道恭為司州刺史復
新除謝沐縣公蕭義為巴陵王以奉齊祀復
南蘭陵武進縣依前代之科徵謝朏為左光祿
大夫開府儀同三司何滸為石光祿大夫改南
東海為蘭陵郡土斷南徐州諸僑郡縣癸酉詔

三百六四 ▓梁書紀二 六 何昇

日尚俗甬移遺風尚熾下不上達由來遠矣外
中馭索增其懍然可於公車府謗木肺石傍各
置一函若肉食莫言山阿欲有橫議投謗木函
若從我江漢功在可策庶兒徒弊龍蛇方縣次
身于高妙擯壓莫通懷傳呂之術抱屈賈之歎
其理有曠然受困包胝夫大政侵小豪門陵賤
四民巳窮九重莫達若欲自申並可投肺石函
甲戌詔斷遠近上慶禮又詔曰禮閣文閣宜率
舊章貴賤既位各有差等俯仰拜伏以明王度

濟濟洋洋具瞻斯在頃因多難治綱弛落官非
積及榮由辛至六軍戶四品之職青紫治白簿
之勞振衣朝伍長揖卿相趨步廣闥此驅丞郎
遂冠覆倒錯珪瓛莫辨言疚懷思返流弊且
酖法惰官動成通弛罰以常科終未懲革夫摀
楚申威蓋代斷趾笞捶有令如或可從外詳共
平議務盡歐理笑未詔相國府職吏可依資勞
度言臺若職限口盈所度之餘及驃騎府詳

滿閏月丁酉以行宕昌王梁彌邕為安西將軍
河涼二州刺史正封宕昌王壬寅以車騎將軍
夏族詳為右光祿大夫詔曰成務弘風肅厲內
外寔由設官分職互相懲糾而頃壹拘常式
見失方秦多容違惰莫肯執咎憲綱日施漸以
爲俗今端在可以風聞奏事依元熙舊制五月
乙亥夜盜入南北掖燒神獸門摠章觀雲衛尉
卿張弘策戊子江州刺史陳伯之舉兵反以領
軍將軍王茂為征南將軍江州刺史率眾討之
六月庚戌以行北秦州刺史楊紹先為北秦州

梁書紀二　七

刺史武都王是月陳伯之奔魏江州平前益州
刺史劉季連擄成都八月戊戌置建康三官
乙巳平北將軍西涼州刺史蒙舒彭進號安西
將軍封鄧至王丁未詔中書監王堃守八人參
定律令是月詔尚書曹郎依音奏事林邑干陁
利國各遣使獻方物冬十一月己未立小廟甲
子立皇子統為皇太子辛亥護軍將軍張稷免是
酒張穆為護軍將軍
歲大旱米斗五千人多餓死

二年春正月甲寅朝詔曰三詐五聽箸者自聖典
哀矜折獄義重前誥蓋所以明慎用刑深戒疑
枉成功致治罔不由茲朕自藩部常躬訊錄求
理得情洪細必盡末運弛網斯政又闕牟狂沈
雍申許藤從朕屬當期運君臨非億雖復齊居
宣室留心聽斷而九牧遐荒無因臨覽深懷
冤就鞫匪惟一方可申敕諸州月一臨訊博詢
擇善務在確實乙卯以尚書僕射沈約為尚書
左僕射吏部尚書范雲為尚書右僕射前將軍

梁書紀二　八

鄱陽王恢為南徐州刺史尚書令王亮為左光
祿大夫右衛將軍柳慶遠為中領軍景辰尚書
令新除左光祿大夫王亮免夏四月癸卯尚書
刪定郎蔡法度上梁律二十卷令三十卷科四
十卷五月丁巳尚書右僕射范雲卒乙丑益州
刺史鄧元起克成都曲赦益州壬申斷諸郡縣
獻奉二宮惟諸州及會稽職惟嶽牧許薦任土
若非地產亦不得貢六月丁亥詔以東陽信安
豐安三縣水潦漂損居民資業遣使周履量蠲
課調是夏多癘疫以新除左光祿大夫謝朏為
司徒尚書令甲午以中書監王瑩為尚書右僕
射秋七月扶南龜茲中天竺國各遣使獻方物
冬十月魏寇司州十一月乙卯雷電大雨晦是
夜又雷乙亥尚書左僕射沈約以母憂去職
三年春正月戊申後將軍揚州刺史臨川王宏
進號中軍將軍癸丑以尚書左僕射王瑩為尚
書左僕射太子詹事柳恢為尚書右僕射前尚
書左僕射沈約為鎮軍將軍二月魏陷梁州三

月陰霜殺章五月丁巳以扶南國王憍陳如闍
耶跋摩為安南將軍六月景子詔曰昔哲王之
宰世也每歲卜征躬事巡省民俗政刑罔不必
達末代風凋久曠茲典雖欲肆遠愁勞究臨幽
仄而居今行古事未易從所以東海匹婦致災
再撫懷冤抱理莫由自申晏如蹶或貪殘
老疾懷冤抱理登樓請訴念此于懷中夜太息
邦國西土孤魂登樓請訴念此干懷中夜太息
可分將命巡行州部其有深冤鉅害抑鬱無歸
邊聽遠聞事均親覽癸未大赦天下秋七月丁
聽詣使者依源自列庶以祚隱之念昭被四方
湘州刺史揚公則為中護軍甲子立皇子綜為
豫章郡王八月魏陷司州詔以南義陽置司州
九月壬子河南王世子伏連籌為鎮西將軍西
秦河二州刺史河南王世子伏連籌天竺國遣使獻方物以
冬十一月甲子詔曰設教因時淳薄異政刑以
世革輕重殊風昔同俗未移民散久矣嬰網陷

辟日夜相尋若悉加正法則赭衣塞路誣申弘
宥則難用為國故使有罪入贖以全元元之命今
返遇知禁圄狂稍虛率斯以往庶幾刑措金作
權典宜在鞭息可除贖罪之科是歲多疾疫
四年春正月癸卯朔詔曰今九流常選年未三
十不通一經不得解褐若有才同甘顏勿限年
次置五經博士各一人以鎮北將軍雍州刺史建
安王偉為南徐州刺史南徐州刺史鄱陽王恢
為郢州刺史中領軍柳慶遠為雍州刺史丙午

省鳳皇銜書使戊申詔曰夫椶郊饗帝至敬攸
在致誠盡愨猶懼有違而往代多令宮人縱觀
兹禮帷宮廣設軒輬耀路非所以仰虔蒼昊昭
感上靈屬車之閒見譏前世便可自今悉止辛
亥輿駕親祠南郊赦天下二月壬午遣衛尉卿
楊公則率宿衛兵塞洛口壬辰交州刺史李凱
據州反長史李畟討平之曲赦交州戊戌以前
郢州刺史曹景宗為中護軍是月立建興苑於
秣陵建興里夏四月丁巳以行宕昌王梁彌博

為安西將軍河涼二州刺史宕昌王是月自甲
寅至壬戌甘露連降華林園五月辛卯建康縣
朝陰里生嘉禾一莖十二穗六月庚戌立孔子
廟辛戌歲星見秋七月辛卯右光祿大夫張
環辛八月庚子老人星見冬十月丙午北伐以
中軍將軍揚州刺史臨川王宏都督北討諸軍
事尚書右僕射柳惔為副是歲以興師費用王
公以下各上國租及田穀以助軍資十一月辛
未以都官尚書張稷為領軍將軍甲午天晴朔

西南有電光聞如雷聲三十二月司徒尚書令
謝朏以所生母憂去職是歲大穰米斛三十
五年春正月丁卯朔詔曰在昔周漢取士方國
頃代凋訛幽仄罕被人孤地絕用隔聽覽士操
淪胥因茲靡勸豈其岳瀆縱靈偏有厚薄寔由
知與不知用與不用耳朕以菲德君此兆民而
兼明廣照屈於堂戶飛耳長目不及四方永言
愧懷無忘旦夕凡諸郡國舊茲族邦內無在朝位
者選官搜括使郡有一人乙亥以前司徒謝朏

為中書監司徒衛將軍鎮軍將軍沈約為右光
祿大夫豫章王綜為南徐州刺史丁丑以尚書
左僕射王瑩為護軍將軍僕射如故甲申立皇
子譚為晉安郡王丁亥太白晝見二月庚戌以
太常張充為吏部尚書三月景寅朔日有蝕之
癸未魏宣武帝從弟翼平其諸弟來降輔國將
軍劉思效破魏青州刺史元繫於膠水丁亥陳
伯之自壽陽率眾歸降夏四月丙申廬陵高昌
之仁山獲銅劍二始興豐縣獲八目龜一甲寅詔
曰朕昧旦齊居惟刑是恤三辟五聽寢興載懷
故陳肺石於都衢增官司於詔獄殷勤親覽小
大以情而明慎未洽田圖尚擁永言納隍在予
興愧凡犴獄之所可道法官近侍遞錄囚徒如
有枉滯以時奏聞五月辛未太子左衛率張惠
紹克魏宿預城乙亥臨川王宏前軍克梁城辛
巳豫州刺史韋叡散克合肥城丁亥廬江太守
遷克羊石城庚寅又克霍丘城辛卯太白晝見
六月庚子青冀二州刺史桓和前軍克朐山城

【梁紀二】　十三　陸眷

秋七月乙丑鄧至國遣使獻方物八月戊戌老
人星見辛酉作太子宮冬十一月甲子京師地
震乙丑以師出淹時大赦天下魏冠鐘離遣右
衛將軍曹景宗率眾赴援十二月癸卯司徒謝
朏薨
六年春正月辛酉朔詔曰徑寸之寶或隱沙泥
以人廢言君子斯戒朕聽朝晏罷思聞政術雖
百辟卿士有懷必聞而蓄響邊遐未臻魏闕或
屈以貧陋或間以山川頓足延首無因奏達豈
所以沈浮靡漏遠通兼得者乎四方士民若有
欲陳言刑政益國利民論碳幽遠不能自通者
可各詮條布懷於刺史二千石有司申採大小
以聞已卯詔曰夫有天下者義非為已凶荒疾
癘兵革水火有一於此責歸元首今祝史請禱
繼諸不善以朕身當之永使災害不及萬姓俾
茲下民稍蒙寧息不得為朕祈福以增其過時
遠通咸令遵奉二月甲辰老人星見三月庚
申朔隕霜殺草是月有三象入京師夏四月壬

【梁紀二】　十四　陸眷

辰置左右驍騎左右游擊官癸巳曹景宗
韋叡等破魏軍於邵陽洲斬獲萬計癸卯以右
衛將軍曹景宗為領軍將軍徐州刺史已酉以
秀為平南將軍揚州刺史王茂為尚書右僕射
江州刺史王茂為尚書右僕射中書令安成王
丁巳以中軍將軍揚州刺史臨川王宏為驃騎
將軍開府儀同三司撫軍將軍建安王偉為揚
州刺史右光祿大夫沈約為尚書左僕射尚書
左僕射王瑩為中軍將軍五月已未以新除左
驍騎將軍長沙王深業為中護軍癸亥以侍中
袁昂為吏部尚書已巳置中衛中權將軍改驍
騎為雲騎游擊為游騎辛未右衛將軍揚州刺史
建安王偉進號中權將軍六月庚戌以車騎將
軍湘州刺史夏侯詳為左光祿大夫新除金紫
光祿大夫柳惔為安南將軍湘州刺史新吳縣
獲四目龜一秋七月甲子太白晝見景寅分廣
州置桂州丁亥以新除尚書右僕射王茂為中
衛將軍八月戊子赦天下戊戌大風折木京師

大水因濤入加御道七尺九月壬加禾一莖九穗
生江陵縣丁亥改閱武堂為德陽堂聽訟堂為
儀賢堂壬景戌以左衛將軍呂僧珍為平北將軍
南兗州刺史豫章內史蕭昺為廣州刺史冬十
月壬寅以五兵尚書徐勉為吏部尚書閏月乙
丑以驃騎將軍開府儀同三司臨川王宏為司
徒行太子太傅尚書左僕射沈約為尚書令行
太子少傅尚書吏部尚書袁昂為右僕射平西
將軍荊州刺史始興王憺進號安西將軍甲申
以光祿大夫夏侯詳為尚書左僕射十二月丙
辰尚書左僕射夏侯詳卒乙丑魏淮陽鎮都軍
主常邕和以城內屬焉分豫州置霍州
七年春正月乙酉朔詔曰建國君民立教為首
不學將落吉嘉植靡由朕纂基明命光宅區宇
雖耕耘雅業傍闡藝文而成器未廣志本猶闕
非所以鎔範貴遊納諸軌度思欲式敦讓齒
家刑國令聲訓所漸戎夏同風宜大啟庠斅博
延胄子務彼十倫弘此三德使陶鈞遠被微言

載表中衛將軍領太子詹事王茂進號車騎將
軍戊戌作神龍仁獸闕於端門大司馬門外壬
子以領軍將軍曹景宗為中衛將軍衛尉蕭
景兼領軍將軍二月乙卯盧江灊縣獲銅鍾二
新作國門于越城南乙丑增置鎮衛將軍以
各有差庚午詔於州郡縣置州望郡鄉豪各
一人專掌搜薦乙亥以車騎大將軍高麗王高
雲為撫軍大將軍開府儀同三司平北將軍南
兗州刺史呂僧珍為領軍將軍景子以中護軍長沙
王深業為南兗州刺史兼領軍將軍蕭景為雍
州刺史雍州刺史柳慶遠為護軍將軍夏四月
乙卯皇太子納妃赦大辟以下頒賜朝臣及近
侍各有差辛未秣陵縣獲靈龜一戊寅餘姚縣
獲古銅劍二五月己亥詔復置宗正太僕大匠
鴻臚又增太府太舟仍先為十二卿癸卯以平
南將軍江州刺史安成王秀為平西將軍荊州
刺史安西將軍荊州刺史始興王憺為護軍將
軍中衛將軍曹景宗為安南將軍江州刺史六

月辛酉復建修二陵周回五里內居民改陵監
為令秋七月丁亥月犯氏八月癸丑安南將軍
江州刺史曹景宗卒十已赦大辟以下未結正
者甲戌平西將軍荊州刺史安成王秀進號安
西將軍雲麾將軍郢州刺史鄱陽王恢進號平
西將軍老人星見九月丁亥詔曰弼朕牧必往姬
文垂則雉兔有刑姜宣致眹數澤山林藪村是
出父斤之用比屋所資而頃世相承並加封固
宣所謂與民同利惠茲黔首凡公家諸屯戍見
封燒者可悉開常禁壬辰置童子奉車郎爸巳
立皇太子績為南康郡王已亥月犯東井冬十月
景寅以吳興太守張稷為尚書左僕射景子魏
陽關主許敬珍以城內附詔大舉共伐以護軍
將軍始興王憺為平北將軍率眾入清東主魏
將軍王茂率眾向宿預丁丑魏懸瓠鎮軍主白皁
生豫州刺史胡遜以城內屬以皁生為鎮北將
軍司州刺史遜為平北將軍豫州刺史十一月
辛巳鄭縣言甘露降

春正月辛巳輿駕親祠南郊赦天下内外
文武各賜勞一年壬辰魏鎮東參軍成景儁斬
宿頴城主嚴仲寶以城內屬二月壬戌老人星
見夏四月以北巴西郡置南梁州戊申以護軍
將軍始興王憺為中撫將軍司徒行太子太傅
臨川王宏為司空揚州刺史軍騎將軍領太子
詹事王茂即本號開府儀同三司子卯魏楚王
城主李國興以城內附景子以中軍將軍丹陽
尹王瑩為右光祿大夫五月壬午詔曰學以從

政殷勤往哲祿在其中抑亦前事朕思閭治網
每敦儒術軾闈關館造次以之故負裹成風甲
科閭出方當置諸周行飾以青紫其有能通一
經始末無倦者策實之後選可量加敘錄雖復
牛監羊肆寒品後門並隨才試吏勿有遺隔秋
七月癸巳巴陵王蕭寶義薨八月戊午老人星
見冬十月乙巳以中軍將軍始興王憺為鎮北
將軍南兗州刺史南兗州刺史長沙王深業為
護軍將軍

梁書紀二　十九　王

九年春正月乙亥以尚書令行太子少傅沈約
為左光祿大夫行光祿大夫如故右光祿大夫王瑩
為尚書令行中撫將軍建安王偉領護軍將軍
鎮北將軍南兗州刺史始興王憺為鎮西將軍
益州刺史太常卿王亮為中書監景子以輕車
將軍晉安王諶為南兗州刺史庚寅新作緣淮
塘北岸起石頭迄東治南岸起後渚籬門迄三
橋三月已丑車駕幸籬讓親臨講肆賜國子
祭酒以下帛各有差乙未詔曰王子從學箸自

禮經貴遊咸在實惟前誥所以式廣義方克隆
教道今成均大啓元良齒讓以降並宜該祿
業皇太子及王侯之子年在從師者可令入學
于關國道使獻方物夏四月丁巳革選尚書五
亥詔曰朕惟寒流林邑國道使獻自猴一五月已
都令史用寒流聽恩治無忘日具而百司舉務其
途不一隨時適用各有攸宜若非總會眾言無
以備穆親覽自今臺閣省府州郡鎮戍應有職
條之所時共集議各陳損益具以奏聞中書監

梁書紀二　二十

壬戌光五十六月癸丑盜殺宣城太守朱僧勇癸酉
以中撫將軍領護軍建安王偉為鎮南將軍江
州刺史撫將軍閏月已丑宣城盜轉寇吳興縣太守蔡
撙討平之秋七月已巳老人星見冬十二月癸
未輿駕幸國子學策試胄子賜訓授之司各有差
十年春正月辛丑輿駕親祠南郊大赦天下居
為護軍將軍甲辰以南徐州刺史豫章王綜為
安北將軍青冀二州刺史郢州刺史都陽王恢為
局沿事賜勞二年癸卯以尚書左僕射張稷為
戊申驃虞一見荊州輿駕親祠明堂三月辛丑盜
為吏部尚書辛酉華容縣以左民尚書王暕
殺東莞琅邪二郡太守鄧晰以朐山引魏軍遣
郢州刺史輕車將軍南康王績為南徐州刺史
振遠將軍馬仙琕討之是月魏徐州刺史盧昶
帥眾赴朐山夏五月癸酉安豐縣獲一角玄龜
丁丑領軍呂僧珍卒已卯以國子祭酒張充為
尚書左僕射太子詹事柳慶遠為領軍將軍乙
酉嘉蓮一莖三花生藥遊死秋七月景辰詔曰

昔公卿面陳載在前史令僕陛奏列代明文所
以螢彼庶績成茲羣務晉氏陵替虛誕為風自
此相因其失彌遠遂使武帳空勞公之奏
丹墀徒關關鄭生之履三槐八座應有務之百
官宜有所論可入陳啟庶藉周爰少匡寡薄九
月景中天西北隆隆有聲赤氣下至地冬十二
月癸酉山車見于臨成縣庚辰馬仙琕大破魏
軍斬馘十餘萬剋復朐山城是歲初作宮城門
三重樓及開二道宕昌國道使獻方物
十一年春正月壬辰詔曰夫刑法悼耄罪不收
琴禮著明文史彰前軍蓋所以申其哀矜故罰
有弗及近代相因歟網彌峻鬚年華髮同坐入
罯雖懲惡勸善宜窮其制而老幼流離良亦可
愍自今逋適之家及罪應質作若年有老小可
停送加左光祿大夫行太子少傅沈約特進
鎮南將軍江州刺史建安王偉儀同三司司空
楊州刺史臨川王宏進位為太尉驃騎將軍王
茂為司空尚書令雲麾將軍王瑩進號安左將

軍安北將軍青冀二州刺史張稷進號領北將
軍二月戊辰新昌濟陽二郡野蠶成繭三月丁
巳曲赦揚徐二州築西靜壇於鍾山庚申高麗
國遣使獻方物四月戊子詔曰去歲吳皇威
軼類宜為京觀用旌武功但伐罪弔民其下青州悉使收藏百
濟袟南林邑國並遣使獻方物六月辛巳以司
空王茂領中權將軍九月辛亥宕昌國遣使獻
方物冬十一月乙未以吳郡太守袁昂兼尚書

梁紀二　二十三　逍遙

右僕射已酉降太尉楊州刺史臨川王宏為驃
騎將軍開府同三司之儀癸丑齊宣德太妃王
氏薨十二月已未以安西將軍荊州刺史安成
王秀為中衛將軍護軍將軍郡陽王恢為平西
將軍荊州刺史
十二年春正月辛卯輿駕親祠南郊赦大辟以
下二月辛酉以兼尚書右僕射袁昂為尚書左
僕射景寅詔曰掩骼埋胔義重周經槥櫝有加
事美漢策朕向隅載懷每動造次收藏之命函

下哀矜而寓縣遐邇奉未治髖然路隅往往
而有言愍沈枯彌勞傷惻可明下遠近各巡境
界若委骸不葬或藉衣莫改即就收斂量給棺
具庶夜哭之魂斯慰霜露之骨有歸辛巳新作
太極殿改為十三間三月癸卯以湘州刺史王
珍國為護軍將軍閏月乙丑特進中軍將軍沈
約卒夏四月京邑大水六月癸巳新作太廟增
基九尺庚子太極殿成秋九月戊午以鎮南將
軍開府儀同三司江州刺史建安王偉為撫軍

梁書紀二　二十四　方中

將軍儀同如故驃騎將軍開府同三司之儀揚
州刺史臨川王宏為司空領中權將軍王茂為
驃騎將軍開府同三司之儀江州刺史冬十月
丁亥詔曰明堂地勢卑濕未稱乃心外可量就
埋起以盡誠敬
十三年春正月壬戌以丹陽尹晉安王譚為荊
州刺史癸亥以平西將軍荊州刺史郡陽王恢
為鎮西將軍益州刺史景寅以翊右將軍郡陽
王秀為安西將軍郢州刺史二月丁亥興駕親

耕籍田赦天下孝悌力田賜爵一級老人星見
三月辛亥以新除中撫將軍開府儀同三司建
安王偉為左光祿大夫夏四月辛卯林邑國遣
使獻方物壬辰以郢州刺史豫章王綜為安右
將軍五月辛亥以通直散騎常侍蕭廞為中護
軍六月巳亥以南兗州刺史蕭景為領軍將軍
領軍將軍柳慶遠為安北將軍雍州刺史秋七
月乙亥立皇子綸為邵陵郡王繹為湘東郡王
紀為武陵郡王八月癸卯扶南于闐國各遣使

三月州二　▲梁書紀二　　二十五

獻方物是歲作浮山堰

十四年春正月乙巳朔皇太子冠赦天下賜為
父後者爵一級王公以下班賚各有差停遠近
上慶禮景午安左將軍尚書令王瑩進號中權
將軍以鎮西將軍始興王憺為中撫將軍辛亥
輿駕親祠南郊詔曰朕恭祗明祀昭事上靈臨
竹宮而登泰壇服裘冕而奉蒼璧柴望既升誠
敬克展思所以對越乾元弘宣德教而缺于治
道政法多昧實佇羣才用康庶績可班下遠近

博採英異若有碻然鄉黨獨行州間肥遯丘園
悌力田並即騰奏具以名上當擢彼周行試以
邦邑庶百司咸事北民無隱又世輕世重隨時
約法前以翦墨用代重辟猶念改悔其路巳壅
立可省除景寅汝陰王劉胤醮薨二月庚寅芮
芮國遣使獻方物戊戌老人星見辛丑以中護
軍敬為平北將軍雍州刺史新除中撫將軍始
興王憺為荊州刺史夏四月丁丑驃騎將軍開

府同三司之儀江州刺史王茂薨五月丁巳以
荊州刺史晉安王諱為江州刺史秋八月乙未
老人星見九月癸亥以長沙王深業為護軍將
軍狼牙修國遣使獻方物

▲梁書紀二　　二十六　　沈約

十五年春正月巳巳詔曰觀時設教王政所先
革之今隨事必下而張弛之要未臻厥宜民瘼
兼而利之寔惟務本移風致治咸由此作頃因
猶繁兼廉平尚寡所以扞旅纊而載懷朝玉帛而
興歎可申下四方政有不便於民者所在具條

以聞守宰若清潔可稱或侵漁為蠹分別奏上
將行黜陟長吏勸課躬履堤防勿有不脩致妨
農事關市之賦或有未允時多量優減舊格
三月戊辰朔日有蝕之夏四月丁未以安右將
軍豫章王綜兼護軍高麗國遣使獻方物五月
癸未以司空揚州刺史臨川王宏為中書監驃
騎大將軍刺史如故六月景申改作小廟畢庚
子以尚書令王瑩為左光祿大夫開府儀同三
司尚書右僕射表昂為尚書左僕射吏部尚書
王暕為尚書右僕射秋八月老人星見芮芮河
南遣使獻方物九月辛巳左光祿大夫開府儀
同三司王瑩薨冬十月戊午以丹
陽尹長沙王深業為湘州刺史十一月丁卯以
兼護軍豫章王綜為安前將軍交州刺史李畟
斬交州反者阮宗孝傳首京師曲赦交州王午
以雍州刺史韋叡為護軍將軍
十六年春正月辛未興駕親祠南郊詔曰朕當
宸思治政道未明昧旦勤勞砥移星紀今太皥

御氣句芒首節中就陽禋敬克展務承天休
布茲和澤尤貧之家勿收今年三調其無田業
者所在量宜賦給若民有産子即依格優䘏孤
老鰥寡不能自存咸加賑邮班下四方諸州郡
縣時理獄訟勿使冤滯並親覽二月庚戌老
人星見甲寅景子河南王遣使獻方物夏四月甲
刺史三月景子河南王遣使前將軍豫章王綜為南徐州
子初去宗廟牲潮溝獲白雀一六月戊申以廬
陵王續為江州刺史七月丁丑以郢州刺史安
成王秀為鎮北將軍雍州刺史八月辛丑老人
星見扶南婆利國各遣使獻方物冬十月去宗
廟薦脩始用蔬果
十七年春正月丁巳朔詔曰夫樂所自生合識
之常性厚下安宅馭世之通規朕矜此庶岷無
忘待旦砥弘生聚之略每布寬恤之恩而編戶
未滋遷徙尚有輕去故鄉當其本志資業殆闕
自返莫由巢南之心亦何能弭今開元發歲品
物惟新思俾黔黎各安舊所將使郡無曠土邑

靡游民雞為犬相聞桑柘交畛凡天下之民有流
移他境在天監十七年正月一日以前可開恩
半歲悉聽還本鄉課三年其流寓過遠者量加
程日若有不樂還者即使著土籍為民准舊課
輸老流移之後本鄉無復居宅者村司三老及
餘親屬即為詣縣占請村內官地官宅割容
受使為本者還有所託凡坐為市埠諸職割盜
衰滅應被封籍者其田宅車牛是民生之具不
得悉以沒入皆優量分留使得目止其商賈富

▆ 梁書紀二　二十九　書末

室亦不得頓相兼併逋叛之身罪無輕重並許
首出還復民伍若有拘限目還本役並為條格咸
使知聞二月癸巳鎮北將軍雍州刺史安成王
秀薨甲辰大赦天下乙卯以領軍石頭戍事南康
王績為南兗州刺史三月甲申老人星見景申
改封建安王偉為南平王夏五月戊寅驃騎大
將軍揚州刺史臨川王宏免己卯于陝利國遣
使獻方物以領軍將軍蕭景為安右將軍監揚
州辛巳以臨川王宏為中軍將軍中書監六月

乙酉以益州刺史郡陽王恢為領軍將軍中軍
將軍中書監臨川王宏以本號行司徒癸卯以
國子祭酒蔡撙為吏部尚書秋八月壬寅老人
星見詔以兵騷奴婢男年登六十女年登五十
免為平民冬十月乙亥以中軍將軍行司徒臨
川王宏為中書監司徒十一月辛亥以南平王
偉為左光祿大夫開府儀同三司荊州刺史鄱
征西將軍開府儀同三司領軍將軍郡陽王

▆ 梁書紀二　三十　方王

十八年春正月甲申以領軍將軍郡陽王恢為
始興王憺為中撫將軍開府儀同三司領軍以
尚書左僕射袁昂為尚書令尚書右僕射王暕
爲尚書左僕射表昂爲尚書令尚書右僕射
辛卯輿駕親祠南郊孝悌力田賜爵一級二月
戊午老人星見四月丁巳大赦天下秋七月甲
申老人星見于闐扶南國各遣使獻方物

紀第二

梁書二

武帝

散騎常侍姚　思廉　撰

梁書三

普通元年春正月乙亥朝改元大赦天下賜文
武勞位孝悌力田爵一級尤貧之家勿收常調
鰥寡孤獨並加瞻卹景子日有蝕之己卯以司
徒臨川王宏為太尉揚州刺史安右將軍監揚
州蕭景為安西將軍郢州刺史尚書左僕射
王暕以母憂去職金紫光祿大夫王份為尚書
左僕射庚子扶南高麗國各遣使獻方物二月
壬子老人星見癸丑以高麗王世子安為寧東
將軍高麗王三月景戌滑國遣使獻方物夏
四月甲午河南王遣使獻方物六月丁未以護
軍將軍章叡為車騎將軍秋七月巳卯江淮
海並溢辛卯以信威將軍邵陵王綸為江州
刺史八月庚戌老人星見甲子新除車騎將軍
韋叡辛九月乙亥有星晨見東方光爛如火冬
十月辛亥以宣惠將軍長沙王深業為護軍將

梁書紀三　　一　金鈴

軍辛酉以丹陽尹晉安王譚為平西將軍益州
刺史
二年春正月甲戌以南徐州刺史豫章王綜為
鎮右將軍新除益州刺史晉安王譚改為徐州
刺史辛巳輿駕親祠南郊詔曰春司御氣虔恭
報祀陶匏克誠籩豆禮備思隨乾覆布茲甘
育凡民有單老孤稚不能自存者郡縣咸加
收養贍給衣食每令周足以終其身又於京師
置孤獨園孤幼有歸華髮不匱若終年命厚加
料理尤窮之家勿收租賦戊子大赦天下二月
辛丑輿駕親祠明堂三月庚寅大雪平地三尺
夏四月乙卯改作南北郊景辰詔曰夫欽若昊
天歷象無違躬執耒耜盡力致敬上協星鳥俯
訓民時平秩東作義不在南前代因襲有乘禮
制可於震方簡求沃野具茲千畝允舊章五
月癸卯珹琰殿火延燒後官屋三千閒巳詔曰
王公卿士拜表賀瑞雖則百辟體國之誠朕
懷良有多愧若其澤漏川泉仁被動植氣調

梁書紀三　　二　滕

燭治致太平爰降嘉祥可無慙德而政道多鈌
淳化未疑何以仰叶辰和遠臻冥貺此乃更彰
寡薄重增其尤良可悖賀瑞六月丁卯信威
將軍義州刺史文僧明以州叛入于魏秋七月
丁酉假大匠卿裴邃節督衆軍北討甲寅始平
見魏荆州刺史桓叔興帥衆降八月丁亥始平
郡中石鼓村地自開成井方六尺六寸深三十
二丈冬十一月百濟新羅國各遣使獻方物十
二月戊辰以鎮東大將軍百濟王餘隆爲寧東
大將軍
三年春正月庚子以尚書令袁昂爲中書監吳
郡太守王暕爲尚書左僕射尚書左僕射王份
爲右光祿大夫庚戌京師地震三月已卯以宣毅將
軍廬陵王續爲雍州刺史劉端薨五月壬辰朝
屏薨夏四月丁卯汝陰陵王劉端薨五月壬辰朝
已有餼之既癸巳赦天下并班下四方民所疾苦咸
即以聞公卿百僚各上封事連率郡國舉賢良
方正直言之士秋八月辛酉作二郊及耤田並

畢班賜工匠各有差甲子老人星見婆利白題
國各遣使獻方物冬十月景子加中書監袁昂
中衛將軍十一月甲午撫軍將軍開府儀同三
司領軍將軍始興王憺薨辛丑以太子詹事蕭
深藻爲領軍將軍
四年春正月辛卯輿駕親祠南郊大赦天下應
諸窮疾咸加賑卹并班下四方時理獄訟景午
輿駕親祠明堂二月庚午老人星見乙亥躬耕
藉田詔曰夫耕藉之義大矣哉粢盛由之而興
加獎勸可班下遠近廣闢疇壤公私畎獻務盡
地利若欲附農而糧種有乏亦加貸卹每使酒三
靡替兼以風雲叶律氣象光華曕覩休辰思
致茲千畝公卿百辟恪恭其儀九推畢禮馨香
禮節因之以著古者哲王咸用此作卷三言八政
遍孝悰力田賜爵一級預耕之司尅日勞酒三
月壬寅以鎮右將軍豫章王綜爲平北將軍南
兗州刺史六月乙丑分益州置信州分交州置愛
州分廣州置成州南定州合州建州分霍州置義

州秋八月丁卯老人星見冬十月庚午以中書
監中衞將軍袁昂為尚書令即本號開府儀
同三司已卯護軍將軍昌義之卒十一月癸未
朝日有蝕之太白晝見甲辰尚書左僕射王暕
卒十二月戊午始鑄鐵錢狼牙脩國遣使獻
方物

五年春正月以左光祿大夫開府儀同三司南
平王偉為鎮衞大將軍改領右光祿大夫儀同
三司如故征西將軍開府儀同三司荊州刺史
鄱陽王恢進號驃騎大將軍太府卿夏侯夔為
中護軍右光祿大夫王份為左光祿大夫加特
進辛卯平北將軍南兗州刺史豫章王綜進號
鎮北將軍平西將軍雍州刺史晉安王譚進號
安北將軍二月庚午特進左光祿大夫王份卒
丁丑老人星見三月甲戌分揚州江州置東揚
州夏四月乙未以雲麾將軍南康王績為江州
刺史六月乙酉龍鬪于曲阿王陂因西行至建
陵城所經虒樹木倒折開地數十丈戊子以會

稽太守武陵王紀為東揚州刺史庚子以員外散
騎常侍元樹為平北將軍北青兗二州刺史率
衆北伐秋七月辛未賜北討義客位一階八月
庚寅徐州刺史成景儁以北兗州刺史趙景悅圍荊山王
剋睢陵城戊午北兗州刺史童棧圍荊山王
成宣毅將軍裴邃襲壽陽入羅城弗剋冬十月
戊寅裴邃攻元樹攻建陵城破之辛巳又破曲
木掃虜將軍彭寶孫剋琅邪甲申又剋檀丘城
辛卯裴邃破狄城景申又剋壁城遂進屯黎將
軍
　壬寅魏東海太守韋敬欣以司吾城降定遠將
軍　太守曹世宗破魏曲陽城甲辰又剋泰
墟魏郁潘溪守悉皆葉城走十一月景辰又
孫剋東莞城壬戌裴邃攻壽陽之安城剋之景
寅魏馬頭安城並來降十二月戊寅魏荊山城
降乙巳武勇將軍李國興攻平靜關剋之辛丑
信威長史楊法乾攻武陽關壬寅攻峴關並剋之
六年春正月景午安北將軍晉安王譚遣長史
柳津破魏南鄉郡司馬董當門破魏晉城庚戌

又破馬圈彭陽二城辛亥興駕親祠南郊大赦
天下庚申以魏鎮東將軍徐州刺史元法僧以彭
城內附己巳雍州前軍剋魏新蔡郡詔曰廟謨可
已定王略戎以前啓行鎮北將軍南兗州刺史豫
王綜方舉侍中領軍將軍西昌侯深藻可
便親戎以前啓行鎮北將軍南兗州刺史豫章遣
初中後師善得嚴辦朕當六軍雲動龍舟濟江
癸酉剋魏鄭城甲戌以魏鎮東將軍徐州刺史
王綜方得嚴辦次邁其餘衆軍計日羞遣
元法僧為司空二月丁丑老人星見庚辰南徐
州刺史盧陵王續還朝票承戎略乙未賜景悅
下魏龍九城三月景午歲星見南斗星賜新附民
長復除應諸軍失一無所問己酉行幸白下城
履行六軍頓所乙丑鎮北將軍南兗州刺史豫
章王綜權頓彭城惣督衆軍并攝徐州府事己
巳以魏假平東將軍元景隆為衡州刺史魏征
虜將軍元景仲為廣州刺史夏五月己酉築宿
預堰又修曹公堰於濟陰太白晝見壬子遣中
護軍夏侯亶置都督壽陽諸軍事北伐六月庚辰遣豫

章王綜奔于魏魏復據彭城秋七月壬戌大赦
天下八月景子以散騎常侍曹仲宗兼領軍壬
午老人星見十二月戊子邵陵王綸有罪免官
削爵土壬辰京師地震
七年春正月辛丑朔赦珠死以下丁卯滑國遣
使獻方物二月甲戌北伐衆軍解嚴河南王道
使獻方物丁亥老人星見三月乙卯高麗國遣
使獻方物夏四月乙酉太尉臨川王宏薨南州改
置校尉增加倸秋詔在位群臣各舉所知九是
清吏咸使薦聞州年舉二人大郡一人六月己卯
林巳國道使獻方物秋九月己酉驃騎大將軍
開府儀同三司荊州刺史鄱陽王恢薨冬十月
辛未以丹陽尹湘東王諱為荊州刺史十一月庚
辰大赦天下是日丁貴嬪薨辛巳夏侯置胡龍
州刺史世宗等衆軍剋壽陽置豫城丁亥放魏揚
州刺史李憲還北以壽陽置豫州合肥改為南
豫州以中護軍夏侯亶置為豫南豫二州刺史平
西將軍郢州刺史元樹進號安西將軍魏新野

太守以郡降

大通元年春正月乙丑以尚書左僕射徐勉爲
尚書僕射中衞將軍詔曰朕惠利兆民惟日不
足氣象璇回每弘優簡百官體祿本有定數前
代以來皆多評准頃者因循未遑改革自今已
後可長給見錢依時即出勿令逋緩凡散失官
物不問多少並從原宥惟事涉軍儲取公私見
物不在此例并末與駕親祠南郊詔曰奉時昭
事虔薦蒼璧思承天德惠此下民凡因事去王
流移他境者並聽復宅業鋤役五年九貧之家
勿收三調孝悌力田賜爵一級是月司州刺史夏
族慶進軍三關所至甘克三月辛未與駕幸
同泰寺捨身甲戌還宮赦天下攺元以左衞將
軍蕭深藻爲中護軍林邑師子國各遣使獻方
物夏五月景寅京師剋魏臨潼竹邑秋八月
壬辰老人星見冬十月庚戌魏東豫州刺史元
慶和以渦陽內屬甲富曲赦東豫州十一月丁卯
以中護軍蕭深藻爲北討都督征北大將軍鎭

九

渦陽戌辰加尚書令中衞將軍開府儀同三司
表昂中書監以渦陽置西徐州高麗國遣使獻
方物
二年春正月庚申司空元法僧以本官領中軍
將軍中書監尚書令中衞將軍開府儀同三司
表昂進號中撫大將軍衞尉鄉蕭昂爲中領軍
乙酉爲內國遣使獻方物二月甲午老人星見
是月築寒山堰三月壬戌以江州刺史南康王
績爲安右將軍夏四月辛丑魏鄧州刺史元願
達以義陽內附置此司州時魏大亂其北海王
元顥臨淮王元彧汝南王元悅並來奔其北青
州刺史元世儁南荊州刺史李志亦以地降六
月丁亥以魏臨淮王元彧求還本國許之冬十
丁亥以魏北海王元顥爲魏主遣東宮直閤將
軍陳慶之衞送遠北魏豫州刺史鄧獻以地
內屬
中大通元年正月辛酉與駕親祠南郊大赦天
下孝悌力田賜爵一級甲子魏汝南王元悅求

十

還本國許之辛巳輿駕親祠明堂二月甲申以
丹陽尹武陵王紀爲江州刺史辛丑芮芮國遣
使獻方物三月景辰以河南王阿羅真爲寧西
將軍西秦河沙三州刺史庚辰以中護軍蕭深
藻爲中權將軍夏四月癸未以安右將軍南康
王績爲護軍將軍癸巳陳慶之攻魏梁城拔之
進屠考城擒魏濟陰王元暉業五月戊辰剋大
梁然剋武牢城魏主元子攸東奔洛陽走河北

三百二十八　梁書紀三　十一　趙良

乙亥元顥入洛陽六月壬午大赦天下辛亥魏
顥復據洛陽秋九月辛巳朱雀航華表災以
將軍護軍南康王績薨已卯魏爾朱榮攻殺元
淮陰太守晉鴻以湖陽城內屬閏月巳未安右
安北將軍羊侃爲青冀二州刺史癸巳輿駕幸
同泰寺設四部無遮大會因捨身公卿以下以
錢一億萬奉贖冬十月巳酉輿駕還宮大赦改
元十二月景戌加中撫大將軍開府儀同三司
袁昂中書監加鎮衛大將軍開府儀同三司
南平王偉太子少傅加金紫光祿大夫蕭琛陸杲

並特進司空中軍將軍元法僧進號車騎將軍
中權將軍蕭深藻爲中護軍將軍中領軍蕭
昂爲領軍將軍戊子魏巴州刺史嚴始欣以城
降十二月丁巳盤盤國遣使獻方物
二年春正月戊寅以雍州刺史南徐州刺史晉
騎大將軍揚州刺史癸未老人星見夏四月庚
平北將軍雍州刺史晉安王續爲驃
申大兩電壬申以河南王佛輔爲寧西將軍西

三百二十九　梁書紀三　十二　趙良

秦河二州刺史六月丁巳遣魏太保汝南王元悅
還北爲魏主庚申以魏尚書左僕射范遵爲安
北將軍司州牧隨元悅比討林邑國遣使獻方
物申扶南國遣使獻方物秋八月庚戌輿駕
幸德陽堂設絲竹會祖送魏主元悅山賊聚結
寇會稽郡所部縣九月壬午假昭武將軍湛海
珍節以討之
三年春正月辛巳輿駕親祠南郊大赦天下孝
悌力田賜爵一級景申以魏尚書僕射鄭先護
爲征北大將軍二月辛丑輿駕親祠明堂甲寅

老人星見乙卯特進蕭琛卒乙丑以廣州刺史
元景隆爲安右將軍夏四月乙巳皇太子統覽
六月丁未以前太子詹事蕭深猷爲中護軍尚
書僕射徐勉加特進右光祿大夫丹丹國遣使
獻方物癸丑立昭明太子子南徐州刺史華容
公慮爲豫章郡王萌江公譽爲河東郡王曲阿
公譽爲岳陽郡王秋七月乙亥立晉安王讀爲
皇太子大赦天下賜爲父後者及出嫡忠孝文武
清勤並賜爵一級乙酉以侍中五兵尚書謝舉
爲吏部尚書庚寅詔曰推因心六親義彰九族班
以族爵亦曰惟允凡是宗戚有服屬者並可賜
沐食鄉亭矦各隨遠近以爲差次其有睇親自
依舊章壬辰以吏部尚書何敬容爲尚書右僕
射癸巳老人星見九月庚午以太子詹事蕭深
藻爲征北將軍南兗州刺史文戌狼牙脩國奉
表獻方物冬十月己酉行幸同泰寺高祖外法
座爲四部衆說大般涅槃經義迄于乙卯前以
山縣庶族畫蕭正則有罪流徙至是招誘亡命欲寇

廣州在所討平之十一月乙未行幸同泰寺高
祖外法座爲四部衆說摩訶般若波羅蜜經義
訖于十二月辛丑是歲吳興郡生野穀堪食
四年春正月景寅朝以鎮衞大將軍開府儀同
三司南平王偉進位大司馬司空元法僧進位
太尉尚書令中權大將軍開府儀同三司袁昂
進位司空立臨川靖惠王宏子正德爲臨賀郡
王戊辰以丹陽尹邵陵王綸爲揚州刺史太子
右衞率薛法護爲平北將軍司州牧衞送元悅
入洛庚午立嫡皇孫大器爲宣城郡王笑未魏
南兗州刺史劉世明以城降敗魏南兗州爲譙
州以世明爲東魏主二月壬寅老人星見新除太
尉元法僧還北爲刺史
北將軍兗州刺史散騎常侍元樹爲鎮北將
軍庚戌新除揚州刺史邵陵王綸有罪免爲庶
人壬子以江州刺史武陵王紀爲揚州刺史領
軍將軍蕭印爲江州刺史景辰邵陵縣獲白鹿

三月庚午侍中領國子博士蕭子顯上表置
制旨孝經助敎一人生十人專通髙祖所釋孝
經義夏四月壬申盤盤國遣使獻方物秋七月
甲辰星隕如雨八月景子特進陸倕卒九月乙
巳以太子詹事南平王世子恪爲領軍將軍
比將軍雍州刺史盧陵王續爲安北將軍西中
郎將荊州刺史湘東王諱爲平西將軍司空袁
昂領尚書令十月巳酉高麗國遣使獻方物
十二月庚辰以太尉元法僧爲驃騎大將軍開
封同三司之儀郢州刺史

三二七 ▲梁書紀三 十五▶ 煥之

五年春正月辛卯輿駕親祠南郊大赦天下孝
悌力田賜爵一級先是一日東南郊令解滌之
等到郊所履行忽聞空中有異香三隨風至叉
將行事奏樂迎神甲有神光滿壇上來紫黃白
雜色食頃方滅兼太宰武陵王紀等以聞戊申
京師地震巳酉長星見辛亥輿駕親祠明堂癸
丑以宣城王大器爲中軍將軍河南國遣使獻
方物二月癸未行幸同泰寺設四部大會高祖

升法座發金字摩訶詞波若經題訖于巳丑老人
星見三月景辰大司馬南平王偉薨夏四月癸
酉以御史中丞臧盾兼領軍五月戊子京邑大
水御道通船六月巳卯魏建義城主蘭寶親
東徐州刺史以下邳城降秋七月辛卯改下邳
爲武州八月甲子波斯國遣使獻方物甲
申中護軍蕭深猷卒九月巳亥以前徐州刺史元景隆爲安
右將軍老人星見甲寅以尚書令司空袁昂臨
賀王正德爲中護軍

三二五 ▲梁書紀三 十六▶ 煥

爲特進右光祿大夫司空如故盤盤國遣使獻
方物冬十月庚申以尚書右僕射何敬容爲尚
書左僕射吏部尚書謝舉爲尚書右僕射侍
中國子祭酒蕭子顯爲吏部尚書
六年春二月癸亥輿駕親耕藉田大赦天下孝
悌力田賜爵一級三月巳亥以行河南王可咨
振爲西秦河五州刺史河南王甲辰百濟國遣
使獻方物夏四月丁卯癸感在南斗秋七月甲
辰林邑國遣使獻方物八月巳未以南梁州刺

08-49

史武興王楊紹先爲秦南秦二州刺史冬十月丁卯以信武將軍元慶和爲鎮北將軍率衆北伐閏十二月景午西南有雷聲二

大同元年春正月戊申朔改元大赦天下二月巳卯老人星見辛巳興駕親祠明堂丁亥興駕躬耕藉田辛丑高麗國丹丹國冬遣使獻方物夏三月辛未滑國王安樂薩丹王遣使獻方物夏四月庚子波斯國獻方物甲辰以魏鎮東將軍劉濟爲徐州刺史壬戌以安北將軍廬陵王續

爲安南將軍江州刺史秋七月乙卯老人星見辛卯扶南國遣使獻方物冬十月辛卯以前南兗州刺史蕭藻爲護軍將軍十一月丁未中衛將軍特進右光禄大夫禄卒壬戌以梁州刺史蘭欽攻漢中剋之魏梁州刺史元羅降祭亥賜溪州歸附者復除有差甲子雄勇將軍北益州刺史陰平王楊法深進號平北將軍行左角星十二月乙酉以魏北徐州刺史羊徽逸爲平北將軍十二月戊戌以平西將軍泰南

二州刺史武興王楊紹先進號車騎將軍平北將軍北益州刺史陰平王楊法深進號驃騎將軍辛丑以平西將軍荆州刺史湘東王譚進號安西將軍

二年春正月甲辰以兼領軍臧盾爲中領軍二月乙亥興駕躬耕藉田景戌老人星見三月庚申詔曰政在養民德存被物上令如風民應如草朕以寡德運屬時來撥亂反正倏爲三紀未能使重門不閉守在海外疆場多阻車書未一

民疲轉輸士勞邊防徹田爲糧未得頓止治道不明政用多辟百辟無沃心之言四聰關飛耳之聽州轂刺舉郡忘共治致使失理貟謗無由聞達悔文弄法因事生姦肺石空陳懸鍾徒設不及凡厥在朝各獻讜言政治不便於民者可悉陳之若在四遠刺史二千石長吏並以奏聞細民有言事者咸爲申達朕將親覽以紓其過文武在位舉爾所知公侯將相隨才擢用拾遺

補闕勿有所隱夏四月乙未以驃騎大將軍開
府同三司之儀元法僧為太尉領軍師將軍先
是尚書右丞江子四上封事極言政治得失五
月癸卯詔曰古人有言屋漏在上知之在下朕
所鍾過不能自覺江子四等封事如上尚書可
時加檢括於民有蠹患者便即勤停宜速詳格
勿致淹緩乙巳以魏前梁州刺史元羅為征北
大將軍青冀二州刺史六月丁亥詔曰南郊明堂
陵廟等令與朝請同班於事為輕可改視散騎
侍郎冬十月乙亥詔大舉北伐十一月己亥詔

梁書紀三 十九 阮祐

北伐衆班師辛亥京師地震十二月壬申魏請
通和詔許之丁酉以兵與太守駙馬都尉利孝
庾張續為吏部尚書
三年春正月辛丑輿駕親祠南郊大赦天下孝
悌力田賜爵一級是夜朱雀門災壬寅天無雲
雨灰黃色癸卯以中書令邵陵王綸為江州刺
史二月乙酉老人星見丁亥輿駕親耕藉田己
丑以尚書左僕射何敬容為中權將軍護軍將

軍蕭深藻為安右將軍尚書左僕射以尚書右
僕射謝舉為右光祿大夫庚寅以安南將軍廬
陵王續為中衛將軍護軍將軍三月戊戌立昭
明太子子譽為武昌郡王豐為義陽郡王夏四
月丁卯以南琅邪彭城二郡太守河東王譽為
徐州刺史五月景申以前揚州刺史武陵王紀
復為揚州刺史六月青州胸山隕霜秋七月
癸卯魏遣使來聘己酉義陽王臨湘王薨是月青
州雪害苗稼八月甲申老人星見辛卯輿駕幸

梁書紀三 二十 徐羲

阿育王寺赦天下九月南兗州大飢是月北徐
州境內旅生稻稗二千許頃閏月甲子安西將
軍荊州刺史湘東王諱進號鎮西將軍揚州刺
史武陵王紀為安西將軍益州刺史冬十月景
辰京師地震是歲飢
四年春正月庚辰以中軍將軍宣城王大器為
中軍大將軍揚州刺史二月己亥輿駕親耕藉
田三月戊寅河南國遣使獻方物癸未芮芮國
遣使獻方物五月甲戌魏遣使來聘秋七月已

未以南琅邪彭城二郡太守岳陽王譽為東揚
州刺史癸亥詔以東治徒李胤之降如來真形
舍利大赦天下八月甲辰詔南兗北徐西徐東
徐青冀南北青武仁潼睢等十二州既經飢饉
兼國子助教皇侃表上所撰禮記義疏五十卷
五年春正月乙卯以護軍將軍盧陵王續為驃
騎將軍開府儀同三司安右將軍尚書左僕射
蕭深藻為中衛將軍開府儀同三司中權將軍

丹陽尹何敬容以本號為尚書令吏部尚書張
纘為尚書僕射都官尚書劉孺為吏部尚書丁
巳御史中丞參禮儀事賀琛奏今南北二郊又
藉田往還並宜御輦不復乘輅二郊請用素輦
藉田往還乘玉輦辛未輿駕親祠南郊詔大同
太僕詔付尚書博議施行改素輦名大同輦及
祠宗廟乘玉輦皆以侍中陪乘停大將軍及
田及州閭鄉黨稱為善人者各賜爵一級并勒
屬所以時騰上三月己未詔曰朕四聰既闕五

識多蔽畫可外牒或致紕繆凡是政事不便於
民者州郡縣即時皆言勿得欺隱如使怨訟當
境任失而今而後以為永准秋七月己卯以驃
騎將軍開府儀同三司盧陵王續為荊州刺史湘
東王譯為護軍將軍安右將軍八月乙酉扶南
國遣使獻生犀及方物九月庚申以都官尚書
到溉為吏部尚書冬十月乙亥親遣使來聘
十二月癸未以吳郡太守謝舉為中書監新除
中書令鄱陽王範為中領軍

六年春正月庚戌朔曲赦司豫徐兗四州二月
己亥輿駕親耕藉田景午以江州刺史邵陵王
綸為平西將軍郢州刺史雲麾將軍豫章王權
為江州刺史秦郡獻白鹿一夏四月癸未詔曰
命世興王嗣賢傳業聲稱不朽人代徂遷二賓
以位三恪義在時事浸遠宿草榛蕪塋古興懷
言念愴然晉宋齊三代諸陵有職司者勤加守
護勿令細民女相侵毀作丘有少補使充足前無
守視並可量給五月戊寅以前青冀二州刺史

元羅為右光祿大夫已卯河南王遣使獻馬及
方物六月丁未平陽縣獻白鹿一秋七月丁亥
魏遣使來聘八月戊午赦天下辛未詔曰經國
有體必議諸朝所以尚書置令僕丞郎旦上
朝以議時事倚懷慨然後奏聞頃者不爾每
待多士旦朕寡德所能獨斷自令尚書中有疑
事前於朝堂參議然後啟聞不得習常其軍
言便是是故放勛之聖猶咨四岳何重華之叡亦
有疑事倚立求決古人有云主非堯舜何得發
機要切前須諮審自依舊典盤盤國遣使獻方
物九月移安州置定遠郡受北徐州都督定遠
郡改屬安州始平太守崔碩表獻嘉禾一莖十
二穗戊戌特進左光祿大夫司空袁昂薨冬十
一月已卯曲赦京邑十二月壬子江州刺史豫章
王懽薨以護軍將軍湘東王譯為鎮南將軍
江州刺史置桂州於湘州始安郡授湘州督省
南桂林等二十四郡悉改屬桂州
七年春正月辛巳輿駕親祠南郊赦天下其有

流移及失業捨者各還田宅蠲課五年辛丑輿
駕親祠明堂三月乙巳以行宕昌王梁彌泰為
平西將軍河梁二州刺史宕昌王辛亥輿駕躬
耕藉田乙卯京師地震丁巳以中領軍鄱陽王
範為鎮北將軍雍州刺史三月乙亥宕昌王遣
使獻馬及方物高麗百濟滑國各遣使獻
康王會理兼領軍魏遣使來聘五月癸丙以侍中南
方物冬十月景午以侍中劉孺為吏部尚書十
夏四月戊申景午秋九月戊寅
一月景子詔傅在所役使女丁丁詔曰民之
多幸國之不幸恩澤屢加彌長姦盜朕亦知
此之為病矣如不憂赦非仁人之心凡厥傭耗
通頁起令七年十一月九日昧爽以前在民間
無問多少言上尚書皆所未入者皆赦除之又
詔曰用天之道分地之利蓋先聖之格訓也凡
是田桑廢宅沒者公創之外悉以分給貧民
皆使量其所能以受田分如聞頃者豪家富室
多占取公田貴價僦稅以與貧民傷時害政

為蠹已甚自今公田悉不得假與豪家已假者
特聽不追其若富室種粮共營作者
不在禁例已丑以金紫光禄大夫臧盾為領軍
將軍十二月壬寅詔曰古人云一物失所如納諸
隍朕是切言也朕寒心消志為日久矣每為一人
投箸方眠徹枕獨坐懷憂憤悅申旦火矣每食
萬姓故耳州牧多非良才守宰獸而傅翼揚
阜是故憂憤賈誼所以流涕至於民間謀求
萬端或供廚帳或供廁庫或遣使命或待賓客
非止一事亦頻禁斷猶目未已外司明加聽採
劫縱更相枉通良人命盡富室財殫此為怨酷
毒盜不止暴掠繁多或米供設或責腳步又行
皆無自費取給於民又後多遣遊軍稱為過防
隨事卑奏又復公私傳屯邸冶爰至僧尼當其
地界止應依限守視乃至廣加封固越界分
斷水陸採捕及以樵蘇遂致細民措手無所
凡自仝有越界禁斷者禁斷之身皆以軍法從
事若是人全家創內止不得輒自立屯與公競作

以收私利至百姓樵採以供煙爨者悉不得禁
及以採捕亦勿訶問若不遵承皆以死罪結正
魏遣使來聘景辰於宮城西立士林館延集學
者是歲交州土民李賁攻刺史蕭諮諮輸賂得
還越州
八年春正月安城郡民劉敬躬挾左道以反內
史蕭說委郡東奔敬躬據郡進攻盧陵取豫
章妖黨遂至數萬削遍新淦柴桑二月戊戌江
州刺史湘東王譯遣中兵曹子郢討之三月戊
辰大破之擒敬躬送京師斬于建康市是月於江
州新蔡高埭立頌平屯墾作蠻田遣越州刺史
陳族羅州刺史寧巨安州刺史李智愛州刺史
阮漢同征李賁於交州
九年春閏月景申地震生毛二月甲戌使江州
民三十家出奴婢一戶配送司州三月以太子詹
事謝舉為尚書僕射夏四月林邑王破德州攻
李賁賁將范脩又破林邑王於九德林邑王敗
走冬十月辛丑安西將軍益州刺史武陵王

紀進號征西將軍開府儀同三司十二月壬戌

領軍將軍臧盾卒以輕車將軍河東王譽為領

軍將軍

十年春正月本子責於交阯竊位號署置百官三

月甲午輿駕幸蘭陵謁建寧寧陵辛丑至脩陵壬

寅詔曰朕自達桑梓五十餘載每歲東顧靡日

不思今四方款關海外有截獄訟稍簡國務小

閒始獲展敬園陵但增感慟故鄉老少接踵遠

至情貌孜孜若歸于父宜有以慰其此心並可

錫位一階弁加頒賚所經縣邑無出今年租賦

監所責民編復二年弁普賚內外從官軍主

左右錢米各有差因作還舊鄉詩癸卯詔園陵

職司恭事勤勞並錫位一階弁加沾賚丁未仁

威將軍南徐州刺史臨川王正義進號安東將

軍己酉幸京口城北固樓改名北顧庚戌幸回

賓亭宴帝鄉故老及所經近縣奉迎候者少長

數千人各賚錢二千夏四月乙卯輿駕至自蘭

陵詔鰥寡孤獨尤貧者賻䘏各有差五月丁酉

梁書紀三　二十七

尚書令何敬容免秋九月巳丑詔曰今茲遠近

兩澤調適其穫巳及冀必萬箱宜使百姓因斯

安樂凡天下罪巳發覺未發覺討捕未

擒者昔赦宥之侵割耗散官物無問多少亦悉

原除田者荒廢水旱不作無傷備臺州以文列應

者弁作田不登公格者並停去土悉聽

通殿罪悉從原其有因飢逐食離鄉去土悉聽

復業蠲課五年冬十二月大雪平地三尺

十一年春三月庚辰詔曰皇王在昔澤風未遠

故端居玉扆拱默巖廊自大道既淪澆波斯逝

動競日滋情偽彌作朕負扆百年將半宵

漏未分躬勞政事白日西浮不遑餐飯退居猶

於布素含咀匪過藜藿窶以萬乘為貴四海

為富唯欲億兆康寧下民安文雖復三思行事

而百願多失凡遠近分置內外條流四方所立

屯傅邸冶市埭桁渡津稅田園新舊守宰遊軍

成遷有不便於民者尚書州郡各速條上當隨

言除省以舒民惠夏四月魏遣使來聘冬十月

梁書紀三　二十八

已未詔曰堯舜以來便開贖刑中年依古許罪
身入贖吏下因此不無姦猾所以一日復勅禁
斷川流難壅人心惟危既垂內典慈悲之義又
傷外教好生之德書云與殺不辜寧失不經可
復開罪身皆聽入贖

中大同元年春正月丁未曲阿縣建陵隧口石
騏驎動有大蛇鬥隧中其一被傷奔走癸丑交
州刺史楊暸剋交阯嘉寧城李賁竄入獠洞
交州平三月乙巳大赦天下凡主守割盜放散
官物及以軍糧器下凡是赦所不原者起十一
年正月以前皆從恩十一年正月已後悉原可
責其或為事逃叛流移因飢以後亡鄉失土可
聽復業蠲課五年停其傜役其被拘之身各還
本郡舊業若在皆悉還之庚戌法駕出同泰寺
大會停寺省講設法會大赦改元孝悌力田為父
同泰寺解講金字三慧經夏四月景成於
後者賜爵一級檳宿衛文武各有差是於
寺炎六月辛巳竟天有聲如風雨相擊薄秋七

月辛酉以武昌王誓為東揚州刺史甲子詔曰
禽獸知母而不知父無賴子弟過於禽獸至於
父母並皆不知多觸王憲致又老人者年禁執
大可傷愍自今有犯罪者父母祖父母勿坐唯
大逆不預今恩景寅詔曰朝四而暮三眾狙皆
喜名實未虧而喜怒為用頃聞外間多用九陌
錢陌減則物貴陌非物貴賤是心
有頗倒至於遠方日更滋甚豈直國有異政乃
至家有殊俗徒亂王制無益民財自今可通用足
陌錢令書行後百日為期若猶有犯男子謫運
女子質作並同三年八月丁丑東揚州刺史武
昌王懿言薨以安東將軍南徐州刺史臨川王正
義即本號東揚州刺史丹陽尹邵陵王綸為鎮
東將軍南徐州刺史甲午渴槃陀國遣使獻方
物又十月癸酉汝陰王劉哲薨乙亥以前東揚
州刺史岳陽王詧為雍州刺史
大清元年正月壬寅驃騎大將軍開府儀同三
司荊州刺史廬陵王續薨以鎮南將軍江州刺

史湘東王諱為鎮西將軍荊州刺史辛酉輿駕
親祠南郊詔曰天行彌綸覆燾之功博乾道憂
化資始之德成朕沐浴齋宮虔恭上帝祗事橋
燎高煙太一大禮克遂感慶兼懷思與德兆同
其福惠可大赦天下九窮者無出即年租調清
議禁錮並皆宥釋所討通叛巧籍隱年閭丁
匿口開恩百日各令自首不問往罪流移他鄉
治事復宅業錮課五年孝悌力田賜爵一級居局
聽復賞勞二年可班下速近博採英異或德

【梁書紀三】 三十一 徐鎮

茂州間道行鄉邑或獨行特立不求聞達咸使
言上以時招聘甲子輿駕親祠明堂二月巳卯
白虹貫日庚辰魏司徒侯景求以豫章廣潁洛陽
西揚東荊北荊襄東豫南兗西兗齊等十三州
內屬壬午以景為大將軍封河南王大行臺承
制如鄴為故事十女輿駕躬耕藉田三月庚子
高祖幸同泰寺設無遮大會拾貝公卿等以錢
一億萬奉贖甲辰道司州刺史羊鴉仁兗州刺
史祖和仁州刺史湛海珍等應接北豫州夏四

月十亥輿駕還宮大赦天下改元孝悌力田為
父後者賜爵一級在朝羣臣宿衛文武並加頒
賚五月丁酉輿駕幸德陽堂宴羣臣設絲竹
樂六月戊辰以前雍州刺史郢陽王範為征北將
軍總督漢北征討諸軍事秋七月庚申牟鴉仁
入懸瓠城甲子詔曰二豫分置其來久矣今汝
潁剋定可依前代故事以懸瓠為豫州壽春
為南豫改合肥為合州北廣陵為淮州項城為
殷州合州為南合州八月乙丑王師北伐以南豫

【梁書紀三】 三十二 襄

州刺史蕭明為大都督詔曰今汝南新復高
頓載清瞻言遺黎有勞鑒寐宜軍寬惠與之更
始應是緣邊初附諸州部內百姓先有罪流
亡逃叛入此一皆曠蕩不問往晉并不得挾以
私讎而相報復若有犯者嚴加裁問戊子以大
將軍庚京錄行臺尚書事九月癸卯王遊苑死成
庚戌輿駕幸苑冬十一月魏道大將軍慕容紹
宗等至寒山景辛大戰深明敗績及北兗州刺
史胡貴孫等並陷魏紹宗進圍潼州十二月戊辰

遣太子舍人元貞還北為魏主辛巳以前征北
將軍鄱陽王範為安北將軍南豫州刺史
二年春正月戊戌詔在位各舉所知己亥魏陷
渦陽辛丑以尚書僕射謝舉為尚書令守吏部
尚書王克為尚書僕射甲辰豫州刺史羊鴉仁
殷州刺史羊思達並棄城走魏進據之乙卯以
大將軍鄱陽王範為合州刺史南豫州牧安北將軍
史鄱陽王範景為南豫州牧安北將軍南豫州刺
高麗王高延卒以其息為寧東將軍高麗王樂
浪公己未以鎮東將軍南徐州刺史邵陵王綸
為平南將軍湘州刺史同三司之儀中衛將軍
開府儀同三司蕭深藻為征東將軍南徐州刺
史是日屈獠洞斬李賁傳首京師夏四月景子
詔在朝及州郡各舉清人任治民者比皆以禮
送京師戊寅以護軍將軍河東王譽為湘州刺
史五月辛丑以新除中書令邵陵王綸為安前
將軍開府儀同三司前湘州刺史張纘為領軍
將軍辛亥曲赦交愛德三州癸丑詔曰為國在

於多士寧下寄于得人朕暗於行事尤闕沿道
孤立在上如臨深谷凡爾在朝咸思匡救獻替
可否用相啓沃斑下方岳傍求俊乂窮其屠
釣盡其巖穴以時奏聞是月兩月夜見秋八月
乙未以右衛將軍朱异為中領軍戊戌景將
軍南豫州俟景龍襲譙州執刺史蕭泰于未景進
赦南豫州九月景寅加左光祿大夫元羅鎮石
軍冬十月癸景襲譙州執刺史蕭泰于未景進
兵反擅攻馬頭木柵荊山等城甲辰以安前將
軍開府儀同三司邵陵王綸都督眾軍討景曲
陽郡己酉景自橫江濟于採石辛亥景師至京
師臨賀王正德為平北將軍都督京師諸軍屯丹
陽郡臨賀王正德率眾附賊十一月辛酉賊攻陷東
府城害南浦侯蕭推中軍司馬楊旰庚辰邵
陵王綸帥武州刺史蕭弄璋前譙州刺史趙
伯超等入援京師頠鍾山愛敬寺乙酉綸進軍
湖頭與賊戰敗績景戍安北將軍鄱陽王範遣
世子嗣雄信將軍裴之高等帥眾入援次于張

公洲十二月戊申天西北中裂有光如火尚書
令謝舉卒景辰司州刺史柳仲禮前衡州刺史
韋粲高州刺史李遷仕前司州刺史柳仲禮前衡州刺史
羊鴉仁等
並帥軍入援推仲禮為大都督
三年春正月丁巳朔柳仲禮帥衆分據南岸是
日賊濟軍於青塘龑破韋粲營粲拒戰死庚
申邵陵王綸東揚州刺史臨成公大連等帥兵集
南岸乙丑中領軍朱异卒景寅以司農卿傅岐
為中領軍戊辰高州刺史李遷仕天門太守樊
帥江州之衆頓于蘭其苑庚戌安北將軍合州
文皎進軍青溪東為賊所破交歿死之壬午癸
惑守心乙酉大白晝見二月丁未南兖州刺史
南康王會理前青冀二州刺史湘潭疾蕭退
刺史鄱陽王範以本號開府儀同三司三月戊午
前司州刺史羊鴉仁等進軍東府北與賊戰大
敗己未皇太子妃王氏薨丁卯賊攻陷宮城縱
兵大掠己巳賊矯詔遣石城公大欵解外援
軍庚午矣景自為都督中外諸軍事大丞相錄

三十五

尚書辛未援軍各退散景子焈惑守心壬午新
除中領軍傳岐卒夏四月巳丑京師地震丙申
地又震巳酉高祖以所求不供憂憤寢疾是月
青異三州刺史湛海珍北
青州刺史王明少退東徐州刺史湛海珍北
青州刺史王奉伯各舉州附于魏五月景辰高
祖崩于淨居殿時年八十六辛巳遷大行皇
帝梓宫于太極前殿冬十一月
曰高祖乙卯葬于脩陵高祖生知淳老年六歲
獻皇太后崩水將水不入口三日哭泣哀苦有過
成人內外親黨咸加敬異又丁文皇帝憂時為
齊臨川王諮議隨府在荊鎮屢歸奉諱聞便投
星馳不復寢食倍道就路憤風驚浪不暫值正
友不復識焉望宅奉諱氣絕父之每哭輒歐血
高祖形容本壯及還至京都銷毀骨立親表士
數外服內不復識焉惟資大麥日止二溢拜掃
山陵沸淚所灑松草變色及居帝位即於鍾山
造大愛敬寺青溪邊造智度寺又於臺內立
至敬等殿又立七廟堂月中再過設淨饌每至

三十六

展拜恒洒淅沲哀動左右加以文思欽明能
事畢究少而篤學洞達儒玄雖萬機多務猶
卷不輟手燃燭側光常至戊夜造制旨孝經義
周易講疏及六十四卦二繫文言序卦等義
社義毛詩答問尚書大義中庸講
疏孔子正言老子講疏凡二百餘卷並正先儒
之迷開古聖之旨王侯朝臣皆本表質疑高祖
皆為解釋悟飾國學增廣生員立五館置五
經博士天監初則何佟之賀場嚴植之明山賓
同中於臺西立士林館領軍朱异太府卿賀琛
舍人孔子袂等遞相講述皇太子宣城王亦於東
宮宣獻堂及揚州解開講於是四方郡國趨
學向風雲集於京師矣兼篤信正法尤長釋典
制涅盤大品淨名三慧諸經義記復數百卷
聽覽餘閒即於重雲殿及同泰寺講說名僧碩
學四部聽眾常萬餘人又造通史躬製贊序凡

三十七

六百卷天情睿敏下筆成章千賦百詩直疏便
就皆文質彬彬超邁今古詔銘贊誄箴頌牋奏
爰初在田泊登實歷凡諸文集又百二十卷六
藝備閒棊登逸品陰陽緯候卜筮占決並悉稱
善又撰金策三十卷草隸尺牘騎射弓馬莫不
奇妙勤於政務孜孜無怠每至冬月四更竟即
敕把燭看事執筆觸寒手為皴裂紉裌摘伏
洞盡物情常哀矜涕泣然後可奏日止一食膳
無鮮腴惟豆羹糲食而已庶事繁擁日儻移

中便嗽口以過身衣布衣木緜皁帳一冠三載
一被二年常克儉於身凡此皆類五十外便斷
房室後宮職司貴妃以下六宮褘褖三翟之外
皆衣不曳地傍無錦綺不飲酒不聽音聲非
宗廟祭祀大會饗宴及諸法事未嘗作樂性
方正雖居小殿暗室恒理衣冠小坐押褸盛夏
暑月未嘗裹袒不正容止不與人相見雖觀內
豎小臣亦如遇大賓也歷觀古昔帝王人君恭
儉莊敬藝能博學罕或有焉

三十八

史臣曰齊季守土告終君臨昏虐天棄神怒衆叛親
離高祖英武睿哲義起樊鄧杖旗建號濡足救
焚擬蒼兕之師畫龍豹之陣雲驤雷駭前暴夷
凶萬邦樂推三靈改卜於是御鳳曆握龍圖闢四
門弘招賢之路納十亂引諒直之規興文學脩郊
祀治五禮定六律四聰既達萬機斯理治定功
成遠安邇肅加以天祥地瑞無絶歲時征賦所
及之鄉文軌傍通之地南超萬里西拓五千其
中環財重寶千夫百族莫不充牣王府蹳角闕

庭三四十年斯為盛矣自魏晉以降未或有焉
及乎耄年委事羣倖然朱异之徒作威作福
挾朋樹黨政以賄成服晃乘軒由其掌握是以朝
經混亂賞罰無章小人道長抑此之謂也賈誼
云可為慟哭者矣遂使滔天羯寇承閒掩襲蹈
羽流王屋金契辱乘與塗炭黎元喬離宮室嗚
呼天道何其酷焉雖曆數斯窮蓋亦人事然也

紀第四

簡文帝

太宗簡文皇帝諱綱字世纘小字六通高祖第
三子昭明太子母弟也天監二年十月丁未生
于顯陽殿五年封晉安王食邑八千戶八年為
雲麾將軍領石頭戍軍事量置佐吏九年遷使
持節都督南北兗青徐冀五州諸軍事宣惠
將軍南兗州刺史十二年入為宣惠將軍丹陽
尹十三年出為使持節都督荊雍梁益南北秦益
寧七州諸軍事南蠻校尉荊州刺史將軍如故
十四年徙為都督江州諸軍事雲麾將軍江州
刺史持節如故十七年徵為西中郎將領石頭
戍軍事尋復為宣惠將軍丹陽尹加侍中普通
元年出為使持節都督益寧南梁南秦沙七
州諸軍事益州刺史未拜改授雲麾將軍南徐
州刺史四年徙為使持節都督雍梁南北秦四
州郢州之竟陵司州之隨郡諸軍事平西將軍

梁書紀四　一　　沈

寧蠻校尉雍州刺史五年進號安北將軍七年
權進都督荊益南梁三州諸軍事是歲丁所生
穆貴嬪喪上表陳解詔還攝本任中大通元年
詔依先給鼓吹一部二年徵為都督南揚徐二
州諸軍事驃騎將軍揚州刺史三年四月乙巳
昭明太子薨五月景申詔曰非至公無以主天
下非博愛無以臨四海所以堯舜克讓惟德是
與文王舍伯邑考而立武王格于上下光于四
表今仰宗祏落天步艱難淳風猶鬱黎民未乂
自非克明克哲克文克武當能荷神器之重闡
龍圖之算晉安王綱文義生知孝敬自然威惠
外宣德行內敏君子后歸美菲享土宅心可立為皇
太子七月乙亥臨軒策拜以惰繕東宮權居東
府四年九月乙亥移還東宮大清三年五月景辰高
祖崩辛巳即皇帝位詔曰朕以不造夙丁閔凶
大行皇帝奄棄萬國攀慕號躃屑身靡所猥以
寡德越居民上榮榮在疚罔知所託方賴藩輔
社稷用安謹遵先旨顧命遺澤宜加億兆可大

梁書紀四　二

赦天下壬午詔曰昔月物惟寬馭民惟惠道第與
王本非隸役或開奉國便致擒虜或在邊疆濫
被抄劫二邦是競黎元何罪朕以寡昧創承鴻
業既臨華土化行宇宙宣欲使彼獨爲匪民諸
州見在比人爲奴婢有兄及妻見悉可原放癸
未追論妃王氏爲簡皇后六月戊戌以南康嗣
王會理爲司空丁亥立宣城王大器爲皇太子
壬辰封當陽公大心爲尋陽郡王大款爲南海郡王石城公大臨爲南
爲江夏郡王寧國公大臨爲南海郡王臨城公
大連爲南郡王西豐公大春爲安陸郡王新渝
公大成爲山陽郡王臨湘公大封爲宜都郡王
秋七月甲寅廣州刺史元景仲謀應侯景西江
督護陳霸先起兵攻之景仲自殺霸先迎定州
刺史蕭勃爲刺史戊辰以吳郡置吳州以安陸
王大春爲刺史庚午以司空南康嗣王會理兼
尚書令南海王大臨爲揚州刺史新興王大壯
爲南徐州刺史是月九江大饑人相食十四五
八月癸卯征東大將軍開府儀同三司南徐州

刺史蕭深藻藻薨冬十月丁未地震十二月百濟
國遣使獻方物
大寶元年春正月辛亥朔以國哀不朝會詔曰
蓋天下之者至公之神器在昔三五不穫已而臨
莅之故帝王之功聖人之餘事軒昊之華僑來
之一物太祖文皇帝道含光大之量啓西伯之基
高祖武皇帝道洽二儀首懷萬物屬齊季薦
彝倫剝喪同氣離元首懷無猒之欲
乃當樂推之運因憶兆之心承被拊角雲蒸雜
聊事非爲已義寔從民故勠成弗居甲宮非食
大慈之業並曰羹汾陽之詔屢下千載無得
而稱朕以寡昧並荼蓼孔棘生靈已盡志不圖全
僶俛視陰企承鴻緒薄未足云喻痛甚
念運遭諒闇彌切方當玄默在躬栖心事外即王
道未直天步猶艱式憑宰輔以弘庶政復端建
號抑惟舊章可大赦天下改太清四年爲大寶
元年丁未天雨黃沙巳未大白經天辛酉乃止
西魏冠安陸執同州刺史柳仲禮盡沒漢東之

地丙寅月晝見癸酉前江都令祖皓起義襲廣
陵斬賊南兗州刺史董紹先侯景自帥水步軍
擊皓二月癸未景攻陷廣陵皓等並見害景戌
以安陸王大春為東揚州刺史省吳州如先以
郡詔曰近東垂擾亂江陽縱逸上室運謀猛士
雄奮吳會肅清淆兗澄謐京師畿內無事戎衣
朝廷達官肅清淆澄謐京師畿內無事可解嚴已以尚書僕
射王克為左僕射是月邵陵王綸自尋陽至于
夏口鄖州刺史南平王恪以州讓綸景午侯景

卍梁書紀四　五　三百卌八

遍太宗幸西州夏五月庚午征北將軍開府儀
同三司郢陽嗣王範薨自春迄夏大飢人相食
京師尤甚六月辛巳以南郡王大連行揚州刺
庚子前司州刺史羊鴉仁自尚書省出奔西州
秋七月戊辰賊行臺任約寇江州刺史尋陽王
大心以州降約是月以南郡王大連為江州刺
史八月甲午湘東王諱遣領軍將軍王僧辯率
衆逼鄖州乙亥侯景自進位相國封二十郡為
漢王邵陵王綸棄鄖州走冬十月乙未侯景又

逼太宗幸西州曲宴自加宇宙大將軍都督六
合諸軍事立皇子大鈞為西陽郡王大威為武
寧郡王大球為建安郡王大昕為義安郡王大
擊為綏建郡王大圜為樂梁郡王壬寅景害南
康嗣王會理十一月任約進據西陽分兵寇齊
昌執衡陽王獻送京師之湘東王諱遣前寧
州刺史徐文盛督衆軍拒約南郡王前中兵張
彪起義於會稽若邪山攻破浙東諸縣
二年春二月邵陵王綸走至安陸董城為西魏

卍梁書紀四　六　三百卌八

所攻軍敗死三月侯景自帥衆西寇丁未發京
師自石頭至新林舳艫相接四月至西陽乙亥
景分遣偏將宋子仙任約襲鄖州景子執刺史
蕭方道閏月甲子景進寇巴陵湘東王諱所遣
王諱道游擊將軍胡僧祐信州刺史陸法和援
巴陵景遣任約帥衆拒援軍六月甲辰朔僧祐
等擊破任約擒之乙巳景解圍遁道王僧辯督
衆軍追景庚申攻魯山城剋之獲魏司徒張化

仁儀同閉洪慶辛酉進圍郢州下之獲賊帥宋
子仙等鄱陽王故將侯瑱起兵龍襲偽儀同千慶
于豫章慶敗走秋七月丁亥侯景還至京師辛
丑王僧辯軍次湓城賊行江州事范希榮棄城
走八月景午晉熙八王僧振鄭寵起兵龍襲郡城
偽晉州剌史夏侯威生儀同任延道走戊午侯
景遣衛尉卿彭僑廂公王僧貴率兵入殿尋太
宗為晉安王幽于永福省皇太子大噐尋陽
王大心西陽王大鈞武甯王大球義安王大昕

及尋陽王諸子二十人矯為太宗詔禪干豫章
嗣王棟大赦改年遣使害南海王大臨於吳郡
南郡王大連於姑熟安陸王大春於會稽新興
王大壯於京口冬十月士寅帝謂舍人殷不害
曰吾昨夜夢吞土卿試為我思之不害曰昔重
耳饋塊卒還晉國陛下所夢得符是乎及王偉
等進觴於帝曰丞相以陛下憂憤既久使臣上
壽帝笑曰壽酒不得盡此乎於是並賚酒餚曲
項琵琶與帝飲帝知不免乃盡酣曰不圖為樂

一至於斯既醉寢王偉彭僑進士襄王脩篡弒坐
其上於是太宗崩於永福省時年四十九賊偽
謚曰明皇帝崩於永福省明年三月癸丑王僧辯
葬前百官奉梓宮外朝稱高宗世祖初太宗見閒文皇
帝廟曰太宗四月乙丑葬莊陵初太宗見幽繋行道
題壁自序云有梁正士蘭陵蕭世續暗室立身
終始如一風兩如晦雞鳴不已弗欺暗室豈況
三光數至於此命也如何又為連珠二首文甚
懍惕太宗幼而敏睿識悟過人六歲便屬文高

祖鴬為其早就弗之信也乃於御前面試辭彩甚
美高祖歎曰此子吾家之東阿既長器宇寬弘
未嘗見慍喜方頰豐下鬚鬢如畫眄則目光
燭人讀書十行俱下九流百氏經目必記篇章
辭賦操筆立成博綜儒書善言玄理自年十一
便能親庶務歷試藩政所在有稱在雍貴憂
哀毀骨立晝夜號泣不絕聲所坐之席沾濕盡
爛在襄陽拜表北伐遣長史柳津司馬董當門
壯武將軍杜懷寶振遠將軍曹義宗等衆軍進

討剋平南陽新野等郡魏南荆州刺史李志據
安昌城降拓地千餘里及居監撫多所弘宥文
案簿領纖毫不可欺引納文學之士賞接無倦
恒討論篇籍繼以文章高祖所製五經講疏嘗
於玄圃奉述聽者傾朝野雅好題詩其序云余
七歲有詩癖長而不倦然傷於輕豔當時號曰
宮體所著昭明太子傳五卷諸王傳三十卷禮
大義二十卷老子義二十卷莊子義二十卷長
春義記一百卷法寶連璧三百卷並行於世焉
史臣曰太宗幼年聰睿令問鳳摽天方縱逸冠
於今古文則時以輕華為累君子所不取焉及
養德東朝聲被夷夏洎乎繼統寔有人君之懿
矣方符文景運鍾屯剝受制賊臣弗展所蘊終
罹懷愍之酷哀哉

紀第四

梁書四

元帝

梁書五　散騎常侍姚思廉撰

世祖孝元皇帝諱繹字世誠小字七符高祖第七子也天監七年八月丁巳生十三年封湘東郡王邑二千戶初為寧遠將軍會稽太守入為侍中宣威將軍丹陽尹普通七年出為使持節都督荊湘郢益寧南梁六州諸軍事西中郎將荊州刺史中大通四年進號平西將軍大同元年進號安西將軍三年進號鎮西將軍五年入為安右將軍護軍將軍領石頭戍軍六年出為使持節都督江州諸軍事鎮南將軍江州刺史太清元年徙為使持節都督荊雍湘司寧梁南北秦九州諸軍事鎮西將軍荊州刺史三年三月矦景寇沒京師四月太子舍人蕭歆至江陵宣密詔以世祖為侍中假黃鉞大都督中外諸軍事司徒承制餘如故是月世祖徵兵於湘州湘州刺史河東王譽拒不遣十月景年遣

梁紀五　一

世子方等帥眾討譽戰所敗死是月又遣鎮兵將軍鮑泉代討譽九月丁卯雍州刺史岳陽王詧舉兵反來寇江陵世祖嬰城拒守乙丑詧將杜崱與其兄弟及楊混各率其眾來降景寅遣走鮑泉攻湘州不克又遣左衛將軍王僧辯衛將軍王僧辯獲橘三十子共蒂以獻二月甲戌衡陽內史周弘直表言鳳皇見郡界夏五月

代將

太寶元年世祖猶稱太清四年正月辛亥朔左辛未王僧辯克湘州斬河東王譽湘州平六月江夏王大款山陽王大成宣都王大封自信安間道來奔九月辛酉以前郢州刺史南平王恪為中衛將軍尚書令開府儀同三司中撫軍將軍世子方諸為郢州刺史左衛將軍王僧領軍將軍改封大款為臨川郡王大成為桂陽郡王大封為汝南郡王是月任約進寇西陽武昌追左衛將軍徐文盛右衛將軍陰子春太子右衛率蕭慧正權荊州刺史席文獻等下武昌

梁紀五　二

拒約以中衛將軍尚書令開府儀同三司南平
王恪為荊州刺史鎮武陵十一月甲子南平王
恪侍中臨川王大欵桂陽王大成散騎常侍江
安侯圓正侍中左衛將軍張緒司徒左長史曇
等府州國正二千人奉牋曰竊以嵩岳既峻山川
出雲大國有蕃申甫惟翰豈非皇建斯極以
位為寶聖教辨方督名與器是知大尉佐帝重
華表黄玉之符司空相土伯禹降玄珪之錫伏
惟明公大王殿下命世應期撲生將聖忠爲令

三

德孝寶天經地切應韓寄深曰顗五品斯訓七
政以齊志存社稷功濟屯險夷狄内侵枕戈泣
血鯨未掃投袂勤王能使遊魂請盟以屈膝
醜徒衝壁而龍驤氣親蕃外叛釁均吳楚義討甲
威兵不血刃湘波自息非築杜弢之壘峴山離
貳不代劉表之城九江致梗二別殊孤縱命戈
船底定灊霍汗流窮討路絕窺窬胡兵侵界鐵
馬霧合神規獨運皆即臬懸翰同翅折遂修職
貢梁漢合契肆犀利之兵邑漢俱下鍚驍勇之

陣南通五嶺北出力原東夷不怨西戎即序可
謂上流千里持戟百萬天下之至貴四海之所推
也今海水飛雲崑山起燄魏文悲樂推之歲韓
之傍尚致重輿結轍夔夔兩穗出於南平之邦
宣歡成禮之日陽臺之下獨有冠蓋相趨夢水
甘露泥枝降平當陽之境野蠶自績何謝歐絲
閑田生稻嶺殊雨粟莫非舜典明試不陳乎車服
光大當可徽號不彰於舜野蠶

四

者哉甚晉鄭入周尚作卿士蕭曹佐漢且居相
國宜崇安盛禮顯咨羣望恪等稽尋申令博
謙博史謹再拜上進位相國總百揆竹使符一
別淮悒儀狀金斧以剪逆暴乘王輅而定社稷
傍羅麗於日月貞明合于天地扶危翼乂以聞
休哉恪等不通大體自昧伏素以聞世祖令答
曰數鍾陽九時惟百六鯨鯢未剪寇庥痛心周
卑天官泰稱相國東至于海西至于河南次未
焉比瀕玄裹率兹小宰弘斯大德將何用繼踪
曲阜擬跡桓文終建一臣蕭其五拜雖義屬隨

時事無虛紀傳稱皆讓象著鳴謙瞻言前典
再懷哽恋十二月壬辰以定州刺史蕭勃為鎮
南將軍廣州刺史遣護軍將軍尹悅巴州刺史
王珣定州刺史杜多安帥衆下武昌助徐文盛
大寶二年世祖猶稱太清五年二月巳亥魏遣
使來聘三月庚景遣其將宋子仙任約襲郢州執刺史蕭
方諸並降賊庚戌領軍將軍王僧辯帥師衆屯巴
景半景遣其將陰子春等希歸王珣尹悅杜
陵甲子景進寇巴陵五月癸未世祖遣游擊將

二 梁紀五

五 曹鼎

軍胡僧祐信州刺史陸法和帥衆下援巴陵任
約敗景遂道走以王僧辯為征東將軍開府儀
同三司尚書令胡僧祐為領軍將軍陸法和為
護軍將軍仍令僧辯率衆軍追景所至皆捷八
月甲辰僧辯下次盆城辛亥以鎮南將軍南平
刺史蕭方矩為中衛將軍司空征南將軍湘州
王恪進號征南大將軍湘州刺史餘如故九月
已亥以征東將軍開府儀同三司尚書令王僧

辯為江州刺史餘如故盤盤國獻馴象冬十月
辛丑朔有紫雲如車蓋臨江陵城是月太宗崩
侍中征東將軍開府儀同三司江州刺史尚書
令長寧縣侯王僧辯等表曰衆軍薄伐途次九
水即日獲臨城縣使人報稱庚景逆皇帝賊
辰改曜哀我皇極四海崩心我大梁篡堯構緒
基商啟祚太祖文皇帝徇齊作聖改摹有六州高
害太子宗室在寇庭者並罹禍酷六軍慟哭三
祖武皇帝聰明神武奄宅天下依日月而和四

三□世 梁紀五

六 林茂峨

時履至尊而制六合麗正居貞大横固祉四葉
相傒三聖同基蒼爾凶渠遂憑天邑閭闔受白
登之辱象魏致堯城之疑雲晨承華一朝俱酷
金楨王幹象莫不同窮悠悠彼著何其固極臣聞
喪君有君春秋之戒祀夏所以德以長先王之通訓少
康則牧衆撫職祁夏所以配天平王則居正東
遷宗周所以不違羣議故江東可立傳今考古更
昌中宗以卜世漢光以能捕不道故景歷重
無二謀伏惟陛下至孝通幽英武靈斷當七九

之厄而應千載之期啓殷憂之明而居百王之
會取威定霸嶺阻眼難建社治兵載循古道家
國之事一至於斯天祚大梁必將有主軒轅得姓
存者二人高祖五王代實居長乘屈完而陳諸
族拜子武而服大畧功齊九有道濟生民非奉
聖明誰嗣下武聞日月貞明太陽不可以闕
照天地貞觀乾道不可以久惕黃屋左蠹本為
億兆而尊羲軒龍章鳳章蓋以郊禮而貴寶器存乎
至重介石惧於易差黔首豈可少選無君宗祐
豈可一日無主伏願陛下掃地外中柴天改物
事迫凶危運鍾楼攘蓋不勞宗正奉認博士擇
時南面即可居尊德四方既知有
奉八百始可同期殘寇潛居器藏社奧乾象既
傾坤儀巳覆斬棼軒車燒卓照市廛清函夏正
為坐陵開雲宮祚即宮舊襲左廟右社之制可
言陛下繼明闡祚即宮舊襲左廟右社之制可
以權宜五禮六樂之容歲時取備金芝九蓝瓊
苐三脊要衛率職尉候相望坐廟堂以朝四夷

登靈臺而望雲物禪梁用而封泰山臨東海而
禮曰觀然後與三事大夫更謀都邑左瀍右澗
勤雄可以為居抗殿疏龍惟王可以在鎬謹拜表以
勤勤建業也哉臣等不勝控款之至謹拜表以
聞世祖奉諱大臨三日百官縞素刀答曰孤以
延陵之逸軌繼子臧之高讓豈資秋宇之壇安
彌切仲謀之悲若封豕既殲長虵即戮方欲追
萬始不追霜露之哀百憂總萃甫聞伯外之禍
不德天降之災枕戈飲膽扣心泣血風樹之酷
事繁紊陽之石疾景項籍也蕭棟殷辛也赤鳥來
賞劉邦尚曰漢王百旗弗懸周發猶稱太子飛
龍之位軌謂可躊附鳳之徒既聞來議羣公卿
士其論孤之志無忽司空南平王恪率宗室五
十餘人領軍將軍吏民三百餘人立奉牋勸進世
祖固讓十一月乙亥王僧辯又奉表曰此宗室
州別駕張伏率吏民三百靈從軍萬國回皇雖醉醒相扶
位赤縣無主靈從軍動萬國回皇雖醉醒相扶
同歸景尾式哥且誦總赴唐郊猶懼陛下俛首

潛然讓德不嗣傳車在道方慎宋昌之謀法駕
巳陳向杜耿純之勸岳牧翹首天民累息臣聞
星回日薄擊雷轟電者之謂天岳立川流吐霧
蒸雲者之謂地苞天地之混成洞陰陽之不測
而以裁成萬物者其在聖人乎故云天地之大
德曰生聖人之大寶曰位黃屋廟堂之下本非
獲巳而居明鏡四衢之鋪蓋由應物取訓伏惟
陛下稽古文思英雄特達比以周旦則文王之
子方之灰勛則帝摯之季千年旦暮可不在斯

三十一　梁紀五　　九　　天錫

庭闕湮亡鍾鼎淪覆嗣膺景曆非陛下而誰與
可使赤眉更立盆子傀嚚託置高廟陛下而方復
從容高讓用執謙光展其矯行偽書譎罔正朔
見機而作斷可識矣匪疑何止無待著龜日者
公卿失馭禍纏霄極戾臯憑陵姦臣互起率戎
伐頜無奧不然勸明誅晉側足皆爾刀斗夜鳴
烽火相照中朝人士相顧衡悲凉州義徒東望
殞涕慷慨黔首將欲安歸陛下英略緯天沈明
內斷橫劍泣血枕戈嘗膽晨山圯下之筭金匱

玉鼎之謀莫不定筭屋帷決勝千里擊盡靈置電之
敲而建翠華之旗驅六州之兵而總九伯之伐
四方雖虞一戰以霸斬其鯨鯢既章大戮何校
減耳莫匪姦回史不絕書附無虛月自洞展安
波彭蠡蠱底定文昭武穆芳若揪蘭敵國降城和
避凶危若此方陳泰伯之辭國有且臣敢奉
詔天下者高祖之天下陛下者萬國之歡心萬
如親咸九服同謀進國耻家怨計期就
雲社稷不墜繫在聖明人也何時而申帝啓之

三十一　梁紀五　　十　　陳

國旦可無君高祖豈可廢祀即日五星夜聚八
風通吹雲煙紛郁日月光華百官象物而動軍
政不戒而備飛艫巨艦音水浮川鐵馬銀鞍陵
山跨谷英傑接踵忠勇相顧湛宗族以酬恩焚
妻子以報主莫不覆楯衝威提戈擊眾風飛電
耀志滅凶醜所待陛下昭告戶土庚奉上帝廣
發明詔師出以名五行夕返六軍曉進便當盡
司寇之威窮蚩尤之代執石趙而求羶斬姚秦
而取鍾倩掃壈陵奉近宗廟陛下豈得不仰存

國計俯從民請漢宣嗣位之後即遣蒲類之軍

光武登極既竟由此言之不無

前准臣等或世受朝恩或身荷重遇同休等戚

自國刑家苟有腹心敢以死奮不任慺慺之至

謹重奉表以聞世祖答曰省示復具一二孤聞

天生蒸民而樹之或君所以對揚天休司牧黔

首括提合雜以前粟陸驤運之外書契不傳無

得稱也自阪泉彭其武功丹陵表其文德有人

民為有社稷焉或哥謠所歸或惟天所相孤遭

家多難大耻未雪國賊則巢尤弗翦同姓則有

尾不賓卧而思之坐以待旦何以應寶歷何以

嗣龍圖庶一戎旣定罪人斯得祀夏配天方申

來議也是時巨寇尚存未欲即位而四方表勸

前後相屬乃下令曰大壯乘乾明夷垂翼踵度

駈移玉律屢徙四岳頻遣勸進九棘比者表聞

譙沛未復塋運自今表奏所由並斷若有啟疏

何顏撫茲歸運自今表奏所由並斷若有啟疏

可寫此令施行是日賊司空東南道大行臺劉

神茂率儀同劉歸義留異赴義奉表請降

大寶三年世祖猶稱太清六年正月甲戌世祖

下令曰軍國多虞戎旃未靜青領雖熾黔首宜

安時惟星鳥表年祥於東秩春紀水宿龍歌歲取

猶及南畯況三農務業尚看天桃歎水四人有今

玄苗坐食紅粒不植瓏領寒谷積黍自溫窒可惲耕

彌須自許豈直燕垂蟬鳴可悉深耕

概種安堵復業無棄民力並分地利班勸州郡

咸使遵承以智武將軍南平內史王褒為吏部

尚書二月王僧辯衆軍發自尋陽世祖馳檄告

四方曰夫剝極生災乃及龍戰師貞終吉方制

猨豕豈不以侵陽蕩薄源之者亂階定龍艱難

成之者忠義故羿澆滅於前芬卓誅於後是故

使桓文之勳復興於周代溫陶之績彌盛於金

行粵若梁與五十餘載平壹寓内德惠悠長仁

育蒼生義征不服左伊右瀍咸皆仰化濁涇清

渭靡靡不向風建翠鳳之旗則六龍驤首擊靈鼉

之鼓則百神驚肅風牧方邵之賢衛霍辛趙之
將羽林黃頭之士歐貫緹騎之夫叱咤則風雲
興起敲動則嵩華倒攲舉踵交辟屈膝胡人
碼石之前流沙之後延頸舉踵交辟屈膝胡人
不敢牧馬秦士不敢彎弓叶和萬邦平章百姓
十堯九舜昌足云也賊臣庶景匈奴叛臣鳴鏑
餘嗟懸瓠空城本非國寶壽春蔑要賞不踰月
開海陵之倉賑常平之米檄九府之費錫三宮
之錢冒千此貢賄不知紀極敢興逆亂梗我王畿

三言出　▌梁紀五　　十三　　沈謙

賊臣正德阻兵安忍日者結怨江芊遠適單于
簡牘屢彰彭生之魂未弭聚斂無度景卿之誚
已及為獸傅翼遠相招致虐劉我生民離散我
兄弟我是以董率皇貔船撮甲冑霜戈照日則
晨離奪暉龍騎散野則平原擁色信與江水同
流氣與寒風俱憤凶醜畏威委命下吏乞活淮
肥苟存徐兗渙汗既行絲綸爰被我是以班師
凱歸休牛息馬賊猶不悛遂復矢流王屋兵躔
象魏總章之觀非復聽訟之堂甘泉之官永乖

避暑之地坐召憲司卧制朝宰矯託天命偽作
符書重增賦斂肆意衰剝生者逃竄死者暴尸
道路以目庶獠鉗口刑戮失衷爵賞由心老弱
波流士女塗炭藏獲之人五宗及賞搢紳之士
三族見誅殺粟騰踴自相吞噬慄慄黔首路有
衙索之哀春蠶秋黍黎民家隤桓山之泣偃師南望
無復儲胥露寒河陽北臨或有穹廬氈帳南望
之竹未足言其痛西山之兔不足書其罪外監
陳瑩之至伏承先帝登遐宮車晏駕奉諱驚號

▌梁書紀五　　十四　　五五

五內摧裂州宼本毒無地容身顯景阻飢餒甚民
且狼顧遂侵軼我彭蒙憑凌我郢邑竊據我江
夏擁龍襲我巴丘我是以義男爭先忠貞盡力斬
馘凶渠不可稱算沙同赤岸水若絳河任約泥
首於安南化仁面縛於漢口子仙乞活於鄀郢
希榮敗績於柴桑庾景奔竄十鼠爭穴郭默清
夷晉熙附義計窮力屈反殺後主畢原鄉郁立
離禍愚凡蔣邢茅皆伏鈇鑕是可忍也孰不可
容莫府擧有上流寔惟分陝投袂荷戈志在畢

命昔周依晉鄭漢有虚年彼惟末屬猶能如此
況聯華日月天下不賤為臣為子兼國兼家者
哉咸以義旗既建宜須總一共推莫府定用主
盟粤以不使謬董運率遠惟國艱不遑寧處中
權後勁龍襄行天罸提戈蒙險隕越以之天馬千
羣羊長戟百萬驅騁音獲之責智勇之力大楚蹄
荊山淺源度彭蠡舳艫況水以檣其南轅軒委
輸以衝其北華夷百濮羸粮影從雷震風駿直
指建業按劍而叱江水為之倒流抽戈而揮皎
日為之還舍方駕長驅百道俱入夷山殄谷充
原蔽野挾輈曳牛之侶拔距礓石之夫驕而逐
日追風弓則吟猿落鵰捧崑崙而斃死傾渤海
而灌炎如駟馬之載鴻毛若奔牛之觸魯縞以
此衆戰誰能禦之脱復蜂蠆若毒獸窮則關謂
山蓋高則四郊多壘謂地蓋速則三千弗違如
彼怒蛙譬諸飄鼠當是曹萬鈞無勞百溢加以
臨黃道兵起絳宮三門既啓五將咸發舉整整
之旗掃亭亭之氣故以臨機密運非賊所解奉

義而誅何罪不服今遣使持節大都督征東將
軍開府儀同三司江州刺史尚書令長寧縣開
國侯王僧辯率衆十萬直掃金陵鳴天振天撤
金振地朱旗夕建如赤城之霞起戈船夜動若
滄海之奔涵計其同惡不盈一旅君子在野小
人比周何校滅耳匪朝伊夕春長狄景而已黎
支之頸今司寇所誅止羡止貞身荷寵爵
元何辜一無所問諸君或世樹忠貞景而已黎
羽儀鼎族書勳王府俛眉猾堅無由自效豈不
下慙泉壤上愧皇天失忠與義難以自立想誠
南風遍睨西顧因緣立功轉禍為福有能縛羕
景及送首者封萬戶開國公絹布五萬疋有能
率動義衆以應官軍保全城邑亦不為賊用上
賞方伯下賞剖符並裂山河以紆青紫昔由余
入秦禮同卿佐日磾降漢且珥金貂必有其才
何郵無位若執迷不反拒逆王師大軍一臨刑
茲罔赦孟諸焚燎芝艾俱盡宣房河決玉石同
沈信賞之科有如皦日黜陟之制事均白水檄布

遠近咸使知聞三月王僧辯等平侯景傳其首
於江陵戊子以賊平告明堂太社巳丑王僧辯
等又奉表曰衆軍以今月戊子總集建康賊景
鳥伏獸窮頻擊頻挫姦謌詐盡深溝鐵柵結隊
分勒武旅百道同趣突騎短兵犀函楯臣等
千群持戟百萬止紂七步圍項三重轟然大濱
羣凶四滅京師少長俱稱萬歲長安酒食於此
價高九縣雲開六合清朗朔伊黔首誰不載躍
伏惟陛下咀痛茹衰嬰忍憤酷自紫庭絳闕胡
塵四起壖垣好時冀馬雲屯泣血沿兵嘗膽誓
衆而吳楚一家方與七國俱反管蔡流言又以
三監作亂西涼義衆阻強泰而不通幷州遺民
跨飛狐而見泯狄狼當路非止一人鯨鯢不梟
候焉五載英武克振怨耻竊雲永壽霜露如何
可言臣等輒依故實奉脩社廟使者持節分告
塋陵嗣后升遐龍輴未殯承華掩曜梓宮莫測
並即隨由備辦禮具凶荒四海同哀六軍祖哭
聖情孝友理當感慟日者百司岳牧祈仰衮鑒

以錫珪之功旣歸有道當璧之禮允屬聖明而
優詔謙沖寶然凝邊飛龍可蹕而乾父在四帝
閣云叼而闓闓未開謳謌再馳是用翹首所以
越人固執重丹穴以求君周氏樂推踰岐山而
事主漢王不即位無以貴功臣光武不止戈而
謂紹宗廟黃帝遊於襄城尚訪治民之道放勛
入於姑射猶使錯俎有歸伊此儻來豈聖人所
欲帝王所應不獲巳而然伏讀璽書尋諷制旨
顧懷物外未奉慈衷陛下日角龍顔之姿表於
徇齊之日形雲至於氣之瑞基於應物之初博覽
則大哉無所與名深言則曄平昭章之觀忠為
令德孝實動天加以英威茂略雄圖等指麾
則丹浦不戰顧眄則阪泉自蕩地維絕而重紐
天柱傾而更植鑒河津於孟門百川復啓補穹
儀以五石萬物再生縱陛下拂衣而遊廣成
登拚山而去東土羣臣安得仰訴北庶何所歸
仁況郊祀配天鼉簴禮曠齋宮清廟鮑竹不陳
仰望鑾輿匪朝伊夕瞻言法駕載渴且飢豈可

父稽眾議有曠禮則舊郊既復函雄巳平高
奴櫟陽宮館雖毀濁河清渭佳氣猶存皇門有
伉甘泉四敞士圭測景仙人承露斯蓋九州之
赤縣六合之樞機博士捧圖書而赴名都其玉鑾
禮儀而巳列豈得不揚清駕遂其不復長安一
而遊正寢昔東周既遷鎬京遂其不復長安一
亂郊洛永以為居夏后以萬國朝諸侯文王以
六州臣天下跡基百里劍杖三尺以殘楚之地
抗拒九戈一旅之師翦滅三叛坦然大定御輦
東歸解五年於冀州秣六馬於譙郡緝求前古
其可得歟對揚天命何所讓德有理存焉敢重
所奏相國答曰省表復具一二羣公卿士億兆夷
人咸以皇吾之官事均往顧願孟德征西之位且
待前說今淮海長鯨雖云授首襄陽短狐未全
革面太平玉燭爾乃議之辛卯宣猛將軍朱買
臣竊雲豫章嗣王棟及其二弟橋栘世祖志也
四月乙巳益州刺史新除假黃鉞太尉武陵王

紀竊位於蜀改號天正元年世祖遣兼司空蕭
太祠部尚書樂子雲拜謁坐陵脩復社廟丁巳
世祖令曰軍容不入國雖子產獻
捷戎服從事亞夫弗拜義止將兵令凶醜殲夷
逆徒修潰九有既截四海乂安漢官威儀方陳
盛禮衛多君子寄是式瞻便可解嚴以時宣勒
是月以東陽太守張彪為安東將軍五月庚午
司空南平王恪及宗室王庶大都督王僧辯等
復拜表上尊號世祖猶固讓不受庚辰以征南
將軍湘州刺史司空南平王恪為鎮東將軍
揚州刺史餘如故甲申以尚書令征東將軍開
府儀同三司江州刺史王僧辯為司徒鎮衛將
軍乙酉斬賊左僕射王偉尚書呂季略少卿周
石珍舍人嚴亶置於江陵市是日世祖令曰君子
赦過箸在周經聖人解網聞之湯令自儉怆孔
熾長蚖薦食赤縣阽危黔黎塗炭終宵不寐志
在雪恥元惡稽誅本屬族景王偉是其心脊周
石珍負背恩義全並烹諸鼎鑊肆之市朝但比

屯遘寇攘為歲巳積衣冠舊貫被逼偷生猛
士勳豪和光苟免凡諸惡倡諒非一族今特聞
以王澤削以刑書目太清六年五月二十日昧
爽以前咸使惟新是月魏遣太師潘洛辛等為寇
秦郡王僧辯遣杜岦帥衆拒之以陳霸先為征
北大將軍開府儀同三司南徐州刺史是月魏
遣使賀平疾景八月蕭紀率巴蜀大衆連舟東
下遣護軍陸法和屯巴峽以拒之兼通直散騎
常侍聘魏使徐陵於鄴奉表曰臣聞封唐有聖

還承帝譽之家居代惟賢終纂纂高皇之祚無
為稱於革烏至治表於垂衣而撥亂反正非聞
時因多難俱繼神宗者也伏惟陛下出震等於
前古至如金行重作源出東莞連犹昌枝分
南頓當得掩顯姓於軒轅非才子於顓頊莫不
珠衡先彰元后神祇所命非惟太室之祥圖畫
勸華明讓同於旦頭握圖執鈇將在御天王勝
斯歸何止克門之瑞若夫大孝聖人之心中庸
君子之德固以作訓生民貽風多士一日二日

研覽萬機允文允武包羅羣藝擬茲三大賓是
四門歷試諸難咸熙庶績斯無得而稱也自無
安興暴皇祚寢微封豨修蛇行災中國靈心所
宅下武其興望黃鳥之旗國寔誅神奉玄狐之
寃將報天賜黃鳥之長號瞻丹陵而殞慟家
錄滕公擁樹雄氣方嚴張繡交兵風神彌勇忠
誠冠於日月孝義感於冰霜如霆如雷如貔如
獸前驅効命元惡斯殲既挂挂於西州方燃明
於東市虫尤三家寧謂嚴誅王莽千劓非云明

罰青羌赤狄同昇犴狼胡服夷言咸為京觀邦
譏濟濟還見隆平宗廟憤悁方承多福自氳氳
渾池之世驪連栗陸之君封起龍圖文因鳥跡
雲師火帝非無戰陣之風堯羹湯征咸用干戈
之道星躔東井時破崤潼雷震南陽初平尋邑
未有援三靈之已墜救四海之羣飛林林明明
龍飛行天罰莫如當今之盛者也於是卿雲似蓋
晨映姚鄉甘露如珠朝華景襄芝房感德咸出
銅池蒐英伺辰無勞銀箭重以東漸玄兔西踰

自狼高柳生風扶桑日莫不編名屬國歸質
鴻臚荒服來賓避通同福其文昭武穆跗夢也
如彼天官斟酌繁昌也如此父應旁求掌固諮
詢之族清躔無虞何事長安之郎正應揚靈旂
以饗帝仰鳳辰或云涇陽未復函谷無泥旋駕
月二十日兼散騎常侍柳暉等至鄴伏承聖旨
謙沖為而弗寧愚謂大庭少昊非有定居漢祖
金陵方膺天睠愚謂大庭少昊非有定居漢祖

殷宗皆無恒宅笃封岱岳猶置明堂巡狩章陵
時行司隸何必西瞻虎據乃建王宮南望牛頭
方稱天闕抑又聞之玄圭既錫著玉無陳乃椷
樸之徽期非苞茅之玄雲甘泉久廢讓方求石戶
孤竹之管無聞方澤豈不懼歟伏願陛下因百
姓之心捄萬邦之命豈可逡巡固讓方求
之農高謝君臨徒引箕山之客未知上德之不
德惟見聖人之不仁率土翹翹著生何望昔蘇
李張儀違鄉負俗尚復招三方以事趙請六國

以算秦況臣等顯奉皇華親承朝命珪璋特達
通聘河陽貂珥雍容尋盟漳水加牢貶館隨勢
汙隆瞻望鄉關誠均休戚但輕生不造命與時
乘赤一介之行人同二尼之遠擯承開內殿事
絕耿弇之恩封秦邊城私戚等劉琨之哭不勝
區之至謹拜表以聞九月甲戌前梁州刺
史蕭循自魏至于江陵以循為平北將軍開府
揚州刺史南平王恪薨冬十月乙未前梁州刺
儀同三司戊申執湘州刺史王琳於殿內琳副
將殷晏下獄死辛酉以子方略為湘州刺史庚
戌林州長史陸納及其將潘烏累等舉兵反襲
陷湘州是月四方征鎮王公卿士復勸世祖即
尊號猶謙讓未許表三上乃從之
承聖元年冬十一月景子世祖即皇帝位於江
陵詔曰夫樹之以君司牧黔首帝堯之心豈貴
黃屋誠弗獲已而臨蒞之朕皇祖太祖文皇帝
積德岐梁化行江漢道映在田具瞻斯屬皇考
高祖武皇帝明並日月功格區宇應天從民惟

春作聖太宗簡文皇帝地佇啟誦方符文景羈
冠憑凌時難孔棘朕大拯橫流克復宗社羣公
卿士百辟庶僚咸以皇靈眷命歸運斯及天命
不可以父淹宸極不可以父曠粵若前載憲章
令範畏天之威箕隆寶歷用集神器于予一人
昔虞夏商周年無嘉號漢魏晉宋因循以父朕
雖云撥亂旦非創業思得上繫宗祧下惠億兆
可改太清六年為承聖元年通祖宿貴並許弘
貸孝子義孫可悉賜爵長徒鑲士特加原宥禁
錮奪勞一皆曠湯是日世祖不升正殿公卿陪列
而巳丁丑以平北將軍開府儀同三司蕭循
為驃騎將軍湘州刺史餘如故己卯立王太子方
矩為皇太子改名元良立皇子方智為晉安郡
王方略為始安郡王追尊所生妣阮脩容為文
宣太后是月陸納遣將潘烏累等攻破衡州刺
史丁道貴於淥口道貴走零陵十二月壬子陸
納分兵龍襄巴陵湘州刺史蕭循繫破衡州
州刺史杜子洪雅自零陵率眾出空雲灘將下討

納遣將吳藏等龔破洪雅洪雅退守空雲城
二年春正月乙丑詔王僧辯率來軍士討陸納
戊寅以吏部尚書西魏遣大將尉遲迥襲益州
吏部尚書王襃為尚書左僕射劉䂮為
詔曰食乃民天農為政本垂之千載貽諸百王
莫不敬授民時躬耕帝藉是以稼穡為寶周頌
嘉其樂章未麥不成魯史書其方冊秦人有農
力之科漢氏開屯田之利頃歲屯否多難國載
干戈不戢我則未服廣田之令無聞於郡國載
師之職有隳於官方今元惡殄殲海內方一其
大底黔首拯橫流一廛曠務勞心日昃一夫
廢業烏囹無遺國富刑清家給民足其其力田之
身在所蹔免外即宣勤稱朕意焉辛未李洪雅
以空雲城降賊賊執之而歸初丁道貴走零陵
投洪雅洪雅使收餘眾與之俱降洪雅既降賊
賊乃害道貴景子賊將吳藏等帥兵援車輪賊
寅有兩龍見湘州西江夏四月景申僧辯軍次
車輪五月甲子眾軍攻賊大破之乙丑僧辯軍

至長沙甲戌尉遲迥進逼巴西潼州刺史楊虔
運以城降納迥巳丑蕭紀軍至西陵六月乙酉
湘州平是月尉遲迥迴圍益州秋七月辛未巴人
袟昇徐子初斬賊城主公孫晃舉城來降紀衆
大潰遇兵死乙未王僧辯班師江陵詔諸軍各
還所鎮八月戊戌尉遲迥陷益州庚子詔曰夫
爰始居亳不廢先王之都受命于周無改舊邦
之頌頊戎旗旣息闢阱無謷去魯興歎有感寄
分過沛殞涕宴勞夕寐仍以蕭湘作亂庸蜀阻

梁紀五　二十七　林茂秌

兵命將授律指期克定令八表乂清四郊無壘
宜從青蓋之興言歸白水之鄉江湘委輸方船
連舳巴峽舟艦精甲百萬先次建鄴行實京師
然後六軍遄征九斿揚斾拜謁堊陵恪復宗社
主者詳依舊典以時宣勒九月庚午司徒王僧
辯旋鎮景子以護軍將軍陸法和為郢州刺史
乙酉以晉安王譚為江州刺史是月魏遣郭元
建治舟師於合肥又遣大將軍邢杲遠步六汗薩
東方老率衆會之冬十一月平酉僧辯次于

姑熟即留鎮焉遣豫州刺史矦瑱據東關壘徹
吳興太守裴之橫帥衆繼之戊戌以尚書右僕
射王襃為尚書左僕射湘東太守張縮為尚書
右僕射湘東太守張彪出
江西州郡皆起兵應之
秦州刺史嚴超達自秦郡圍涇州城
軍安東開府儀同三司陳霸先帥衆改廣陵城

梁紀五　廿八　馬

三年春正月甲午加南豫州刺史矦瑱征北將
石梁為其聲援辛丑陳霸先遣晉陵太守杜僧
明率衆助東方光三月甲辰以司徒王僧辯為
太尉車騎將軍丁未魏遣將王球率衆七百攻
宿預杜僧明逆擊大破之戊申以護軍將軍郢
州刺史陸法和為司徒夏四月癸酉以征北大
將軍開府儀同三司陳霸先為司空六月壬午
魏復遣將步六汗薩率衆救涇州癸未有黑氣
如龍見于殿內秋七月甲辰以都官尚書宗懍
為吏部尚書九月辛卯世祖於龍光殿述老子
義尚書左僕射王襃為執經乙巳魏遣其柱國

萬紐于謹率大衆來寇冬十月景寅魏軍至于
襄陽蕭詧率衆會之丁卯停講內外戒嚴與
駕出行都柵是日大風拔木景子徵王僧辯等
軍十一月以領軍胡僧祐都督城東城北諸軍
事右僕射張縉為副左僕射王襃都督城西城
南諸軍事直殿省元景亮為副皇太子巡行城樓使
守備景戍世祖遍行都柵皇太子巡行城樓使
居民助運水石諸要害所並增兵備丁卯魏軍
至柵下景申街廣州刺史王琳入援丁酉大風
城內火以胡僧祐為開府儀同三司崔勔州刺史裴
畿為領軍將軍庚子信州刺史徐世譜晉安王
司馬任約軍次馬頭岸戊申胡僧祐朱買臣等
率兵出戰買臣敗績巳酉降左僕射王襃為護
軍將軍辛卯魏軍大攻世祖出枇杷門親臨陣
督戰胡僧祐中流矢薨六軍敗績反者斬西門
關以納魏師城陷于西魏世祖見執如快鬱
又遷還城內十二月景辰徐世譜任約退戍巴
陵辛未西魏害世祖遂崩焉時年四十七太子

元良始安王方略皆見害乃選百姓男女數萬
口分為奴婢驅入長安小弱者皆殺之明年四
月追尊為孝元皇帝廟曰世祖世祖聰悟俊朗
天才英發年五歲高祖嘗問讀何書對曰能誦
曲禮高祖曰汝試言之即誦上篇左右莫不驚
歎初生惠眼高祖曰下意治之遂盲一目彌加
慇愛既長好學博總羣書下筆成章出言為論
才辯敏速冠絕一時高祖問曰孫策在江
東于時年幾對曰十七高祖曰正是汝年賀革
為府諮議敕革講三禮世祖性不好聲色頗有
高名與裴子野劉顯蕭子雲張纘及當時才秀
為布衣之交著述辭章多行於世在尋陽夢人
曰天下將亂王必維之又背生黑子巫嫗見曰
此大貴兆當不可言初賀革西上意甚不悅過
別御史中丞江革以情告之革曰吾嘗夢主上
遍見諸子至湘東王手脫帽授之此人後必當
壁卿其行平革從之及太清之難乃能克復故
退邇樂推遂膺寶命矣所著孝德傳三十卷

忠臣傳三十卷丹陽尹傳十卷注漢書二百一
十五卷周易講疏十卷內典博要二百卷連山
三十卷洞林三卷玉韜十卷補闕子十卷老子
講疏四卷金德志懷舊志荊南志江州記貢職
圖古今同姓名錄一卷筮經十二卷式贊三卷文
集五十卷

史臣曰梁季之禍巨寇憑陵世祖時位長連率
有全楚之資應身率羣后枕戈先路虛張外接
事異勤王在於行師曾非百舍後方殲夷大憝
用寧宗社握圖南面光啟中興亦世祖雄才英
略紹茲寶運者也而稟性猜已不隔踈近御下
無術履霜弗懼故鳳闕伺晨之功火無內照之
美以世祖之神睿特達留情政道不懷邪說徒
踟金陵左隣彊冦將何以作是以天未悔禍蕩
覆斯生悲夫

紀第五

梁書五

梁紀五

三十一

馬

三十二

元帝紀云召兵於湘州湘州刺史河東王譽
不遣遣世子方等帥眾討譽戰所敗死方等傳
云至麻溪軍敗溺死譽傳云遣世子方等征之
反為譽所敗死疑紀闕誤

梁紀五

六十八

三十二

叔

散騎常侍姚　思廉　撰

敬帝

敬皇帝諱方智字慧相小字法真世祖第九子
也太清三年封興梁侯承聖元年封晉安王邑
二千戶二年出為平南將軍江州刺史三年十
一月江陵陷太尉揚州刺史王僧辯司空南徐
州刺史陳霸先定議以帝為太宰承制奉迎還
京師四年二月癸丑至自尋陽入居朝堂以太
尉王僧辯為中書監錄尚書驃騎將軍都督中
外諸軍事加司空陳霸先班劍三十人以豫州
刺史族瑱為江州刺史儀同三司湘州刺史蕭
循為太尉儀同三司廣州刺史蕭勃為司徒鎮
東將軍張彪為郢州刺史三月齊遣其上黨王
高渙送貞陽侯蕭深明來主梁嗣至東關遣吳
興太守裴之橫與戰敗績之橫死太尉王僧辯
率衆出屯姑熟四月司徒陸法和以郢州附于
齊遣江州刺史族瑱討之七月辛丑王僧辯納

貞陽侯蕭深明自採石濟江甲辰入于京師以
帝為皇太子九月甲辰司空陳霸先舉義龍殺
王僧辯黜蕭深明景午帝即皇帝位
紹泰元年冬十月己巳詔曰王室不造嬰罹禍
釁西都失守朝廷淪覆先帝梓宮播越非所王
基傾殄率土圖戴朕以荒幼仍屬艱難泣血枕
戈志復讎逆大恥未雪夙宵鯁憤畫公卿尹勉
以大義越登壇宵嗣奉洪業顧惟眇心念不至
此庶仰憑先靈傍資將相克清元惡謝冤陵寢
今陸命載新宗祏更祀慶流億兆豈予一人可
獨承聖四年為紹泰元年大赦天下內外文武
賜位一等以貞陽侯深明為司徒封建安郡公
食邑三千戶壬子以司空陳霸先為尚書令都
督中外諸軍事車騎將軍揚南徐二州刺史司
空如故震州刺史杜龕舉兵攻信武將軍陳舊
於長城義興太守韋載據郡以應之癸丑進太
尉蕭循為太保新除司徒建安公深明為太傅
司徒蕭勃為太尉以鎮南將軍王琳為車騎將

軍開府儀同三司戊午尊所生夏貴妃為皇太
后立妃王氏為皇后鎮東將軍揚州刺史張彪
進號征東大將軍鎮北將軍譙秦二州刺史徐
嗣徽進號征北大將軍鎮南將軍南豫州刺史
任約進號征南大將軍辛未詔司空陳霸先東
討韋載景子任約徐嗣徽舉兵反乘京師無備
竊據石頭丁丑韋載降義興平遠晉陵太守周
文育率軍援長城十一月庚辰齊安州刺史翟
子崇率楚州刺史劉仕榮淮州刺史柳達摩率眾

梁書紀六　三　男

赴任約入于石頭庚寅司空陳霸先率眾
援景京遣猛烈將軍侯安都水軍於江寧邀之
賊眾大潰嗣徽約等奔于江西庚申翟子崇等
請降並放還北
十二月庚戌徐嗣徽任約又相率至採石迎齊
太平元年春正月戊寅大赦天下其與任約徐
嗣徽叶契同謀一無所問追贈簡文皇帝諸子
以故永安侯確子後襲封邵陵王奉攜王後癸
未龕東將軍震州刺史杜龕降詔賜死曲赦吳

興郡巳亥以太保宜豐侯蕭循襲封鄱陽王東
揚州刺史張彪圍臨海太守王懷振於剡縣二
月庚戌遣周文育陳蒨襲會稽討彪彪敗彪長
史謝岐司馬沈泰軍主吳寶邑等舉郡城降彪敗
走以中衛將軍臨川王大款即本號開府儀同
三司中護軍桂陽王大成為護軍將軍景辰若
耶村人斬張彪傳首京師曲赦東揚州景未罷
震州還復吳興郡癸亥賊徐嗣徽任約襲採石
戍執戍主明州刺史張懷鈞入于齊甲子以東

梁書紀六　四　男

土經杜龕張彪抄暴遣大使巡省三月旦京子罷
東揚州還復會稽郡王午班下遠近並雜用古
今錢戊代齊遣大將蕭軌出柵口向梁山司空
陳霸先軍主黃叢逆擊大破之軌退保蕪湖遣
周文育安都眾軍據梁山拒之夏四月丁巳
司空陳霸先先表詣梁山撫勞將帥壬午庚安都
輕兵襲齊行臺司馬恭於歷陽大破之俘獲萬
計五月癸未太傅建安公深明薨庚寅齊軍水
步入丹陽縣景申至秣陵故治敕周文育還頓

方丘徐度頓馬牧杜稜頓大桁癸卯齊軍進據
兒塘輿駕出頓建故離門內外纂嚴六月甲
辰齊潛軍至蔣山趙莫府山北至玄武
廟西北乙卯司空陳霸先授衆軍節度與齊軍
交戰大破之斬齊北兗州刺史杜方慶及徐嗣
徽弟嗣宗生擒徐嗣產蕭軌東方老王敬寶李
希光裴英起劉歸義等皆誅之戊午大赦天下
軍士身殉戰場悉遣斂祭其無家屬即爲瘞埋
辛酉解嚴秋七月景子車騎將軍司空陳霸先
進位司徒加中書監餘如故丁亥以開府儀同
三司矦瑱爲司空八月己酉太保鄱陽王循薨
九月壬寅改元大赦孝愍力田賜爵一級殊才
異行所在奏聞飢難流移勒歸本土進新除司
徒陳霸先爲丞相錄尚書事鎮衞大將軍揚州
牧封義興郡公中權將軍王沖即本號開府儀
同三司吏部尚書王通爲尚書右僕射丁巳以
郢州刺史徐度爲領軍將軍冬十一月乙卯起
雲龍神獸門十二月壬申進太尉鎮南將軍蕭

勃爲太保驃騎將軍以新除左衞將軍歐陽頠
爲安南將軍衡州刺史壬午平南將軍劉法瑜
進號安南將軍甲午以前昌令劉叡爲汝陰王
前鎮西法曹行參軍蕭統爲巴陵王奉宋齊二
代後

二年春正月壬寅詔曰夫子降靈體哲經仁緯
義兗光素王載闡玄功仰之者彌高誨之者不
倦立忠立孝德被蒸民制禮作樂道冠羣后雖
泰山頹峻一簣不遺而泗水餘瀾千載猶在自
國圖屯阻桃蹊不偹奉聖之門縱嗣殲滅敬神
之寢簫蓋寂寞永言聲烈豈兼欽愴可搜舉
魯國之族以爲奉聖後并繕廟堂供備祀典四
時蔫秋一皆遵舊是日又詔諸州各置中正依
舊訪舉不得輒承單狀序官皆須中正押上然
後量授詳依品制務使精實其荊雍青兗雖暫
爲隔閡衣冠多寓淮海猶宜不廢司存會計罷
州尚爲大郡人士殷曠可別置邑居至如分割
郡縣新號州牧竝係本邑不勞兼置其選中正

每求者德訟悉以他官領之以車騎將軍開府
儀同三司王琳為司空驃騎大將軍分尋陽太
原齊昌高唐新蔡五郡置西江州即於尋陽仍
兗州鎮南將軍丁巳鎮西將軍金州刺史
子可悉聽龍襲本爵在朝開國承家者今猶稱世
太保廣州刺史蕭勃舉兵反遣偽帥歐陽頠傅
號征南將軍徐度入東關二月庚午領軍將軍
泰勃從子孜為前軍南江州刺史余孝頃以兵
會之詔平西將軍周文育平南將軍侯安都等
率眾軍南討戊子徐度至合肥燒齊船三千艘
癸巳周文育於巴山生俘傅泰蕭孜余孝
文育前軍丁法洪於蹠口生俘歐陽頠三月庚子
頃軍退走甲辰以新除司空王琳為湘郢二州
刺史甲寅德州刺史陳法武前衡州刺史譚世
遠於始興攻殺蕭勃夏四月癸酉曲赦江廣衡
三州升督內為賊所拘過者並皆不問已卯鑄
四柱錢一准二十齊遣使請和壬辰改四柱錢

一准十景申復閉細錢蕭勃故主帥前直閤蘭
欽襲殺譚世遠欽仍為亡命夏侯明徹所殺勃
故記室本寶藏奉懷安侯蕭任據廣州作亂戊
戌侯安都進軍北將軍徐度進號鎮南將軍
平五月乙巳平西將軍周文育進號鎮北將軍
余孝頃遣使詣丞相府乞降秋八月甲午加丞
相陳霸先黃鉞領太傅劍履上殿入朝不趨贊
拜不名給羽葆鼓吹九月辛丑崇丞相為相國
揔百揆封十郡為陳公備九錫之禮加璽綬遠
遊冠位在王公上加相國綠綟綬置陳國百司
冬十月戊辰進陳公爵為王增封十郡升前為
二十郡命陳王晃十有二旒建天子旌旗出警
入蹕乘金根車駕六馬備五時副車置旄頭雲
罕樂儛八佾設鍾虡宮縣王后王子女爵命之
典一依舊儀辛未詔曰五運更始三正迭代司
牧黎庶是屬聖賢用能經緯乾坤彌綸區宇大

庇黔首闡揚洪烈革昧以明積代同軌百王踵
武咸此由則梁德運微禍難荐發太清始用
困長蛇承聖之年又罹封豕爰至天成始
器三光丞改七廟之祀含生已泯鼎命斯墜我
皇之祚眇若綴旒靜惟屯剝夕惕載懷相國陳
王有縱自天降神惟嶽天地合德景曜齊明陳
社稷之橫流提億萬國復張崩樂重紀絕禮儒
醜威加四海仁漸之塗炭東誅叛逆此藏獷
館書脩戎亭虛候雖大功在舜盛績維禹魏

▉梁紀六
九
章之

蕩蕩無得而稱來獻白環豈眞皇虞之世入貢
素雄非止隆周之日故劫珍川陸表瑞煙雲玉
露醴泉旦夕凝涌嘉禾瑞草孳植郊甸道昭於
悠代勳格於皇穹明上天光華日月革故著
於玄象代德彰於讖圖獄訟有違謳謌爰適天
之歷數宜有攸在朕雖庸藐闇於古昔永稽崇
替爲日巳久敢忘烈代之至願乎今便遜位別
宮敬禪于陳一依唐虞宋齊故事陳王踐祚本
帝爲江陰王薨于外邸時年十六追謚敬皇帝

史臣曰梁季橫潰喪亂屢臻當此之時天曆去
矣敬皇高讓將同釋負焉
史臣侍中鄭國公魏徵曰高祖固天攸縱聰明
稽古道亞生知學爲博物允文允武多藝多才
爰自諸生不羈之度屬昏凶肆虐天倫及禍
收合義旅將雲家寃曰紂可伐而會龍躍
樊漢電擊湘郢翦蕩德如振槁取白旗如拾遺
其雄才大略固無得而稱矣既懸白旗之首方
應皇天之睠布德施惠悅近來遠開蕩蕩之王

▉梁紀六
十
章之

道革麻靡廉之商俗大脩文教盛飾禮容鼓扇玄
風闡揚儒業介冑仁義折衝尊俎聲振寰宇澤
流遐裔商干戈載戢凡數十年濟濟焉洋洋焉魏
晉巳來未有若斯之盛然不能息末敦本彫
爲樸慕名好事崇尚浮華抑揚孔墨流連釋老
或經夜不寢或終日不食非弘道以利物惟殉
智以驚愚且心未遺榮虛厠著頭之伍高談脫
展終戀黃屋之尊夫人之大欲在乎飲食男女
至於軒冕殿堂非有切身之急高祖屏除嗜慾

眷戀軒冕得其所難而滯於所易可謂神有所
不達智有所不通矣遠夫精華稍竭鳳德巳衰
惑於聽受權在女嬖儲后百辟莫得盡言險躁
之心莫年愈甚見利而動愎諫違卜開門揖盜
棄好即讎釁孽起蕭牆禍成戎羯身殞非命災被
億兆衣冠斃鋒鏑之下老幼粉戎馬之足瞻彼
泰離痛深周廟永言麥秀悲甚殷墟自古以安
為危旣成而敗顯顛覆之速書契所未聞也易曰
天之所助者信人之所助者順高祖之遇斯屯

剝不得其死蓋動而之險不由信順失天人之
所助其能免於此乎太宗聰睿過人神彩秀發
多聞博達富贍詞藻然文艷用寡華而不實體
窮淫麗義寡疏通哀思之音遂移風俗以此而
貞萬國異乎周誦漢莊矣我生不辰載離多難
桀逆構扇巨猾滔天始自牆里之拘終類望夷
之禍悠悠蒼天其可問哉昔國步初屯兵纏魏
闕羣后釋位投袂勤王元帝以盤石之宗受分
陝之位屬君親之難居連率之長不能撫劍嘗

膽枕戈泣血躬先士卒致命前驅遂反擁眾逡
巡內懷觖望坐觀時變以為身幸不恤恭卓之
誅先行昆第之戮又沈猜多行無禮聘智
辯以飾非肆忿戾以害物爪牙重將心膂謀臣
或顧眄及一言而及葅醢臨朝之君子
禍敗旋及上天降鑒此為假手天道人事其可
即安制楚雖元惡克翦社稷未寧而西陵責言
相顧憚然自謂安若太山舉無遺策怵於邪說
誣乎其篤志藝文採浮淫而棄忠信我昭果毅

先骨肉而後冠雠雖口誦六經心通百氏有仲
尼之才適足以益其驕矜增其禍患何補金陵
之覆沒何救江陵之滅亡哉敬帝遭家不造紹
茲屯運征伐有所同出政刑不由於巳時無伊
霍之輔焉得不為高讓歟

紀第六

梁書六

散騎常侍姚　思廉　撰

〈梁書傳一卷〉

易曰有天地然後有萬物有萬物然後有男女

世祖徐妃

高祖阮修容

高祖丁貴嬪

太宗王皇后

高祖郗皇后

太祖張皇后

有男女然後有夫婦夫婦之義當矣哉周禮王
者立后六宮三夫人九嬪二十七世婦八十一
御妻以聽天下之內治故昏義云天子之與后
猶日之與月陰之與陽相須而成者也漢因
秦稱號帝母稱皇太后后稱皇后而加以美人
良人八子七子之屬至孝武制婕妤之徒凡十
四等降及魏晉母后之號皆因漢法自夫人以
下世有增損焉高祖撥亂反正深鑒奢逸惡衣
菲食務先節儉配德早終長秋曠位嬪嬙之數無

所政作太宗世祖出自儲藩而妃並先殂又不
建椒闈今之撰錄正備闕云

太祖獻皇后張氏諱尚柔范陽方城人也祖次
惠宋濮陽太守后母蕭氏即文帝從姑苻武進縣
嘉中嬪於文帝生長沙宣武王懿永陽昭王敷
次生高祖初后嘗於室內忽見庭前昌蒲生花
光彩照灼非世中所有后驚視謂侍者曰汝見
不對曰不見后曰常聞見者當富貴因遽取吞
之是月產高祖將產之夜后見庭內若有衣冠
陪列焉次生衡陽宣王暢義興昭長公主令嬺
宋泰始七年殂于秣陵縣因夏里舍于武進縣
東城里山天監元年五月甲辰追上尊號為皇
后謚曰獻父穆之字思靜晉司空華六世孫曾
祖興坐華誅徙興古未至名還及過江為丞相
掾太子舍人穆之少方雅有識鑒宋元嘉中為
員外散騎侍郎與吏部尚書江湛太子左率表
淑善薦之於始與王澹澹深引納焉穆之鑒
其禍萌思遠其難言於湛未外出湛將用為東縣

固乞遠郡久之得為寧遠將軍交阯太守治有
異績會刺史死交土大亂寧遠將軍以威懷循拊境內
以寧宋文帝聞之嘉焉以為交州刺史會病
卒子弘籍字具藝齊初為寧鎮西參軍卒於官高
祖踐祚追贈穆之光祿大夫加金章文詔曰亡
舅喬鎮西參軍素辛風雅猷風肩名輩降年不永
早世潛輝朕少離苦辛情地彌切悲宅相克成
輅車靡贈朕言永往觸目慟心可追贈廷尉卿
弘籍無子從父弟策以第三子纘為嗣別有傳

高祖德皇后郗氏諱徽高平金鄉人也祖紹國
子祭酒領東海王師父燁太子舍人早卒初后
母尋陽公主方娠夢當生貴子及生后有赤光
照于室內器物盡明家人皆怪之巫言此女光
乘異常將有所妨乃於水濱被除之后幼而明
慧善隸書讀史傳女工之事無不閑習宋後廢
帝將納為后齊初安陸王緬又欲婚郗氏並辭
以女疾乃止建元末高祖始娉焉生永興公主
王姚永世公主玉婉永康公主玉嫚建武五年

髙祖為雍州刺史先之鎮後乃迎后至州未幾
永元元年八月殂于襄陽官舍時年三十二其
年歸葬南徐州南東海武進縣東城里山中興
二年齊朝進髙祖位相國封十郡梁公詔贈后
為梁公妃高祖踐祚追崇為皇后有司議諡吏
部尚書兼右僕射臣約議曰表號垂名義昭不
朽先皇后應祥月德比載坤靈柔範陰化儀形
自遠倪天作合義先造舟而神獻風掩所隔外
宜式導景行用昭大典謹按諡法忠和純備

曰德貴而好禮曰德宜崇曰德皇后詔從之陵
曰脩陵后父燁詔贈金紫光祿大夫燁尚宋文
帝女尋陽公主齊初降封松滋縣君燁子泛中
軍臨川王記室參軍

太宗簡皇后王氏諱靈賓琅邪臨沂人也祖偘
太尉南昌文憲公后幼而柔明淑德叔父暕見
之曰吾家女師也天監十一年拜晉安王妃生
哀太子大器南郡王大連長山公主妙契大通
三年十月拜皇太子妃太清二年三月薨于永

福省時年四十五其年大宗即位追崇為皇后
謚曰簡大寶元年九月莊莊陵先是詔曰簡皇
后宅穸有期昔西京霸陵因山為藏東漢壽
陵流水而已朕屬值時艱歲飢民樂方欲以率
下求示敢朴今所營壯陵務存約儉字思寢本名
玄成與齊高帝偏諱同故改焉以公子起家貟
光禄大夫蕭子範為哀策文父塞字思寢本名
外郎遷太子洗馬龔封南昌縣公出為義興太
守還為驃騎諮議累遷黃門郎司徒右長史性
凝簡不狎當世貟從容謂諸子曰吾家門戶所
謂素族自可隨流平進不須苟求也求元末遷
侍中不拜高祖霸府建引為大司馬諮議參軍
俄遷侍中領越騎校尉高祖受禪詔曰廷堅世
祀靡輟於宗周樂毅錫壤乃昭於洪漢齊故太
尉南昌公含章履道草昧興齊謨明翊贊同
符在昔雖子房之尉為帝師文若之隆比王佐
無以尚也朕膺歷受圖惟新寶命莘莘王帛
升降有典求言前代敬惟徽烈匪直懋勳義兼

懷樹可降封南昌縣公為戾食邑千戶塞龔爵
遷度支尚書天監四年出為東陽太守尋徙吳
郡八年入為太府卿領後軍將軍遷太常卿十
一年遷中書令加貟外散騎常侍時高祖於鍾
山造大愛敬寺塞舊野在寺側有良田八十餘
頃即晉永相王道之賜田也高祖遣主書宣旨就
塞求市欲以施寺塞答曰此田不賣若是敕
取所不敢言酬對又脫略高祖怒遂付市評田
價以直通還之由是忤旨出為貟外興太守在郡
卧疾不視事徵還復為度支尚書加給事中領
射聲校尉以母憂去職普通三年十月卒時年
四十九詔贈侍中金紫光禄大夫謚曰安子規
襲曾爵別有傳
高祖丁貴嬪諱光誰國人也世居襄陽貴嬪
生于樊城有神光之異紫煙滿室故以光為名
相者云此女當大貴高祖納焉初貴嬪生而有赤痣
貴嬪時年十四高祖臨雍州丁氏因人以聞
在左臂治之不滅至是無何忽失所在事德皇

后小心祗敬嘗於供養食經案之側髮髻歸若見神
人心獨異之高祖義師起昭明太子始誕育貴
嬪與太子留在州城京邑平乃還京都天監元
年五月有司奏為貴人未拜其年八月又為貴
嬪位在三夫人上居于顯陽殿及太子定位有
司奏曰禮母以子貴皇儲所生不容無敬宋泰
豫元年六月議百官以吏敬敬帝所生凍太妃
則宋明帝在時百官未有敬臣竊謂母以子貴
義著春秋皇太子副貳宸極率土咸執吏禮既
畫禮皇儀則所生不容無敬但帝王妃嬪義與
外隔以理以例無致敬之道也今皇太子聖廬
在躬儲禮夙備子貴之道抑有舊章王矦妃
主常得通信問者及六宮三夫人雖與貴嬪同
列並應以敬皇太子之禮敬貴嬪宋元喜柘中始
興武陵國臣並以吏敬所生潘淑妃路淑媛
貴嬪於宮臣雖非小君其義不異與宋泰豫朝
議百官以吏敬敬帝所生事義正同謂宮闈施
敬宜同吏禮詣神獸門奉牋致詞年節稱慶亦

同如此婦人無閫外之事賀及問訊牋什所由
官報聞而已夫婦人之道義無自專若不仰繫
於夫則當俯繫於子榮親之道應極其所榮未
有子所行而所從不足者也故春秋貳誕元為
夫人則禮秩與子等列國雖異於儲而從尊
之義不殊前代依准在舊事貴嬪載誕元良
克固大業禮同儲君實惟舊典尋立前代始置貴
嬪位次皇后爵無所視其次職者位視相國爵
比諸矦王此貴嬪之禮已高朝列況母儀春宮
義絕常等且儲妃作配率由盛則以婦踰姑彌
乖從庳謂貴嬪典章太子不異於貴嬪備典
章禮數同于太子言則稱令貴嬪性仁恕及居
宮內接馭自下皆得其歡心不好華飾器服無
珍麗未嘗為親戚私謁及高祖弘佛教貴嬪奉
而行之屏絕滋腴長進蔬膳受戒日甘露降于
殿前方一丈五尺高祖所立經義皆得其指歸
尤精淨名經所受供賜悉以充法事普通七年
十月庚辰薨嬪於東宮臨雲殿年四十二詔吏

部郎張纘為哀策文曰巖塗既啓桂礴虛凝龍
帷已薦象服將升皇王帝傷壁臺之永閟悼曾城
之不踐罷鄉歌平燕樂廢徹齊於祀典風有采
藥化行南國麥命史臣俾流媾德其辭曰軒緯
之精江漢之英歸于君袂生此離嬪誕自厥初
時維載育樞電繞郊神光照室爰炎及待年含章
早穆聲被洽陽譽宣中谷龍德在田聿恭茲祀
陰化代終王風攸始動容諮式出言顧史宜其
家人刑于國紀臂斯卷命從此宅心秋綴采玠

梁書傳一

九

珮動雅音日中思戒月滿懷箴如何不跨天高
照臨玄統莫脩樟章早鈌成物誰能芳猷有烈
素魄貞明紫宮炤晰逮下靡傷思賢罔歇躬
儉則節昭事惟虔金王無玩筐笥不捐祥流德
化慶表親賢甄昌軼啓及魯陶燕方論婦教明
章聞席玄池早扃湘沅已窮展衣委華朱幩寢
跡慕結儲闈哀深藩辟鳴呼哀哉令龜兆良葆
引遷祖具僚次列承華接武日杳杳以靄春風
淒淒而結緒去曾被以依運飾新宮而延佇鳴

呼哀哉啓丹旐之星旆振容車之輔裳擬靈金
而鬱恭泛懷管而疑傷遺備物乎營寢播重閟
於窴皇椒風暖兮猶昔蘭殿幽而不陽鳴呼哀
哉側閨高義彤管有懌道鑾虞風功參唐跡姬
如之人休光赤烏施諸天地而無朝夕鳴呼哀
哉有司奏謚曰穆太后即位追崇曰穆太后齊
后父仲遷天監初官至死州刺史

高祖阮脩容諱令嬴本姓石會稽餘姚人也齊
始安王遙光納焉遙光敗入東昏宮建康城平

梁書傳一

十

高祖納為綵女天監六年八月生世祖尋拜為
脩容常隨世祖出蕃大同六年六月薨于江州
內寢時年六十七其年十一月歸葬江寧縣通
望山謚曰宣世祖即位有司奏追崇為文宣太
后承聖二年追贈太后父齊故奉朝請靈寶散
騎常侍左衛將軍封武康縣庶巴五百戶母陳
氏武康庶夫人

世祖徐妃諱昭佩東海郯人也祖孝嗣太尉枝
江文忠公父緄侍中信武將軍天監十六年十

二月拜湘東王妃生世子方等益昌公主合呂貞

太清三年五月被譖死葬并江陵瓦官寺

史臣曰后妃道贊皇風化行天下蓋取葛覃關

雎之義焉至於穆貴嬪徽華早著誕育元良德

懋六宮美矣世祖徐妃之無行自致殲滅宜哉

列傳第一

古羅墻八年補刊

梁書傳一　　十一　　梁書七

列傳第二

梁書八

散騎常侍姚　思廉　撰

昭明太子

哀太子

愍懷太子

昭明太子統字德施高祖長子也母曰丁貴嬪
以天下始定百度多闕未之許也羣臣固請天
月生于襄陽高祖既受禪有司奏立儲副高祖
初高祖未有男義師起太子以齊中興元年九
生而聰叡三歲受孝經論語五歲遍讀五經悉
居於內拜東宮官屬文武皆入直永福省太子
監元年十一月立為皇太子時太子年幼依舊
孝自出宮怕思戀不樂高祖知之每五日一朝
能諷誦五年五月庚戌始出居東宮太子性仁
多便留永福省或五日三日乃還宮八年九月
於壽安殿講孝經盡通大義講畢親臨釋奠于
國學十四年正月朔旦高祖臨軒冠太子於太極
殿舊制太子著遠遊冠金蟬翠緌緌至是加金

博山太子美姿貌善舉止讀書數行並下過目
皆憶每遊宴祖道賦詩至十數韻或命作劇韻
賦之皆屬思便成無所點易高祖大弘佛教親
自講說太子亦崇信三寶遍覽眾經乃於宮內
別立慧義殿專為法集之所招引名僧談論不
絕太子自立三諦法身義並有新意普通元年
年十一月始興王憺薨舊事以東宮禮絕傍親
四月甘露降于慧義殿成以為至德所感焉三
書翰並依常儀太子意以為疑命僕射劉孝綽

議其事孝綽議曰案張鏡撰東宮儀記稱三
發哀者踰月不舉樂鼓吹寢奏服限亦然尋傍
絕之義義在去服服雖可奪情豈無悲鏡歌輟
奏良亦為此既有悲情宜稱兼慕卒哭之後依
常舉樂稱悲竟此理例相符謂猶應稱兼慕至
卒哭僕射徐勉左率周捨家令陸襄並同孝綽
議太子令曰張鏡儀記云依士禮終服月稱議
悼又云凡三朝發哀者踰月不舉樂僕射議
云傍絕之義義在去服服雖可奪情豈無悲卒

哭之後依常舉樂稱悲竟此理例相符尋情悲
之說止卒哭之後緣情爲論此自難一也用張
鏡之舉樂棄張鏡之稱悲一鏡之言取捨有異
此自難二也陸家令止云多歷年所恐非事證
雖復累稔所用意常未安近亦常經以此問外
由來立意謂猶應有慕悼之言張豈不知舉樂
爲大稱悲事小所以用小而忽大良亦有以至
如元正六佾事爲國章雖情或未安而禮不可
廢鏡吹軍樂比之亦然書疏方之事則成小差

可緣心聲樂自外書疏自內樂自他書自已劉
僕射之議即情未安可令諸賢更共詳袁司農
卿明山賓步兵校尉朱异議稱慕悼之解宜終
服月於是令付典書遵用以爲永隼七年十一
月貴嬪有疾太子還永福省朝夕侍疾衣不解
帶及薨步從喪還宮至殯水漿不入口每哭輒
慟絕高祖遣中書舍人顧協宣旨曰毀不滅性
聖人之制禮不勝喪比於不孝有我在那得自
毀如此可即彊進飲食太子奉勅乃進數合自

是至葬日進麥粥一升高祖又勅曰聞汝所進
過少轉就羸瘵我比更無餘病正爲汝如此留
中亦坦塞成疾故應強加饘粥不使我恆爾懸
雖屢奉勅勸逼日止一溢不嘗菜果之味體素
壯腰帶十圍至是減削過半每入朝士庶見者
莫不下泣太子自加元服高祖便使省萬機內
外百司奏事者塡塞於前太子明於庶事纖毫
必曉每所奏有謬誤及巧妄皆即就辯析示其
可否徐令改正未嘗彈糾一人平斷法獄多所

全有天下皆稱仁性寬和容衆喜慍不形於色
引納才學之士賞愛無倦恆自討論篇籍或
與學士商確古今閑則繼以文章著述率以爲
常于時東宮有書幾三萬卷名才並集文學之
盛晉宋以來未之有也性愛山水於玄圃穿築
更立亭館與朝士名素者遊其中嘗泛舟後池番
禺侯軌盛稱此中宜奏女樂太子不荅詠左思
招隱詩曰何必絲與竹山水有清音便敲而止
出宣二十餘年不畜聲樂少時敕賜大樂女妓

一部非所好普通中大軍北討京師穀貴太
子因命菲衣減膳政常饌為小食每霖雨積雪
遣腹心左右周行閭巷視貧困家有流離道路
密加振賜又出主衣綿帛多作襦袴冬月以施
貧凍若死亡無可以斂者為備棺槥每聞遠近
勞擾吳興郡屬以水災失收有上言當漕大瀆
百姓賦役勤苦輒斂容色常以戶口未實重於
以瀉浙江中大通二年春詔遣前交州刺史王
弁假節發吳郡吳興義興三郡民丁就役太子

上疏曰伏聞當發王弁等上東三郡民丁開漕
溝渠導洩震澤使吳興一境無復水災誠矜恤
之至仁經略之遠旨斬勞永逸必獲後利未萌
難觀竊有愚懷所聞吳興累年失收民頗流移
吳郡十城亦不全熟唯義興去秋有稔後非常
役之民即日東境穀稼猶貴劫盜屢起在所有
司不皆聞泰令征戍未歸彊丁疎少此雖小寇竊
恐難合吏一呼門動為民盡入出丁之處遠近
此得齊集已妨蠶農去年棚為豐歲公私未能

足食如復令茲失業慮恐為弊更深且草竊
多伺候民間虛實若善人從役則抄盜彌增吳
興未受其益而地內已罷其弊不審可得權停此
功待優實以不聖心毒矜黎庶神量久已有在
臣意見庸淺不識事宜苟有愚心願得上啟高
祖優詔以喻焉太子孝謹天至每入朝未五敦
便守城門開東宮雖燕居內殿一坐一起恒
向西南面臺宿被召當入危坐達旦三年三月
寢疾恐貽高祖憂敕參問輒自力手畫啟及稍

篤左右欲啟聞猶不許曰云何令至尊知我
如此惡因便嗚咽四月乙巳薨時年三十一高
祖幸東宮臨哭盡哀詔斂以袞冕論曰昭明五
月庚寅葬安寧陵詔司徒左長史王筠為哀冊
文曰辰彗軒俄龍驂跼步羽壽翿前驅雲旓挾
御皇帝哀繼明之寢耀痛嗣德之俎芳揚鴻烈詔
而懷慟臨觀而增傷式稽令典戴揚武帳
撰德於旌旂永傳徽於舞綴其辭曰式戴明兩
實惟少陽既稱上嗣且曰元良儀天比峻儼景

騰光奉祀延福守器傳芳睿哲膺期旦暮斯在

外弘莊肅內含和愷識洞機深量苞瀛海立德

不器至功弗宰寬綽德惠居心溫恭成性循時孝友

玄駟班輪隆家幹國主祭安民光奉成務萬機

監撫亦嗣郊禋問安蕭蕭視膳恂恂金華玉璪

孺泣無時疏饘不溢禪道踰月哀號未畢寰惟

是理孫慎庶獄勤恤關市誠存隱惻容無慍吾

〔七〕

殷勤博施綢繆恩紀爰初敬業離經斷句貞器

崇師早躬待傳鐙資道習匪勞審諭博約是司

時敏斯務辯究空微思探幾賾馳神圖鐘研精

文畫沉吟典禮優遊一方冊厭食飲旨揚胈舍咀看校

括囊襄流略包麈藝文遍該緗素彈極丘墳勝快

充積儒墨區分瞻河闕訓望曾揚芬吟詠性靈

豈惟薄伎屬詞婉約緣情綺靡宇無黜竅筆不

傳紙壯思泉流清音十雲委摠覽見時才網羅英茂

學大窮優洽辭歸敏富或擅談叢蕞或稱文囿四友雄

德七子慈秀望苑招賢華池愛容託乘同舟連

輿接席攝文攬藻飛醨釃恩隆醴賞逾賜

鏗徽風遞被盛業日新仁器非重德輻易過潭

流兆庶福降百神四方慕義天下歸仁雲遊悲

徵褫冷襄象星霜恒耀山頹朽壤靈儀上賓德

音長往具像無蔭嗣長號祔葦增慟慕結親遊悲

懇切心縆痛徹嗣邦懼同折棟鳴呼哀哉皇司

動訛眾憂若參邦懼承安仰鳴呼哀哉首夏司

開麥秋紀節容衞徒螢言青華委絕書帷空張談

〔八〕

筵罷設虛饋饌孤燈翳翳鳴呼哀哉簡展讀

日莚合龜貞幽埏風啟玄宮獻成武校齊列文

物增明昔遊漳瀆賓從無聲令歸郊鄭徒御相

驚鳴哀哉肯鋒關以遠徂輔青門而徐轉指

平原之感緬驂蹢足以酸斯挽悽錦而流泫鳴

馳道而詎前望國都而不踐陵偹阪之威夷嘶

之森陰返寒林之蕭瑟既將反而復疑如有求

而遂失謂天地其無心遽求潛於容質鳴呼哀

哉即玄宮之窅漠安神寢之清閟傳聲華於懋
典觀德業於徽猷懸忠貞於日月播鴻名於天
地惟小臣之紀言實貪令呂毫而無媿嗚呼哀哉
太子仁德素著及薨朝野悁愕京師男女奔走
宮門號泣滿路四方氓庶及疆徼之民聞喪皆
慟哭所著文集二十卷又撰古今典誥文言為
正序十卷五言詩之善者為文章英華二十卷
文選三十卷

哀太子大器字仁宗太宗嫡長子也普通四年

五月丁酉生中大通三年封宣城郡王食邑二
千戶尋為侍中中衛將軍給鼓吹一部大同四
年授使持節都督揚徐二州諸軍事中軍大
將軍揚州刺史侍中如故太清二年太子疾
即位六月癸酉又為皇太子大寶二年八月賊
惡京邑敕太子為臺內大都督三年五月太宗
景廢大宗將害太子時賊黨稱景命召太子
子方講老子將欲下牀而刑人掩至太子顏色
不變徐曰又知此事嘆其晚耳刑者欲以衣帶

絞之太子曰此不能見殺乃指繫帳竿下繩命
絞之而絕時年二十八太子性寬和兼神用
端疑在於賊手每不屈意初矣景西上攜太子
同行及其敗歸部伍不復整肅太子所乘船居
後不及賊眾左右心腹並勸因此入此令前
家國喪敗志不圖生主上蒙塵寧忍遠離吾今
逃匿乃是叛父非謂避賊便涕泗嗚咽即前
進賊以是有器度每常懼之恐為後患故先
及禍承聖元年四月追諡哀太子

愍懷太子方矩字德規世祖第四子也杋封南
安縣疾隨世祖在荊鎮太清初為使持節督湘
郢桂寗成合羅七州諸軍事鎮南將軍湘州刺
史尋徵為侍中中衛將軍給鼓吹一部世祖承
制拜王太子改名元良承聖元年十一月丙子
立為皇太子及西魏師陷荊城太子與世祖同
為魏人所害太子聰穎頗有世祖風而凶暴猜
忌敬帝承制追諡愍懷太子
陳吏部尚書姚察曰孟軻有言雞鳴而起孳孳

為善者舜之徒也若乃布衣韋帶之士在於畎
畝之中終日為之其利亦已博矣況乎處重明
之位吾正體之尊克念無息丞丞以孝大舜之
德其何遠之有哉

列傳第二

梁書傳二　　十一

梁書　八

王茂　曹景宗　柳慶遠

梁書九　　散騎常侍姚　思廉　撰

王茂字休遠太原祁人也祖深北中郎司馬父
父深所異常謂親識曰此吾家之千里駒成門
戶者必此兒也及長好讀兵書駮略究其大旨
性沈隱不妄交遊身長八尺潔白美容顏齊武
帝布衣時見之歎曰王茂年少堂堂如此必為
公輔之器宋昇明末起家奉朝請歷後行軍參
軍司空騎兵參軍魏將李烏奴冠漢
中茂受詔西討魏冠兗州茂退還為鎮南司馬帶臨湘
令入為越騎校尉魏冠兗州茂時以寧朔將軍
長史鎮撥比境入為前軍將軍江夏王司馬又
遷寧朔將軍江夏內史建武初魏圍司州茂以

〔梁書傳三〕　一

郢州之師救焉高祖率衆先登賢首山魏將王
肅劉昶來戰茂從高祖拒之大破蕭誕等魏軍退
茂還郢仍遷輔國長史襄陽太守高祖義師起
茂私於張弘策勸高祖迎和帝每遣茂為前驅
語在高祖紀高祖發雍部毎遣茂為前驅
計還獻捷于漢川郢魯既平從高祖東下復為
軍鋒師次秫陵東昏遣大將王珍國盛兵朱雀
門衆號二十萬度航請戰茂與曹景宗等會擊
大破之縱兵追奔積屍與航欄等其赴淮死者
不可勝算長驅至宣陽門建康城平以茂為護
軍將軍俄遷侍中領軍將軍軍輦到東掖門為盜
也茂率所領到東掖門應赴爲盜所射茂躍馬
而進羣盜反走茂以不能式遏姦盜自表解職
優詔不許加鎮軍將軍封望蔡縣公邑三千
百戶是歲江州刺史陳伯之舉兵叛茂出為江
州刺史給鼓吹一部南討伯之伯之奔于魏時
持節散騎常侍都督江州諸軍事征南將軍江

〔梁書傳三〕　二

九江新雜軍寇民思及業茂務農省役百姓安
之四年魏俊漢中戍受詔西討魏乃班師六年
遷尚書右僕射常侍如故固辭不拜改授侍中
中衛將軍領太子詹事七年拜車騎將軍太子
詹事如故八年以本號開府儀同三司丹陽尹
侍中如故時天下無事高祖方信仗文雅茂心
頗怏怏侍宴醉後每見言色高祖常宥而不之
責也十一年進位司空侍中尹如故茂辭京尹改
領中權將軍茂性寬厚居官雖無譽亦為吏民
所瞻望明年出為使持節散騎常侍驃騎將軍
開府儀同三司之儀都督江州諸軍事江州刺史
視事三年薨于州時年六十高祖甚悼惜之賻
錢三十萬布三百四詔曰旌德紀勳哲王令軌
念終追遠前典故使持節散騎常侍驃騎
將軍開府儀同三司江州刺史茂誠慶港廣器
宇凝正爰初草昧盡誠宣力綢繆休戚契闊屯

夷方賴謀猷求隆朝寄至薨殞朕用慟于厥
心宜增禮數式昭盛烈可贈侍中太尉加班劍
二十人鼓吹一部謚曰忠烈茂以元勳高祖自
賜以鍾磬之樂茂在江州夢鍾磬在格無故自
墮心惡之及覺命奏樂既成列鍾磬天子所
故編皆絕墮地茂謂長史江詮曰此樂天子所
以惠勞臣也樂既極矣能無憂為有司奏樂少日
卒子貞秀嗣以居喪無禮俄而病少日
有詔留廣州乃潛結仁威府中兵參軍杜景欲
龍驤州城長史蕭昂討之景宗降人與貞秀同戮
曹景宗字子震新野人也父欣之為宋將位至
征虜將軍徐州刺史景宗幼善騎射好畋獵常
與少年數十人澤中逐麕鹿麕鹿赴馬
相亂景宗於衆中射之人皆懼中馬足鹿應弦
輒斃以此為樂未弱冠欣之於新野遣出州以
匹馬將數人於中路卒逢蠻賊數百圍之景宗
帶百餘箭乃馳騎四射每箭殺一蠻蠻逐散走
因是以膽勇知名頗愛史書每讀穰苴樂毅傳

輒放卷歎息曰丈夫當如是辟西曹不就宋元
徽中隨父出京師為奉朝請員外遷尚書左民
郎尋以父憂去職還鄉里服闋刺史蕭赤斧板
為冠軍中兵參軍領天水太守時建元初蠻寇
屢動景宗東西討擊多所搞破齊鄱陽王鏘為
雍州復以為征虜中兵參軍帶馮翊太守督峴
南諸軍事除屯騎校尉與州里張
道門厚善道門齊車騎將軍敬見少子也為武
陵太守敬見誅道門於郡伏法親屬故吏莫敢

梁書傳三　五

收景宗自襄陽遣人舡到武陵收其屍骸迎還
殯葬鄉里以此義之建武二年魏主托跋宏寇
諸陽景宗為偏將每衝堅陷陣輒有斬獲以勳
除游擊將軍四年太尉陳顯達督眾軍北圍馬
圈景宗從之以甲士三千設伏破魏援托跋英
四萬人及剋馬圈顯達論功以景宗為後景宗
退無怨言魏王率眾大至顯達宵奔景宗導入
山道故顯達父子獲全五年高祖為雍州刺史
景宗深自結附數請高祖臨其宅時天下方亂

高祖亦厚加意焉永元初表為冠軍將軍竟陵
太守及義師起景宗聚眾遣親人杜思沖勸先
迎南康王於襄陽即帝位然後出師為萬全計
高祖不從語在高祖紀高祖至竟陵以景宗與
冠軍將軍王茂濟江圍郢城自二月至于七月
城乃降復帥眾前驅至南州領馬步軍取建康
道次江寧東昏將李居士以重兵屯新亭是日
且師行日久器甲穿敝居士望而輕之因鼓噪

梁書傳三　六　陳

前薄景宗景宗被甲馳戰短兵裁接居士棄
甲卒走景宗皆獲之因鼓而前徑至皂莢橋
墨景宗文與王茂呂僧珍掎角破王珍國於大
航茂衝其中堅應時而陷景宗縱兵乘之景宗
軍士皆殊死戰無不一當百景宗道左右莫非富室抄
物略奪子女景宗不能禁及高祖入頓新城嚴
申號令然後稍息復與眾軍長圍六門城平拜
散騎常侍右衛將軍封湘西縣侯食邑一千六
百戶仍遷持節都督郢司二州諸軍事左將軍

郢州刺史天監元年進號平西將軍改封竟陵
縣矦景宗在州躭貨聚斂於城南起宅長堤以
東夏口以比開街列門東西數里而郎曲殘撅
民頗厭之天監二年十月魏寇司州圍刺史蔡道恭
時魏攻日苦城中負板而汲景宗望門不出但
耀軍遊獵而已及司州城陷為御史中丞任昉
所奏高祖以功臣寢而不治徵為護軍既至復
拜散騎常侍右衛將軍五年魏托跋英冠鍾離圍
徐州刺史昌義之高祖詔景宗督眾軍援義之

【梁書傳三】　七

豫州刺史韋叡亦預焉而受景宗節度詔景宗
頓道人洲待眾軍齊集俱進景宗固啟求先據
邵陽洲尾高祖不聽景宗欲專其功乃違詔而
進值暴風卒起頗有淪溺復還守先頓高祖聞
之曰此所以破賊也景宗不進蓋天意平若孤軍
獨往城不時立必見狼狽今得待眾軍同進始
大捷矣及韋叡至與景宗進頓邵陽洲立壘去
魏城百餘步魏連戰不能却殺傷者十二三自
是魏軍不敢逼景宗等器甲精新軍儀甚盛

魏人望之奪氣魏大將楊大眼對橋比岸立城
以通糧運海人過岸伐斫柴皆為大眼所略
景宗乃募勇敢士千餘人徑渡大眼攻景宗城南數里
因得壘成使別將趙草守之因謂為趙草城走
築壘累親自舉築末攻景宗與魏橋等為
後恣翫牧焉大眼時道抄掠輒反為趙草所獲
先是高祖詔景宗與眾逆裝高艦使與魏橋等為
火攻計令景宗等逆攻一橋攻其南
攻其北六年三月春水生淮水暴長六七尺叡

【梁書傳三】　八

遣所督將馮道根李文釗裴邃韋寇等乘艦登
岸擊魏洲上軍盡殖景宗因使眾軍皆鼓噪亂
登諸城呼聲震天地大眼於西岸燒營英自東
岸棄城走諸壘相次土崩悉棄其器甲爭投水
死淮水為之不流景宗令軍主馬廣蹋大眼至
濊水上四十餘里伏尸相枕義之出逐英至浴
口英以匹馬入梁城緣淮百餘里屍骸枕籍生
擒五萬餘人收其軍糧器械積如山岳牛馬驢
騾不可勝計景宗乃搜軍所得生口萬餘人馬

千四遺獻捷高祖詔還本軍景宗振旅凱入增
封四百并前為二千戶進爵為公詔拜侍中領
軍將軍給鼓吹一部景宗為人自恃尚勝每作
書字有不解不以問人皆以意造焉雖公卿無
所推揖惟韋叡年長且州里勝流特相敬重同
讌御途亦曲躬謙遜高祖以此嘉之景宗好內
妓妾至數百窮極錦繡性躁動不能沈默出行
常欲襄車帷慢左右顦謙以位望隆重人所具
贍不宜然景宗謂所親曰我昔鄉里騎快馬如

三百卅　〈梁書傳三〉　九

龍與年少輩數十騎拓弓弦作霹靂聲箭如餓
鴟叫平澤中逐麞數肋射之渴飲其血饑食其
肉甜如甘露覺耳後風生鼻頭出火此樂使
人忘死不知老之將至全來揚州作貴人動轉
不得路行開車慢小人輒言不可閉置車中如三
日新婦遭此邑邑使人無氣嗚咷酒好樂使
月於宅中使作野虜遂除遍往人家乞酒食本
以為戲而部下多剽輕因弄人婦女奪人財貨
高祖頗知之景宗乃止高祖數讌見功臣共道

故舊景宗醉後謬忘或誤稱下官高祖故縱之
以為笑樂七年遷侍中中衛將軍江州刺史趙
任卒於道時年五十二詔賻錢二十萬布三百
匹追贈征北將軍雍州刺史開府儀同三司諡
曰壯子皎嗣

柳慶遠字文和河東解人也伯父元景宋太尉
慶遠起家郢州主簿齊初為尚書都官郎大司
馬中兵參軍建武將軍魏興太守郡遭暴水流
漂居民吏請徙民杞城慶遠曰天降雨水豈城

梁書傳三　十

之所知吾聞江河長不過三日斯亦何慮命築
土而已俄而水過百姓服之入為長水校尉出
為平北諮議參軍襄陽令高祖之臨雍州問京
兆人杜惲求州綱惲舉慶遠高祖曰文和吾已
知之所問未知者耳因問天下方今將亂英雄
難定霸其吾君乎圖畫誠協贊及義兵起慶遠
民定惟慢為謀主中興元年西中郎遷為諮門郎
常屠惟慢軍軍征東長史從軍東下身先士卒高

祖行營壘見慶遠頓、舍嚴整每歎曰人人若是

吾又何憂建康城平、八爲侍中領前軍將軍帶

淮陵齊昌二郡太守、城內嘗夜失火禁中驚懼

高祖時居官中悉斂諸鑰問柳侍中何在慶遠

至悉付之其見任如此霸府建以爲太尉從事

中郎高祖安侯遷散騎常侍右衛將軍加征虜

將軍封重安侯食邑千戶毋憂去職以本官起

四年出爲使持節都督雍梁南北秦四州諸軍

之固辭不拜天監二年遷中領軍改封雲杜侯

〔梁傳三〕

十一

事征虜將軍寧蠻校尉雍州刺史高祖餞於新

亭謂曰卿衣錦還鄉朕無西顧之憂矣七年徵

爲護軍將軍領太子庶子未赴職仍遷通直散

騎常侍右衛將軍領右驍騎將軍至京都值魏

宿預城請降受詔爲援於是假節守淮陰魏軍

退八年還京師遷散騎常侍太子詹事雍州大

中正十年還侍中領軍將軍給扶並鼓吹一部

十二年遷安北將軍寧蠻校尉雍州刺史慶遠

重爲本州頗屬清節士庶懷之明年春卒時年

五十七詔曰念往篤終前王令則武隆寵數列

代恂規使持節都督雍梁南北秦四州寧蠻校尉之

音陵司州之隨郡諸軍事安北將軍寧蠻校尉

雍州刺史雲杜縣開國侯柳慶遠器識淹曠思

懷通雅爰初草昧預屬經綸遠自外平契闊禁

旅榮命以彰茂勳可贈侍中中軍將軍開府儀

同三司鼓吹一部疾如故諡曰忠惠賻錢二十萬布

二百四及喪還京師高祖出臨哭子津嗣初慶

〔梁傳三〕

十三

遠從父兄衛將軍世隆嘗謂慶遠曰吾昔夢太

尉以褥席見賜吾遂亞台司適又夢以吾褥席

與汝汝必光我公族至是慶遠亦繼世隆正焉

陳吏部尚書姚察曰王茂曹景宗柳慶遠雖世

爲將家然未顯奇節誅與因日月末光以成所

志配迹方邵勳鐘鼎罪偉哉昔漢光武全憂功

臣不過朝請特進寇鄧耿賈咸不盡其器力茂

等送據方岳位終上將君臣之際邁於前代矣

梁書十

散騎常侍姚　思廉　撰

蕭穎達
夏侯詳
蔡道恭
楊公則
鄧元起

蕭穎達蘭陵蘭陵人亦曰光祿大夫赤斧第五子
也少好勇使酒闌陵家冠軍兄穎冑齊建武末亦
為西中郎外兵參軍俱在西府齊季多難顥
不自安會東昏遣輔國將軍劉山陽為巴西太
守道過荊州密敕穎冑襲雍州時高祖已為備
矣仍遣穎冑親人王天獸以書疑之山陽至果
不敢入城穎冑計無所出夜遣錢塘人朱景思
呼西中郎城局參軍席闡文諮議參軍柳忱閉
齋定議闡文曰蕭雍州蓄養士馬非復一日江
陵素畏襄陽人人衆又不敵取之必不可制之
歲寒復不為朝廷所容今若殺山陽與雍州舉

事立天子以令諸侯則霸業成矣山陽持疑不
進是不信我今令斬送天獸則彼疑可釋至而圖
之闓不濟矣穎忱亦勸焉穎達曰善及天明穎冑
謂天獸曰卿與劉輔國相識今不得不借卿頭
乃斬天獸以示山陽山陽大喜輕將步騎數百
到州闓文勒兵待於門山陽車踰限因
執斬之傳首山陽閉文勒兵待於門因高
祖許焉和帝即位以穎冑為假節侍中尚書令
領吏部尚書都督行留諸軍事鎮軍將軍荊州
刺史留衛西朝以穎達為冠軍將軍及楊公則
等率師隨高祖高祖圍郢城穎達會軍於漢口
與王茂曹景宗等攻郢城陷之隨高祖平江州高
祖進漂州使與曹景宗先率馬步進趨江壘破
東昏將李居士又下東城初義師之起也巴東
太守蕭惠訓子璝巴西太守魯休烈弗從舉兵
侵荊州敗輔國將軍任議之於破口破大將軍劉
若慶於上明穎冑遣軍拒之而高祖已平江郢
圖建康穎冑自以職居上將不能拒制璝等憂

愧不樂發疾數旬而卒州中祕之使似其書者
假為救命及球等聞建康將平衆懼而潰乃始
發喪和帝贈穎冑丞相義師初穎達第穎孚自
京師出亡廬陵人循景智潛引與南歸至廬陵
景智及宗人靈祐為起兵得數百人屯西昌藥
康安成五郡軍事冠軍將軍廬陵內史穎孚率
靈祐等進據西昌東昏遣安西太守劉希祖首
山湖穎達聞之假穎孚節督廬陵豫章臨川南
南江入湖拒之穎孚不能自立以其兵由建安復

奔長沙希祖追之穎孚緣山踰嶺僅而獲免在
道絕糧後因食過飽而卒建康城平高祖以穎
達為前將軍丹陽尹上受禪詔曰念功惟德列
代所同追遠懷人彌與事篤齊故侍中丞相尚
書令穎冑風格峻遠器寓深邃清猷盛業間望
斯歸緝構英茂炳基王迹契闊屯夷載形心事
朕膺大改物光宅區宇望仳　觀河永言虢慟可
封巴東郡開國公食邑三千戶本官如故贈穎
孚右衞將軍加穎達散騎常侍以公事免及大

論功賞封封穎達吳昌縣庶邑千五百戶尋為侍
中改封作唐矦縣邑如故遷征虜將軍太子左
衞率御史中丞往奏曰臣聞貧觀所取窮視
不為在於布衣窮居介然之行尚可以激貪屬
俗悼穎達征虜將軍臣蕭穎達啟
之士受賈人之服風聞征虜將軍臣蕭穎達啟
乞魚軍稅輒攝穎達宅督彭喜難當到臺列
稱尋生魚典稅先本足鄧僧琰啟乞限訖今年

五月十四日主人穎達于時謂非新立仍啟乞

接代僧琰即蒙降許登稅與史法論一年收直
五十萬知其列狀則與風聞符同穎達即主臣
謹案征虜將軍太子左衞率作唐縣開國矦
臣穎達備位大臣預聞執憲私謁丞陳至公寂
寞屠中之志異乎鮑肆之求魚殤之資不俟潛
有之數遂復申茲文二追彼十一風體若茲準
綢斯在陛下弘惜勳良每為曲法臣當官執憲
敢不盡繩臣等參議請以見事免穎達所居官
以族還第有詔原之轉散騎常侍左衞將軍俄

三百卅　太亨

復為待中衛尉卿出為信威將軍豫章內史加
秩中二千石治任威猛郡人畏之遷使持節都
督江州諸軍事江州刺史將軍如故頃之徵為
通直散騎常侍右驍騎將軍既處優閑尤恣聲
色飲酒過度頗以此傷生九年遷信威將軍右
衛將軍是歲卒年三十四車駕臨哭給東園祕
器朝服一具衣一襲錢二十萬布二百匹追贈
侍中中衛將軍鼓吹一部諡曰康子敏嗣穎冑
子靡襲巴東公位至中書郎早卒

夏矦詳字叔業譙郡人也年十六遭父艱居喪
哀毀三年廬于墓當有崔三足飛來集其廬
戶衆咸異為服闋刺史殷琰召補主簿宋太始
初琰舉豫州叛宋明帝遣輔國將軍劉勔討之
攻守連月人情危懼將請救於魏詳說琰曰今
日之舉本効忠節若社稷有奉便歸身朝廷何
可屈身北面異域且今魏氏之卒近在淮次一
軍未測去就懼有異圖今若遣使歸欵必厚相
慰納豈止免罪而已若謂不然請充一介琰許之

詳見勔曰將軍嚴圍峭壘矢刃如霜城內愚徒
實同困獸士庶懼誅咸欲投魏僕所以踰城歸
德敢布腹心願將軍弘曠蕩之恩垂霜然之惠
解圍退舍則皆相率而至矢動許之詳曰審爾
當如君言而詳請反命動遣到城下詳呼城中
人語以勔辭即日琰及衆俱出一州以全動為
刺史又補主簿頃之為屬城表轉治中從事史
段佛榮班下境內為新汲令治有異績刺史
遷別駕歷事八將州部稱之齊明帝為刺史雅

相器遇及輔政招令出都將大用之每引詳及
鄉人裴叔業與語詳輒末略不酬帝以問
叔業叔業告詳曰夜不為福始不為禍先由此
微有忤出為征虜長史義陽太守頃之建安戍
為魏所圍仍以詳為建安戍主帶邊城新蔡二
郡太守弁督光成弋陽汝郡五郡衆赴之詳至建
安魏軍引退先是魏文於淮上置荊亭戍常為
寇掠累攻不能禦詳率銳卒攻之賊衆大潰皆
棄城本走建武末徵為游擊將軍出為南中郎

司馬南新蔡太守齊南康王爲荊州遷西中郎
司馬新興太守便道先到江陽時始安王遙光
稱兵京邑南康王長史蕭潁胄並未至中兵參
軍劉山陽先在州山陽副潘紹欲謀作亂詳偽
呼紹議事即於城門斬之州府乃安遷司州刺
史辭不之職高祖義兵起詳與潁胄同創大舉
西臺建以詳爲中領軍加散騎常侍南郡太守
潁胄遣衛尉席闡文如高祖軍詳獻議曰竊
凡軍國大事潁胄多決於詳及高祖圍郢城未

壁易守攻取執難頓甲堅城兵家所忌誠宜大
弘經略詢納輿言軍主以下至于匹夫皆令獻
其所見盡其所懷擇善而從選能而用不以人
廢言不以多罔寡又須量我衆力度賊糧窺
彼人情權其形勢若使賊人衆而食少故宜計
日而守之食多而力屈便宜散金寶縱反間使
糧力俱足非攻守所屈此魏武之所以定大業
也若三事未可宜思變通觀於人情計我糧穀

若德之所感萬里同符仁之所懷遠邇歸義金
帛素積糧運又克楚圍之不卒攻之未歲月
此王前羽之所以剋楚之不卒降攻之未
可下間道不能行金粟無人積天下非一家人
情難可豫此則宜更思變計夫變計之道實資英
斷此之深要難以紙宣輒布言於席衛尉特願
帝加詳禁兵出入殿省固辭不受遷侍中尚書
王儋留守襄陽詳乃遣使迎儋共參軍國和
垂採高祖嘉納焉頃之潁胄卒時高祖弟始興

右僕射尋授使持節撫軍將軍荊州刺史詳文
固讓千儋天監元年徵爲侍中車騎將軍論功
封寧都縣侯邑二千戶詳累辭讓至於懇切
乃更授右光祿大夫侍中如故給親信二十人
改封豐城縣公邑如故二年抗表致仕詔解侍
中進特進三年遷使持節散騎常侍車騎將軍
湘州刺史詳善吏事在州四載爲百姓所稱州
城南流水有峻峯孤挺百老相傳云刺史登此山輒
被代因是歷政莫敢至詳於其地起臺榭延僚

屬以表搤把之志六年徵為侍中右光祿大夫
給親信二十人未至授尚書右僕射金紫光祿
大夫侍中如故道病卒時年七十四上為素服
舉哀贈右光祿先是荊府城局參軍吉士瞻役
萬人浚仗庫防火池得金革帶鉤隱起雕鏤甚
精巧篆文曰錫爾金鉤既公且庶士瞻詳兄女
蔡道恭字懷儉南陽冠軍人也父祖宋益州刺
史道恭少寬厚有大量齊文帝為雍州召補主

▋梁書傳四　九

簿仍除員外散騎常侍後累有戰功遷越騎校
尉後軍將軍建武末出為輔國司馬汶南令齊
南康王為荊州薦為西中郎中兵參軍加輔
國將軍義兵起蕭穎冑以道恭舊將素著威
略專相委任遷冠軍將軍西中郎諮議參軍仍
轉司馬中興元年和帝即位遷右衛將軍巴西
太守魯休烈等自巴蜀連兵寇上明以道恭持
節督西討諸軍事次士臺與賊合戰道恭潛以
奇兵出其後一戰大破之休烈等降于軍門以

功遷中領軍固辭不受出為使持節右將軍司
州刺史天監初論功封漢壽縣伯邑七百戶進
號平北將軍三年魏圍司州時城中眾不滿五
千人食裁支半歲魏軍攻之晝夜不息道恭隨
方抗禦皆應手摧却魏乃作大車載土四面俱
前欲以填壍道恭輒於壍內列艨衝鬬艦以待
之魏人不得進又潛作伏道以決壍水道恭載大
狐塞之相持百餘日魏
造梯衝攻圍日急道恭於城內作土山厚二十

▋梁書傳四　十

餘丈多作大槊長二丈五尺施長刃使壯士刺
魏人登城者魏軍甚憚之將退會道恭疾篤
乃呼兄子僧勰從弟靈恩及諸將帥謂曰吾受國
厚恩不能破滅寇賊今所苦轉篤勢不支久汝
等當以死固節無令吾沒有遺恨又令取所持
節謂僧勰曰稟命出疆憑此而已即不得奉以
還朝方欲攜之同逝可與棺柩相隨眾皆流涕
其年五月卒魏知道恭死攻之轉急先是朝廷
遣郢州刺史曹景宗率眾赴援景宗到鑿峴

頓兵不前至八月城內糧盡乃陷詔曰持節都
督司州諸軍事平北將軍司州刺史漢壽縣開
國伯道恭器幹詳審才志通烈王業摩構致力
陝西受任邊世劭彰所莅寇賊憑陵竭誠守禦
奇謀間出捷書日至不幸抱疾奄至殞喪遺略
所固得移朔自非徇國志已忠果並至何能
身沒守存窮而後屈言念傷悼特兼常懷追
榮加等抑有怕數可贈喪槥隨宜資給八年魏許
剌史伯如故并尋購喪槥隨宜資給八年魏許
還道恭喪其家以女樂易之葬襄陽子澹嗣卒
於河東太守孫固早卒國除
楊公則字君翼天水西縣人也父仲懷宋泰始
初為豫州刺史嚴琰叛輔國將軍劉勔討
琰仲懷力戰死於橫塘公則隨父在軍年未弱
冠冒陣抱尸號哭氣絶良父動命選仲懷首公
則發畢徒步負喪歸鄉里由此著名歷管員外
散騎侍郎梁州刺史范栢年板為宋熙太守領
白馬戍王氏賊李烏奴作亂攻白馬公則固

守經時矢盡糧竭陷于寇抗聲罵賊烏奴牡之
更厚待焉要與同事公則偽許而圖之謀泄單
馬逃歸梁州刺史王玄邈以事表聞蕭髙帝下
詔褒美除晉壽太守母憂去巨雍州
剌史陳顯達起為寧蠻長史復領太守復領
州刺史巴東王子響構亂公則率師進討事平
遷武寧太守在郡七年資無擔石百姓便之入
為鎮北長流參軍遷廬州刺史頃之朔將軍復領太守頃
為前軍將軍南康王為荊州復為西中郎中兵
參軍領軍將軍蕭穎冑恊同義舉以公則為輔
國將軍領軍四中郎諸議參軍中兵如公則眾東
下時湘州行事張寶積發兵自守未知所附公
則軍久巴陵仍回師南討軍次白沙寶積懼釋
甲以俟焉公則到撫納之湘境遂定和帝即位授持
節都督湘州諸軍事湘州刺史髙祖勤眾軍次
于洞口曾山城主孫樂祖鄧州刺史張沖各據
城未下公則率湘府之眾會于夏口時荊州諸
軍受公則節度雖蕭穎達宗室之貴亦隸焉累

進征虜將軍左衛將軍持節刺史如故鄺城平
高祖命衆軍即日俱下公則受命先驅徑掩柴
桑江州既定連旌東下直造京邑公則號令嚴
明秋毫不犯所在莫不賴焉大軍至新林公則
自越城移屯領軍府壘北樓與南掖門相對嘗
登樓望戰城中遙見麾蓋縱神鋒弩射之矢貫
胡床左右皆失色公則曰幾中吾脚談笑如初
東昏夜選勇士攻公則柵軍中驚擾公則堅卧
不起徐命擊之東昏軍乃退公則所領是湘溪

十三

人性怯懦城內輕之以為易與每出湓輒先犯公
則王公則獎厲軍士剋獲更多及平城內出者或
被剋奪公則親率麾下列陣東掖門衛送公卿
吉庶故出者多由公則營焉進號左將軍持
節刺史如故還鎮南番初公則東下湘部諸郡
多未賓從及公則還州然後諸屯聚並散天監
元年進號平南將軍封醴陵都縣侯邑二千五百
戶湘州寇亂累年民多流散公則輕刑薄斂頃
之戶口克復為政雖無威嚴然保己廉慎為吏

民所悅湘俗單家以賂求州職公則至悉斷之
所辟引皆州郡著姓高祖班下諸州以為法四
年徵中護軍代至乘二舸便發責送一無所取仍
遷衛尉卿加散騎常侍時朝廷始議北伐以公
則威名素著至京師詔假節先屯洛口公則受
命遘疾親人曰昔廉頗馬援以年老見遺猶
自力請用今國家不以吾朽懦任以前驅事馬
古人見知重矣雖臨途疾苦豈可僶俛辭事士
革還葬此五志也遂彊起登舟至洛口壽春

女歸降者數千戶魏豫州刺史薛恭度遣長史
石榮等前鋒接戰即斬石榮逐北至壽春去城
數十里乃反疾卒于師時年六十一高祖深痛
惜之即日舉哀贈車騎將軍給鼓吹一部諡曰
烈公則為人敢厚慈愛居家篤睦兄子過於
其子家財悉委焉性好學雖居軍旅手不輟卷
士大夫以此稱之子縹嗣有罪國除高祖以公則
勳臣特詔聽庶長子朓嗣固讓歷年乃受
鄧元起字仲居南郡當陽人也少有膽幹齊力

後半葉第九行上七字原脫依明北監本補

過人性任俠好賑施鄉里年少多附之起家州
辟議曹從事史轉奉朝請謂雍州刺史蕭緬板為
槐里令遷弘農太守平西軍事時西陽蠻率
眾緣江寇抄商旅斷絕刺史蕭遙欣使元起率
之間頻陷六城斬獲萬計餘黨悉皆散走仍戍
三關鄧州刺史張沖督河北軍事元起累與沖
書求旋軍報書曰足下在彼吾在此表裏之
勢所謂金城湯池一旦捨去則荊棘生焉乃表
元起為平南中兵參軍事自是每戰必捷勇冠
當時敢死之士樂為用命者萬有餘人義師起
蕭穎冑與書招之張沖待元起素厚眾皆懼沖
及書至元起部曲多勸其還鄧元起大言於眾
曰朝廷暴虐誅戮宰臣羣小用命衣冠盡荊
雍二州同舉大事何患不剋且我老母在西豈
容吾背本若事不成政受戮昏朝亦免不孝之罪

即日治嚴上道至江陵為西中郎中兵參軍加
冠軍將軍率軍眾與高祖會于夏口高祖命王茂
曹景宗及元起等圍城結壘九里張沖將軍輒
大敗乃嬰城固守和帝即位授假節冠軍將軍
平越中郎將廣州刺史遷事黃門侍郎移鎮
南堂中興元年七月鄧城降以本號為益
州刺史仍為前軍先定尋陽及大軍進至京邑
元起築壘於建陽門與王茂曹景宗等合長圍
身當鋒鏑建康城平進號征虜將軍天監初封
當陽縣公食邑二千二百戶又進號左將軍刺史
如故始述職為初義師之起益州刺史劉季連
持兩端及聞元起將至遂發兵拒守語在季連
傳元起至巴西巴西太守朱士略開門以待先
時蜀人多逃亡至是出投元起皆稱起義應朝
廷師人新故三萬餘元起在道久軍糧之絕或
說之曰蜀土政慢民多詐疾若撿巴西一部籍
注因而罰之所獲必厚元起然之涪令李膺諫曰
使君前有嚴敵後無繼援山民始附於我觀德

糾以刻薄民必不堪衆心必離雖悔無及何必
起疾可以濟師膺請出圖之不患資糧不足也
元起曰善一以委鄉膺退率富民上軍資米俄
得三萬斛元起先遣將王元宗等破季連將李
奉伯於新巴齊晚盛又破元起將魚方達於斛士
始嬰城自守晚盛師衆咸懼元起乃自率兵季連
卒死者千餘人師衆咸懼元起重於郫季連復道
至蔣橋晚盛二十人間道襲郫陷之軍備盡没元
起遣魯方達之衆救之敗而反遂不能魁元起
捨郫逕圍州城柵其三面而蹔焉元起出巡視
圍柵季連使精勇掩之將至麾下元起下輿持
楯叱之衆辟易不敢進時益部兵亂日久民廢
耕農内外苦飢人多相食道路斷絶季連計窮
會明年高祖使救季連罪許之降季連即日開城
納元起元起送季連于京師城開郫乃降斬奉伯
晚盛高祖論平蜀勳復元起號平西將軍增封
八百戶幷前二千戶元起以鄉人庾黔妻爲錄

事參軍又得荊州刺史蕭遙欣故容客蔣光濟並
厚待之任以州事黔妻甚清潔光濟多計謀並
勸爲善政元起之剟季連也城内財寶無所私
勤恤民事口不論財色性本能飲酒至一斛不
亂及是絶之蜀土愛羣然稱之元起舅子梁矜孫
性輕脫與黔妻志行不同乃言於元起曰城中
稱有三刺史節下何以堪之元起由此踈黔妻
詔許焉徵爲右衛將軍以西昌侯蕭深藻代
光濟而治迹稍損在州二年以母老乞歸供養
之是時梁州長史夏侯道遷以南鄭叛引魏人
白馬戍主尹天賜馳使報蜀將王景胤孔陵
寇東西晉壽並遣生口急衆勸元起急救之元起
曰朝廷萬里軍不卒至若寇賊侵淫方須模討
董督之任非我而誰何事忽忽便救黔妻等苦
諫之皆不從高祖亦假元起都督征討諸軍將
救漢中比是魏已攻陷兩晉壽蕭藻將至元起
頗營還裝糧儲器械略無遺者藻入城甚怨望
之因表其退留不憂軍事收付州獄於獄自縊

時年四十八有司追劾削爵土詔減邑之半乃
更封松滋縣侯邑千戶初元起在荊州刺史隨
王桎元起爲從事別駕庾革堅執不可元起恨
之天軍既至京師革在城內甚懼及城平元起
先遣迎革語人曰庾別駕若爲亂兵所殺我無
以自明因厚遺之少時又嘗至其西沮田舍有
沙門造之乞元起問田人曰有稻幾何對曰二
十斛元起悉以施之時人稱其有大度元起初
爲益州過江陵迎其母母事道方居館不肯出

梁書傳四　十九

元起拜請同行母曰貧賤家兒忽得富貴詎可
久保我寧死不能與汝共入禍敗元起之至巴
東聞蜀亂使蔣光濟筮之遇塞喟然嘆曰吾豈
鄧艾而及此乎後果如筮子鏗嗣
陳吏部尚書姚察曰永元之末荊州方未有疊
蕭穎冑悉全楚之兵首應義舉豈天之所啟
人企慕之謀不然何其響附之決也穎達叔慶
流後嗣夏矦楊節咸事隆名盛矣群之謹厚
楊蔡廉節君子有取焉

梁書傳四　二十

08-116

張弘策　庾域

鄭紹叔

呂僧珍

散騎常侍姚　思廉　撰

梁書十一

張弘策字真簡范陽方城人文獻皇后之從父
弟也幼以孝聞母嘗有疾五日不食弘策亦不
食母彊為進粥乃食母所餘遭母憂三年不
食鹽菜幾至滅性兄弟友愛不忍暫離雖各有
室常同臥起世比之姜肱兄弟起家齊邵陵王
國常侍遷奉朝請西中郎江夏王行參軍弘策
與高祖年相輩幼見親狎恒隨高祖遊處每入
室常覺有雲煙氣體輒肅然弘策由此特敬
及時事弘策因問高祖曰緯象去何國家故當
高祖建武末弘策從高祖宿酒酣徙席星下語
無羔高祖曰其可言乎弘策因曰請言其兆高
祖曰漢北有失地氣渐東有急兵祥今冬初魏
必動若動則亡漢北帝今父疾多異議萬一伺

虜精部且乘機而作是亦無成徒自驅除耳明
年都邑有亂死人過於亂麻齊之歷數自茲亡
矣梁楚漢當有英雄興弘策曰英雄今何在為
已富貴為在草茅高祖笑曰光武有云安知非
僕弘策起曰今夜之言是天意也請定君臣之
分高祖曰舅欲效鄧晨平是冬魏軍寇新野高
祖將兵為援且受密旨仍代曹武為雍州弘策
聞之心喜謂高祖曰夜中之言獨驗矣高祖
笑曰且勿多言弘策從高祖西行仍參帷身
親勞役不憚辛苦五年秋明帝崩遺詔以高祖
為雍州刺史乃表弘策為錄事參軍帶襄陽
今高祖觀海內方亂有匡濟之心密為儲謀
獸所及惟弘策而已時長沙宣武王罷益州還
仍為西中郎長史行郢州事高祖使弘策陳
計於宣武王語在高祖紀弘策因說王曰昔周
室既衰諸侯力爭齊桓晉文於是能一匡九
合民到于今稱之齊德告微四海方亂蒼生之
命會應有主以郢州居中流之要雍部有戎馬

之饒卿兄弟英武當今無敵虎據兩州參分天
下糾合義兵為百姓請命廢昏立明易於反掌
如此則桓文之業可成不世之功可建無為豎子
所欺笑身後雍州揣之已熟願善圖之王顏
不懌而無以拒也義師將起高祖夜召弘策呂
僧珍入宅定議旦乃發兵以弘策為輔國將軍
軍主領萬人督後部軍事西臺建為步兵校尉
遷車騎諮議參軍及郢城平蕭穎達為楊公則諸
將皆欲頓軍夏口高祖以為宜乘勢長驅直指

三．高　〔梁傳五〕　三　王才

京邑以計語弘策與高祖意合又訪寧遠
將軍庾域域又同乃命衆軍即日上道綠江至
建康凡磯浦村落軍行宿次之頓處所弘策逆
為圖測皆在目中義師至新林王茂曹景宗等
於大航方戰高祖遣弘策持節勞勉衆咸奮厲
是日仍破朱雀軍高祖入頓石頭城弘策屯門
僧珍先入清宮封檢府庫于時城內珍寶委積
禁衛引接士類多全免城平高祖遣弘策與呂
弘策申勒部曲秋毫無犯遂衛尉卿加給事中

天監初加散騎常侍洮陽縣葰邑二千二百戶
弘策盡忠奉上知無不為交友故舊隨才薦
拔搢紳皆稱焉時東昏餘黨初逢赦令多未自
安數百人因運荻炬東仗得入南北掖作亂燒
神獸門總章觀前軍司馬呂僧珍直殿內以宿
衛兵拒破之分入衛尉府弘策方救火盜潛
後害之時年四十七高祖深慟惜詔曰呂...給第一
衣一襲錢十萬布百四蠟二百斤詔曰呂從舅

〔梁書傳五〕　四　九恩奉

濟自藩外朝契闊夷阻加外氏凋表響宴常慶絕
興感渭陽情寄斯在方賴忠勳翼宣賓蕃報劬
無衒永言增慟可贈散騎常侍車騎將軍給鼓吹
一部謚曰愍弘策為人寬厚通率篤舊故及居
隆重不以貴執自高故人賓客禮接如布衣時
祿賜皆散之親友及其遇害莫不痛惜焉子緄
嗣別有傳

庾域字司大新野人長沙宣武王為梁州以為
錄事參軍帶華陽太守時魏軍攻圍南鄭州

有空倉數十所城封題指示將士云此中粟皆
滿足支二年但努力堅守衆心以安虜退以功
拜羽林監遷南中郎記室參軍永元末高祖起
兵遣書招城西臺建以為寧朔將軍領行選從
高祖東下師次陽口和帝遣御史中丞宗史銜
命勞軍城乃諷史曰黃鉞未加非所以揔率羣
伯夫反西臺論者謂高祖應致賤城爭不聽乃止
外諸軍事論者謂高祖應致賤城意合即命衆軍
鄖城平城及張弘策議與高祖意合即命衆軍
便下每獻謀畫多被納用霸府初開以為諮議
參軍天監初封廣牧縣子後軍司馬出為寧朔
將軍巴西梓潼二郡太守梁州長史夏侯道遷
舉州叛降魏魏騎將襲巴西城固守百餘日城
中糧盡將士皆食土死者太半無有離心
魏紹叔字仲明榮陽開封人也世居壽陽祖琨
宋高平太守紹叔少孤貧年二十餘為安曲令
居縣有能名本州召補主簿轉治中從事史時

剌史蕭誕以弟諶誅臺遣收兵卒至王左右莫不
驚散紹叔聞難獨馳赴焉誕死侍送喪柩衆咸
稱之到京師司空徐孝嗣見而異之曰祖逖之
流也高祖臨司州命為中兵參軍領長流紹叔
厚自結附高祖罷州還京師謝遣賓客紹叔獨
固請願留高祖謂曰卿才幹自有用我今未能
相益宜更思他塗紹叔曰委質有在義無二心
高祖固不許於是乃還壽陽剌史蕭遙昌引
紹叔終不受命遙昌怒將囚之救解得免及高
祖為雍州剌史紹叔間道西歸補寧蠻長史校
風太守東昏既害朝宰頗疑高祖紹叔兄植為
東昏直後東昏遣至雍州託以候紹叔實潛使
為剌客紹叔知之密以白高祖植既至高祖於
閒宴是見取良會也賓主大笑令植登臨城隍
紹叔處置酒宴之戲植曰朝廷遣卿見圖今日
周觀府署士卒器械舟艦戰馬莫不富實植
退謂紹叔曰雍州實力未易圖也紹叔曰見具
為天子言之兄若取雍州紹叔請以此衆一戰送

兄於南峴相持慟哭而別義師起為冠軍將軍

改驍騎將軍侍從東下江州留紹叔監州事督江

湘二州糧運事無闕之天監初入為衞尉卿紹叔

忠於事上外所聞知纖毫無隱毎入為高祖言事

善則曰臣慮出淺短以愚不及此皆聖主之策其不善則曰

臣之罪深矢高祖以為其事當如是殆以此誤朝廷

臣慮出淺矢高祖其親信之毎去常為冠軍將軍

至性高祖常使人節其哭頃之起為冠軍將軍

右軍司馬封營道縣侯邑千戶俄復為衞尉卿紹叔

加冠軍將軍以營道縣戶凋弊改封東興縣侯

邑如故初紹叔少失父事母及祖母以孝聞奉兄

恭謹及居顯要祿賜所得及四方貢遺悉歸之

兄室三年魏軍圍合肥紹叔以本號督眾軍鎮

東關軍平復為衞尉卿既而義陽為魏所陷司州

移鎮關南四年以紹叔為使持節征虜將軍司

州刺史紹叔剏立城隍繕修兵器廣田積穀招

納流民百姓安之性頗矜躁以權戟自居然能

傾心接物多所薦舉士類亦以此歸之六年徙

為左軍將軍加通直散騎常侍領司豫二州大中

正紹叔至家疾篤詔於宅拜授興戴府中醫

藥一日數至七年卒於府舍時年四十五高祖

將臨其殯紹叔宅巷狹陋不容輿駕乃止詔曰

迫往念功前王所篤在誠惟舊愛及義始

散騎常侍右衞將軍東興縣侯紹叔立身

清正奉上忠恪契闊藩朝情績顯著愛及

寔立茂勳作牧疆境効方申任寄協贊

心膂奄至殞喪傷痛于懷宜加優典隆茲寵命

可贈散騎常侍護軍將軍給鼓吹一部東園祕

器朝服一具衣一襲凶事所須隨由資給諡曰

忠紹叔卒後高祖嘗潛然謂朝臣曰鄭紹叔立

志忠列善則稱君過則歸己當今殆無其比其

見賞惜如此子貞嗣

吕僧珍字元瑜東平范人也世居廣陵起自寒

賤始童見時從師學有相工歷觀諸生指僧珍

謂博士曰此兒有奇聲封候相也年二十餘依宋

丹陽尹劉秉秉誅後事太祖文皇為門下書佐

身長七尺五寸容貌甚偉在同類中少所畏狎
曹輩皆敬之太祖為豫州刺史以為典籤帶蒙
令居官稱職太祖還領軍主簿妖賊唐瑀冠東
陽太守率衆東討使僧珍知行軍衆局為僧珍
宅在建陽門東自受命當行每日由建陽門道
不過私室太祖益以此知之為丹陽尹復命為
郡督郵亦隨王子隆出為荊州刺史齊武以僧
珍為子隆防閤從之鎮永明九年雍州刺史王
奐反敕遣僧珍隸平北將軍曹武西為典籤帶

新城令魏軍冠泗北司空陳顯達出討一見異
之因屏人呼上座謂曰卿有貴相後當不見減
努力為之建武二年魏大舉南侵五道高祖率
師援義陽僧珍從在軍中長沙宣武時為衆
州刺史魏軍圍守連月開謀所在不通義與雍
州路斷高祖欲遣使至襄陽問衆皆憚
莫敢行僧珍固請充使即日單舸上道既至襄
陽督遣援軍且獲宣武書而反高祖甚嘉之
事寧補羽林監東昏即位司空徐孝嗣管朝政

歃血共事僧珍揣不久安竟弗往時高祖巳臨
雍州僧珍固求西歸得補令既至高祖命為
中兵參軍委以腹膂僧珍陰養死士歸之者甚
衆高祖頗招武猛士庶響從會者萬餘人因命按
行城西空地將起數千間屋以為士舍多伐林竹
沈於檀溪積芽蓋若山阜皆不之用僧珍獨悟
其旨亦私具橶數百張及高祖夜召僧珍
及張弘策定議明旦乃會衆發兵悉取檀溪村
竹裝為艒艦葺之以茅並立辦衆軍將發諸將
果爭檝僧珍乃出先所具者每艦付二張爭者
乃息高祖以僧珍為輔國將軍步兵校尉出入
卧內宣通意旨師及郢城僧珍率所領頓偪月
壘俄又進據騎城郢州平高祖令僧珍進頓精
大將軍大軍次江寧高祖令僧珍與王茂率精
兵先登赤鼻邏其日東昏將本居士居士率本
僧珍等要擊大破之乃輿茂進軍於白板橋築壘
曡工茂移頓越城僧珍猶守白板李居士密覘
知衆少率銳卒萬人直來薄城僧珍謂將士曰

今力既不敵不可與戰可勿遙射須至塹裹當
并力破之俄而皆越塹拔柵僧珍分人上城矢
石俱發自率馬步三百人出其後守隅者復踰
城而下內外齊擊居士應時奔散獲其器甲不
可勝計僧珍又進而陣王茂等衆大將王珍國列
車爲營背淮而陣王茂建康城平高祖命僧珍
火車焚其營即日尾解建康城平高祖命僧珍
率所領先入清官與張弘策封檢府庫即日以
本官帶南彭城太守遷給事黃門侍郎領武貴

中郎將高祖受禪以爲冠軍將軍前軍司馬封
平固縣侯邑二千二百戶尋遷給事中右衛將
軍頃之轉左衛將軍加散騎常侍入直秘書省
總知宿衛天監四年冬大舉北伐自是軍機多
事僧珍直中書省夜還秘書五年夏又命僧
珍率羽林勁勇出梁城其年冬旋軍以本官領
太子中庶子僧珍去家久表求拜墓高祖欲榮
之使爲本州乃授使持節平北將軍南兗州刺
史僧珍在任平心率下不私親戚從父兄子先以

販葱爲業僧珍既至乃棄業欲求州官僧珍曰
吾荷國重恩無以報效汝等自有常分豈可妄
求叨越但當速反葱肆耳僧珍舊宅在市北前
有督郵廨鄉人咸勸徙廨以益其宅僧珍怒曰
督郵官廨也豈可徙之以爲吾宅當時立以地可徙之益
吾私宅姊適于氏住在市西小屋臨路不以爲恥
雜廁僧珍常導從鹵簿到其宅不以爲恥在州
百日徵爲領軍將軍尋加散騎常侍給鼓吹一
部直秘書省如先僧珍有大勳任總心膂恩遇

隆密莫與爲比性甚謹慎當直禁中盛暑不敢
解衣每侍御座屏氣鞠躬果食未嘗舉箸當
因醉後取一柑食之高祖笑謂曰便是大有所
進禄俸之外又月給錢十萬其餘賜賚不絕於
時十年疾病車駕臨幸中使醫藥日有數四僧
珍語親舊曰吾昔在蒙縣熱病當時必謂不
不濟主上見語卿有富貴相必當不死尋應自
差俄而果愈今已富貴具而復發黃當時正
同必不復起矣竟如其言卒于領軍府舍時年

五十八高祖即日臨殯詔曰思舊篤終前王令典
追榮加等列代通規散騎常侍領軍將軍平固
縣開國族僧珍罷品思淹通識宇詳濟竭忠盡禮
知無不為與朕契闊情兼屯泰大業初構式茂勳
克舉及居禁衛朝夕盡誠方參任台槐式隆朝
寄奄致喪近傷慟于懷宜加優典以隆寵命可
贈驃騎將軍開府儀同三司常侍鼓吹疾如故
給東園祕器朝服一具衣一襲喪事所須隨由
備辦諡曰忠敬矦高祖痛惜之言為流涕長子

峻早卒峻子淡嗣
陳吏部尚書姚察曰張弘策敦厚慎密呂僧珍
恪勤匪懈鄭紹叔忠誠亮盡締構王業三子皆
有力焉僧珍之肅恭禁省紹叔之造膝詭辭蓋
識為臣之節矣

列傳第五　　　　梁書十一

列傳第六

梁書十二

散騎常侍姚　思廉　撰

柳惔　弟忱
席闡文
韋叡　族弟愛

柳惔字文通河東解人也父世隆齊司空惔年
十七齊武帝爲荊州命爲參軍轉主簿蔣初
入爲尚書三公郎累遷太子中舍人巴東王子響
友子響爲荊州惔隨之鎮子響昵近小人惔知
將爲禍稱疾還京難作惔以先歸得免歷中
書侍郎中護軍長史出爲新安太守居郡以無
政績免歸久之爲右軍諮議參軍事建武末爲
西戎校尉梁南秦二州刺史及高祖起兵惔舉
漢中應義和帝即位以爲侍中領前軍將軍高
祖踐阼徵爲護軍將軍未拜仍遷太子詹事加
散騎常侍論功封曲江縣侯邑千戶高祖因讌
爲詩以貽惔曰爾定冠軍后惟余實念功又
當侍座高祖曰徐元瑜違命嶺南周書罪不

二百九十七　梁書傳六　一　虜鼎

相及朕巳宥其諸子何如惔對曰罰不及嗣賞
延于世今復見之聖朝時以爲知言尋遷尚書
右僕射天監四年大舉北伐臨川王宏都督衆
軍以惔爲副軍還復爲僕射以父疾轉金紫光
祿大夫加散騎常侍給親信二十人未拜出爲
使持節安南將軍湘州刺史六年十月卒于州
時年四十六高祖詔贈安北將軍
將軍給鼓吹一部諡曰穆惔少有美名所著
賦粗有辭義子照嗣惔第四弟憕亦有美譽

三百十六　梁書傳六　二

忱字文若惔第五弟也年數歲父世隆及母
閻氏時寢疾忱不解帶經年及居喪以毀聞
起家爲司徒行參軍累遷太子中舍人西中郎
主簿功曹史齊東昏遣巴西太守劉山陽由
荊襲高祖及其所親席闡文等議之忱曰朝廷
召忱及其所親席闡文等議之忱曰朝廷未有定
狂悖爲惡曰滋頃聞京師長者莫不重足累
歷侍中鎮西長史天監十二年卒贈寧遠將軍
豫州刺史

息今幸在遠得假日自安雍州之事且藉以
相斃耳獨不見蕭令君乎以精兵數千破崔氏
十萬衆竟爲羣邪所陷禍酷相尋前事之不忘
後事之師也若使彼凶心已逞豈知使君不係踵
而及且雍州士銳粮多蕭使君雄姿冠世必非
山陽所能擬若破山陽荊州復受失律之責進
退無可且深慮之關文亦深勸同高祖頴乃
誘斬山陽以頴爲寧朔將軍南平太守尋遷侍中冠

部郎進號輔國將軍南平太守尋遷侍中冠
軍將軍太守如故轉吏部尚書不拜郢州平頴胄
議遷都宇夏口忱復同諫以爲巴硤未賓不宜輕
捨根本搖動民志頴胄不從俄而巴硤東至硤
口遷都之議乃息論者以爲見機高祖踐阼以
忱爲五兵尚書領驍騎將軍論道義功封州陵
伯邑七百戶天監二年出爲安西長史冠軍將
軍南郡太守六年徵爲員外散騎常侍太子右
衞率未發遷持節督湘州諸軍事輔國將軍
湘州刺史八年坐輒放從軍士免俄入爲秘書監

遷散騎常侍轉祠部尚書未拜遇疾詔改授給
事中光祿大夫疾篤不拜十年卒於家時年四
十一追贈中書令諡曰穆子範嗣
　席闡文安定臨涇人也少孤貧涉獵書史齊
初爲雍州刺史蕭誕府中兵參軍由是與其
子頴胄善復歷西中郎中兵參軍領城局高
祖之將起義也闡文深勸之頴胄報以金如意
和帝稱尊號爲給事黃門侍郎尋遷衞尉卿

頴胄暴卒州府騷擾闡文以和帝幼弱中流任
重城始興王憺留鎮雍部乃與西朝羣臣迎
王總州事故賴以寧輔高祖受禪除都官尚書
輔國將軍封山陽伯邑七百戶出爲東陽太守
又改封湘西戶邑如故視事二年以清白著稱
卒於官詔賻錢三萬布五十四諡曰威
　韋叡字懷文京兆杜陵人也自漢丞相賢以後世爲
三輔著姓祖玄避地隱於長安南山宋武帝入關以
太尉掾徵不至伯父祖征宋末爲光祿勳父祖歸寧

遠長史叡軍繼毋以孝聞叡兄纂闊並早知名纂
叡皆好學聞有清操祖征虜為郡守毋攜叡之職視
之如子時叡內兄王憕姨弟杜憕並有鄉里盛名祖
征謂叡曰汝自謂何如憕憕叡謙不敢對祖征曰汝
文章或小減學識當過之然而韓國家成功業皆
冰遠也外兄王幼文為梁州刺史要叡俱行梁士富
饒往者多以賄敗叡時雖幼獨用廉聞宋永光初袞
韻為雍州刺史見而異之引為主簿韻到州與鄧琬
起兵叡來出為義成郡故免韻之禍後為晉平王左
常侍遠司空桂陽王行參軍隨齊司空柳世隆守郢
城拒荊州刺史沈攸之攸之平遷前軍中兵參軍又
之為廣德令東遷齊興太守本州別駕長水校尉
右軍將軍齊末多故不欲遠鄉里求為上庸太守加
建威將軍俄而太尉陳顯達護軍將軍崔慧景煩
過京師民心遑駭未有所定西土人殂興更事懼而不武
曰陳雖舊將非命世才崔顥更
其取赤族也宜天下貝人殂於吾州矣乃
遣其二子自結於高祖義兵檄至叡率郡人

伐竹為筏倍道來赴有眾二千馬二百匹高祖
見叡甚悅拊几曰他日見君之面今日見君之
心吾事就矣義師剋魯平拓湖叡多建謀策
皆見納用大軍發郢謀留守將高祖難其人父
之顧叡曰棄騏驥而不乘焉遑遑高祖事初鄧城
日以為冠軍將軍江夏太守行郢府事初鄧城
之拒守也男女口垂十萬開壘經年疾疫死者
十七八皆積屍於床下而生者寢處其上每屋
輒盈滿叡科簡隱郎咸為營理於是死者得
埋藏生者反居業百姓賴之梁臺建徵為大
理高祖即位遷廷尉封梁郡子邑三百戶天監
二年改封永昌戶邑如先東宮建遷太子右
衛率出為輔國將軍豫州刺史領歷陽太守
三年魏遣眾來冠率州兵擊走之四年王師
北伐詔叡都督眾軍叡遣長史王超宗梁郡
太守馮道根攻魏小峴城未能拔叡巡行圍柵
魏城中忽出數百人陳於門外叡欲擊之諸將
皆曰向本輕來未有戰備徐遠授甲乃可進

耳叡曰不然魏城中二千餘人開門堅守足以
自保無故出人於外必其驍勇者也若能挫
之其城自拔衆皆猶疑叡指其節曰朝廷授
此非以為師韋叡之法不可犯也乃進兵士皆殊
死戰魏軍東敗走叡之因急攻之中宿而城拔遂
討合肥先是右軍司馬胡略等至合肥久未能
下叡按行山川曰吾聞汾水可以灌平陽肥水
可以灌安邑即此是也乃堰肥水親自夜率頓

之堰成水通舟艦繼至魏初分築東西小城夾
合肥叡先攻二城既而魏援將楊靈胤帥軍五
萬奄至衆懼不敵請表益兵叡笑曰賊已至城
下方復求軍臨難鑄兵豈及馬腹且吾求濟師
被亦徵衆猶如吳益巴丘蜀增白帝師克在
和不在衆古之義也因與戰破之軍人少安初
肥水堰立使軍主王懷靜築城於岸守之魏攻
陷懷靜城千餘人皆沒魏人乘勝至叡堤下其
執甚盛軍監潘靈祐勸叡退還巢湖諸將又
請走保三又叡怒曰寧有此邪將軍死綏有前

無卻因令繳扇麾毛幢樹之堤下示無動志叡
素廳毋戰未嘗騎馬以板輿自載督屬衆軍
魏兵來鑒堤叡親與爭之魏軍少卻因築堤於
堤以自固叡起鬭艦高與合肥城等四面臨之魏
人計窮相與悲哭叡攻具既成堰水又滿魏
軍每出書接客旅夜篝軍書三更起張燈達曙撫
循其衆衆常如不及故投募之士爭歸之所至頓舍

俘獲萬餘級牛馬數萬絹滿十間屋悉充軍賞
惰立館宇藩籬牆壁皆應准繩合肥既平高祖
詔衆軍進次東陵東陵去魏壁城二十里將會
戰有詔班師去賊既近懼為所躡叡悉遣輜重
居前身乘小輿殿後魏人服叡威名望之不敢
逼全軍而還至是遷豫州於合肥五年魏中山
王元英寇北徐州圍刺史昌義之於鍾離魏人號
百萬連城四十餘高祖遣征北將軍曹景宗都
督衆軍二十萬以拒之次邵陽洲曹景宗都
祖詔叡率豫州之衆會焉叡自合肥遄道由陰

陵大澤行值澗谷輒飛橋以濟師人畏魏軍
盛多勸叡緩行叡曰鍾離雖今鑿穴而處負戶而汲
車馳卒奔猶恐其後而況緩乎魏人已墮吾
腹中卿勿復憂也旬日而至邵陽初高祖敕景
宗曰韋叡卿之鄉望宜善敬之景宗見叡禮甚
謹高祖聞之曰二將和師必濟矣叡於城比曉而
前二十里夜掘長塹樹鹿角截洲為城
營立元英大驚以杖擊地曰是何神也明旦英
自率眾來戰叡乘素木輿執白角如意麾
軍一日數合英甚憚疆魏軍又夜來攻城飛矢兩
集叡子黯請下城以避箭叡不許軍中驚叡於
城上厲聲呼之乃定魏人先於邵陽洲兩岸為
兩橋樹柵數百步跨淮通道叡裝大艦使梁
郡太守馮道根盧江太守裴邃秦郡太守李
文釗等為水軍值淮水暴長叡即遣之鬥艦
競發皆臨壘以小船載草灌之以膏從而焚
其橋風怒火盛烟塵晦冥敢死之士拔柵斫橋
水又漂疾倏忽之間橋柵盡壞而道根等皆身

自搏戰軍人奮勇呼聲動天地無不當百魏
人大潰元英見橋絕脫身遁去魏軍趨水死者
十餘萬斬首亦如之其餘釋甲稽顙乞為囚奴
猶數十萬所獲軍實牛馬不可勝紀叡遣報
昌義之義之且悲且喜不暇答語但叫曰更生
更生高祖遣中書郎周捨勞叡於淮上叡積所
獲袍仗軍門捨觀之謂叡曰君此獲復與熊耳
山等以功增封七百戶進爵為侯徵通直散騎
常侍右衛將軍七年遷左衛將軍俄為安西
長史南郡太守秩中二千石會司州刺史馬
仙琕北伐還軍叡為魏人所躡三關擾動詔叡
督眾軍援焉至安陸增築城二丈餘更開
大塹起高樓眾頗譏其示弱叡曰不然為將
當有怯時不可專勇是時元英復追仙琕將
復邵陽之恥聞叡至乃退帝亦詔罷軍明
年遷信武將軍江州刺史九年徵員外散騎常
侍右衛將軍累遷左衛將軍太子詹事尋加通
直散騎常侍十三年遷智武將軍丹陽尹以公

事免頓之起為中護軍十四年出為平北將軍
寧蠻校尉雍州刺史初叡起兵鄉中客陰僑光
泣止叡叡還為州僑光道候叡叡於故舊
從公言乞食於路矣餉耕牛十頭叡笑謂之曰若
無所遺惜士大夫年七十以上多與假板縣令
鄉里甚懷之二十五年拜表致仕優詔不許十七
年徵還散騎常侍護軍將軍尋給鼓吹一部叡直
殿省居朝廷恂恂未嘗忤視高祖甚禮敬之性
慈愛撫孤兄子過於己子歷官所得祿賜皆
散之親故家無餘財後為護軍居家無事慕
萬石陸賈之為人因畫之於壁以自玩時雖老
其治聞叡每坐稜使說書其所發擿稜猶
眼日猶課諸兒以學第三子稜尤明經史猶稱
之速也高祖方銳意釋氏天下咸從風而化叡
自以信受素薄位居大臣不欲與俗俯仰所行
略如他日普通元年夏遷侍中車騎將軍以疾
未拜八月卒于家時年七十九遺令薄葬斂以
時服高祖即日臨哭甚慟賜錢十萬布二百四

東園祕器朝服一具褻襄事取給於官遺
中書舍人監護贈侍中車騎將軍開府儀同三
司諡曰嚴初郡陽之役義之甚德叡請曹
景叡與敵會因設錢二十萬官賭之景宗
難叡擲得盧邊取一子反之曰異事遂作塞景
宗時與畫帥爭先啟之捷叡獨居後其不尚勝
率多如是世尤以此賢之子放正稜遷中書侍郎
正守妙直起家南康王行參軍稍遷中書侍郎
出為襄陽太守初正與東海王僧孺友善及
僧孺為尚書吏部郎參掌大選賓友故人莫不
傾意正獨澹然及僧孺擯廢之後正復篤素分
有踰曩日論者稱焉歷官至給事黃門侍郎
稜字威直性恬素以書史為業博物彊記當世
之士咸就質疑起家安成王府行參軍稍遷
侍御史太子僕光祿卿著漢書續訓三卷
顯字務直性彊正少習經史有文詞起家太子
舍人稍遷太僕卿南豫州刺史太府卿歷景濟
江嶷屯六門尋改為都督城西西諸軍事時景

於城外起東西二土山城內亦作以應之太宗
親自負土哀太子已下躬執畚鍤頓中西土山
晝夜苦戰以功授輕車將軍加持節卒於城內
贈散騎常侍左衛將軍叡族弟愛
愛字孝友沈靜有器局高祖之廣晉後軍將
軍比平太守曾祖軌以孝武太元之初南遷襄
陽祖本州別駕散騎侍即祖公循宋義陽太守父
義正早卒愛少而偏孤事母以孝聞性清介
不妄交遊而篤志好學每以虛室獨坐遊心墳
素而埃塵滿席寂若無人年十二嘗遊京師
坐讀書手不釋卷宗族見者莫不異焉及長
博學有文才尤善周易及春秋左氏義表端
為雍州刺史辟為主簿遭母憂廬於墓側負
上起墳高祖臨之親往臨弔服闋引為
中兵參軍義師之起也以愛為壯武將軍冠軍
南平王司馬帶襄陽令時京邑未定雍州空虛
魏興太守顏僧都等據郡反州內驚擾百姓攜

貳愛沈敏有謀素為州里信伏乃推心撫御
曉示逆順兼率募鄉里得千餘人與僧都等
戰於始平郡南大破之百姓乃安蕭穎冑之死
也和帝徵兵襄陽愛從始與王僧赴為先是巴
東太守蕭璝巴西太守魯休烈舉兵來逼荊
州及帝東下高祖受書諭之璝即日請降中興二年
從和帝至公安愛進號輔國將軍仍為
驍騎將軍劉本連行至公安道病卒贈衛尉卿子
西上襲劉尋除寧蜀太守與益州刺史鄧元起
乾向官至驍騎將軍征比長史汝陰鍾離二郡
太守
陳吏部尚書姚察曰昔實融以河石歸漢終為
盛族柳憕舉南鄭響曹從而家聲弗實時哉忱
之謀畫亦用有成智矣章叡起上庸以附義其
地比悋則薄及合肥邵陽之役其功甚盛推而
弗有君子哉

列傳第六

范雲
沈約

散騎常侍姚　思廉　撰

范雲字彥龍南鄉舞陰人晉平北將軍汪六
世孫也年八歲遇宋豫州刺史殷琰於塗琰與
之要就席雲風姿應對傍若無人琰令賦詩操
筆便就坐者歎焉嘗就親人裴照學書一夜不
息照撫其背曰鄉精神秀朗而勤於學鄉相才
也少機警有識具善屬文便尺牘下筆輒成未
嘗定藁時人每疑其宿構父抗為郢府參軍雲
隨父在府時吳興沈約新野庾杲之與抗同府
見而友之起家郢州西曹書佐轉法曹行參軍
俄而沈攸之舉兵圍郢城抗時為府長流入城
固守留家屬居外雲為軍人所得攸之召與語
聲色甚屬雲容貌不變徐自陳說攸之乃笑曰
卿定可兒且出就舍明且又召令送書入城
內或欲誅之雲曰老母弱弟懸命沈氏若違其

〔三八十〕　【梁列傳七】　一　高显

命禍必及親今自刎就戮甘心如薺長史柳世隆素
與雲善乃免之齊建元初竟陵王子良為會稽
太守雲始隨王王未之知也會遊秦望使人視
刻石文時莫能識雲獨誦之王悅自是寵冠府
朝王為丹陽尹召為主簿深相親任時進見齊
高帝值有獻白烏者帝問此為何瑞雲位卑最
後答曰臣聞王者敬宗廟則白烏至時謁廟始
畢帝曰卿言是也感應之理一至此乎轉補征
北南郡王刑獄參軍事領主簿如故遷尚書殿
中郎子良為司徒又補記室參軍事尋授通直
散騎侍郎領本州大中正出為零陵內史在任
潔己省煩苛去游費百姓安之明帝召還都又
至拜散騎侍郎復出為始興內史郡多豪猾大
姓二千石有不善者謀共殺害不則逐去之邊
境撫以恩德罷其僦商賈露宿郡中稱為神明
仍遷假節建武將軍平越中郎將廣州刺史
初雲與尚書僕射江祏善祏姨弟徐藝為曲江

〔臺〕　【梁書傳七】　二　宋通

令深以託雲有譚儼者縣之豪族藝鞭之儼以
為恥詣京許雲雲坐儼還下獄會救免求元二
年起為國子博士初雲與高祖遇於齊竟陵王
子良邸又嘗接里閈既高祖深器之及義兵至京
邑雲時在城內東昏既誅侍中張稷稷使雲衙命
出城高祖因留之便參帷幄仍拜黃門侍郎與
沈約同心翊贊俄遷大司馬諮議參軍領錄事
梁臺建遷侍中時高祖納齊東昏余妃頗妨
政事雲嘗以為言未之納也後與王茂同入臥
內雲又諫曰晉漢祖居山東貪財好色及入關
定素財帛無所取婦女無所幸范增以為其志
大故也今明公始定天下海內想望風聲奈何
襲昏亂之蹤以女德為累王茂因起拜曰范雲
言是公必以天下為念無宜留情高祖默然雲
便疏令以余氏賫茂高祖賢其意而許之明日
賜雲錢各百萬天監元年高祖外薦柴燎於
南郊雲以侍中參乘禮畢高祖顧謂雲曰朕於
之今日所謂懍乎若朽索之馭六馬雲曰對曰亦

三 余政

顧陛下日慎一日高祖善其之是日遷散騎常侍
吏部尚書以佐命功封霄城縣族邑千戶雲以
舊恩見拔超居佐命盡誠翊亮知無不為高祖
亦推心仗之所奏多允嘗侍謀高祖謂臨川王
宏鄱陽王恢曰我與范尚書少親善申四海之
敬今為天下主此禮既革汝宜呼范為兄
其年東宮建雲以本官領太子中庶子尋遷
尚書右僕射猶領吏部頃之坐違詔用人免吏
部猶為僕射雲性篤睦事寡嫂盡禮家事必
先諮而後行好節尚奇專趣人之急少時與領
軍長史王畡善畡亡於官舍貧無居宅雲乃迎
喪還家躬營殯歛事竟陵王子良恩禮其隆
雲每獻損益未嘗阿意子良嘗啓齊武帝論雲
為郡帝曰庸人閒其恒相規誨弄不後寫法當宥
之以遠子良曰不然雲動相規誨書具存請
取以奏既至有百餘紙辭皆切直帝歎息因謂
子良曰不謂雲能爾方使弼汝何宜出守齊文

四 高昱

惠太子嘗出東田觀穫顧謂衆賓曰刈此亦殊
可觀衆皆唯唯雲獨曰夫三時之務實爲長勤
伏願殿下知稼穡之艱難無偁一朝之宴逸既
出侍中蕭緬先不相識因就車握雲手且不圖今
日復聞讜言及居選官任守隆重書牘盈案賓
客滿門雲應對如流無所壅滯官曹文墨發摘
若神時人咸服其明瞻性頗激厲少威重有所
是非形於造次士或以此少之初雲爲郡號稱
廉潔及居貴顯通饋餉然家無蓄積隨散
之親友二年卒時年五十三高祖爲之流涕即
日輿駕臨殯詔曰追遠興悼常情所篤況問望
斯在事深朝寄者乎故驃騎常侍尚書右僕
齊城侯雲器範貞正思懷經遠爰初立志素履
有聞脫巾來仕清績仍著愛務宜朝其瞻惟允
綢繆諷贊義簡朕心雖勤非自勒而舊同論講
方騁遠塗永畢庶政奄致喪殞傷悼于懷宜加
命秩式備徽典可追贈侍中衛將軍僕射疾如
故并給鼓吹一部禮官請諡曰宣勑賜諡文有

沈約守休文吳興武康人也祖林子宋征虜將
軍父璞淮南太守璞元嘉末被誅約幼潛竄會
赦免既而流寓孤貧篤志好學晝夜不倦母恐
其以勞生疾常遣減油滅火而晝之所讀夜輒
誦之遂博通羣籍能屬文起家奉朝請濟陽
蔡興宗聞其才而善之興宗爲郢州刺史引爲
安西外兵參軍兼記室興宗常謂其諸子曰沈
記室人倫師表宜善事之及爲荊州又爲征西

記室參軍帶闡西令興宗卒始爲安西晉安王
法曹參軍轉外兵並兼記室入爲尚書度支郎
承初爲征虜記室帶襄陽令所奉之王齊文
惠太子也太子入居東宮爲步兵校尉管書記
直永壽省校四部圖書時東宮多士約特被親
遇每直入見景斜方出當時王侯到宮或不得
進約每以爲言太子曰吾生平嬾起是卿所悉
得卿談論然後忘寢卿欲我夙興可恒早入遷
太子家令後以本官兼著作郎遷中書郎本邑

中正司徒右長史黃門侍郎時竟陵王亦招士約
與蘭陵蕭琛瑯邪王融陳郡謝朓南鄉范雲樂
安任昉等皆遊當世號為得人俄兼尚書左
丞尋為御史中丞轉車騎長史隆昌元年除吏
部郎出為寧朔將軍東陽太守明帝即位進號
輔國將軍徵為五兵尚書遷國子祭酒明帝崩
政歸冢宰尚書令徐孝嗣使約撰定遺詔遷左
衛將軍尋加通直散騎常侍永元二年以母老表
求解職改授冠軍將軍司徒左長史征虜將軍

【梁書傳七】 七 劉志

南清河太守高祖在西邸與約遊舊建康城平
引為驃騎司馬將軍如故時高祖勳業既就天
人允屬約嘗扣其端高祖默而不應佗日又進
曰今與古異不可以淳風期萬物夫襲龍附
鳳者皆望有尺寸之功以保其福祿今童兒牧
豎咸知齊祚已終莫不云明公其人也天文人
事表革運之徵永元以來尤為彰著讖云行中
水作天子此又歷數所至雖欲謙光亦不可得已高

祖曰吾方思之對曰公初杖五戈樊沔此時應思
今王業已就何所復思昔武王伐紂始入民便
曰吾君武王不違民意亦無所思若不早定大業
已移氣序比於周武遲速不同若不早定大業
稽天人之望有一人立異便損威德且人非
金玉時事難保豈復有一人方更同公作賊高

祖然之約出高祖召范雲云吾之雲對略同約旨
明於上臣忠於下豈則君臣分定無復異心君
天子還都公卿在位則君臣分定無復異心君
初無所改俄而雲自外來至殿門不得入徘徊
壽光閤外但云咄咄約出問曰何以見處約舉
手向左云此中高祖曰不乖所望有頃高祖召范雲謂
祖命草其事約乃出懷中詔書并諸選置高祖
出語約曰卿必待我雲許諾而約先期入高
高祖曰智者乃爾暗同卿明旦將休文更來雲
曰生平與沈休文畢居不覺有異人覩今日才
智縱橫可謂明識雲曰公今知約不異約今知
公高祖曰我起兵於今三年矣功臣諸將實有

其勞然成帝業者乃鄉二人也梁臺建為散騎
常侍吏部尚書兼右僕射高祖受禪為尚書僕
射封建昌縣族邑千戶常侍如故又拜約為母謝
為建昌國太夫人奉策之日左僕射范雲率二
十餘人咸來致拜朝野以為榮俄遷尚書左僕射
常侍如故尋兼領軍加侍中天監二年遭母憂
輿駕親出臨弔約以約年衰不宜致毀遣中書舍
人斷客節哭起為鎮軍將軍丹陽尹置佐史服
闋遷侍中右光祿大夫領太子詹事揚州大中
正關尚書八條事遷尚書令侍中詹事中正如
故累表陳讓改授尚書左僕射領中書令前將
軍置佐史侍中如故尋遷尚書令領太子少傅
九年轉左光祿大夫侍中如故給鼓吹一
部初約父璩端揆有志台司論者咸謂為宜而
帝終不用乃求外出又不見許與徐勉素善遂
以書陳情於勉曰吾弱年孤苦傍無朞屬往者
將墜於地契闊屯邅困於朝夕嶇薄官事非
為已望得小祿傍此東歸歲逾十稔方忝襄陽

縣公私情計非所了具以身資物不得不任人
事永明末出守東陽意在止足而建武肇運人
世膠加一去不返行之未易及昏猜之始王政
多門因此謀退庶幾可果託鄉布懷於徐令想
記未忘聖道聿興謬逢嘉運往志宿心復成
乖素人今歲開元禮年六至懇車之請事由恩
時議同異而開年以來病增慮切當由生靈有
限勞役過差總此凋瘵歸之暮年牽策行止努
力扺事外觀傍覽尚以全人而形骸力用不相
綜攝常須過自束持力可僶俛解衣一臥支體
不復相關上熱下冷月增日篤取媛則煩加寒
革帶常應移孔以手握臂率計月小半分以
此推筭豈能支久若此不休日復一日將貽聖
主不追之恨冒欲表聞乞歸老之秩若天假其
年還得平健才力所堪惟思是策勉為言於高
祖請三司之儀弗許但加鼓吹而已約性不飲

酒少嗜欲雖時遇隆重而居處偷素立宅東田
矚望郊阜常為郊居賦其辭曰惟至人之非已
固物我而兼忘自中智以下洎成得性以為塲
歇因窟而獲騁鳥先巢而後翔陳巷窮而業泰
嬰居澣而鱗藏固無情於輪奐非有欲於康莊
披東郊之寥廓入蓬藋之荒茫既從竪而橫構
亦風除而雨攘昔西漢之標本余播遷之云始
違利建於海昏剗惟桑於江汜同河濟之重世
踰班生之十紀或辭祿而反耕或彈冠而來仕
逮有晉之隆安集艱虞於天步世交爭而波流
大地曠而獼容竟天遠而誰訴伊皇祖之弱辰
民失時而狼顧延亂麻於井邑曝如蕪於衢路
逢時艱之孔棘違危邦而竄驚訪安土而移即
肇齊宇於朱方掩閭庭而晏息值龍顏之鬱起
乃憑風而矯翼指皇邑而南轅駕脩衢以騁力
遷華扉而來啟振高衡而徙植傍逸陌之脩

平面淮流之清直方廛漫而悠遠世道忽其
隆縣四代於茲日盈百祀於微躬哇弊廬之難
保若賓擇之從風或誅茅而剪棘或既平而復
東乍容身於白社亦寄擧於伯通迹平生之長
牽絲與言於徇物徒羈紲於天壤應屢歎於
想本忘情於徇世網事洎洎而未合志悁悁而
介實有心於獨往思幽人而軫念望東皐而長
無夾路將殫而彌峭情薄暮而踟躇
如蘭何斯願之浩蕩詠歸歟而躑躅春巖阿而
抵掌逢時君之喪德何凶昏之孔熾乃戰牧所
未陳實外間所不記彼黎元之蝶喋將垂獸而
之為餒瞻宇身而無歸雖非牢之歎始歡絲而
未觀終道組而後值尋助愛乎上天固非民其
莫其授冥符於井翼實尋而霆靈命之所禀當降臨
之初辰值積惡之衰稔寧方割於下塾至廓重氛
於上塵躬靡眼於朝食德無遠而不被明無微
於媽夏又驅馳乎軒頊德無遠而不被明無微
而不燭鼓玄澤於大荒播仁風於遐俗闓終古

而退念信王猷其如王值衝圖之盛世遇興聖之
嘉期謝中涓於初日叼光佐於此時關投石之猛志
無飛矢之麗辭排陽鳥而命邑方河山而啓基
翼儲光於三善長王職於百司競鄙夫之易失
懼寵祿之難持伊前世之貴仕罕紆情於丘壑
譬叢華之難持趙每驕奢以相越築甲館於銅
馳迶高門於北闕闢重扃於華閨豈蓬萬所能
沒教傳嗣於燒壤何安身於窮地味先哲而為
言固余心之所嗜不慕權於城市豈邀名於屠
肆詠希微以考室幸風霜之可庇爾乃傍窮野
抵荒郊編霜菱菖寒茅構樓橾之所集築町
瞳之所交因犯檐而刊樹由妨基而翦巢宿楚
之汀潊塞井甃之淪切熟芟芳枳於庭械又因籬
於南浦遷甕牖於蘭室同肩墻於華堵織宿楚
以成門籍外扉而為戶既取陰於庭械又因籬
於芳杜開閣室以遠臨關高軒而芳觀漸沼沚
於雷垂周塍陌於堂下其水草則蘋萍漸沼沚
藻茱抶石衣海髮黃行綠蒲勤紅荷於輕浪覆

碧葉於澄湖食嘉實而却老振羽服於清都其
陸卉則紫藂綠蘸天著山韭鷹齒牛脣虆
首布濩南池之陽爛漫北樓之後或幕渚而茈地
或紫窗而窺牖若乃園宅殊製田圃異區本衡
則橘林千樹則雜果萬株竝豪情之所修非
儉志之所娛欲令紛披翁鬱吐綠葉而九衢抽
紅英於紫蔕衡奔藥於青跗其林鳥則翻洎頡
頑遺音下上楚雀多名流嚶雜響或班尾而綺
翼或綠衿而絳頷好葉隱而枝藏午開闇而來
往其水禽則大鴻小鴈天狗澤虞秋鴻寒鵝
脩鵒鳧鷖曵參差之駁藻漾瀲灟之輕軀翅押
流而起沫翼鼓浪而成珠其魚則赤鯉青魴纖
條鉅鱨碧鱗朱尾脩顱偃頷小則戲渚成文大
則噴流揚白不興羨於江海聊相忘於淇水豈分
竹則東南獨秀九府擅奇不遷植於淇水豈分
根於樂池秋蜩吟葉寒雀噪枝來風南軒之下
賀雪北堂之垂訪佳塗之輟跡觀先識之情偽

每誅空云而索有皆指難以為易不自已而求足
竝尤物以興累亦昔士之所迷而今余之所避
世原農皇之收始討歆播之云初肇夔腥以粒
食乃人命之所儲尋井田之往記考阡陌於前
書顏單食而食樂在鄭高廩而空虛頃四百而不
足畝五十而有餘撫幽東畝幸取給於庭
虜緯東菑之故耕浸比畝而新渠道獨為累於
曉緯不抱怒於朝蔬排外物以齊遺之
在余安事千斯之積不羨汶陽之墟臨異維而

聘目即堆冢而流眄雖茲山之培塿乃文靖之所
宴驅四牡之低昂緫敦懃加之清囀羅方員而綺
錯窮海陸而兼薦矣一權之足偉委千金其如
線試撫臆而為言豈斯風之可扇將通人之遠
旨非庸情之所見聊遷情而從聊識方阜於歸
津帶脩汀於桂渚肇舉鋪於彊秦路縈吳而
欵越實襄期於晚歲非失步於長念伊故鄉之
可珍實塗被海而通閩三鳥以方春何東川之
瀰瀰獨流涕於吾人謬參賢於昔代巫徒遊

金縷忽無穢而不修同原陵之臏脆寧知螻蟻
作鎮苞江漢而為宇徒徵言於石槨遂延災於
歇滅與風雲而消散眺
貴則景魏親則梁武周曰莫不共霜霧而
遺武實接漢之後王信開吳之英主指衡岳而
之與狐兔無論樵蘇之與牧賢睇東嶺以流目
心懷愴而不怡蓋昔儲之舊苑實博望之餘基
脩林則表以桂樹列草則冠以芳芝風臺累翼
月榭重櫨千櫨捷嶪百栱相持草轅林駕蘭枻
水嬉踰三齡而事倏忽二紀以歷茲咸夷漫以
蕩滌非古今之異時宣余晬於艮域觀高館於
茲嶺雖混成以無跡宣遺訓之可秉始飧霞而
吐霧終陵虛而倒景駕雌蜺之連卷泛天江以
悠永指咸池而一息望瑤臺而高騖聊來言以

自婷冀神方之可請惟鍾巖之陰鬱彩表皇都也而作峻蓋壟秩之所宗含風雲而吐潤則巍我崇卒喬枝拂日嶤嶷岑崒隆石堆星岑峯屼或坳或平盤堅枕卧詭狀殊形孤燈橫插洞穴斜經千戈萬仞三襲九成亙繞州邑歈踰郊堋素烟晚帶白霧晨紫近循則一巖異色遠望則百嶺俱青觀二代之坐兆覩摧殘之餘墣成顚沛於虐豎康斂裕於虛器穆恭已於巖廊簡遊情於玄肆烈窮飲以致火安忘懷而受崇何宗祖之奇傑威橫天而陵地惟聖文之績武殆隆平之可至余世德之所君仰遺封而掩淚神寢匪一靈館相距席布駢駒堂流桂醑降紫皇於天闕延二妃於湘渚浮蘭煙於桂棟召巫陽於南楚揚玉桴握椒糈悵臨風以浩折瓊茅而延佇敕惟空路邈遠神蹤邈闊念達欲息心以遣累必遑人而後豁或結燎於巖根或開櫺於木末室闇藹焉橝梢松栝既得理

於兼謝固忘懷於饑渴或攀枝獨遠或陵雲而高蹈因葺茨以結名猶觀空以表號得忘已於茲日豈期心於來報天假余以大德荷茲賜之無彊受老夫之嘉稱班燕禮於上庠無希驥之秀質之如珪之令望普恩於舊主重匪服於今皇仰休老之盛則請言歸於匝宇聊依墀而獲謝猶奉職於春坊時歸余心言歸於道場獸依依日以翔翔樓余志於淨國歸余心於道場魚忽沼而不網旋迷塗於去轍篤後念於祖光晚樹開花初英落蘂或豐林而分丹青乍因風而雜紅紫紫蓮夜發紅荷曉舒輕風微動其芳龍余風騷屑於圍樹月籠連於池竹蔓長柯於籜桂發黃華於庭菊冰懸焰而帶觚雪紫松而被野鴈屯飛而不散鷹高翔而欲下淋亦志之而不能捨也傷余情之頹暮羅憂患其相溢悲異軫而同歸懼殊方而並失時復託情魚焉歸閑蓬蓽芳闕吳娃前無趙瑟以斯終

老於為請曰惟以天地之恩不報書事之官靡
述徒重於高門之地不載於良史之筆長太息
其何言先愧心之非一尋加特進光祿侍中少
傳如故十二年卒官時年七十三詔贈本官贈
錢五萬布百四謚曰隱約左目重瞳子齊有紫
志聰明過人好墳籍聚書至二萬卷京師莫比
少時孤貧正千宗黨得米數百斛為郡部傳常侍譔
覆米而去及貴不以為憾用為宗人所侮
有妓師是齊文惠宮人帝問識座中客不曰惟
識沈家令約伏座流涕帝亦悲焉為之罷酒約
歷仕三代該悉舊章博物洽聞當世取則謝玄
暉著為詩任彥昇工於文章約兼而有之然不
能過也自負高才眜於榮利乘時藉勢頗累清
談及居端揆稍弘止足每進一官輒殷勤請退
而終不能去論者方之山濤用事十餘年未嘗
有所薦達政之得失唯而已初高祖有憾於
張稷及稷卒因與約言之約曰尚書左僕射出
作邊州刺史已往之事何足復論帝以為婚家

相為大怒曰卿言如此是忠臣邪乃輦歸內殿
約懼不覺高祖起坐如初及還未至牀而憑
空頓於戶下因病夢齊和帝以劍斷其舌召巫
視之巫言如夢乃呼道士奏赤章於天稱禪代
之事不由己出高祖遣上省醫徐奘視約疾遽
具以狀聞先此約嘗侍讌值豫州獻栗徑寸半
帝奇之問曰栗事多少與約各疏所憶少帝三
事出謂人曰此公護前不讓即羞死帝以其言
不遜欲抵其罪徐勉固諫乃止及聞赤章事大
怒中使譴責者數焉約懼遂卒有司謚曰文帝
曰懷情不盡曰隱故改為約云所著晉書百
十卷宋書百卷齊紀二十卷高祖紀十四卷邇
言十卷諡例十卷宋文章志三十卷文集一百
卷皆行於世又撰四聲譜以為在昔詞人累千
載而不寤而獨得胸衿窮其妙旨自謂入神之
作高祖雅不好焉帝問周捨曰何謂四聲捨曰
天子聖哲是也然帝竟不遵用子旋及約時已
歷中書侍郎永嘉太守司徒從事中郎司徒右

長史免約喪為太子僕後以母憂去官而蔬
食辟穀服除猶絕粳粱為給事黃門侍郎中
撫軍長史出為招遠將軍南康內史在部以
清治稱卒官諡曰恭羨子寔嗣

陳吏部尚書姚察曰昔木德將謝氏嗣流虐慄
慄黔黎命懸憂漏高祖義挺橫潰志寧區夏
謀謨帷幄寔寄良平至於茇雲沈約參預締構
贊成帝業加雲以機警言謄濟務益時約高才
博洽名亞遷董俱屬興運蓋一代之英偉焉

列傳第七　　　　梁書十三

終逗組而後值 逗組疑

梁書上

散騎常侍姚　思廉　撰

江淹
任昉

江淹字文通濟陽考城人也少孤貧好學沈
靖少交遊起家南徐州從事轉奉朝請宋建
平王景素好士淹隨景素在南兗州廣陵令
郭彥文得罪辭連繫淹淹繫州獄淹獄中上書曰
昔者賤臣叩心飛霜擊於燕地庶女告天振風

【梁書列傳八】　二　高晜

襲於齊堂下官每讀其書未嘗不廢卷流
涕何者士有一定之論女有不易之行信而見
疑貞而為戮是以壯夫義士死而不顧者也
下官聞仁不可恃善不可依始謂徒語乃今知
之伏願大王暫停左右少加憐鑒下官本蓬戶
桑樞之民布衣韋帶之士退不飾詩書以驚
愚進不買名聲於天下日者謬得升降承明
之闕出入金華之殿何當不局影凝嚴側身
禁者乎竊慕大王之義為門下之賓備鳴盜

淺術之餘豫三五賤役之末大王惠以恩光眄
以顏色實佩荊卿黃金之賜竊感豫讓國士之
分矣常欲結纓伏劍少謝萬一剖心摩踵以報
所天不圖小人固陋坐貽謗缺迹隊昭憲身
幽圄履影弔心酸鼻痛骨下官聞虧名為辱
迫季秋天光沈陰左右無色身非木石與獄吏
為伍此少卿所以仰天搥心泣盡而繼之以血者
也下官雖乏鄉曲之譽然嘗聞君子之行矣其

【梁書列傳八】　二　高晜

上則隱於簾肆之間卧於嚴石之下次則虜南越之君係單
于之頸俱啓丹冊並圖青史寧當爭分寸之末
競刀錐之利哉然則下官聞積毀銷金積讒磨骨
古則直生取疑於盜金近則伯魚被名於不義
彼之二才猶或如此況在下官焉能自免昔上
將何言哉夫魯連之智辭祿而不反接輿多賢
當何恥哉著史遷下室如下官
行歌而忘歸子陵閉關於東越仲蔚杜門於西

秦亦良可知也若使下官事非其虛罪得其
實亦當鉗口吞舌伏匕首以殞身何以見齊魯
奇節之人燕趙悲歌之士乎方今聖歷欽明天下
樂業青雲浮雒榮光塞河西泪臨逃狄道此距
飛狐陽原莫不浸仁沐義照景歆體而下官抱
痛圓門含憤獄戶一物之微有足悲者仰惟大王
少垂明白則梧丘之塊不愧於沈首鴟夷之鬼
無恨於灰骨不朽景素矚書即日出之尋舉
心既照死且一不朽景素矚書即日出之尋舉
南徐州秀才對冊上第轉巴陵王國左常侍
景素為荊州淹從之鎮少帝即位多失德景
素專據上流咸勸因此舉事淹每從容諫
曰流言甃禍二叔所以同亡抵局銜怨七國於
焉俱甃殿下不求宗廟之安而信左右之計
則復見塵鹿霜露棲於姑蘇之臺矣景素
不納及鎮京口淹又為鎮軍參軍事領南東
海郡丞見景素與腹心日夜謀議淹知禍機將
發乃贈詩十五首以諷焉會南東海太守陸

澄丁艱淹自謂郡丞應行郡事景素用司馬
柳世隆淹固求之景素大怒言於選部黜為建
安吳興令淹在縣三年昇明初齊帝輔政聞
其才召為尚書駕部郎驃騎參軍事俄而荊州
刺史沈攸之作亂高帝謂淹曰天下紛紛若是
君謂何如淹對曰昔項彊而劉弱袁衆而曹
寡羽號令諸侯卒受一劍之辱紹跨蹈四州終
為奔北之虜此謂在德不在鼎公雄武有奇
聞此言者多矣試為慮之淹曰公何疑哉
略一勝也寬容而仁恕二勝也賢能畢力三勝
也民望所歸四勝也奉天子而代叛逆五勝也
彼志銳而器小一敗也有威而無恩二敗也
解體三敗也摺紳不懷四敗也懸兵數千里而
同惡相濟五敗也故雖仗狼十萬而終為我獲
焉帝笑曰君談過矣是時軍書表記皆使淹
具草相國建補記室參軍掌詔冊并典國史
建安王記室帶東武令詔冊又為驃騎
尋遷中書侍郎永明初遷驍騎將軍掌國史

出為建武將軍廬陵內史視事三年還為驍
騎將軍兼尚書左丞尋復以本官領國子博士
少帝初以本官兼御史中丞時明帝作相因謂
淹曰君昔在尚書中非公事不妄行在官寬
猛能折衷今為南司足以震肅百寮淹答曰
今日之事可謂當官而行更恐才劣志薄不
足以仰稱明旨耳於是彈中書令謝㶏徒左
長史王續護軍長史庾弘遠並以久疾不預山陵
公事又奏前益州刺史劉悛梁州刺史陰智伯
並贓貨巨萬輒收付廷尉治罪臨海太守沈昭
略永嘉太守庾曇隆及諸郡二千石並大縣

【梁書傳八　五　楊昌】

官長多被劾治內外蕭然明帝謂淹曰宋世以
來不復有嚴明中丞君今日可謂近世獨步
明帝即位為車騎臨海王長史俄除廷尉卿加
給事中遷冠軍長史加輔國將軍出為宣城太
守將軍如故在郡四年還為黃門侍郎領步兵
校尉尋為秘書監永元中崔惠景舉兵圍京
城衣冠悉投名刺淹稱疾不往及事平世服其先

見東昏末淹以祕書監兼衛尉固辭不獲免
遂親職謂人曰此非吾任路人所知正取五異名耳
且天時人事尋當翻覆孔子曰有頃之又副領軍者必
有武備臨事圖之何憂之有頃之又副領軍王
瑩及義師至新林淹微服至長史冠軍將軍
堂及義師至新林淹常侍左衛將軍封臨沮
軍將軍祕書監如故尋兼司徒左長史冠軍將軍
年遷吏部尚書常侍如故尋相國右長史冠軍將軍
如故天監元年為散騎常侍左衛將軍封臨沮
縣開國伯食邑四百戶淹乃謂子弟曰吾本素

【梁書傳八　六　夏又】

官不求富貴今之備矣恭儉遂至於此平生言止
足之事亦以備矣人生行樂耳須富貴何時
吾功名既立正欲歸身草萊耳其年以疾遷
金紫光祿大夫改封醴陵縣侯四年卒時年六十
二高祖為素服舉哀贈錢三萬布五十匹謚
曰憲伯淹少以文章顯晚節才思微退時人皆
謂之才盡凡所著述百餘篇自撰為前後集
并齊史十志並行於世子萲嗣自丹陽尹
丞為長城令有罪削爵普通四年高祖追念淹

功復封為吳昌伯邑如先

任昉字彥昇樂安博昌人漢御史大夫敖之後
也父遙齊中散大夫遙妻裴氏嘗晝寢夢有
彩旗蓋四角懸鈴自天而墜其一鈴落入裴懷
中心悸動既而娠生昉身長七尺五寸幼而
好學早知名宋丹陽尹劉秉辟為主簿時昉年
十六以氣忤秉子久之為奉朝請彷州秀才拜
太常博士遷征北行參軍永明初衛將軍王儉
領丹陽尹復引為主簿儉雅欽重昉以為當時
無輩遷司徒刑獄參軍事入為尚書殿中郎轉司
徒竟陵王記室參軍以父憂去職性至孝居喪
盡禮服闋續遭母憂常廬于墓側哭泣之地
草為不生服除拜太子步兵校尉管東宮書記
初奉明帝既廢鬱林王始為侍中中書監驃
騎大將軍開府儀同三司揚州刺史錄尚書事
封宣城郡公加兵五千使昉具表草其辭曰臣
本庸才智力淺短太祖高皇帝篤猶子之愛
降家人之慈世祖武皇帝情等布衣寄深同

氣武皇帝大漸實奉詔言雖自見之明庸近所
蔽恩夫一至偶識量已實不忍自固於緥衣之
辰拒違於玉几之側遂荷顧託導揚末命雖之
君棄常獲罪宣德王室之亂職臣之由何救昌
則東牟任惟博陸徒懷子孟社稷之對何親訓
邑乎臣之議四海之議於何逃責陵未乾訓
誓在耳家國之事一至於斯非臣之尤誰任其
咎將何以肅拜高寢虔奉武園悼心失圖泣血
待旦寧容復徼榮於家耻宴安於國危驃騎
上將之元勳神州儀刑之列岳尚書是稱司會中
書實管王言且虛飾寵章委成御侮臣知不
愜物誰謂宜但命輕鴻毛責重山岳存沒同歸
毀譽一貫辭一官不減身累增一職已顯朝經便
常自同體國不為飾讓至於功均一匡賞實同千
室光宅近旬奄有全邦殞越為期不敢聞命
亦願曲留降鑒即垂聽許鉅平之懇誠必固永
昌之丹慊獲申乃知君子之道綽有餘裕苟曰
易昭敢守難奪帝惡其辭斥其慍昉由是終

建武中位不過列校昉雅善屬文尤長載筆才

恩無窮當世公王表奏莫不請昉起草即

成不加點竄沈約一代詞宗深所推挹明帝崩

遷中書侍郎永元末為司徒右長史高祖克

京邑霸府初開以昉為驃騎記室參軍始高祖

與昉遇竟陵王西邸從容謂昉曰我登三事當以卿

為記室昉亦戲高祖曰我若登三事當以卿

為騎兵謂高祖善騎也至是故引昉符昔言

焉昉奉牋曰伏承以今令辰蕭膺典策德顯功

高光副四海天生之倫庶身有地況昉受敎君

子將二十年咳唾為恩眄睞成飾小人懷惠顧

知死所昔承清宴屬有緒言提挈之旨形乎

善謔且謂多幸斯言不渝雖情謬先覺而迹

淪驕餌湯沐其而非吊大廈構而相驥明公道

冠二儀動超逖古將使伊周致緒驤首惟此魚

功無紀化物何稱府朝初建俊賢塵忝千載逢再

目唐突璵璠顧已循涯宴知塵忝千載逢再

造難答雖則殞越且知非報梁臺建禪讓文

詣多昉所具高祖踐阼拜黃門侍郎遷吏部郎

中尋以本官掌著作天監二年出為義興太

守在任清潔見妻食麥而已友人彭城到漑

弟洽從昉共為山澤游及被代登舟止有米五

斛既至無衣鎮軍將軍沈約遣裙衫迎之重除

吏部郎中參掌大選居職不稱尋轉御史中

丞祕書監領前軍將軍自齊永元以來祕閣

四部篇卷紛雜昉手自讎校由是篇目定焉六

年春出為寧朔將軍新安太守在郡不事邊幅

率然曳杖徒行邑郭民通辭訟者就路決焉

為政清省吏民便之視事朞歲卒於官舍時

年四十九闔境痛惜百姓共立祠堂於城南高

祖聞問即日舉哀哭之甚慟追贈太常卿諡曰

敬子昉好交結獎進士友得其延譽者率多升擢

故衣冠貴遊莫不爭與交好坐上賓客恒有數

十時人慕之號曰任君言如漢之三君也陳郡

謝芸與建安太守到溉書曰哲人云亡儀表長

殼元龜何寄指南誰託其為士友所推如此昉

不治生產至乃居無室宅世或譏其多乞貸
亦隨復散之親故防常歎曰知我亦以叔則不
知我亦以叔則防墳籍無所不見家雖貧聚書
至萬餘卷率多異本防卒後高祖使學士賀縱
共沈約勘其書目官所無者就防家取之防所
著文章數十萬言盛行於世初防立於士林館
皆幼人罕贍邱之平原劉孝標為著論曰客問
主人曰朱公叔絕交論為是乎為非乎主人曰
客嬖此之問客曰夫草蟲鳴則阜螽躍雕獸嘯
而清風起故絪縕相感霧涌雲蒸嚶鳴相召星
流電激是以王陽登則貢公喜窒生逝而國子
悲且心同琴瑟言鬱郁於蘭茞道叶膠漆志
婉孌於埍箎聖賢以此鏤金版而鐫盤盂書
玉牒而刻鍾鼎若匠人輟成風之妙巧伯牙息
流波之雅引范張款款於下泉尹班陶陶於永
夕駱驛縱橫煙霏雨散皆巧歷所不知心計莫
能測而朱益州汨彝叙越謨訓捶直切絕交遊

示黔首以鷹鸇姬人倫於犲虎蒙有猜焉請辨
其惑主人听然曰客所謂撫絃徽音未達燥濕
變聲晉張羅沮澤不覩鵾鳳高飛蓋聖人握金鏡
闡風烈龍驤蠖屈從道汙隆曰月聯璧歡叢鬒
之弘致雲飛雷薄顯棣華之微曰若五音之變
化濟九成之妙曲此朱生得玄珠於赤水謨神睿而
而為言至夫組織仁義琢磨道德驪其愉樂恤其
陵夫寄通靈臺之下遺迹江湖之上風雨急而
不輟其音霜雪零而不渝其色斯賢達之素交
歷萬古而一遇逾叔世民訛祖詐飆起谿谷不
能踰其險鬼神無以究其竅競毛羽之輕翹錐
刀之末於是素交盡利交興天下蚩蚩鳥驚
雷駭然利交同源泒流則彊較言其略有五術
焉若其寵鈞董石權歷梁竇雕刻百工鑪錘
萬物吐漱興雲兩呼吸下霜露九域聳其風塵
四海疊其燻灼靡不望影星奔籍響川鶩鷄
人始唱鶴蓋成陰高門曰開流水接軫皆願摩
頂至踵隳膽抽腸約同要離焚妻子誓徇荊

卿湛士族是曰勢交其流一也富坪陶白賁巨
程羅山檀銅陵家藏金穴出平原而聯騎居
里閈而鳴鍾則有窮巷之屠樞之士甚異宵
爛之末光邈鍾屋之微澤魚毋貴鳥踴颯沓鱗萃
分鴈鶩之稻梁沾玉斝之餘瀝衡恩遇進款誠
貴其籍甚摭紳羨其登仙加以飫順感姝涕
援青松以示心指白水而雄信是曰朋交其流
二也陸大夫燕喜西都郭有道人倫東國公卿
唾流沫驪騎黃馬之劇談叙溫燠

則寒谷成暄論嚴枯則春業最零葉飛沈出其
顧指榮辱定其言於是弱冠王孫綺紈公子
道不雜於通人聲未遒於雲閣攀其鱗翼丐
其餘論誇駟驎之髦端軼歸鴻於將死而悲鳴
交其流三也陽舒陰慘生民大情憂合驩離品
物恒性故魚以泉涸而煦沫鳥因將死而悲鳴
同病相憐綴河上之悲曲恐懼寘懷昭谷風之盛
典斯則斷金由於湫隘刎頸起於苫蓋是以伍
負濯漑於宰嚭張王撫翼於　陳相是曰窮交其

流四也馳驚鶩之俗澆薄之倫無不操權衡秉纖
纊衡所以揣其輕重纊所以屬其鼻息若衡不
能舉纊不能飛雖顏冉龍翰鳳雛曾史蘭薰董雪
白舒向金玉泉海卿雲糺龖歡江漢視若遊塵遇
同土梗莫肯費其半菽空有落其一毛若衡重
錙銖纊縴微彰撇雖共工之蒐兜驩兠蛇折枝舐
痔之跖庀東陵之巨猾皆為匍匐委蛇故其誠行張
荊之跣莫肯將其意脂苟便辟道甘誠故輪
蓋所遊必非夷惠之室苟甘所入實行張霍之

家謀而後動芒毫賓感是曰量交其流五也凡
斯五交義同賈鬻故桓譚譬之於闤闠林回喻
之於甘醴夫寒暑遞進盛衰相襲或前榮而
後瘁或始富而終貧或初存而末亡或古約而
今泰循環翻覆迅彼波瀾此則徇利之情未嘗
異變化之道不得一由是觀之張陳所以凶終
蕭朱所以隙末斷焉可知矣而翟公方規規然
勒門以箴客何所見之晚乎然因此五交是生
三釁敗德殄義禽獸相若一釁也難固易攜

訟所聚二豐也名階號發貞介所羞三豐也古
人知三豐之為梗懼五交之速尤故王丹威子以
櫝楚之髯言而示紹有旨哉近世有樂安任
昉海內髦傑早綰銀黃鳳招民譽遒文麗藻方
駕曹王英特儁邁聯橫許郭類田文之愛客
同鄭莊之好賢見一善則盱衡扼腕遇一士則
揚眉抵掌雌黃出其脣吻朱紫由其目早於是
冠蓋輻湊衣裳雲合輜軿擊轊坐客恒滿蹈
其閭閾若升闚里之堂入其奧隅謂登龍門之

坂至於顧昉增其倍價蒯蕢拂使其長鳴影組雲
臺者摩肩趨走丹墀者疊迹莫不締恩狎結
綢繆想惠莊之清塵庶羊左之徽烈及瞑目東
越歸體維浦總帳猶懸門罕漬酒之彥墳未宿
草野絕動輪之賓蘋爾諸孤朝不謀夕流離大
海之南寄命瘴癘之地自昔把臂之英金蘭之
友曾無羊舌下泣之仁寧慕郈成分宅之德鳴
呼世路險巇一至於此太行孟門寧云嶮絕是
以耿介之士疾其若斯裂裳裹足棄之長騖獨

立高山之頂騶與麋鹿同羣曒然絕其雰濁
誠恥之也誠畏之也昉撰雜傳二百四十七卷地
記二百五十二卷文章三十三卷昉第四子東
里頗有父風官至尚書外兵郎
陳吏部尚書姚察曰觀夫二漢求賢率先經術
近世取人多由文史二子之作辭藻壯麗允值
其時矣潘能沈靜昉持內行並以名位終始宜哉
江菲先覺任無舊恩則上秩顯贈亦未由也已

列傳第八

梁書十四

列傳第九

散騎常侍姚　　弟子覽　思廉　撰

梁書十五

謝朏　　　梁書傳九　一

謝朏字敬沖陳郡陽夏人也祖弘微宋太常卿
父莊右光祿大夫並有名前代朏幼聰慧莊器
之常置左右年十歲能屬文莊遊土山賦詩使
朏命篇朏攬筆便就琅邪王景文謂莊曰賢子
足稱神童復為後來特達莊笑因撫朏背曰真
吾家千金孝武帝遊姑孰勑莊攜朏從駕詔使
為洞井銘於坐奏之帝曰雖小㤗童也起家撫
軍法曹行參軍遷太子舍人以父憂去職服闋
復為舍人歷中書郎衛將軍袁粲長史粲性簡
峻罕通賓客時人方之李膺朏謁既退粲曰謝
令不死尋遷給事黃門侍郎出為臨川內史以
賄見劾案經袁粲寢之齊高帝為驃騎將軍
輔政選朏為長史勑與河南褚炫濟陽江敩彭
城劉俁俱入侍宋帝時號為天子四友續拜侍
中并掌中書散騎二省詔冊髙帝進太尉又以

梁書列九　三百五十四　余政　二　王成

朏為長史帶南東海太守髙帝方圖禪代思佐
命之臣以朏有重名深所欽屬論魏晉禪代事因
曰晉宣帝命時事父兆石苞不早勸晉父死方慟
哭方之馮異非知機也朏荅曰昔魏文有勸魏
武即帝位者魏武曰如有用我其為周文王乎
晉文世事魏氏將必身終北面假使魏早依唐
虞故事亦當三讓彌髙帝不悅更引王儉為左
長史以朏侍中領秘書監及齊受禪朏當解璽
直百僚陪位侍中當解璽朏佯不知曰有何公
事傳詔云解璽授齊王朏曰齊自應有侍中乃
引枕卧傳詔懼乃使稱疾欲取兼人朏曰我無
疾何所道遂朝服步出東掖門乃得車仍還宅
是日遂以王儉為侍中解璽既而武帝言於髙
帝請誅朏帝曰殺之則遂成其名正應容之度
外耳遂廢朏于家永明元年起家拜通直散騎常
侍累遷侍中領國子博士五年出為冠軍將軍
義興太守加秩中二千石在郡不省雜事悉付
綱紀曰吾不能作主者吏但能作太守耳視事

三年徵都官尚書中書令隆昌元年復為侍中
領新安王師未拜固求外出仍為征虜將軍吳
興太守受召便述職時明帝謀入嗣位朝之舊
臣皆引參謀策朏內圖止足且實避事弟滿時
為吏部尚書朏至郡致滿數斛酒遺書曰可力
飲此勿豫人事朏居郡每不治而常務聚斂衆
頗譏之亦不屑也建武四年詔徵朏為侍中中書
令遂抗表不應召遣諸子還京師獨與母留縣
室郡之西郭明帝下詔曰夫超然榮觀風流自
遠蹈彼幽人英華罕值故長揖楚相見稱南國
高謝漢臣取貴良史新除侍中中書令朏早籍
羽儀鳳摽清尚登朝樹績出守馳聲遂敏跡康
衢拂衣林沚抱其頴之餘芳甘顛頷而無悶撫
事懷人載留欽想宜加優禮用旌素既可賜冰
帳襜席俗以卿禄常出在所時國子祭酒盧江
何削亦抗表還會稽永明二年詔徵朏為散騎
常侍中書監朏為散騎常侍大常卿並不屈三
年又詔徵朏為侍中太子少傅朏散騎常侍太

子詹事時東昏皆下在所使迫遣之值義師已
近故並得不到及高祖平京邑進位相國表請
朏胤曰夫窮則獨善達以兼濟雖出處之道其
揆不同用捨惟時賢哲是蹈前新除散騎常侍太子
少傅朏前新除散騎常侍太子詹事居
羽儀世胄徽猷冠冕道業德聲康濟雅俗昔居
朝列素無官情實客簡通公卿罕預簪紱未裦
而風塵擺落且文宗儒肆互居其長清規雅裁
兼擅其美並達照深識預觀亂萌見庸質之如
初知貽厥之無寄拂衣東山眇絕塵軌雖解組
昌運實避昏時家膺鼎食而甘茲橡艾世襲青
紫而安此懸鶉自澆風肇用南成俗淳流素
軌餘列頗存誰其激貪功歸有道康甫振民朝
野一致雖在江海而勳同魏闕今泰運甫開賤
貧為恥況乎久蘊瑚璉暫厭承明而可得求志
海隅永追松子臣抱清源取鏡止水愚欲屈居
才共成棟幹思挹清源取鏡止水愚宴賴奉
首朝夕謨諫庶足以翼宣寡薄式是王度請立

補臣府軍諮祭酒胤加後將軍並不至高祖踐
阼徵胤為侍中光祿大夫開府儀同三司胤散
騎常侍特進右光祿大夫又並不屈仍遣領軍
司馬王果宣旨敦譬明年六月胤輕舟出詣闕
自陳既至詔以為侍中司徒尚書令胤辭腳疾
不堪拜謁乃角巾自輿詣雲龍門謝詔見於華
林園固陳本志不許因請自還東迎母乃許之
懽發輿駕復臨幸賦詩餞別王人迭迎相望於

道到京師勑材官起府於舊宅高祖臨軒遣謁
者於府拜授詔傅諸公事及朝望朝謁三年元
會詔胤乘小輿升殿其年遭母憂尋有詔攝職
如故後五年改授乃拜受是冬薨於府時年
六十六輿駕出臨哭詔給東園祕器朝服一具
衣一襲錢十萬布百四緉蠟百斤贈侍中司徒諡
曰靖孝胤所著書及文章並行於世子諝官至
司徒右長史坐殺牛免官卒於家次子篤頗有

文才仕至晉安太守卒官
覽字景滌胤弟瀟之子也選尚齊錢唐公主拜
駙馬都尉祕書郎太子舍人高祖為大司
馬召補東閤祭酒遷相國戶曹天監元年
為中書侍郎掌吏部事頃之即真覽為人美風
神善辭令高祖深器之嘗侍座受勑與侍中王
暕為詩答贈其文甚工高祖善之仍使重作復
合旨乃賜詩云雙文既後進二少實名家豈伊
止棟隆信乃俱聲華以母憂去職服闋除中庶

子又掌東宮管記還除吏部郎尋遷侍中覽頗樂
酒因醼席與散騎常侍蕭琛辭相詆毀為有司
所奏高祖以覽年少不直出為中權長史頃之
敕掌東宮管記還明威將軍新安太守九年夏
山賊吳承伯破宣城郡餘黨散入新安叛吏鮑
叙等與合攻沒黟歙諸縣進兵覽臨郡遣郡丞
周興嗣於錦沙子塢拒戰不敵遂棄郡本會稽
臺軍平山寇覽復還郡左遷司徒諮議參軍仁
威長史行南徐州事五兵尚書尋還吏部尚書

覽自祖至孫三世居選部當世以為榮十二年
春出為吳興太守中書舍人黃睦之家居烏程
子弟專橫前太守皆折節事之覽未到郡睦之
子弟來迎覽逐去其船杖吏為通者自是睦之
家杜門不出不敢與公私門通郡境多劫為東
道患覽下車肅然一境清謐初齊明帝及覽父
蒲東海徐孝嗣並為吳興號稱名守覽皆欲過
之昔覽在新安頗聚斂至是遂稱廉潔時人方
之王懷祖卒於官時年三十七詔贈中書令子

罕早卒
陳吏部尚書姚察曰謝朏之於宋代蓋忠義者
歟當齊建武之世拂衣止足永元多難確然獨
善其踈蔣之流乎洎高祖龍興旁求物色角巾
來仕首膺台司極出處之致矣覽終能善政君
子韙之

列傳第九　　　　梁書十五

王亮
張稷
王瑩

散騎常侍姚　　　　　梁書十六
　　　　　恩廉

撰

王亮字奉叔琅邪臨沂人晉丞相道之六世孫
也祖偃宋右光祿大夫開府儀同三司父攸給
事黃門侍郎亮以名家子宋末選尚公主拜駙
馬都尉祕書郎累遷桂陽王文學南郡王友祕

■梁書傳十
一

書永齊竟陵王子良開西邸延才俊以為士林
館使工圖畫其像亮亦預焉遷中書侍郎大司
馬從事中郎出為衡陽太守以南土卑濕辭不
之官遷給事黃門侍郎弄拜晉陵太守在職清
公有美政時齊明帝作相聞而嘉之引為領軍
長史甚見賞納及即位累遷太子中庶子尚書
吏部郎詮序著稱遷侍中建武末為吏部尚書
是時尚書右僕射江祏管朝政多所進拔為士
子所歸亮自以身居選部每持異議始亮未為

吏部郎時以祏帝之內弟故深友祏祏為之延
譽六益為帝所器至是與祏昵之如初及祏遇
誅舉小故命凡所除拜悉由內寵亮次而已當
外若詳審內無明鑒其所選用拘資次而已當
世不謂為能頗加通直散騎常侍至新林內外百
為尚書右僕射中護軍既而東昏肆虐淫刑已
逞亮傾側取容竟以免戮義師至新林內外百
僚並道迎其未能拔者亦間路送款亮獨不
遣及城內既定獨推亮為首亮出見高祖高祖

■梁書傳十
二

曰顛而不扶安用彼相而弗之罪也霸府開以
為大司馬長史撫軍將軍琅邪清河二郡太守
梁臺建投侍中尚書令固讓不拜乃為侍中中
書監兼尚書令高祖受禪遷侍中尚書令中軍
將軍引參佐命封豫寧縣公邑二千戶天監二
年轉左光祿大夫侍中中軍如故元日朝會萬
國亮辭疾不登殿設饌別省而語笑自若數日
詔公卿問訊亮無疾色御史中丞樂藹奏大不
敬論棄市刑詔削爵廢為庶人四年夏高祖讌

於華光殿謂羣臣曰朕日具聽政思聞得失卿
幸可謂多士宜各盡獻納羣尚書左丞范縝起曰
司徒謝朏本有虛名陛下擢之如此前尚書令
王亮頗有治實陛下棄之如彼是愚臣所不知
自口者哉風聞尚書左丞臣范縝目晉安還語
正刑白衣一奏晉以明罰況乎附下訕上毀譽
高祖變色曰卿可更餘言縝固執不已高祖不
悅御中丞任昉奏曰臣聞息夫歷詆漢有
人云我不謫餘人惟詣王亮不餉餘人惟餉王

三

亮輒收縝白從左右萬休到臺辨問與風聞符
同又今月十日御餞梁州刺史臣珍國宴私既
洽羣臣垃已謁退時詔留侍中臣昂等十人訪
以政道縝不吝所問而橫議沸騰遂臮裁司徒
臣朏衆舉庶人王亮臣干時預奉恩留肩隨垃
立耳目所接差非風聞縝尋王有遊豫親御軒
陛義深推穀情均泚露酒闈冥罷宣晨正立記
事在前記言在後彰早朝之念深求瘼之情而
縝言不遜妄陳褻昵傷斯斯之風鈇側席之望

不有嚴裁憲準將頹縝即主臣謹案尚書左丞
臣范縝衣冠緒餘言行舛駁譸誣詆里落喧訴周
行曲學諛聞未知去代弄口嗚舌祇足飾非乃
者義師近次縝丁罹艱棘曾不閉門墨縗景附
顏同先覺實奉龍顏而令黨協賣餘為子楯
所興讒激失所許與疵瘢廷辱民宗自居樞憲
人而無恒成茲姦詖遺遐稱假緯衣裙
守名拜入司管轄苞籠固遺假緯稱厚出
紀妻寂寞顧望縱容無至公之議惡直醜正有

四

私訐之談冒宣之徵繹肅正國典臣等參議請
以見事免縝所居官輒勒外收付廷尉法獄治
罪應諸連速委之獄官以法制從事縝位應黃
紙臣輒奉白簡詔聞可璽書語縝曰亮少之才
能無聞時輩昔經冒入羣英相與當薄晚節諂
事江祐為吏部末恊附梅蟲兒如法珍遂執昏
政比屋罹禍盡家塗炭四海沸騰天下囂囂此
誰之咎食人之祿不死於治世亮固凶黨
作威作福靡衣玉食女樂盈房勢危事逼自相

吞噬建石首題啓扉請罪朕錄其白旗之來賞
其既往之咎亮反覆不忠姦朋彰暴有何可論
妄相談述具以狀對所詰十條繽答支離而已
亮因屏居閉掃不通賓客遭母憂居喪盡禮八
年詔起爲祕書監俄加通直散騎常侍數日遷
太常卿九年轉中書監加散騎常侍其年卒詔
賻錢三萬布五千四諡曰煬子

張稷字公喬吳郡人也父永宋右光祿大夫稷
所生母疾歷時稷始年十一夜不解衣而養

永異之及母亡野齋過人杖而後起性疎率卽
悟有才略與族兄充融等具知名時稱之曰
充融卷稷是爲四張起家著作佐郎不拜頻居
父母憂六載廬于墓側服除爲驃騎法曹行參
軍遷外兵參軍齋求明中爲剡縣令略不視事
多爲山水遊會賊唐瑀作亂稷率屬縣人保全
縣境入爲太子洗馬大司馬東曹掾建安王友
大司馬從事中郎武陵王曅爲護軍轉護軍司
馬尋爲本州治中明帝領牧仍爲別駕時魏寇

壽春以稷爲寧朔將軍軍主副尚書僕射沈文
季鎮豫州魏衆稱百萬圍城東昏時經略奧分
文季悉委稷稷爲軍退平西司馬軍南
平内史魏元寇雍城岸以稷知州雍事魏
事時雅州刺史曹武度樊城復爲司馬新典
師退稷還荊州就拜黃門侍郎復爲長寧
永寧二郡太守郡犯私諱改永寧爲長寧遷
司徒司馬加輔國將軍久諱改江州刺史陳顯達舉
兵及以本號鎮歷陽南譙二郡太守遷鎮南長

史壽陽太守輔國將軍行沈州事壽徵爲持
節輔國將軍都督北徐州諸軍事北徐州刺史
出次白下仍遷都督南兗州諸軍事南兗州刺
史俄進督北徐州兗州冀五州諸軍事軍立
如故永元末徵爲侍中宿衛官城義師至兼衛
尉江淹出奔稷兼衛尉副王瑩都督城内諸
軍事時東昏淫虐義師圍城已久城内諸
莫有先發比徐州刺史王珍國就稷謀之乃使
直閣張齊害東昏于含德殿稷召尚書石僕射

王亢等列坐殿前西鍾下謂曰昔桀有昏德鼎
遷于殷紂暴虐鼎遷于周今獨夫自絕于天
四海巳歸聖王斯實微子去殷之時項伯歸漢
之日可不勉哉乃遣國子博士范雲舍人裴長
穆等使石頭總百揆遷大司馬左長史梁為
將軍高祖受禪以功封江安縣侯
散騎常侍中書令高祖以稷為侍中左衛
邑一千戶又為侍中領國子祭酒領驍騎將軍遷
護軍將軍揚州大中正以事免尋為度支尚書

■梁書傳十 七

前將軍太子右衛率又以公事免俄為祠部尚
書轉散騎常侍都官尚書揚州大中正以本職
知領軍事尋遷領軍將軍中正如故時魏寇
青州詔假節行州事會魏軍退仍出為散騎常
侍將軍吳興太守秩中二千石下車存問遺老
引其子孫置之右職政稱寬恕進號雲麾將軍
徵尚書左僕射興駕將欲如稷宅以盛寵者留幸
僕射省舊臨幸供具皆酬太官饌直帝以稷清
貧手詔不受出為使持節散騎常侍都督青冀異

五五

二州諸軍事安北將軍青冀二州刺史會魏冠
胸山詔稷權頓六里都督衆軍進號鎮北將
軍初豫州接邊陸民俗多與魏人交市及胸山
叛或與魏通既不自安矣且稷寬弛無防僚吏
頗侵漁之州人徐道角等夜襲州城害稷時年
六十三有司奏削爵土稷性烈亢善無餘財初去吳
郡以僕射徵祿皆頒之親故家無餘財初去吳
典郡以僕射徵道由吳鄉候稷者滿水陸稷單
裝徑還京師人莫之識其率素如此稷長女楚

■梁書傳十 八

瑗適會稽孔氏無子歸宗至稷見害女以身蔽
刃先父卒稷子崚別有傳卷字令遠稷從兄也
少以知理著稱能清言仕至都官尚書天監初卒
王瑩字奉光琅邪臨沂人也父懋光祿大夫南
郷僖疾瑩選尚宋臨淮公主拜駙馬都尉除著
作佐郎累遷太子舍人撫軍功曹散騎侍郎司
徒左西屬齊高帝為驃騎將軍引為從事中郎
頃之出為義興太守代謝超宗超宗去郡與瑩
交惡既還間瑩於懋懋言之於朝廷以瑩供養

五五

不足坐失郡廢棄父之爲前軍諮議參軍中書
侍郎大司馬從事中郎未拜丁母憂服闋爲給
事黃門郎出爲宣城太守遷爲驃騎長史復爲
黃門侍郎司馬太子中庶子仍還侍中父憂去
職服闋復爲侍中領射聲校尉又爲冠軍將軍
東陽太守居郡有惠政遷吳興太守明帝勤憂
庶政瑩頻厯二郡皆有能名甚見襄美還爲太
子詹事瑩旣當朝於瑩素雖不善而不
能有所是非瑩從弟亮旣當朝於瑩素雖不善而不

時欲引與同事遷尚書左僕射未拜會護軍崔
景自京口奉江夏王入伐瑩假節率衆拒慧
景於湖頭夜爲慧景所襲衆散瑩赴水乘榜入
樂遊因遂還居領軍府義師至
復假節都督宮城諸軍事建康平高祖爲相國
司瑩爲左長史加冠軍將軍奉法駕迎和帝于
江陵帝至南州遜位于別宮高祖踐阼遷侍中
撫軍將軍封建城縣公邑千戶尋遷尚書左僕
射侍中撫軍如故頃之爲護軍將軍復遷散騎

常侍中軍將軍丹陽尹視事三年遷侍中光祿
大夫領左衞將軍俄遷尚書令雲麾將軍侍中
如故累進號左中權將軍給鼓吹一部瑩性清
愼居官恭格高祖深重之天監十五年遷左光
祿大夫開府儀同三司丹陽尹侍中如故瑩將
拜印工鑄其印六鑄而龜六毀旣成頸空不實
補而用之居職六日暴疾卒贈侍中左光祿大
夫開府儀同三司

陳吏部尚書姚察曰孔子稱殷有三仁微子去
之箕子爲之奴比干諫而死王亮之居亂世勢
位見矣其於取捨何與三仁之異歟及奉興王
蒙寬實政爲佐命固將愧於心其自取廢故非
幸也易曰非所據而據之身必危亮之進退失
所據矣惜哉張稷因機制變亦其時也王瑩印
章六毀豈神之害盈乎

列傳第十

梁書十六

列傳卷第十一　　梁書十一

散騎常侍姚　思廉　撰

王珍國
馬仙琕
張齊

王珍國字德重沛國相人也父廣之齊世良將官至散騎常侍車騎將軍珍國起家冠軍行參軍累遷武賁中郎將南譙太守治有能名時郡境苦飢乃發米散財以拯窮乏齊高帝手敕云卿愛人治國甚副吾意也永明初遷桂陽內史討捕盜賊境內肅清罷任還都路經江州刺史柳世隆臨渚餞別見珍國還裝輕素乃歎曰此真可謂良二千石也還為大司馬中兵參軍武帝雅相知賞每歎曰晚代將家子弟有如珍國者少矣復出為安成內史入為越騎校尉冠軍長史鍾離太守仍遷巴東建平二郡太守還為游擊將軍以父憂去職建武末魏軍圍司州明帝使徐州刺史裴叔業攻拔渦陽以為聲援起

珍國為輔國將軍率兵助焉魏將楊大眼大衆奮至叔業懼棄軍走珍國率其衆殿故不至大敗永泰元年會稽太守王敬則反珍國又率衆距之敬則平遷寧朔將軍青冀二州刺史將軍如故義師起東昏召珍國以衆還京師入頓建康城義師至使珍國出屯朱雀門

敗乃入城仍密遣郗纂奉明鏡獻誠高祖斷金以報之時城中咸思從義莫敢先發侍中衛尉張稷都督衆軍珍國潛結稷腹心張齊要稷稷許之十二月丙寅旦珍國引稷於衛尉府勒兵入自雲龍門即東昏斬之與稷會尚書僕射王亮等於西鍾下使中書舍人裴長穆等奉東昏首歸高祖以功授右衛將軍辭不拜又投徐州刺史固乞留京師復賜金帛珍國又固讓敕答曰昔田子泰固辭絹穀卿體國情深良在可嘉後因侍宴帝問曰卿明鏡尚存昔金何在珍國答曰黃金謹在臣肘不敢失墜復為右衛將軍加給事中遷左衛將軍加散騎常

侍天監初封溧陽縣侯邑千戶除都官尚書常
侍如故五年魏任城王元澄宼鍾離高祖遣珍
國因問討賊方略珍對曰臣常患魏衆少不
苦其多高祖壯其言乃假節與衆軍同討焉魏
軍退班師出爲使持節都督梁泰二州諸軍事
征虜將軍南秦二州刺史會梁州長史夏侯
道遷以州降魏珍國步道出魏與將龍之不果
遂留鎮焉以無功累表請解高祖弗許改封
陽縣侯邑如前徵還爲員外散騎常侍太子
右衞率加後軍頃之復爲左衞將軍九年出爲
使持節都督湘州諸軍事信武將軍湘州刺史
視事四年徵還爲護軍將軍遷通直散騎常
侍丹陽尹十四年卒詔贈車騎將軍給鼓吹一
部賻錢十萬布百匹諡曰威子僧度嗣
馬仙琕字靈馥扶風郿人也父伯鸞爲宋冠軍司
馬仙琕少以果敢聞遭父憂毀瘠過禮貧無土成
墳手植松栢起家郿州主簿遷武騎常侍爲小
將隨齊安陸王蕭緬緬卒事明帝永元中蕭緬遷

光崔慧景亂累有戰功以勳至前將軍出爲龍
驤將軍汝陰二郡太守會壽陽新陷魏
將王肅侵邊仙琕力戰以寡克衆魏人甚憚之
復以功遷寧朔將軍豫州刺史義師起四方多
響應高祖使仙琕故人姚仲賓說之仙琕於軍
斬仲賓以徇義師至新林仙琕號哭經宿乃解兵歸
罪高祖勞之曰射鉤斬袪昔人弗忌卿勿以爲戮
日鈔運漕自建康城陷仙琕號泣謂弟仲艾
使斷運荷自嫌絕也仙琕謝曰小人如失主大後
主餉之便復爲用高祖笑而美之俄而仙琕母
卒高祖知其貧賻給甚厚令復荷殊澤當與爾
以力自効耳天監四年王師北討仙琕每戰
勇冠三軍當其衝者莫不摧破與諸將論議口
未嘗言功人問其故仙琕曰大夫爲時所知當
進不求名退不逃罪乃平生願也何功可論授
輔國將軍宋安安蠻二郡太守遷南義陽太守
累破山蠻郡境清謐以功封浛洭縣伯邑四百

戶仍遷都督司州諸軍事司州刺史輔國將軍
如故俄進號貞威將軍魏豫州人白早生殺其
刺史琅邪王司馬慶曾自號平北將軍推鄉人
胡遊為刺史以懸瓠來降高祖使仙琕赴之又
遣直閤將軍武會超馬廣率衆為援仙琕進
頓楚王城遣副將軍齊苟兒以兵二千助守懸瓠
魏中山王元英率衆十萬攻懸瓠仙琕遣廣進
超等三關十二月英破懸瓠執齊苟兒遂進
攻馬廣又破廣生擒之送雒陽仙琕不能救會

三七三十〔梁書傳十一 五 隨〕

超等亦相次退散魏軍遂進據三關仙琕坐徵
還為雲騎將軍出為仁威司馬府主豫章王轉
號雲麾復為司馬加振遠將軍十年朐山民殺
琅邪太守劉晣以城降魏詔假仙琕節討之魏
徐州刺史盧昶以衆十餘萬赴焉仙琕與戰累
破之昶遁走仙琕縱兵乘之魏衆免者十二收
其兵糧牛馬器械不可勝數振旅還京師遷太
子左衛率進爵為疾增邑六百戶十一年遷持
節督豫北豫霍三州諸軍事信武將軍豫州刺

史領南汝陰太守初仙琕幼名仙婢及長以婢
名不典乃以玉代婢因成琕云自為將及居州郡
能與士卒同勞逸身衣不過布帛所居無帷幕
衾裯屏行則飲食與廝養最下者同其在邊境
常單身潛入敵庭伺知歷壘村落險要處所故
戰多克捷士卒亦甘心為之用高祖雅愛仗之
在州四年卒贈左衛將軍諡曰剛子嶷夫嗣
張齊字子響馮翊郡人世居橫桑或云橫桑人
也少有膽氣初事荊府司馬垣歷生歷生酗酒

三七十九〔梁書傳十一 六 隨〕

遇下嚴酷不甚禮之歷生罷官歸吳郡張稷為
荊府司馬齊復從之稷甚相知重以為心腹雖
家居細事皆以任焉齊盡心事稷無所辭憚隨
稷歸京師稷為南兗州又擢為府中兵參軍始
委以軍旅齊永元中義師起東昏徵稷歸都督
宮城諸軍事居尚書省義兵至外圍漸急齊日
造王珍國陰與定計計定夜引珍國就稷造膝
齋自執燭以成謀明旦與稷珍國即東昏於內
殿齊手刃焉明年高祖受禪封齊安昌縣疾邑

五百戶仍為寧朔將軍歷陽太守齊手不知書
目不識字而在郡有清政吏事其脩天監二年
還為虎賁中郎將未拜遷天門太守寧朔將
軍如故四年魏將王足退走齊進戍南安旅
國將軍救蜀未至足退走齊還益州十年秋
使齊置大劒寒二戍將軍巴西太守尋加征
遠將軍還益州其年郡人姚景
平昌破之初南鄭
和聚合蠻蜓抄斷江路攻破金井齊乃於益州西置南梁
州鎮草創皆仰益州取足齊上夷獠義租得
米二十萬斛又立臺傳興冶鑄以應贍南梁十
一年進假節督益州外水諸軍十二年魏將傳
豎眼寇南安齊率衆距之豎眼退走十四年遷
信武將軍巴西梓潼二郡太守是歲葭萌人任
令宗因衆之患魏也殺魏晉壽太守以城歸款
益州刺史鄱陽王遣齊帥衆三萬督南梁州長
史席宗範諸軍迎令宗十五年魏東益州刺史
元法僧遣子景隆來拒齊師南安太守皇甫諲

及宗範逆擊之大破魏軍於葭萌屠十餘城魏
將兵突大王穆等皆降而魏更增傳豎眼兵復來
拒戰齊兵少不利軍引還於是葭萌復沒於魏
齊在益部累年討擊蠻獠亦不敢犯是以威名剌
中能身親勞辱與士卒同其勤苦首畫頓舍城
壘皆為物情所附蠻獠樗亦不寧歲頓其居軍
於庸蜀巴西郡居益州之半又當東道衝要剌
史經過軍府遠涉多所窮匱齊緣路聚糧食
種蔬菜行者皆取給焉其能濟辦多此類也十
七年遷持節都督南梁州諸軍事智武將軍南
梁州刺史普通四年遷信武將軍征西鄱陽王
司馬新興永寧二郡太守未發而卒時年六十
七追贈散騎常侍右衞將軍賻錢十萬布百疋
謚曰壯
陳吏部尚書姚察曰王珍國申胄徐元瑜李居
士齊末咸為列將擁彊兵或面縛請罪或斬關
獻捷其能後服馬仙琕而已仁義何常踰之則

為君子信哉及其臨邊撫眾雖李牧無以加矣
張齊之政績亦有異焉曹元瑜居士入梁事迹
鮮故不爲之傳

列傳第十一　　　　　　梁書十七

列傳第十二　　　　　梁書十八

張惠紹

馮道根

康絢

昌義之

散騎常侍姚

思廉

撰

張惠紹字德繼義陽人也少有武幹齊明帝時
為直閤後出補晉陵橫桑成主永元初母喪歸
葬於鄉里聞義師起馳歸高祖板為中兵參軍
軍主沈難當帥輕舸數十挑戰惠紹擊破斬難
當盡獲其軍器惠師次新林朱雀惠紹累有戰
功建康城平遷輔國將軍前軍直閤左細仗主
主朱思遠遊過江中斷郢魯二城糧運郢城水
高祖踐阼封石陽縣矦邑五百戶遷驍騎將軍
直閤細仗主如故時東昏餘黨數百人竊入南
北掖門燒神獸門害衛尉張弘策惠紹率所
領赴戰斬首數十級賊乃散走以功增邑二百

戶遷太子右衛率天監四年大舉北伐惠紹與
冠軍長史胡辛生寧朔將軍張豹子攻宿預執
城主馬成龍送于京師使部將藍懷恭於水南
立城為掎角俄而魏援大至敗陷宿預不
能守是夜奔還淮陰魏復得宿預六年魏軍攻
陽惠紹與馮道根裴邃等攻斷魏連橋短兵接
戰魏軍大潰以功增邑三百戶還為左驍騎將
軍尋出為持節都督北兗州諸軍事冠軍將軍
鍾離詔左衛將軍曹景宗眾軍為援進據邵
北兗州刺史魏宿預淮陽二城內附惠紹撫納
有功進號智武將軍益封二百戶入為衛尉卿
遷左衛將軍出為持節都督司州諸軍事信威
將軍司州刺史魏領安陸太守在州和理吏民親
愛之徵還為左衛將軍加通直散騎常侍仍
百人直衛殿內十八年卒時年六十三詔曰張
惠紹志略開濟幹用自果誠勤義始績聞累往
爰居禁旅盡心朝夕奄至殞喪惻愴于懷宜追
寵命以章勳烈可贈護軍將軍給鼓吹一部布

百四蠟二百斤諡曰忠子澄嗣澄初為直閤將
軍丁父憂起為晉熙太守隨豫州刺史裴邃北
伐累有戰功與湛僧智胡紹世魚弘文並當時
之驍將歷官襲尉鄉太子左衛率卒官諡曰愍
馮道根字巨基廣平酇人也少失父家貧備嘗
以養母行得甘肥不敢先食必遽還母年十
十三以孝聞於鄉里郡召為主簿辭不就年十
六鄉人蔡道斑為湖陽戍主道斑攻蠻錫城反
為蠻所困道根救之四馬轉戰殺傷甚多道斑

以免由是知名齊建武末魏主托跋宏冦沒南
陽等五郡明帝遣太尉陳顯達率衆爭之師
入沔均口道根與鄉里人士以牛酒候軍因說
顯達曰沔均之水迅急難進易退魏若守臨則首
尾俱急不如悉棄船艦於鄴城方道步進建營
相次鼓行而前如是則立破之矣顯達不聽道
根猶以私屬從軍及顯達敗軍人交走多不知
山路道根每及險要輒停馬指示之衆賴以全
尋為沔均口戍副永元中以母喪還家聞高祖

起義師乃謂所親曰金革奪禮古人不避揚名
後世豈非孝乎時不可失乃率鄉人子
弟勝兵者悉歸高祖時有蔡道福卒於軍高
祖使道根副之皆隸於王茂伐湎攻郢城克
加湖大戰道根常為前鋒陷陳會道福卒
令道根并領其衆大軍次新林隨王茂於朱雀
航大戰斬獲尤多高祖即位以為驍騎將軍封
增城縣男邑二百戶領文德主遊擊將軍是
歲江州刺史陳伯之反道根隨王茂討平之天

監二年為寧朔將軍南梁太守領阜陵城戍初
到阜陵修城隍遠斥候有如敵將至者衆頗笑
之道根曰怯防勇戰此之謂也修城未畢會魏
將党法宗傳豎眼率衆二萬奄至城下道根輕
壘未固城中衆少皆失色道根命廣開門緩服
登城選精銳二百人出與魏軍戰敗之魏見意
閒且戰又不利因退走是時魏分兵於大小峴
東+桑等連城相持魏將高祖珍以三千騎其
閒道根率百騎橫擊破之獲其鼓角軍儀於是

糧運既絕諸軍乃退遷道根輔國將軍豫州刺史韋叡圍合肥克之道根與諸軍同進所在有功六年魏攻鍾離高祖復詔叡救之道根率衆三千為叡前驅至徐州建計據邵陽洲築壘掘塹以逼魏城道根能走馬步地計足以賦功城立辦及淮水長道根乘戰艦攻斷魏連橋數百丈魏軍敗績道根改封豫寧縣侯邑如前累遷雲騎將軍領直閤將軍道根為右游擊將軍武旅將軍歷陽太

守八年遷貞毅將軍假節督豫州諸軍事豫州刺史領汝陰太守為政清簡境內安定十一年徵為太子右衛率十三年出為信武將軍宣惠司馬新興永寧二郡太守十四年徵為貞外散騎常侍右游擊將軍道根領朱衣直閤十五年為右衛將軍道根性謹厚木訥少言為將能檢御部曲所過村陌將士不敢虜掠每所征伐終不言功諸將諠譁爭功道根默然而已其部曲或怨非之道根諭曰明主自鑒功之多少吾將何事

高祖嘗指道根示尚書令沈約曰此人口不論勳約曰此陛下之大樹將軍也為州郡和理清靜為部下所懷在朝廷雖貴顯而性儉約所居宅不營牆屋無器服侍衛入室則蕭然如素士之貧賤者當時服其清退高祖亦雅重之微時不學既貴粗讀書自謂少文常慕周勃之器重州刺史復假節都督豫州諸軍事信武將軍豫

十六年高祖引朝臣讌別道根蹈蹀於武德殿召工視道根使圖其形像道根謝曰臣所可報國家惟餘一死但天下太平臣恨無可死之地豫部重得道根人皆喜悅高祖每稱曰觀道根所在能使朝廷不復憶有一州居州少時遇疾自表乞還朝徵為散騎常侍左軍將軍既至疾甚中使累問普通元年正月卒時年五十八是日輿駕春祠二廟既出宮有司以聞高祖問中書舍人朱异曰吉凶同日今行乎異對曰昔柳莊寢疾衞獻公當祭請於尸曰有臣柳莊非寡人之臣是社稷之臣也聞其死請往

不釋祭服而往遂以謀之道根雖未爲杜稷之
臣亦有勞詔曰豫王室臨之禮也高祖即幸其宅哭之
其慟詔曰豫王室寧縣開國伯新除散騎常侍領左
軍將軍馮道根奉上能忠有功不伐撫人留愛
守邊難犯徐導馮異郭伋李牧不能過也奄致
殞喪惻愴于懷可贈信威將軍左衛將軍給皷
吹一部賻錢十萬布百四謚曰威子懷嗣
康絢字長明華山藍田人也其先出自康居初
漢置都護盡臣西域康居亦遣侍子待詔於河
西因留爲黔首其後即以康爲姓晉時隴右亂
康氏遷于藍田絢曾祖因爲符堅太子詹事生
穆穆爲姚萇河南尹宋末中穆舉鄉族三千
餘家入襄陽之峴南宋爲華山郡藍田縣寄
居子襄陽以穆爲秦梁二州剌史未拜卒絢世
父元隆父元撫並爲流人所推相繼爲華山太
守絢少俶儻有志氣齊文帝爲雍州剌史所辟
皆取名家絢特以才力召爲西曹書佐永明三
年除奉朝請文帝在東宮以舊恩引爲直後以

母憂去職服闋除振威將軍華山太守推誠撫
循荒餘悅服遷前軍將軍復爲華山太守永元
元年義兵起絢與弟高祖身率敢勇三千
人私馬二百五十四以從除西中郎南康王中
兵參軍加輔國將軍義師方圍張沖於郢城曠
日持父東民將吳子陽壁于加湖軍鋒其盛絢
隨王茂力攻屠之自是常領遊兵有急應斬
獲居久天監元年封南安縣男邑三百戶除輔
國將軍竟陵太守魏圍梁州剌史王珍國使請
救絢以郡兵赴之魏軍退七年司州三關爲魏
所逼詔假絢節武旅將軍卒衆赴援九年遷假
節督北兗州緣淮諸軍事振遠將軍北兗州剌
史及朐山亡徒以城降魏絢馳遣司馬霍奉伯
分軍據嶮魏軍至不得越朐城明年青州剌史
張稷爲大人徐道角所殺絢又遣司馬茅榮伯
討平之徵驍騎臨川王司馬加左驍騎將軍尋
轉朱衣直閤十三年遷太子右衛率甲仗百人
與領軍蕭景直殿內絢身長八尺容貌絕倫雖

居顯官猶晉武藝高祖幸德陽殿戲馬敕絢馬
射撫弦貫的觀者悅之其日上使畫工圖絢形
遣中使持以問絢曰卿識此圖不其見親如此
時魏降人王足陳計求于堰淮水以灌壽陽足引
北方童謠曰荊山為上格浮山為下格潼沱為
激溝併灌鉅野澤高祖以為然使水工陳承伯
材官將軍祖晅視地形咸謂淮內沙土漂輕不
堅實其功不可就高祖弗納發徐揚人率二十
戶取三丁以築之假絢節都督淮上諸軍事并
護堰作人及戰士有眾二十萬於鍾離南起浮
山北抵巉石依岸以築土合脊於中流十四年
堰將合淮水漂疾輒復決潰眾惠之或謂江淮
多有蛟能乘風雨決壞崖岸其性惡鐵因是引
東西二治鐵器大則金禹小則鍤鋤數千萬斤
沈于堰所猶不能合乃伐樹為井幹填以巨石
加土其上緣淮百里內岡陵木石無巨細必盡
力負檐者肩上皆穿夏日疾疫死者相枕蠅蟲晝
夜聲相合高祖愍役人淹久遣尚書石僕射表

[梁書傳十二] 九 應華

昂侍中謝舉假節慰勞之并加鐀復是冬又寒
甚淮泗盡凍士卒死者十七八高祖復遣賜以
衣袴十一月魏遣將楊大眼揚聲決堰絢命諸
軍撤營露次以待之遣其子悅挑戰斬魏咸陽
王府司馬徐方興魏軍小却十二月魏遣其尚
書僕射本曇定督眾軍來戰絢與徐州刺史劉
思祖等距之高祖又遣右衛將軍昌義之太僕
卿魚弘文直閤曹世宗徐元和相次距守十五
年四月堰乃成其長九里下闊一百四十丈上
廣四十五丈高二十丈深十九丈五尺夾之以
堤并樹杞柳軍人安堵列居其上其水清潔俯
視居人墳墓了然皆在其下或人謂絢曰四瀆
天所以節宣其氣不可久塞若鑿湫東注則游
波寬緩堰得不壞絢然之開湫東注又縱反間
於魏曰梁人所懼開湫不畏野戰魏人信之果
鑿山深五丈開湫北注水日夜分流湫猶不減
其月魏軍竟潰而歸水之所及夾淮方數百里
地魏壽陽城戍稍徙頓於八公山此南居人散

[梁書傳十二] 十

就岡龍初堰起於徐州界刺史張豹子宣言於

境謂已必尸其事既而絢以他官來監作豹子

其懟俄而敕豹子受絢節度每事輒先諮正焉由

是遂譖絢與魏交通高祖雖不納猶以事畢徵

絢尋以絢為持節都督司州諸軍事信武將軍

司州刺史增封二百戶絢還後豹

子不循堰至其秋八月淮水暴長堰悉壞決奔

流于海祖晡坐下獄絢在州三年大脩城隍號

梁書傳十二　十二　王志

為嚴政十八年徵為貟外散騎常侍領長水校

尉與護軍韋叡太子右衞率周捨直殿省兼通

元年除衞尉卿未拜卒時年五十七興駕即日

臨哭贈右衞將軍給鼓吹一部賻錢十萬布百

匹謚曰壯絢寬和少喜懼在朝廷見人如不能

言號為長厚在省每寒月見省官繼縷輒遺以

襦衣其好施如此子悅嗣

昌義之歷陽烏江人也少有武幹齊代隨曹武

征伐累有戰功為雍州以義之補防閣出為

馮詡戍主及武代還義之留事高祖時天下方

亂高祖亦厚遇之義師起板為輔國將軍軍主

除建安王中兵參軍時音陵芊口有郎高祖

遣驅海戰必捷大軍次新林隨王茂於新亭將

朱雀航力戰斬獲尤多建康城平以為直閤將

軍除驍騎將軍出為盱眙太守二年遷假節督

北徐州諸軍事輔國將軍北徐州刺史鎮鍾離

戶除驍騎將軍

魏寇冠州境義之擊破之三年進號冠軍將軍增

梁書傳十二　十二　王志

封二百戶四年大舉北代揚州刺史臨川王督

眾軍軍洛口義之以州兵受節度為前軍攻魏

梁城戍克之五年高祖以征役久有詔班師眾

軍各退散魏中山王元英乘勢追躡攻没馬頭

城內糧儲魏悉移之歸北議者咸曰魏運米北

歸當無復南向高祖曰不然此必進兵非其實

也乃遣土匠脩營鍾離城敕義之為戰守之備

是冬英果率其衆安樂王元道明平東將軍楊大

眼等衆數十萬來寇鍾離鍾離城北阻淮水魏

人於邵陽洲西岸作浮橋跨淮通道英據東岸

大眼據西岸以攻城時城中眾繞三千人義之
督帥隨方抗禦魏軍乃以車載土填塹使其眾
負土隨之嚴騎自後蹙焉人有未及回者因以
土迮之俄而塹滿英與大眼躬自督戰晝夜苦
攻分番相代墜而復升莫有退者又設飛樓及
衝車撞之義之輒纍落義之乃以泥補缺
衝車雖入而不能壞義之善射其乃攻攻危急之
衝輒馳往救之每礮弓所向莫不應弦而倒一
日戰數十合前後殺傷者萬計魏軍死者與城

平六年四月高祖遣曹景宗韋叡帥眾二十萬
救焉既至與魏戰大破之英大眼等各脫身奔
走義之因率輕兵追至洛口而還斬首俘生不
可勝計以功進號軍師將軍增封二百戶遷持
節督青冀二州諸軍事征虜將軍青冀二州刺
史未拜改督南兗兗徐青冀五州諸軍事輔國
將軍南兗州刺史坐禁物出藩爲有司所奏免
其年補朱衣直閤除左驍騎將軍直閤如故遷
太子右衛率領越騎校尉假節八年出爲持節

督湘州諸軍事征遠將軍湘州刺史九年以本
號還朝俄爲司空臨川王司馬將軍如故十年
遷右衛將軍十三年徙爲左衛將軍是冬高祖
遣太子右衛率康絢督眾軍作荊山堰詔假義
遣將李曇定大眾逼荊山揚聲欲決堰明年魏
之節帥太僕卿魚弘文直閤將軍曹世宗元義
和等救絢軍未至絢等已破魏又遣大將李平
攻峽石圍直閤將軍趙祖悅義之又率朱衣直
閤王神念等救之時魏兵盛神念攻峽石浮橋

不能克故援兵不得時進遂陷峽石義之班師
爲有司所奏高祖以其功臣不問也十五年復
以爲使持節都督湘州諸軍事信威將軍湘州
刺史其年改授都督北徐州緣淮諸軍事平北
將軍北徐州刺史義之性寬厚爲將能撫御得
人死力及居藩任吏民安之俄給鼓吹一部改
封營道縣侯邑戶如先普通三年徵爲護軍將
軍皷吹如故四年十月卒高祖深痛惜之詔曰
護軍將軍營道縣開國侯昌義之幹略沈濟志

懷覽隱誠著運始効彰邊服方申不牙寄以禁
旅奄至殞歿惻愴于懷可贈散騎常侍車騎將
軍并鼓吹一部給東園祕器朝服一具賻錢貳
萬布二百四蠟三百斤謚曰烈子寶業嗣官至
直閤將軍譙州刺史

陳吏部尚書姚察曰張惠紹馮道根康絢昌義
之初起從上其功則輕及羣盜焚門而惠紹以
力戰顯合肥邵陽之逼而道根義之功多浮山
之役起而康絢典其事牙有厥勞寵進宜矣先
是鎮星守天江而堰興及退舍而堰決非徒人
事有天道矣

列傳第十二　　　　　梁書十八

散騎常侍姚　思廉撰

宗史

劉坦

樂藹

宗史字明徹南陽涅陽人也世居江陵祖景宋
時徵太子庶子不就有高名父繁西中諮議參
軍史少勤學有局幹弱冠舉郢州秀才歷臨川
王常侍驃騎行參軍齊司徒竟陵王集學士於
西郎並見圖畫史亦預焉求明中與魏和親敕
史與尚書殿中郎任昉同接魏使比日時選也武
帝嫡孫南郡王居西州以史管書書記既以筆
扎被知亦以貞正見許故任為俄而文惠太子
薨王為皇太孫史仍管書記及太孫即位多失
德史頗自踈得為秣陵令遷尚書都官郎隆昌
末少帝見誅寵舊多羅其禍惟史及傳照以清
正免明帝即位以史為郢州治中有名稱職以
父老去官還鄉里南康王為荊州刺史引為別

駕義師起遷西中郎諮議參軍別駕如故時西
土位望惟史與同郡樂藹劉坦為州人所推信
故領軍將軍蕭穎冑深相委仗每事諮焉高祖
師發雍州穎冑遣史出自楊口回稟經略开護
送軍資高祖甚禮之天興初遷御史中丞以父
憂去職起為冠軍將軍衛軍長史天監元年遷
右衛率是冬遷五兵尚書參掌大選三年卒時
年四十九子曜鄉嗣史從弟岳有名行州里稱
之出於夫右仕歷尚書庫部郎郢州治中北中
郎錄事參軍事

劉坦字德度南陽安衆人也晉鎮東將軍喬之
七世孫坦少為從兄虬所知齊建元初為南郡
王國常侍尋補屈孟陵令遷南中郎錄事參軍
居以幹濟稱南康王為荊州刺史坦為諮議參
中兵參軍領長流義師起遷諮議參軍時輔國
將軍楊公則為湘州刺史師赴夏口西朝議
行州事者坦謂衆曰湘境人情易擾難信若專

用武士則百姓畏侵漁若遣文人則威略不振
必欲鎮靜一州軍民足食則無喻老臣先零
之役藉以自許遂從之乃除輔國長史長沙太
守行湘州事坦當在湘州多舊恩道迎者其衆
下車簡選堪事吏分詣十郡悉發人丁運租米
三十餘彊解致之義師資糧用給時東昏遣安
成太守劉希祖破西臺所選太守范僧簡於平
郡希祖移檄湘部於是始興內史王僧粲應之

梁書傳十三　三　許成

邵陵人遂其內史諸游求陽人周暉起兵始
雖因台黨亦同詣為僧粲自號平西將軍湘州刺
史以求陽人周舒為謀主師于建寧自是湘部
州人咸欲汎舟逃走坦悉聚船焚之遣將尹法
諸郡悉皆蜂起惟臨湘陰劉陽羅四縣猶全
略距僧粲要結士庶數百人皆連名定計刻日反
應僧粲聞其謀偽為不知因理訟至夜而城門
遂不開以疑之玄紹未及發明旦詣坦問其故

坦久留與語密遣親兵收其家書玄紹在坐未
起而收兵已報具得其文書本末玄紹即首伏
於坐斬之焚其文書其餘黨悉無所問眾愧且
服州部遂安法略與僧粲相持累月建康城平
公則遣州群賊始散天監初論功封荔浦縣子
邑三百戶遷平西司馬新興太守天監三年遷
西中郎卒時年六十二子泉嗣
樂藹字蔚遠南陽涓陽人晉尚書令廣之六世
孫世居江陵其舅雍州刺史宗慤嘗謂器物試

梁書傳十三　四　德裕

諸甥姪藹時尚幼而所取惟書慤由此奇之又
取史傳各一卷授藹等使讀藹隨言所記藹略讀
具舉慤益善之宋建平王景素為南徐州復為藹
為主簿素為荊州刺史辟藹為征北刑獄參軍遷
龍陽相以父憂去職藹吏民詣州請之葬訖起為
時齊豫章王嶷為武陵太守雅善藹為政及藹
為荊州刺史以藹為驃騎行參軍領州主簿參
知州事嶷嘗問藹風土舊俗城隍基跱山川險
易藹隨問立對若按圖牒嶷益重焉州人嫉之

或諧謔辭門如市疑遣覘之方見謐閉閣讀書
疑還都以謐為太尉刑獄參軍典書記遷枝江
令還為大司馬中兵參軍轉署記室求明八年
荊州刺史巴東王子響稱兵反既敗焚燒府舍
官曹文書一時蕩盡武帝引見謐問以西事謐
上對詳敏帝悅焉用為荊州治中敕付以脩復
府州事謐還州繕脩廨署數百區頃之咸畢而
役不及民荊部以為自晉王悅移鎮以來府舍
未之有也九年豫章王嶷薨謐解官赴喪率
荊湘二牧故吏建碑墓所累遷車騎平西錄事
參軍步兵校尉求助戍西歸南康王為西中郎
以謐為諮議參軍義師起蕭穎胄引謐及宗文
劉坦任以經略梁臺建遷軍司馬中書侍郎
尚書左丞時營造器甲舟艦軍糧及朝廷儀憲
悉資謐焉尋遷給事黃門侍郎左丞如故和帝
卿俄遷御史中丞領本州大中正初謐發江陵
東下道兼衛尉卿天監初遷驍騎將軍領少府
無故於船得八車輻如中丞健步避道者至是

果遷吾為謐性公彊居憲臺甚稱職時長沙宣武
王將葬而車府忽於庫失油絡欲推主者謐曰
晉晉武庫火張華以為積油萬匹必然其庫若
有灰非吏罪也既而檢之果有積灰時稱其博
物弘怒焉二年出為持節督廣交越三州諸軍
冠軍將軍平越中郎將廣州刺史前刺史徐元
瑜罷歸道元瑜走歸廣州借兵於謐託欲討賊
元瑜財產元瑜始興人士反逐內史崔睦舒因掠
而實謀龑謐謐覺之誅元瑜尋進號征虜將
軍卒官謐妙適徵士同郡劉虯亦明識有禮訓
謐為州迎姊居官舍參分祿秩西土稱之子法
才字元備幼與弟藏俱有美名少遊京師造沈
約約見而稱之齊和帝為相國召為府參軍鎮
軍蕭穎胄辟主簿梁臺建除起部郎天監二年
謐出鎮嶺表法才留任京邑遷金部郎父憂去
官服闋除中書通事舍人出為本州別駕入為
通直散騎侍郎復掌通事遷尚書右丞晉安王
為荊州重除別駕從事史復徵為尚書右丞出

爲招遠將軍建康令不受俸秩比去任將至百
金縣曹啓輸臺庫高祖嘉其清節曰居職若斯
可以爲百城表矣即日遷太府卿除南康內
史恥以讓俸受名辭不拜俄轉雲騎將軍少府
卿出爲信武長史江夏太守因被代表便道還
鄕至家割宅爲寺棲心物表皇太子以法才舊
臣累有優令召使東下未及發而卒時年六十

三

陳吏部尚書姚察曰蕭穎胄起大州之衆以會
義當其時人心未之能悟此三人者楚之鎮也
經營締構蓋有力焉爲方面之功坦爲多矣當官
任事誚則兼之咸登寵秩宜乎

列傳第十三　　　　　梁書十九

列傳第四

梁書三十

散騎常侍姚 思廉 撰

劉季連
陳伯之

劉季連字惠續彭城人也父思考以宋高祖族
弟顯於宋世位至金紫光祿大夫季連有名譽
早歷清官齊高帝受禪恐誅宋室近屬將及
季連等太宰褚淵素善之固請乃免建元中季
連為尚書左丞永明初出為江夏內史累遷平
南長沙內史冠軍長史廣陵太守並行府州事
入為給事黃門侍郎輔太子中庶子建武中又
出為平西蕭遙欣長史南郡太守時明帝諸子
幼弱內親則伏遙欣兄弟外親則倚后弟劉暄
內弟江祏遙欣之鎮江陵也意寄甚隆而遙欣
至州多招賓客會為遙欣諮議參軍美容貌頎才辯
遙欣遇之甚厚會多所懲忽於公座與遙欣族
甥琅邪王會為遙欣諮議參軍美容貌頎才辯
侮季連遙欣憾之乃密表明帝稱遙欣有異迹

明帝納焉乃以遙欣為雍州刺史明帝心德季
連四年以為輔國將軍益州刺史令據遙欣上
流季連宋世為益州貪鄙無政績州人不撫以
義故善待季連李連下車存問故老撫納新舊以
見父時故吏皆對之流涕遂寧人襲穎為府
主簿愜襲穎之孫累世有學行故遂引為東昏即
位永元元年徵季連為右衛將軍道斷不至季
連聞東昏失德京師多故稍自驕矜本以文吏
知名性忌愎而褊狹至是遂嚴慘愎酷恨士人始懷
怨望甚年九月季連因聚會發人丁五千人聲
以講武遂遣中兵參軍宋買率之以襲中水穰
人李託豫知之設備守險買與戰不利退州郡
縣多叛亂矣是月新城人趙續伯殺五城令遂
始平太守寶稱自號南秦州刺史難當稱益州
守寶稱自號南秦州刺史難當殺其太
月季連遣參軍崔茂祖率眾二千討之齋三日
糧值歲大寒群賊相聚伐樹塞路軍人水火無
所得大敗而還死者十七八明年正月新城人

帛養遂遂寧太守譙希淵三月巴西人雍道晞
率群賊萬餘逼巴西去郡數里道晞柵鎮西將
軍號建義巴西太守魯休烈與涪令李膺嬰城
自守李連遣中兵參軍李奉伯率眾五千救之
奉伯至與郡兵破擒賊李膺斬之涪市奉伯因驕
進巴西之東鄉討餘賊李膺止之日卒犒更思後計奉伯
不納悉眾入山大敗而出遂奔還州六月江陽
乘勝履險非良策也不如小緩更思後計奉伯
人程延期及殺太守何法藏魯休烈懼不自保

梁書傳十四 三

奔投巴東相蕭慧訓十月巴西人趙續伯又反
有眾二萬出廣漢乘佛輿以五綵襄青石誑百
姓云天與我王印當王蜀愚人從之者甚眾李
連進討之遣長史趙越常前驅兵敗李連復遣
李奉伯由涪路討之奉伯別軍自潺亭與大軍
會於城進攻其柵大破之時會稽人石文安守
休隱居鄉里專行禮讓代李連為尚書左丞出
為江夏內史又代李連入為御史中丞與李連
相善子仲淵字欽回聞義師起率鄉人以應高

祖天監初拜郢州別駕從高祖平京邑明年春
遣左右陳建孫送李連弟通直郎子淵及李連
二子使蜀喻旨慰勞李連受命飾還裝高祖以
西臺將鄧元起為益州刺史李連者嘗為李
為南郡之時素薄元起典籤朱道琛南郡人李連
連府都錄無賴小人有罪李連欲殺之逃叛以
免至是說元起曰益州亂已久公私府庫必
多耗失劉季連臨歸空竭豈辦復能遠遣候邏
道琛請先使檢校緣路奉迎不然萬里資糧未

梁書傳十四 四

易可得元起許之道琛既至言語不恭又歷造
府州人士晃器物輒奪之有不獲者語曰會當
屬人何須苦惜於是軍府大懼謂元起至必誅
季連禍及黨與競言之於李連李連亦以為然
又惡昔之不禮元起也益憤謙司馬朱士略說
季連遂求為巴西郡留三子為質季連許之頃
季連遂召佐史矯稱齊宣德皇后令聚兵復反
收朱道琛殺之書報朱士略兼召李膺膺士略
並不受使使歸元起收兵於巴西以待之季連

誅士略三子天監元年六月元起至巴西季連

遣其將李奉伯等拒戰兵交乎有得失父之奉

伯乃敗退還成都李連驅略居人閉城固守元

起稍進圍之是冬李連城局參軍江希之等謀

以城降不果季連誅之蜀中喪亂已二年矣城

中食盡升米三千亦無所糴餓死者相枕其無

親黨者又殺而食之季連食粥累月饑窘無計

二年正月高祖遣主書趙景悅宣詔降季連季

連肉袒請罪元起遷季連于城外俄而造焉待

之以禮季連謝曰早知如此豈有前日之事元

起誅本奉伯并諸渠帥送季連還京師季將

發人莫之視惟襲懷送焉初元起在道懼事不

集無以為賞士之至者皆許以辟命於是受別

駕治中撤者將二千八李連既至詣闕謝高祖

引見之季連自東掖門入數步一稽顙以至高

祖前高祖笑謂曰卿欲慕劉備而曾不及公孫

述豈無臥龍之臣乎季連復稽顙謝救為庶人

四年正月因出建陽門為蜀人闌道恭所殺季

連在蜀殺道恭父道恭出亡至是而報復焉

陳伯之濟陰睢陵人也幼有膂力年十三四好

著獺皮冠帶刺刀候伺隣里稻熟輒偷刈之嘗

為田主所見呵之云楚子莫動伯之謂田主曰

君稻幸多一檐何若田主將執之伯之因杖刀

而進將刺之曰楚子定何如田主皆反走伯之

徐擔稻而歸及年長在鍾離數為劫盜嘗授面

峴人船人斫之獲其左耳後隨鄉人車騎將

軍王廣之廣之愛其勇每夜臥下榻征伐嘗自

隨齊安陸王子敬為南兗州頗持兵自衛明帝

遣廣之討子敬之至歐陽遣伯之先驅因城

開獨入斬子敬又頻有戰功以動累遷為冠軍

將軍驃騎司馬封魚復縣伯邑五百戶義師起

東昏假伯之節督前驅諸軍事豫州刺史將軍

如故尋轉江州據尋陽以拒義軍郢城平高祖

得伯之幢主蘇隆之雖受命猶懷兩端偽云大

軍江州刺史伯之即以為安東將

未須便下高祖謂諸將曰伯之此答其心未定

及其猶豫宜通之衆軍遂次尋陽伯之退保南
湖然後歸附進號鎮南將軍與衆俱下伯之頓
籬門尋進西明門建康城未平每降出伯之輒
喚與耳語高祖恐其復懷翻覆密語伯之曰聞
城中甚忿卿舉江州降欲遣刺客中卿宜以為
慮伯之未之信會東昏將欲遣刺客中卿宜以封
倫過伯之信會東昏將欲遣刺客中卿宜以封
賞須卿復降當生割卿手脚卿若不降復欲遣
刺客殺卿豈深為備伯之懼自是無異志矣力
戰有功城平進號征南將軍封豐城縣公邑二
千戶遣還之鎮伯之不識書及還江州得文牒
辭訟惟作大諾而已有事典籤傳口語與奪決
於主者伯之與豫章人鄧繕永與人戴永忠並
有舊繕經藏伯之息英免禍伯之尤德之及在
州用繕為別駕永忠記室參軍河南褚緅京師
之薄行者齊末為揚州西曹遇亂居閭里而輕
薄不能自致惟繕獨不達高祖即位緅益怒私語所知曰
書范雲雲不好緅堅距之緅益怒私語所知曰

建武以後草澤底下悉化成貴人吾何罪而見
棄今天下草創饑饉不已喪亂未可知陳伯之
擁彊兵在江州非代來臣有自疑意且獎感守
南斗詎非為我出今者一行事若無成入魏何
慮滅作河南郡於是遂投伯之書佐王思穆事
伯之之子虎牙封示伯之高祖又遣代江州別駕
並乘伯之愚闇恣行姦險刑政通塞悉共專之
之大見親狎及伯之鄉人朱龍符為長流參軍
鄧繕伯之並不受命答高祖曰龍符號勇健兒
鄧繕事有績效臺所遣別駕請以為治中繕於
是日夜說伯之云臺家府庫空遏復無器仗三
倉無米東境飢流此萬代一時也機不可失緅
永忠等每贊成之伯之謂繕今段啟卿若復不
得便與卿共下使反高祖教部內一郡處繕伯
之於是集府州佐史謂曰奉齊建安王教率江
北義勇十萬已次六合見使以江州見力運糧
速下我荷明帝厚恩誓死以報今便蒐嚴備辦
使緅詐為蕭寅書以示僚佐於廳事前為壇殺

牲以盟伯之先飲長史已下次第歃血緡說伯

之曰今舉大事宜引衆望程元沖不與人同心

臨川内史王觀僧虔之孫人身不惡便可召爲

長史以代元沖伯之從之仍以緡爲尋陽太守

加討逆將軍求忠輔義將軍龍符待爲豫州刺史

率五百人守太雷戍主沈慧休鎮南度隆爲

李延伯又遣鄉人孫隆李景受龍符節度隆爲

徐州景爲鄖州豫章太守鄭伯倫起郡兵距守

程元沖旣失職於家合率數百人使伯之典籤

九 張成

吕孝通戴元則爲内應伯之每且常作使曰晡

輒臥左右仗身皆休息元沖因其解弛從北門

入徑至廳事前伯之聞叶聲自率出盪元沖力

不能敵走逃盧山初元沖起兵要尋陽張孝季

孝季從之旣敗伯之追孝季不得其母郎氏

蠟灌殺之遺信還都報虎牙兄弟虎牙等走旰

胎旰人徐安莊與紹張顯明邀擊之不能禁

反兒殺高祖遺王茂討伯之伯之聞茂來謂緡

等白王觀旣不就命鄭伯倫又不肯從便應空

手受困今先平豫章開通南路多發丁力益運

資糧然後席卷北向以撲飢疲之衆不憂不濟

也乃留鄉人唐蓋人守城遂相率趣豫章太至

鄭伯倫堅守伯之攻之不能下王茂前軍旣至

伯之表裏受敵乃敗走開道亡命出江北與子

虎牙及褚緡俱入魏魏以伯之爲平南將軍

常侍都督淮南諸軍事平南將軍光祿大夫曲

江縣疾天監四年詔太尉臨川王宏率衆軍北

討宏命記室丘遲私與伯之書曰陳將軍足下

無恙幸甚將軍勇冠三軍才爲世出棄鷁雀之

小志慕鴻鵠以高翔昔因機變化遭逢明主立

功立事開國承家朱輪華轂擁旄萬里何其壯

也如何一旦爲奔亡之虜聞鳴鏑而股戰對穹

盧以屈膝又何劣耶尋君去就之際非有他故

直以聖朝赦罪論功棄瑕錄用收赤心於天下

於此安側於萬物將軍之所知非假僕一二談也

朱鮪涉血於友于張繡傳刃於愛子漢主不以

為疑魏君待之若舊況將軍無昔人之罪而勳
重於當代夫迷途知反往哲是與(不遠而復先
典侔高主上屈法申恩吞舟是漏將軍松栢不
翦親戚安居高臺未傾受妾尚在悠悠爾心亦
何可述今功臣名將鴈行有序懷黃佩紫贊帷
幄之謀乘軺建節奉疆場之任並刑馬作誓傳
之子孫將軍獨靦顏借命驅馳異域寧不衰哉
夫以慕容超之強身送東市姚泓之盛面縛西
都故知霜露所均不育異類姬漢舊邦無取雜
種北虜僭盜中原多歷年所惡積禍盈理至燋
爛況偽孽昏狡自相夷戮部落攜離酋豪猜貳
方當繫頸蠻邸懸首藁街而將軍魚游於沸鼎
之中鷰巢於飛幕之上不亦惑乎暮春三月江
南草長雜花生樹羣鶯亂飛見故國之旗鼓感
平生於疇日撫弦登陴豈不愴恨所以廉公之
思趙將吳子之泣西河人之情也將軍獨無情
哉想早勵良圖自求多福伯之乃於壽陽擁眾
八千歸虎牙為魏人所殺伯之旣至以為使持

節都督西豫州諸軍事平北將軍西豫州刺史
永新縣候邑千戶未之任復以為通直散騎常
侍驍騎將軍又為太中大夫父之卒於家其子
猶有在魏魏人欲擢用之魏元會
綢戲為詩曰帽上著籠冠袴上著朱衣不知是
今是不知非昔非魏人怒出為始平太守曰曰
行獵墮馬死
史臣曰劉季連之文吏小節而不能以自保全
習亂然也陳伯之小人而乘君子之器羣盜又
誣而奪之安能長久矣

列傳第十四　　梁書第二十

散騎常侍姚　思廉　撰

王瞻

王志

王峻

王暕　子訓

王泰

王份　孫錫　僉

張充

柳惲

蔡撙

江蒨

王瞻字思範琅邪臨沂人宋太保弘從孫也祖
柳光祿大夫東亭侯父猷廷尉卿瞻年數歲嘗
從師受業時有使經其門同學皆出觀瞻獨
不視習誦如初從父尚書僕射僧達聞而異
之謂瞻父曰吾宗不衰寄之此子年十二
居父憂以孝聞服闋襲封東亭侯瞻幼

時輕薄好逸遊為閭里所患及長頗折節
有士操涉獵書記於棊射尤善起家著作
佐郎累遷太子舍人秩滿授太子洗馬
頃之出為鄱陽內史轉司徒音陵王從事
又為齊南海王友尋為護軍將軍瞻
中郎王甚相賓禮南海王為護軍將軍瞻
為長史又出補徐州別駕從事史遷驃騎
將軍王晏長史晏誅出為晉陵太守瞻潔
己為政妻子不免飢寒時大司馬王敬則
舉兵作亂路經晉陵郡民多附敬則軍敗
臺軍討賊黨瞻言於朝曰愚人易動不足
窮法明帝許之所全活者萬數徵拜給事
黃門侍郎撫軍建安王長史御史中丞高
祖霸府開以瞻為大司馬相國諮議參軍
領錄事梁臺建為侍中遷左民尚書俄轉
吏部尚書瞻性率亮居選部所舉多行其
意頗嗜酒每飲或彌日而精神益朗瞻不
廢簿領高祖每稱瞻有三術射棊酒也尋

加左軍將軍以疾不拜仍為侍中領驍騎將軍

未拜辛時年四十九諡康厥子長玄簪作佐

郎早卒

王志字次道琅邪臨沂人祖曇首宋左光祿大

夫豫寧文族父僧虔齊司空簡穆公並有重名

志年九歲居所生母憂哀容毀瘵為中表所異

弱冠選尚宋孝武女安固公主拜駙馬都尉祕

書郎累遷太子舍人武陵王文學

褚淵為司徒引志為主簿淵謂僧虔曰朝廷之

恩本為殊特所可光榮在屈賢子累遷鎮北諮

陵王功曹史安陸南郡二王友入為中書侍郎

尋除宣城內史清謹有恩惠郡民張倪吳慶爭

田經年不決志到官父老乃相謂曰王府君有

德政吾曹鄉里乃有此爭倪因相攜請罪所訟

地遂為閑田徵拜黃門侍郎尋遷吏部侍郎出

為寧湖將軍東陽太守郡獄有重四十餘人冬

至日悉遣還家過節皆返惟一人失期獄司以

為言志曰此自太守事主者勿憂明日果自詣

獄辭以婦孕更民益歡服之視事三年齊永明

二年入為侍中未拜轉吏部尚書在選以和理

稱崔慧景平以例加右軍將軍封臨汝縣侯

不受改領右衛將軍義師至城內害東昏百僚

署名送其首志聞而歎曰冠雖弊可加於足因

取庭中樹葉授服之傷悶曰冠雖弊可加於足因

志署心喜嘉之弗以讓之也霸府開以志為右軍

軍驃騎大將軍長史梁臺建遷散騎常侍

中書令天監元年以本官領前軍將軍其年

遷冠軍將軍丹陽尹為政清靜去煩奇京師

有寡婦無子姑亡舉債以斂葬既葬而無以還

之志愍其義以俸錢償焉時年饑每旦為粥於

郡門以賦百姓民稱之不容口三年為散騎常

侍中書令領游擊將軍志為中書令及居京尹

便懷止足常謂諸子姪曰謝莊在宋孝武世位

止中書令吾自視豈可以過之因多謝病簡通

賓客遷前將軍太常鄉六年出為雲麾將軍

安西始興王長史南郡太守明年遷軍師將軍

平西鄱陽王長史江夏太守並加秩中二千

石九年遷爲散騎常侍金紫光祿大夫十二年

卒時年五十四志善草隸當時以爲楷法齊游

擊將軍徐希秀亦號能書常謂志爲書聖志

家世居建康禁中里馬蕃巷父僧虔來門風

多覽恕志尤博志所歷職不以罪劾人門下

客嘗盜脫志車轄賣之志知而不問待之如初

客嘗游其門者專覆其過而稱其善兄弟子姪

皆篤實謙和時人號爲長者普通四

年志改葬高祖厚賻賜之追諡曰安有五子緝

休譚操素並知名

王峻字茂遠琅邪臨沂人曾祖敬弘有重名於

宋世位至左光祿大夫開府儀同三司祖瓚之

金紫光祿大夫父秀之吳興太守峻少美風姿

善舉止起家著作佐郎不拜累遷中軍盧陵

王法曹行參軍太子舍人邵陵王文學太傅盧陵

王主簿主齊竟陵王子良甚相賞遇遷司徒主簿

以父憂去職服闋除太子洗馬建安王友出爲

寧遠將軍桂陽內史會義師起上流諸郡多相

驚擾峻閉門靜坐一郡帖然百姓賴之天監初

還除中書侍郎高祖甚悅其風采與陳郡謝覽

同見賞擢俄遷吏部當官不稱職轉征虜安

成王長史又爲太子中庶子游擊將軍出爲

宣城太守爲政清和吏民安之視事三年徵

拜侍中遷度支尚書以本官兼起部尚書

監起太極殿事畢出爲征遠將軍平西長史南

郡太守尋爲智武將軍鎮西長史蜀郡太守還

爲左民尚書領步兵校尉遷吏部尚書處選甚

得名譽峻性詳雅無趣競心嘗與謝覽約官至

侍中不復謀進仕覽自吏部尚書出爲吳興郡

平心以後雖不退身亦由處世之情旣薄故也峻

之以疾表解職遷金紫光祿大夫未拜普通二

年卒時年五十六諡惠子子琮玩琮爲國子生

尚始翼王女繁昌縣主不惠爲學生所嗤遂離

婚峻謝王王曰此自上意僕極不頤如此峻曰臣

太祖是謝仁祖外孫亦不籍殿下姻婣爲門戶
王暕字思晦琅邪臨沂人父儉齊太尉南昌文
憲公暕年數歲而風神警拔有成人之度時文
憲作宰賓客盈門見暕相謂曰公才公望復在
此矣弱冠選尚書郎不拜改授晉安王文學遷廬陵王
友秘書丞明帝詔求異士始安王遙光表薦暕
及東海王僧孺曰臣聞求賢暫勞垂拱永逸方
外散騎侍郎

之疏壤取類道川伏惟陛下道隱旒纊續信充符
璽百駒空谷振鷺在庭猶懼隱鱗卜祝藏器屠
保物色闕下委裘河上非取制於一狐諒求味於
兼采而五聲倦響九工是詢寢議廟堂借聽輿
阜臣位任隆重義兼邦家實欲使名實不違徵
幸路絕勢門上品猶當裕以清談英俊下僚不
可限以位親覯見晃神清氣茂允迪中和牧實理
遣之談彦輔名教之樂故以暉映先達領袖後進
居無塵雜家有賜書辭賦清新屬言玄遠室邇

人曠物疎道親養素丘園台階虛位摩序公朝
萬夫傾首豈徒徇令可想李公不亡而已哉乃
東序之秘寶瑚璉之茂器除驃騎從事中郎高
祖霸府開引爲戶曹屬遷司徒左長史天監元
年除太子中庶子領驍騎將軍入爲侍中出爲
寧朔將軍加給事中出爲晉陵太守徵爲吏部
五兵尚書俄領國子祭酒暕名公子少美稱及居
尚書職事修理然世貴顯與物多隔不能留心
選曹俄轉尚書左僕射領國子祭酒普通

寒素衆頗謂爲刻薄遷尚書右僕射加侍中
復遷右僕射以母憂去官起爲雲麾將軍吳
郡太守還爲侍中尚書左僕射領國子祭酒普
通四年冬暴疾卒時年四十七詔贈侍中中書
令中軍將軍給東園秘器朝服一具衣一襲錢
十萬布百四十匹諡曰靖有四子訓承釋並通顯
訓字懷範幼聰警有識量徵士何胤見而奇之
年十三暕亡憂毀家人莫之識十六召見文德
殿應對琰徹上目送久之顧謂朱异曰可謂

相聞有相矣補國子生射策高第除祕書郎遷
太子舍人祕書丞轉宣城王文學友太子中庶
子掌管記俄遷侍中既拜入見高祖從容問何
敬容曰褚彥回年幾為宰相敬容對曰少過三
十上曰令之王訓無謝彥回訓美容儀善進止
文章之美為後進領袖在春官時被恩禮以疾
終于位時年二十六贈本官謚溫子
王泰字仲通志長兄慈幼敏悟年數歲時祖母集
吳郡知名在志右泰幼敏悟年數歲時祖母集
諸孫姪散棄栗於牀上羣兒皆競之泰獨不取
問其故對曰不取自當得賜由是中表異之既
長通和溫雅人不見其喜慍之色起家為著作
郎不拜政除祕書郎遷前將軍法曹行參軍司
徒東閤祭酒車騎主簿高祖霸府建以泰為
驃騎功曹史天監元年遷祕書丞齊永元末
後宮火延燒祕書圖書散亂殆盡泰表為丞
校定繕寫高祖從之頃之遷中書侍郎出為
南徐州別駕從事史居職有能名復徵中書侍

郎敕掌吏部郎事累遷給事黃門侍郎貞外散
騎常侍並掌吏部如故俄即真自過江吏部郎
不復典大選令史以下小人求競者輻湊前後
少能稱職泰為之不通關求吏先至者即補不
為貴賤請囑易意天下稱平累遷為延尉司徒
左長史出為明威將軍新安太守在郡和理得
民心徵為寧遠將軍安右長史俄遷侍中尋為
太子庶子領步兵校尉復為侍中仍遷仁威長
史南蘭陵太守行南康王府國事王遷職復
為北中郎長史行豫章王府國事太守如故
入為都官尚書泰能接人士多懷望未及選舉
居選官頃之為吏部尚書衣冠屬望未拜卒時年
四十五謚夷子初泰無子養兄子祁晚有子廓
仍疾改除散騎常侍左驍騎將軍未拜卒時年
王份字季文琅邪人也祖續明宋開府儀同三
司元公父粹黃門侍郎份年十四而孤解褐車騎
主簿出為寧遠將軍始安內史袁粲之誅親故
無敢視者份獨往致慟由是顯名遷太子中舍

人太尉屬出爲晉安內史累遷中書侍郎轉大
司農份兄奐於雍州被誅奐子蕭奔于魏份自
拘請罪齊世祖知其誠款喻而遣之屬蕭屢引
魏人來侵疆埸世祖嘗因侍坐從容謂份曰比
有比信不份以此歛容對曰肅旣近忘境栢豈遠憶
徵爲黃門侍郎以父終於此職固辭不拜遷祕
書監天監初除散騎常侍領步兵校尉兼起部
尚書高祖嘗於宴席問羣臣曰朕爲有爲無份

對曰陛下應萬物爲有體至理爲無高祖稱善
出爲宣城太守轉吳郡太守遷寧朔將軍比中
郎豫章王長史蘭陵太守行南徐府州事遷太
常卿太子右率散騎常侍東宮除金紫光祿
大夫復爲智武將軍南康王長史秩中二千石
復入爲散騎常侍金紫光祿尋加侍中時脩建
親信二十人遷尚書左僕射尋加侍中時脩建
二郊份以本官領大匠卿遷散騎常侍特進左
大夫加親信爲四十人遷侍中特進左光祿復

以本官監丹陽尹普通五年三月卒時年七十
九詔贈本官賻錢四十萬布四百四蠟四百斤
給東園祕器朝服一具衣一襲諡曰胡子長子琳
字孝璋舉南徐州秀才釋褐征虜建安王法曹
司徒東閤祭酒南平王文學尚義興公主拜駙
馬都尉累遷中書侍郎衛將軍謝朓長史員外散
騎常侍出爲明威將軍東陽太守徵司徒左長
史錫字公嘏琳之第二子也幼而警悟與兄弟
受業至應休散常獨留不起年七八歲猶隨公

主入宮高祖嘉其聰敏常爲朝士說之精力不
勤致損右目公主每節其業爲飾居宇雖童稚
之中一無所好十二爲國子生十四舉清茂除
祕書郎與范陽張伯緒齊名俱爲太子舍人丁
父憂居喪盡禮服闋除太子洗馬王錫祕書郎張
纘親表美相接高祖敕太子洗馬時昭明尚幼
未與臣僚相接高祖敕可以師友事之以戚屬
封永安侯除晉安王友稱疾不行敕許受詔傅
都王冠曰以府僚攝事普通初魏始連和使劉

善明來聘敕使中書舍人朱异接之預讌者皆
歸化北人善明負其才氣酒酣謂异曰南國辯
學如中書者幾人异對曰异所以得接賓宴者
乃分職是司二國通和所敦親好若以才辯相
云何可見异具啟敕即使於南苑設宴錫與張
尚則不容見使善明乃曰王錫張纘北間所聞
纘朱异四人而已善明造席遍論經史兼以嘲
謔錫纘隨方酬對無所稽疑未嘗訪彼一事善
明甚相歎揖佗日謂异曰一日見一賢實副所

十三

期不有君子安能為國轉中書郎遷給事黃
門侍郎尚書吏部郎中時年二十四謂親友曰
吾以外戚諜被時知多叨人爵本非其志兼比
嬴病庶務難擁安能捨其所好而徇所不能乃
稱疾不拜使謝遣脊徒拒絕賓客掩扉賣惠室
宇蕭然中大通六年正月卒時年三十六贈侍
中給東園祕器朝服一具衣一襲謚貞子泛湜
僉字公會錫第五弟也八歲丁父憂哀毀過禮
服闋召補國子生祭酒袁昂稱為通理簀高第

除長史兼祕書郎中歷尚書殿中郎太子中舍
人與吳郡陸襄對掌東宮管記出為建安太守山
酋方善謝稀徒依險屢為民患僉潛設方略
率衆平之有詔襃美頒示州君除威武將軍始
興內史丁所生母憂固辭不拜又除寧遠將軍
南康內史屬循墻作亂復轉僉為安西武陵王長史
鎮撫之還除黃門侍郎尋為安西武陵王長史
蜀郡太守僉憚岷嶺固以疾辭因以默免久之
除我昭將軍尚書左丞復補黃門侍郎遷太子

十四

中庶子掌東宮管記太清二年十二月卒時年
四十五贈侍中給東園祕器朝服一具衣一襲
承聖三年世祖追詔曰賢而不伐曰恭謚恭子
張充字延符吳郡人父緒齊特進金紫光祿大
夫有名前代充少時不持操行好逸游緒嘗請
假還吳始入西郭值充出獵左手臂鷹右手牽
狗遇緒船至便放韝脫鞲拜於水次緒曰一身
兩役無乃勞乎充跪對曰充聞三十而立今二
十九矣請至來歲而敬易之緒曰過而能改顏

氏子有焉及明年便偷身改節學未盈載多所
該覽尤明老易能清言與從叔叔父俱有令譽起
家撫軍行參軍遷太子舍人尚書殿中郎武陵
王友時尚書令王儉當朝用事武帝皆取決焉
武帝嘗欲以充父緒爲尚書僕射訪於儉儉對
曰張緒少有清望誠美選也然東南之美是先
緒諸子又多輕俠充少時又不護細行故詳擇帝遂止先是
充聞而愠因與儉書曰吳國男子張充致書於

琅邪王君矦侍者頃日路長愁霖霧晦涼暑未
平想無慮攝充幸以魚釣之開鐮採之暇時後
以卷軸自娛逍遙前史從橫萬古動默之路多
端紛綸百年昇降之徒不一故以圓行方止用
之異也金剛水柔性之別也善御性者不違金石
之質善爲器者不易方圓之用所以北海掛簪
欲千懷三十六年差得以棲貧自濟介然之志
峭登霜崖確乎之情峰橫海岸影纓天閣既

謝廟廟之華綴組雲臺終懸衣冠之秀所以擯
跡江皋陽狂隴畔者寔由氣岸凝情塗狷隅
獨師懷抱不晃許於俗人孤秀神崖每邅回於
在世故君山直上蹙壓於當年叔陽夐舉輟轢
平千載充所以長羣魚鳥畢影松阿半頃之田
足以輸稅五畝之宅樹以桑麻嘯歌於川澤之
間諷味於漚池之上泛濫於漁父之遊偃息於
上居之下如此而已充何謝焉若夫驚鷖巖窮曰

壯海逢天竦石崩尋分危落似桂蘭綺靡叢雜
於山幽松栢森陰相繚於澗曲元卿於是乎不歸
伯休亦以茲長往若迺飛竿釣渚濯足滄洲獨
浪煙霞高卧風月悠悠琴酒岫遠誰來灼灼文
談空罷力寸不覺鬱然千里路阻江川每至西
風何嘗不眷聊因疾隙略舉諸襟持此片言輕
枉高聽丈人歲路未彊學優而仕道佐蒼生功
横海望入朝則協時孤松獨秀者也素懷未詳斯
節可謂盛德維時議則抗仲子之誠出
旅尚耶茂陵之彥望冠蓋而長懷霸山之岷佇

衣車而聳歎得無惜乎若鴻裝撰御鶴駕軒空
則岸不辭枯山被其潤奇禽異羽或巖際而逢
迎弱霧輕煙乍林端而蕃蔿東都不足奇南山
豈食不能事王庭覽見已造時人聘遊說蓬轉
於屠博之間其歡甚矣丈人早遇承華中逢崇
次然舉世皆謂充爲狂充亦何能與諸君道之
哉是以披聞見掃心曾述平生論語默所以通
夢交魂推袗送者其惟丈人而已關山夐阻
書罷莫因儻遇樵者妄塵執事儉言之武帝免
充爲鎮軍長史出爲義興太守爲政清靜民吏
爲中書侍郎尋轉給事黃門侍郎明帝作相以
思遠同郡陸慧曉等並爲司徒竟陵王賓客入
充官廢罷麃父之後爲司徒諮議參軍與琅邪王
便之尋以母憂去職服闋除太子中庶子遷侍
中義師近次東昏召百官入宮省朝士慮禍或
往來酣宴充獨居侍中省不出閤城內旣害東

昏百官集西鍾下召充不至高祖霸府開以充
爲大司馬諮議參軍遷至國郎中令桐部尚
書領屯騎校尉轉冠軍將軍司徒左長史天監
初除太常卿尋遷吏部尚書居選稱爲平允俄
爲散騎常侍雲騎將軍秦除晉陵太守秩中二
千石徵拜散騎常侍國子祭酒充長於學經登
堂講說皇太子以下皆至時王庭多在學執經
以拜充朝服而立不敢當也轉左衛將軍吳郡太
如故入爲尚書僕射頃之除雲麾將軍吳郡太
守下車邮貧老故舊莫不欣悅以疾自陳徵爲
散騎常侍金紫光祿大夫未及還朝十三年卒
于吳時年六十六詔贈侍中護軍將軍諡穆子

子晏嗣

柳惲字文暢河東解人也少有志行好學善尺
牘與陳郡謝瀹隣居瀹深所友愛初宋世有稽
元榮羊蓋善彈琴惲六傳戴安道之法惲幼從
之學特窮其妙齊竟陵王聞而引之以爲法曹
行參軍雅被賞狎王常置酒後園有晉相謝安

鳴琴在側以授憚憚彈為雅弄子良曰卿巧越
稽心妙臻羊體良質美手信在今辰豈上當世
稱奇足可追蹤古烈累遷太子洗馬父憂去官
服闋關試中郎追蹤相聽吏屬得盡三年喪禮署之
文教百姓稱為還除驃騎從事中郎高祖至京
邑憚候謁石頭以為冠軍將軍征東府司馬時
東昏未平士猶苦戰憚上牋陳便宜請城平之
日先收圖籍及導漢祖寬大愛民之義高祖從
之會蕭穎冑薨于江陵使憚西上迎和帝仍除

給事黃門侍郎嶺步兵校尉遷相國石司馬天
監元年除長史兼侍中與僕射沈約等共定新
律憚立行貞素以貴公子早有令名少工篇什
始為詩曰亭皋木葉下隴首秋雲飛琅邪王元
長見而嗟賞因書齋壁至是預曲宴必被詔賦
詩嘗奉和高祖登景陽樓中篇去太液滄波起
長楊高樹秋華翠華共稱傳憚善奕碁帝每敕侍
高祖所美當時咸共稱傳憚善奕碁帝每敕侍
坐仍令定其譜第其優為二年出為吳興太守

六年徵為散騎常侍遷左民尚書八年除持節
都督廣交越四州諸軍事仁武將軍平越中
郎將廣州刺史徵為祕書監領左軍將軍復為
吳興太守六年為政清靜解民吏懷之於郡感疾
自陳解任父以令聲轉棄古法乃箸清調論具有
監十六年卒時年五十三贈侍中中護軍憚
既善琴常以老千餘人拜表陳請事未施行天
條流少子偃字彥游年十二引見詔問讀書
對曰尚書又曰有何美句對曰德惟善政政在
養民眾咸異之詔尚長城公主拜駙馬都尉都
亭侯蔟太子舍人洗馬廬陵鄱陽內史大寶元年
卒蔟摛字節齊陽考城人父宗宋左光祿
大夫開府儀同三司有重名前代摛少方雅退
默與兄寅俱知名選補國子生舉高第為司徒
法曹行參軍齊左衛將軍王儉高選府僚以摛
為主簿累遷建安王文學司徒主簿左西屬明
帝為鎮軍將軍引為從事中郎遷中書侍郎中軍
長史給事黃門侍郎丁母憂廬于墓側蔬食終

難服關因居墓所除太子中庶子太尉長史並
不就梁臺建爲侍中遷臨海太守坐公事左遷
太子中庶子復爲侍中吳興太守天監元年宣
城郡吏吳承伯復於俠道聚衆攻宣城殺太守朱
僧勇因轉屠旁縣踰山冦吳興所過皆殘破衆
有二萬奄襲郡城東道不習兵革吏民恟擾奔
散並請搏搏避之搏堅守不動募手權破臨陣
盡銳攻搏搏命衆出拒戰於門應手權破郡承伯
斬承伯餘黨平加信武將軍徵度支尚書遷
中書令復爲信武將軍晉陵太守還除通直散
騎常侍國子祭酒遷吏部尚書居選弘簡有名
稱又爲侍中領祕書監轉中書令侍中如故普
通二年出爲宣毅將軍吳郡太守四年卒時年
五十七追贈侍中金紫光祿大夫宣惠將軍諡
康子子彥標灑陽考城人曾祖湛宋左光祿儀
同三司父彥熙歷官中書郎宣城內史
聰警讀書過目便能諷誦選爲國子生通尚書

舉高第起家祕書郎累遷司徒東閣祭酒廬陵
王主簿居父憂以孝聞廬於墓側明帝敕遣齊
伏二十人防墓所服闋除太子洗馬累遷司徒
左南屬太子中舍人祕書丞出爲建安內史視
事朞月義師下次江州遺寧道寧將軍劉譓之爲
郡禕帥吏民據郡拒之及建康城平禕坐禁錮
俄被原起爲後軍臨川王外兵參軍累遷臨川
王友中書侍郎太子家令領南兗州
大中正遷太子中庶子中正如故轉中權始興
王長史出爲伏波將軍晉安內史在政清約務
在寬惠吏民便之詔徵爲寧朔將軍南康王長
史行府州國事頃之遷太尉臨川王長史轉尚
書吏部郎右將軍方雅有風格僕射徐勉以
書重自遇在位者並宿士敬之惟禕及王規與
抗禮不爲之屈勉因禕門客翟景爲第七兒求
禕女婿禕不答景再言之乃杖景四十由此
與勉有忤除散騎常侍不拜是時勉又爲子求
禕弟葺及王泰女三人並拒之葺爲吏部郎坐

杖曹中幹免官泰以疾假出守乃遷散騎常侍
皆勉意也初天監六年詔以侍中常侍並侍幃
幄分門下二局入集書其官品視侍中而非華
胄所悅故勉斥泰為之舊尋遷司徒左長史初
王泰出閤高祖謂勉云江蒨資歷應居選部勉
對曰蒨有眼患又不悉人物高祖乃止遷光祿
大夫大通元年卒時年五十三詔贈本官諡簡
子蒨好學尤悉朝儀故事撰江左遺典三十卷
未就卒文集十五卷子紓經在孝行傳

梁書傳十五　二十三

史臣曰王氏自姬姓已降及乎秦漢繼有英哲
洎東晉王茂弘經綸江左時人方之管仲其後
蟬晃交映台袞相襲勳名帝籍慶流子孫斯
為盛族矣王瞻等承籍茲基國華且是貴子有
才行可得而稱張充少不持操晚乃折節在於
典選寔號廉平柳惲以多藝稱蔡撙以方雅著
江蒨以風格顯俱為梁室名士焉

經慊

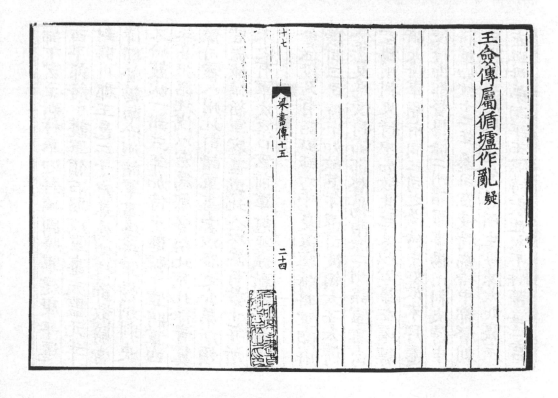

王僉傳屬循壚作亂
疑

梁書傳十五　十七　二十四

列傳第十六　　散騎常侍姚　思廉　撰

太祖五王

太祖十男張皇后生長沙宣武王懿永陽昭王
敷高祖衡陽宣王暢李太妃生桂陽簡王融懿
及融齊永明中為東昏所害敷暢建武中卒高
祖踐阼並追封郡王陳太妃生臨川靜惠王宏
南平元襄王偉吳太妃生安成康王秀始興忠
武王憺費太妃生鄱陽忠烈王恢

臨川靜惠王宏字宣達太祖第六子也長八尺
美鬚眉容止可觀齊永明十年為衛軍廬陵王
法曹行參軍遷太子舍人時長沙王懿鎮梁州
為魏所圍明年給宏精兵千人赴援未至魏軍
退遷驃騎晉安王主簿尋為始安王蕭遙光所
禮曹史衡陽王暢有美名為北中郎桂陽王功
及遙光作亂暢入東府暢懼禍先赴臺高祖
在雍州常懼諸弟及禍謂南平王偉曰六弟明
於事理必先還臺及信至果如高祖策高祖義

三九三　　梁書傳十六　一

師下宏至新林奉迎拜輔國將軍建康平遷
西平郎將中護軍領石頭戍軍事天監元年
封臨川郡王邑二千戶尋為使持節散騎常
侍都督揚南徐州諸軍事後將軍揚州刺史
又給鼓吹一部三年加侍中進號中軍將軍四
年高祖詔北伐以宏為都督南北兗北徐青冀
豫司霍八州北討諸軍事宏以帝之介弟所領
皆器械精新軍容甚盛北人以為百數十年所
未之有軍次洛口宏前軍剋梁城斬魏將藍清
會征役久有詔班師六年夏遷驃騎將軍開府
儀同三司侍中如故其年遷司徒領太子太傅
空揚州刺史侍中如故其年冬以公事左遷驃
八年夏為使持節都督揚南徐二州諸軍事司
騎大將軍開府同三司之儀侍中都督如故遷
使持節都督揚徐二州諸軍事揚州刺史侍中
將軍如故十二年遷司空使持節都督揚徐二州諸軍事揚州刺
史將軍並如故十五年春所生母陳太妃寢疾
宏與母弟南平王偉侍疾並衣不解帶每二宮

梁書傳十六　二

參問輒對使涕泣及太妃薨水漿不入口者五
日高祖每臨幸慰勉之宏少而孝謹齊之末年
避難潛伏與太妃異處每遣使參問起居或謂
宏曰逃難須密不宜往來宏銜淚答曰乃可無
我此事不容暫廢暫起為中書監驃騎大將軍
使持節都督如故固辭弗許十七年夏以公事
左遷侍中中軍將軍行司徒其年冬遷侍中中
書監司徒普通元年遷使持節都督揚南徐州
諸軍事大尉揚州刺史侍中如故二年政創南

北郊以本官領起部尚書事竟罷七年三月以
疾累表目陳詔許解揚州餘如故四月薨時年
五十四自疾至于薨輿駕七出臨視及葬詔曰
侍中太尉臨川王宏器宇沖貴雅量弘通爰初
啓基地惟介弟父司神甸歷位台階論道登朝
弱齡行彰素履逮干應務嘉猷載緝自皇業
物無異議朕友于之至王家國兼情方弘燮贊儀
刑列辟天不慭遺奄焉不永尊涌抽切震慟于
厥心宜增峻禮秩式昭懋典可贈侍中大將軍

揚州牧假黃鉞王如故并給羽葆鼓吹一部增
班劍為六十人給溫明祕器斂以袞服謚曰靖惠
宏性寬和篤厚在州二十餘年未嘗以更事按
郡縣時稱其長者宏有七子正仁正義正德正
能天監十年卒謚曰哀世子由宏意也宏薨正
則正立為世子正仁為吳興太守有治
平矦正立為世子由宏意也宏薨正立表讓正
義為嗣高祖嘉而許之改封正立為建安矦邑
千戶午子貴嗣正義先封平樂矦正德西豐矦
正則樂山矦正立羅平矦正表封山矦正信武
化矦正德別有傳
安成康王秀字彥達太祖第七子也年十二
生母吳太妃亡秀母弟始興王憺時年九歲並
以孝聞居喪累日不進漿飲太祖親取粥授之
哀其早孤命側室陳氏弁母二子陳亦無子有
母德視二子如親生焉秀既長美風儀性方靜
雖左右近侍非正衣冠不見也由是親友及家
人咸敬焉齊世弱冠為著作佐郎累遷後軍法

曹行參軍太子舍人求元中長沙宣武王懿入
平崔慧景為尚書令居端右弟衡陽王暢為衛
尉掌管籥東昏日夕逸遊出入無度衆頗勸懿
因其出閤門舉兵廢之懿不聽帝左右既惡懿
勳高又慮廢立並開懿懿亦危之自是諸王既
咸為之備及難皆不出京師而空有發覺惟桂
陽王融及禍高義師至新林秀與諸王侯並
奔避方其逃也皆不出京師而空有發覺惟桂
自拔赴軍高祖以秀為輔國將軍是時東昏弟
晉熙王寶嵩為冠軍將軍南徐州刺史鎮京口
長史范岫行府州事遣使降且請兵於高祖以
秀為冠軍將軍長史南東海太守鎮京口建康平仍
為使持節都督南徐兗二州諸軍事南徐州刺
史輔國將軍如故天監元年進號征虜將軍
封安成郡王邑二千戶京口自崔慧景作亂
累被兵革民戶流散秀招懷撫納惠愛大行
仍值年饑以私財贍百姓所濟活甚多二年
以本號徵領石頭戍軍加散騎常侍三年進號

右將軍五年加領軍中書令給鼓吹一部六年
出為使持節都督江州諸軍事平南將軍江州
刺史將軍發主求堅船以為齋舫秀曰吾豈愛
財而不愛士乃敕所由以牢為齋舫及至州聞前刺史
徵士陶潛曾孫為里司秀歎曰陶潛之德豈可
不及後世即日辟為西曹時夏水泛長津梁
斷絶外司請依舊度收其價直秀教曰刺史
不德水潦為患可利之乎給船而已七年遭慈
母陳太妃憂詔起視事尋遷都督荊湘雍益寧
南北梁秦州九州諸軍事平西將軍荊州刺史
其年遷號安西將軍立學校招隱逸下教曰夫
藍田是以江漢有濯纓之歌空谷著來思之詠於
鶉火之禽不匿影於丹山昭華之寶下耀采於
望南郡庾承先河東郭麻並脫落風塵高蹈其
弘風闡道靡不由茲處士河東韓懷明南平韓
事兩韓之孝友純深庚郭之形骸枯槁或橡飯
菁羮性日不足或葭牆艾席樂在其中昔伯武

貞堅就仕河內史雲孤劭屈志陳留豈曰場苗
實惟攻王可加引辟幷遣喻意旣同魏族致禮
之請庶無辟彊三緘之歡是歲魏懸瓠城民反
殺豫州刺史司馬悅引司州刺史馬仙琕仙琕
籤荊州求應赴衆咸謂宜待臺報秀曰彼待我
而爲援援之宜速待勅雖舊非應急也即遣兵
赴之先是巴陵馬營蠻爲緣江冦害後軍司馬
高江產以郢州軍伐之不尅江產死之蠻遂盛
秀遣防閤文熾率衆討之燔其林木絕其蹊逕
蠻失其嶮朞歲而江路清於是州境盜賊遂絕
及沮水暴長蠻頗敗民田秀以穀二萬斛贍之使
長史蕭琛簡府州貧老單丁吏一日散遣五百
餘人百姓甚悅十一年徵爲侍中衛將軍領
宗正卿石頭戍事十三年復出爲使持節散騎
常侍都督郢司霍三州諸軍事安西將軍郢州
刺史郢州當塗爲劇地百姓貧至以婦人供役
其弊如此秀至鎮務安之主者或求召吏秀曰
不識救弊之術此州凋殘不可擾也於是務存

約已省去遊費百姓安堵境內晏然先是夏口
常爲兵衝露骸積骨於黃鶴樓下秀祭而埋之
一夜夢數百人拜謝而去每冬月常作襦袴以
賜凍者時司州叛蠻田魯生弟魯賢魯超以蒙
籠來降高祖以魯生爲北司州刺史魯賢北豫
州刺史超爲定州刺史爲北境捍蔽而魯生超
秀平相謏毀有去就心秀撫懷納各得其用
當時賴之十六年遷使持節都督雍梁南秦
四州郢州之竟陵司州之隨郡諸軍事鎮北將
軍寧蠻校尉雍州刺史便道之鎮十七年春行
至竟陵之石梵薨時年四十四高祖聞之甚痛
悼焉遣皇子南康王績緣道迎候初秀之雍州
既薨秀聞薨祭哭而去喪至京師高祖使使冊
郢州民相送出境聞其疾百姓商賈咸爲請命
蠻迎秀四州民裂裳爲白帽哀哭以迎送之雍州
贈侍中司空諡曰康秀有容觀每朝百僚屬目
性仁恕喜慍不形於色左右嘗以石擲殺所養
鵠齋帥請治其罪秀曰吾豈以鳥傷人在京師

旦臨公事廚人進食誤而覆之去而登車竟朝
不飯亦不之誚也精意術學搜集經記招學士
平原劉孝標使撰類死書未及畢而已行於世
秀於高祖布衣昆弟及為君臣小心畏過於
疎賤者高祖益以此賢之少偏孤於始興王憺
尤篤梁興憺久為荊州刺史夏族置等表立墓碑許
之睦時議歸之故吏自天監初帝詔許
得體中分與秀秀稱心受之亦弗辭多也昆弟
之世子機嗣機子智通天監二年除安成國世
子六年為寧遠將軍會稽太守遷為給事中普
彭城劉孝綽河東裴子野各製其文古未之有

督湘衡桂三州諸軍事寧遠將軍湘州刺史大
書侍郎二年遷明威將軍丹陽尹三年遷持節
通元年襲封安成郡王其年為太子洗馬遷中
通二年薨于州時年三十機美姿容善吐納家
既多書博學彊記然而好弄尚力遠士子近小
人為州專意聚斂無治績頻被案劾及將葬有

司請諡高祖詔曰王好內怠政可諡曰煬所著
詩賦數千言世祖集而序之子操嗣南浦太
字智進機次弟也少清敏好屬文深為太宗所
賞普通六年以王子例封歷寧遠將軍淮南太
守遷輕車將軍晉陵太守給事中太子洗馬秘
書丞出為戎昭將軍吳郡太守領守東府城大
早吳人號旱母焉疾隨方抗拒頻擊挫之至夕東北
車盡銳攻之推握節死之
樓主許藝華啟關延賊城遂陷推握節死之

南平元襄王偉字文達太祖第八子也幼清警
好學齊世起家晉安鎮北法曹行參軍府遷驃
騎轉外兵高祖為雍州慮天下將亂求迎偉及
始興王憺來襄陽俄聞已入沔高祖欣然謂偉
吏曰吾無憂矣義師起南康王承制技偉為冠軍
將軍留行雍州開府事義師發後州內儲備及
人皆虛竭魏興太守裴師仁率興太守顏僧都
並擁郡不受命舉兵將襲雍州偉與始興王憺
遣兵於始平郡待師仁等要擊大破之州境以

安高祖既討郢魯下尋陽圍建業而巴東太守
蕭慧訓子瓛及巴西太守魯休烈起兵通荊州
屯軍上明連破荊州鎮軍蕭穎遣將劉孝慶
等距之反爲瓛所敗穎胄憂憤暴疾卒西朝克
懼尚書僕射夏疾詳議徵丘雍既至瓛等皆降和
帝詔以偉爲使持節都督雍梁南北秦四州郢
州之竟陵司州之隨郡諸軍事寧蠻校尉雍
州刺史將軍如故尋加侍中進號鎮北將軍天

監元年加散騎常侍進督荊寧二州餘如故
封建安郡王食邑三千戶給鼓吹一部四年徙
都督南徐州諸軍事南徐州刺史使持節常
侍將軍如故五年至都改爲撫軍將軍丹陽
尹常侍如故六年遷使持節都督揚南徐二州
諸軍事右軍將軍揚州刺史未拜進號中權將
軍七年以疾表解州政侍中中撫軍知司徒事
九年遷護軍軍石頭戍軍事侍中中將軍鼓吹如故
其年出爲使持節散騎常侍都督江州諸軍事

鎮南將軍江州刺史鼓吹如故十一年以本號
加開府儀同三司其年復以疾解十二年徵
爲中撫將軍儀同三司常侍如故以疾不拜十三年
改爲左光祿大夫加親信四十人歲給米萬斛
布絹五千四匹藥直二百四十萬廚供月二十萬
右職局一百人偉末年疾浸劇不復出藩故俸
秩加焉十五年所生母陳太妃寢疾偉及臨川
王宏侍疾並衣不解帶及太妃薨毀頓過禮水
漿不入口累日高祖每臨幸譬抑之偉雖奉詔
而毀瘠殆不勝喪十七年高祖以建安王瘠改
封南平郡王邑戶如故遷侍中左光祿大夫開
府儀同三司普通四年增邑一千戶五年進號
鎮衛大將軍中大通元年以本官領太子太傅
四年遷中書令大司馬五年薨時年五十八詔
歆以袞冕給東園祕器又詔曰旌德紀功前王
令典慎終追遠列代通規故侍中中書令大司
馬南平王偉器宇宏曠臨金識弘簡愛在弱齡清

風載穆翼佐草昧勳高樊沔契闊艱難劬勞

任寄及贊務論道弘茲哀職奄焉薨逝朕用

震慟于厥心宜隆寵命式昭茂典可贈侍中大宰王

如故給羽葆鼓吹一部并班劍四十人諡曰元襄

偉少好學篤誠通恕趨賢重士常如不及由

是四方遊士當世知名者莫不畢至齊世偉又加穿

宮改為芳林苑天監初賜偉為第偉又加穿築

增植嘉樹珍果窮極雕麗每與賓客遊其中命

從事中即蕭子範為之記梁世藩邸之盛無以

過焉而性多恩惠窮乏常遣腹心左右歷

訪閭里人士其有貧困吉凶不舉者即遣賑邮

之太原王曼穎卒家貧無以殯斂友人江革往

哭之其妻兒對革號訴革曰建安王當知必為

營埋言未訖而偉使至給其喪事得周濟焉毋

祁寒積雪則遣人載樵米隨乏絕者即賦給之

晚年崇信佛理尤精玄學著二旨義別為新通

又製性情幾神等論其義僧寵及周捨殷鈞陸

僊並名精解而不能屈偉四子恪恭虔祗世子

恪嗣爵恭字敬範天監八年封衡山縣侯以元襄

功加邑至千戶初樂山疾正則有罪豹讓諸王

獨謂元襄曰汝兒非直無過並有義方恭起家

給事中遷太子洗馬出為督齊安等十一郡

事寧遠將軍西陽武昌二郡太守徵為祕書丞

遷中書郎監丹陽尹行徐南徐州事轉衡州刺

史母憂去職尋起為雲麾將軍湘州刺史恭善

解吏事所在見稱而性尚華後廣營宅重禰

步欄模寫宮殿尤好賓友酬謔終辰座客滿建

言談不倦時世祖居藩顧事聲譽勤心著述危

酒未嘗妄進恭每從容謂人曰下官歷觀世人

多有不好歡樂乃仰眠床上看屋梁而著書千

秋萬歲誰傳此者勞神苦思竟不成名豈如臨

清風對朗月登山泛水肆意酣歌也尋以雍州

蠻文道拘引魏寇詔恭赴援仍除持節仁威將

軍寧蠻校尉雍州刺史便道之鎮太宗少與恭

遊特被賞狎狎至是手令曰彼士流骯髒有關輔

餘風黔首扞格但知重劍輕死降胡惟尚貪惏

邊蠻不知敬讓懷抱不可卑自法律無所用施
願克寶邊戍無數遷徙謀候惟遠箱庚惟積長
以控短靜以制躁早家愛念致布腹心恭至州
治果有聲績以姓陳奏乞於城南立碑頌德詔
許焉後多取官米贍給私宅為邊鎮運數州之粟以實備
王所啟由是免官削爵數年竟不叙用庚景亂
卒于城中時年五十二詔特復本封世祖追贈
侍中左衛將軍謚曰僖世子靜宇安仁有義名
號為宗室後進有文才而篤志好學既內足於
財多聚經史散書滿席手自離校何敬容欲以
女妻之靜辭其太盛距而不納時論服焉歷官
太子舍人東宮領直遷丹陽尹丞給事黃門侍
郎深為太宗所受賞太清三年卒贈侍中
都陽忠烈王恢宇弘達太祖第九子也幼聰頴
年七歲能通孝經論語義發適無所遺既長美
風表涉獵史籍齊隆昌中明帝作相內外多虞
明帝就長沙宣武王懿求諸弟有可委以腹心

者官武言恢焉明帝以恢為寧遠將軍甲仗百
人衛東府且引之為驃騎法曹行參軍明帝即位
東宮建為太子舍人累遷北中郎外兵參軍前
軍主簿宣武之難逃在京師高祖義兵至恢於
新林奉迎以為輔國將軍時三吳多亂高祖
命出頓破崗建康平還為冠軍將軍領石頭戍
軍天監元年為侍中前將軍領石頭戍軍事
封鄱陽郡王食邑二千户二年出為使持節都
督南徐州諸軍事征虜將軍南徐州刺史四
年政授都督郢司二州諸軍事後將軍郢州刺
史持節如故義兵初郢城內疾疫死者甚多不
及藏瘞及恢下車慮掩又遣四使巡行州
部境內大治七年進號雲麾將軍進督霍州八
年復進號平西將軍十年徵為侍中護軍將軍
石頭戍軍事領宗正卿十一年出為使持節都
督荊湘雍益寧南北梁南北秦九州諸軍事平
西將軍荊州刺史給鼓吹一部十三年遷散騎
常侍都督益寧南北秦沙七州諸軍事鎮西將

軍益州刺史使持節如故便道之鎮成都去新
城五百里陸路往來悉訂私馬百姓患焉累政
不能政恢乃市馬千四以付所訂之家資爲其騎
乘有用則以次發之百姓賴焉十七年徵爲侍
中安前將軍領湘梁益寧南北秦八州諸軍
騎常侍都督荊湘雍梁益寧南北秦八州諸軍
事征西將軍開府儀同三司荊州刺史普通五
年進號驃騎大將軍七年九月薨于州時年五
十一詔曰故使持節散騎常侍都督荊湘雍梁
益寧南北秦八州諸軍事驃騎大將軍開府儀
同三司荊州刺史酇陽王恢風度開朗哭情凝
質夔在弱歲美譽克宣洎于從政嘉猷載緝方
入正論道弘燮台階奄焉薨逝朕用傷慟千厥
心宜隆寵命以申朝典可贈侍中司徒王如故
弁給班劍二十人謚曰忠烈遣中書舍人劉顯
護喪事恢有孝性初鎮蜀所生費太妃猶停都
後於都下不豫恢未之知一夜忽夢還侍疾既
覺憂惶便廢寢食俄而都信至太妃已瘳後又目

有疾久廢視瞻有比渡道人慧龍得治眼術恢
請之既至空中忽見聖僧及慧龍下鍼豁然開
朗咸謂精誠所致恢性通怨輕財好施凡歷四
州所得俸祿隨而散之在荊州常從容問賓僚
曰中山好酒趙王好吏二者孰未有對者
顧謂長史蕭琛曰漢時王族藩屛而已視事親
民自有其職中山聽樂可得任說彭祖代吏清
於侵官今之王矦不守藩國當佐天子臨民清
白其優乎坐賓咸服世子範嗣範字世儀溫和
有器識起家太子洗馬祕書郎歷黃門郎遷衛
尉卿每夜自巡警高祖嘉其勞苦出爲益州刺
史開通劍道剋復華陽增邑二千戶加鼓吹徵
爲領軍將軍侍中範雖無學術而以籌略自命
愛奇翫古招集文才率意題章亦時有奇致復
出爲使持節都督雍梁東益南北秦五州諸軍
事鎮北將軍雍州刺史範作牧蒞民甚得時譽
撫循將士盡獲歡心太清元年大舉北伐以範
爲使持節征北大將軍摠督漢北征討諸軍事

進伐穰城尋遷安北將軍南豫州刺史矦景煞
於渦陽退保壽陽乃改範為合州刺史鎮合肥
時景巳蓄畜姦謀不臣將露範屢啓言之朱异毋
抑而不奏及景圍京邑範遣世子嗣與裴之高
等入援遷開府儀同三司進號征北將軍京城
不守範乃棄合肥出東關請兵于魏遣二子為
質魏人據合肥範遣信告尋陽王尋陽進退無計乃
沂流西上軍干撗陽範得書大喜乃引軍至
九江欲共治兵西上範得書大喜乃引軍至

盜城以晉肥為晉州遣子嗣為刺史江州郡縣
之既商旅不通信使距絕範數萬之衆皆無復
食人多餓死範嘗發北藐時年五十二世子嗣
字長儁胤容貌豊偉腰帶十圍性驍果有膽略個
儻不護細行而能傾身養士皆得其死力範之
薨也嗣猶據晉肥城中食盡士卒絕景遣任約來
攻嗣躬擐甲胄出壘距之時賊勢方盛咸勸且
止嗣按劒叱之曰今之戰何有退乎此韓闕卌效

命死節之秋也遂中流矢卒於陣
始興忠武王憺字僧達太祖第十一子也數歲
所生毋吳太妃卒憺哀感傍人齊世弱冠為西
中郎法曹行參軍遷外兵參軍義師起南康王
承制以憺為冠軍將軍西中郎諮議參軍遷相
國從事中郎與南平王偉留守和帝立以憺為
給事黃門侍郎時巴東太守蕭慧訓子璝等及
巴西太守魯休烈舉兵逼荊州屯上明鎮軍
將軍蕭穎冑暴疾卒西朝甚懼尚書僕射夏矦
詳議徵兵雍州南平王偉遣憺赴之憺以書喻
瑱等旬日皆請降是冬高祖平建業明年春和
帝將發江陵諸軍事平西將軍荊州刺史湘益寧
南北秦六州諸軍事平西將軍荊州刺史未拜
天監元年加安西將軍都督刺史如故封始
興郡王食邑二千戶時軍旅之後公私空乏
憺廣開屯田減省力役存問兵死
之家供其窮困民甚安之憺自以少年始居
重任思欲開導物情乃謂佐吏曰政之不臧士

君子所宜共惜言可用用之可也如不用於我
何傷吾開懷矣爾其無羞於是小人知恩而君
子盡意民辭訟者皆立前待符教決於俄頃曹
無留事下無滯獄民益悅焉三年詔加鼓吹一
部六年州大水江溢堤壞憺親率府將軍吏冒雨
賦丈尺築治之兩甚水牀衆皆恐或請憺避焉
憺曰王尊尚欲身塞河堤我獨何心以免乃刑
白馬祭江神俄而水退堤立郴州在南岸數百
家見水長驚走登屋緣樹憺募人救之一口賞
一萬估客數十人應募救焉州民乃以免又分
遣行諸郡遭水死者給棺櫬失田者與糧種是
歲嘉禾生於州界吏民歸美憺謙讓不受七年
慈母陳太妃薨水漿不入口六日居喪過禮高
祖優詔勉之使攝州任是冬詔徵以本號還朝
民爲之歌曰始興王民之爹（徒可反）赴人急如水
火何時復來哺乳我八年爲平北中軍將軍護軍將
軍領石頭戍事尋遷中書令俄領衛
尉卿憺性勞謙降意接士常與賞客連榻而坐

時論稱之是秋出爲使持節散騎常侍都督南
北兗徐青冀五州諸軍事鎮北將軍南兗州刺
史九年春遷都督益寧南梁南北秦沙六州諸
軍事鎮西將軍益州刺史開立學校勸課就業
遣子映親受經焉由是多向方者時魏龍襄巴南
西圍南安南太守垣季珪堅壁固守憺遣都督
救之魏人退走所收器械甚衆十四年遷都督
荊湘雍寧南梁南北秦七州諸軍事鎮右將軍
荊州刺史同兄安成王秀將之雍州薨於道憺
聞襄自投于地席槀哭泣不飲不食者數日傾
財產賻送部伍小大皆取足焉天下稱其悌十
八年徵爲侍中中撫將軍開府儀同三司領軍
將軍普通三年十一月薨時年四十五追贈侍
中司徒驃騎將軍給班劍三十人羽葆鼓次一
部冊曰洺故侍中司徒驃騎將軍始興王夫忠
爲令德武謂止戈于以用之戴在前志王有佐
命之元勳利民之厚德契闊二紀始終不渝是
用方軌往賢稽擇故訓 鴻名美義允臻其極今

遭兼大鴻臚程葵謚曰中心武魂而有靈歆茲顯
虢嗚呼哀哉憺未薨前夢改封中山王策授如
他日意顔惡之數旬而卒世子亮嗣
史臣曰自昔王者創業廣植親親割裂州國封
建子弟是㠯大肵少帛崇於魯衛盤石凝脂樹
斯梁楚高祖遠遵前軌藩屏懿親至於安城南
平鄱陽始興俱以名跡著蓋亦漢之間平矣

列傳第十六

梁書二十二

二十三

散騎常侍姚　思廉　撰

長沙嗣　王業
永陽嗣王伯游
衡陽嗣王元簡
桂陽嗣王象

長沙嗣王業字靜曠高祖長兄懿之子也懿字
元達少有令譽解褐齊安南邵陵王行參軍襲
爵臨湘縣疾遷太子舍人洗馬建安王友出為
州諸軍事西戎校尉梁南梁二州刺史加冠軍
中書侍郎求明季授持節都督梁南北秦沙四
晉陵太守曾未暮月訟理人和稱為善政入為
將軍是歲魏人入漢中遂圍南鄭懿隨機拒擊
傷殺甚多乃解圍遁去懿又遣氐帥楊元秀攻
魏歷城皋蘭駱火坑池等六戍尅之魏人震懼
邊境遂寧進號征虜將軍增封三百戶遷督益
寧二州軍事益州刺史入為太子右衛率尚
書吏部郎衛尉卿求元二年裴叔業據豫州反

授持節征虜將軍督豫州諸軍事豫州刺史領
歷陽南譙二郡太守討叔業叔業懼降干魏既
而平西將軍崔慧景入寇京邑奉江夏王寶玄
圍臺城齊室大亂詔徵懿懿時方食投箸而起
率銳卒三千人援城慧景遣其子覺來拒懿奔
擊大破之覺單騎走乘勝而進慧景眾潰追奔
之授侍中尚書右僕射未拜仍遷尚書令都督
征討水陸諸軍事持節將軍如故增邑二千五
百戶時東昏肆虐宿將能臣多以讒害懿既立
元勳獨居朝右深為法
珍等所憚乃說東昏曰隆昌故事陛下
命在旦夕
昏信之將加酷害而懿所親知
密具舟江渚勸令西奔懿曰古皆有死豈有叛
走尚書令耶遂遇禍中興元年追贈侍中中書
監司徒宣德太后臨朝改贈太傅天監元年追
崇承相封長沙郡王謚曰宣武給九旒鑾輅輼
輬車黃屋左纛前後部羽葆鼓吹挽歌二部武
賁班劍百人葬禮一依晉安平王故事業幼而

明敏識度過人仕齊為著作郎太子舍人宣武
之難與二弟藻象俱逃匿高祖既至乃赴于軍
以為寧朔將軍中興二年除輔國將軍南琅邪
清河二郡太守天監二年襲封長沙王徵為冠
軍將軍量置佐史遷祕書監四年改授侍中六
年轉散騎常侍太子右衛率遷左驍騎將軍尋
為中護軍領石頭戍軍事七年出為使持節都
督南兗兗徐青冀五州諸軍事仁威將軍南兗
州刺史八年徵為護軍九年除中書令改授安
後將軍鎮琅邪彭城二郡領南琅邪太守十年
徵為安右將軍散騎常侍十四年復徵為護軍領
南琅邪彭城鎮牙琅邪復徵中書令出為輕車
將軍湘州刺史業性敦篤所在留惠深信因果
篤誠佛法高祖每嘉歎之普通三年徵為散騎
常侍護軍將軍四年改為侍中金紫光祿大夫
七年薨時年四十八謚曰元有文集行於世子
孝儼嗣
孝儼字希莊聰慧有文才射策甲科除祕書郎

太子舍人從幸華林園於座獻相風烏華光殿
景陽山等頌其文甚美高祖深賞異之普通元
年薨時年二十三謚曰章子春嗣
藻字靖藝元王第七也少立名行志操清潔齊永
元初釋褐著作佐郎天監元年封西昌縣侯食
邑五百戶出為持節都督益寧二州諸軍事冠
軍將軍益州刺史時天下草創邊徼未安州民
焦僧護聚眾數萬郡樊作亂藻年未弱冠集僚
佐議欲自擊之或陳不可藻大怒斬于階側乃
乘平肩輿巡行賊壘賊弓亂射矢下如兩從者
舉楯禦箭又命除之由是人心大安賊乃夜遁
藻命騎追之斬首數千級遂平之進號信威將
軍九年徵為太子中庶子十年為左驍騎將軍
領南琅邪太守入為侍中藻性謙退不求聞達
善屬文辭九好古體自非公讌未嘗妄有所為
縱有小文成輒弃本一年出為使持節都督雍
梁秦三州竟陵隨二郡諸軍事仁威將軍寧蠻
校尉雍州刺史十二年徵為使持節都督南兗

兗徐青冀五州諸軍事兗州刺史軍號如故頻
蒞數鎮民吏稱之推善下人常如弗及徵爲太
子詹事普通三年遷領軍將軍加侍中六年爲
軍師將軍與西豐矦族正德北伐渦陽輒班師爲
有司所奏免官削爵土七年起爲宗正卿八年
復封尋除左衞將軍領步兵校尉大通元年
遷侍中中護軍時渦陽始降乃以藻爲使持節
討都督征北大將軍鎮于渦陽二年爲中權
將軍金紫光祿大夫置佐史加侍中中大通元

年遷護軍將軍中權如故三年爲中軍將軍太子
詹事出爲丹陽尹高祖每歎曰子弟並如迎葉
吾復何憂迎葉藻小名也入爲安左將軍尚書
左僕射加侍中藻固辭不就詔不許大同五年
遷中衞將軍開府儀同三司中書令侍中如故
藻性恬靜獨處一室床有膝痕宗室衣冠莫不
楷則常以爵祿太過每思屏退門庭寂寞賓客
罕通太宗尤敬愛之自遭家禍恆布衣蒲席不
食鮮禽非在公庭不聽音樂高祖每以此稱之

出爲使持節督南徐州刺史矦景亂藻遣長子
或率兵入援及城開加散騎常侍大將軍景遣
其儀同蕭邕代之據京口藻因感氣疾不自療
或勸奔江北藻曰吾國之臺鉉位任特隆旣不
能誅翦逆賊正當同死朝廷安能投身異類欲
保餘生因不食累日太清三年薨時年六十七
永陽嗣王伯游字士仁高祖次兄敷之子數字
仲達解褐齊後將軍征虜行參軍轉太子舍人
洗馬遷丹陽尹丞入爲太子中舍人除建威將

軍隨郡內史招懷遠近黎庶安之以爲前後之
政莫之及也進號寧朔將軍徵爲盧陵王諮議
參軍建武四年薨高祖即位追贈侍中司空封
永陽郡王諡曰昭伯游美風神善言玄理天監
元年四月詔曰兄子伯游雖年識未弘意尚粗
可漸東奧區宜須標莅可督會稽東陽新安永
嘉臨海五郡諸軍事輔國將軍會稽太守二年
襲封永陽郡王五年薨時年二十三諡曰恭
衡陽嗣王元簡字熙遠高祖第四弟暢之子暢

仕齊至太常封江陵縣矦卒天監元年追贈侍
中驃騎大將軍開府儀同三司封衡陽郡王謚
曰宣元簡二年襲封除中書郎遷會稽太守十
三年入爲給事黃門侍郎出爲持節都督廣交
越三州諸軍事平越中郎將廣州刺史還爲太
子中庶子遷使持節都督郢司霍三州諸軍事
信武將軍郢州刺史十八年正月卒於州謚曰
孝子俊嗣

桂陽嗣王象字世翼長沙宣武王第九子也初
叔父融仕齊至太子洗馬永元中宣武之難融
遇害髙祖平京邑贈給事黃門侍郎大監元年
加散騎常侍撫軍大將軍封桂陽郡王謚曰簡
無子乃詔象爲嗣龍袠封爵象容止閑雅善於交
遊事所生母以孝聞起家寧遠將軍丹陽尹到
官未幾簡王妃薨去職服闋復授明威將軍丹
陽尹象生長深宮始親庶政擧無失德朝廷稱
之出爲持節督郢三州諸軍事輕車將軍相
郢州刺史尋遷湘衡二州諸軍事輕車將軍相

州刺史湘州舊多虎暴及象在任爲之靜息故
老咸稱德政所感除中書侍郎俄以本官行石
頭戍軍事轉給事黃門侍郎兼領軍又以本官
兼宗正卿尋遷侍中太子詹事未拜改授持節
督江州諸軍事信武將軍江州刺史以疾免尋
除太常卿加侍中遷祕書監領步兵校尉大同
二年薨謚曰敦子愷嗣

史臣曰長沙諸嗣王並承襲土宇光有藩服桂
陽王象以孝聞在於牧湘猛虎息暴蓋德惠所
致也昔之善政何以加焉

列傳第十七

梁書二十三

蕭景　弟昌昂昱

蕭景字子昭高祖從父弟也父崇之字茂敬即
左光祿大夫道賜之子道賜三子長子尚之字
茂先次太祖文皇帝次崇之初左光祿居於鄉
里專行禮讓爲衆所推仕歷宋太尉江夏王參
軍終于治書侍御史齊末追贈散騎常侍左光
祿大夫尚之敦厚有德器爲司徒建安王中兵

參軍一府稱爲長者琅邪王僧虔尤善之每事
多與議決遷步兵校尉卒官天監初追諡文宣
疾尚之子靈鈞仕齊廣德令高祖義師至行會
稽郡事頃之卒高祖即位追封東昌縣疾邑一
千戶子謇嗣崇之以幹能顯爲政尚嚴屬官至
冠軍將軍東陽太守永明中錢唐唐寓之反別
銀破東陽崇之遇害天監初追諡忠簡疾景八
歲隨父在郡居喪以毀聞旣長好學才辯能斷
齊建武中除晉安王國左常侍遷永寧令政爲

百城最爲永嘉太守范述曾居郡號稱廉平雅
服景爲政乃牓郡門曰諸縣有疑滯者可就
求寧令決頃之以疾去官永嘉人胡仲宣等千
人詣闕表請景爲郡不許還除步兵校尉是冬
元二年以長沙宣武王懿勳除步兵校尉寧
宣武王遇害景亦逃難時天下未定江北儉楚
朝將軍行南兗州軍事高祖義師至以景爲寧
各據塢壁景示以威信渠帥相率面縛請罪旬
日境內皆平中興二年遷督南兗州諸軍事輔

國將軍監南兗州高祖踐阼封吳平縣疾食邑
一千戶仍爲使持節都督北兗徐青冀四州諸
軍事冠軍將軍南兗州刺史詔景母毛氏爲國
太夫人禮如王國太妃假金章紫綬景居州清恪
有威裁明解吏職文案無擁下不敢欺吏人畏
敬如神會年荒計口賑鄰邑爲饘粥於路以賦之
死者給棺具人甚賴焉天監四年王師北伐景
帥衆出淮陽進屠宿豫丁母憂詔起攝職五年班
師除太子右衛率遷輔國將軍衛尉卿七年遷

北　將　清　警　除　中　擒　義　乃　侵　因　蠻　三　郡　使　監　局　左
充　軍　肅　邊　參　兵　志　宗　開　每　此　羣　月　諸　持　皆　官　驍
北　領　綠　備　迎　參　長　中　樊　為　除　蠻　魏　軍　節　近　僚　騎
徐　石　漢　理　羽　軍　史　兵　城　子　之　悉　荊　事　都　倖　舊　將
青　頭　水　辭　儀　崔　杜　參　受　楷　景　渡　州　信　督　頗　多　軍
冀　戍　陸　訟　器　續　景　軍　降　若　曰　漢　刺　武　雍　不　驕　兼
五　軍　千　勸　服　率　斬　孟　因　悉　窮　水　史　將　梁　堪　侈　領
州　事　餘　農　不　軍　首　惠　命　誅　來　來　元　軍　南　命　景　軍
諸　十　里　桑　得　士　萬　儁　司　蠻　歸　降　志　寧　北　以　在　將
軍　二　抄　郡　煩　收　餘　擊　馬　則　我　議　率　蠻　秦　是　職　軍
事　年　盜　縣　擾　而　級　志　朱　魏　誅　者　衆　校　郢　不　峻　領
信　復　絕　皆　吏　瘞　流　於　思　軍　之　以　七　尉　州　得　切　軍
威　為　迹　改　人　焉　屍　淅　遠　無　不　蠻　萬　雍　之　久　官　管
將　使　十　節　修　景　蓋　溝　寧　礙　祥　累　寇　州　竟　留　曹　天
軍　持　一　自　營　初　漢　大　蠻　非　且　為　淅　刺　陵　久　肅　下
南　節　年　勵　城　到　水　破　長　長　魏　邊　淵　史　司　尋　然　兵
兗　都　徵　州　壘　州　景　之　史　策　人　患　驅　八　州　出　制　要
州　督　為　內　申　省　遣　生　曹　也　來　可　迫　年　之　為　局　監
　　　　　　　　　　　　　　三　　　　羣　　　隨

于　告　復　苑　諸　明　人　發　嚴　懇　史　侯　揚　十　禮　其　益　刺
州　示　有　餞　軍　年　所　姥　整　惻　侍　景　州　七　寄　在　事　史
時　魏　能　別　事　出　長　語　有　至　中　才　應　年　甚　朝　月　十
年　即　名　為　安　為　敬　曰　田　于　如　任　須　太　隆　廷　加　三
四　禁　齊　之　西　使　如　蕭　舍　涕　故　此　綱　尉　軍　　　　年
十　塞　安　流　將　持　此　臨　老　泣　即　舉　理　揚　國　為　祿　徵
七　戍　竟　涕　軍　節　十　川　姥　高　宅　可　宜　州　大　衆　五　為
詔　保　陵　既　郢　散　八　符　訴　祖　為　以　得　刺　事　所　萬　領
贈　境　郡　還　州　騎　年　火　得　不　府　安　其　史　皆　瞻　景　軍
侍　不　接　官　刺　常　累　爓　符　許　景　右　人　臨　與　仰　為　將
中　復　魏　詔　史　侍　表　汝　還　在　越　將　侍　川　議　於　人　軍
中　侵　界　給　將　都　陳　手　至　州　親　軍　中　王　決　高　雅　直
撫　略　多　鼓　發　督　解　何　縣　尤　居　監　領　宏　十　祖　有　殿
軍　普　盜　吹　高　郢　高　敢　縣　稱　揚　揚　軍　坐　五　屬　風　省
開　通　賊　一　祖　司　祖　留　吏　明　州　州　將　法　年　雖　力　知
府　四　景　部　幸　霍　未　之　未　斷　辭　弁　軍　免　加　為　長　十
儀　年　移　在　建　三　之　其　即　符　讓　置　吳　詔　侍　從　於　州
同　卒　書　州　興　州　許　為　　　教　甚　佐　平　曰　中　弟　辭　撣
　　　　　　　　　　　　　　　　　　　　　　　　　　　而　令

08-211

三司諡曰忠子勵嗣

昌字子建景第二弟也齊豫章末爲晉安王左
常侍天監初除中書侍郎出爲豫章內史五年
加寧朔將軍六年遷持節督廣交越桂四州諸
軍事輔國將軍平越中郎將廣州刺史七年進
號征遠將軍九年分湘州置衡州以昌爲持節
督廣州之綏建湘州之始安諸軍事信武將軍
衡州刺史坐免十三年起爲散騎侍郎尋以本
官兼宗正卿其年出爲安右長史累遷太子中

【梁書傳十八】 五

庶子通直散騎常侍又兼宗正卿昌爲人亦明
悟然性好酒酒後多過在州郡每醉輒逼出入
人家或獨詣草野其於刑戮頗無期度醉時所
殺或求焉亦無悔也屬爲有司所劾入留京
師忽忽不樂遂縱酒虛悸在石頭東齋引刀自
刺左右救之不殊十七年卒時年三十九子伯言
昂字子明景第三弟也天監初累遷司徒右長
史出爲輕車將軍監南兗州初兄景再爲南兗
德惠在人及昂來代時人方之馮氏徵爲琅邪

彭城二郡太守軍號如先復以輕車將軍出爲
廣州刺史普通二年爲散騎常侍信威將軍出爲
年轉散騎侍郎中領軍太子中庶子出爲吳興
太守大通二年徵爲仁威將軍衞尉卿尋爲侍
中兼領軍將軍中大通元年爲領軍將軍二年
封湘陰縣侯邑二千戶出爲江州刺史大同元
年卒時年五十三諡曰恭

昱字子真景第四弟也天監初除秘書郎累遷
太子舍人洗馬中書舍人中書侍郎每求自試

【梁書傳文】 六
張成

高祖以爲淮南永嘉襄陽郡並不就志願邊州
高祖以其輕脫無威望抑而不許遷給事黃門
侍郎上表曰夏初陳啓未垂採照追懷慙懼實
戰悸心臣聞暑雨祁寒小人猶怨榮枯寵辱誰
能忘懷臣籍以往因得預枝戚之重綠報旣雜
時逢坎壈之運昔在齊季義師之始臣乃幼弱
粗有識慮東西阻絕歸赴無由雖未能負戈擐
甲實銜淚憤懣潜伏東境備厯艱危首尾三年
厥移數處雖復飢寒切身亦不以凍餒爲苦每

涉驚駭疑惶怖失魄既乖致命之節空有項領之憂
希望開泰北翼家共樂豈期二十餘年功名無紀
畢此身骸方填溝壑丹誠素願溘至長罷俯自
衰憐能不傷歡天自媒自衒誠哉可鄙自舉自
伐實不易叩錦不輕裁誠難其製過去業部所
寧敢空言是以常願一試屢成干請夫上應玄
象實在可羞然量已擦分自知者審陳力就
以致乖筆測聖監旣謂臣愚短不可試用豈容又
居顯禁徒穢黃樞忝竊稍積恐招物議請解今
職乞屏退私門伏願天照特垂允許臣雖叩榮兩
立乃可自退之高昔漢光武兄子章與二人並
有名宗室就欲習吏事不過章爲平陰令興爲
宮報効無地方達省闌伏深戀悚高祖手詔答
曰昱表如此古者用人必前明試皆須績用旣

太守復云內地非願復問晉安臨川隨意所擇
亦復不行解巾臨郡事不爲薄數有致辭意欲
何在且昱諸兄遞居連率相繼未嘗缺歲
其同產兄景今正居藩鎮朕當厚於景而薄於
昱正是朝序物議次第若斯於其一門差自無
愧無論今日不得如此昱兄弟特是未欲致之于
朝廷無有憲章立豈得任情及道背天達地執謂
成長於何取立豈得如此昱兄弟特是未欲
可聽如啟坐免官因此杜門絕朝觀國家慶弔
不復通普通五年坐於宅內鑄錢爲有司所奏下
廷尉得免死徙臨海郡行至上虞夏有敕追還具令
受菩薩戒昱旣至恂恂盡禮改意蹈道持戒又
精潔高祖嘉其昱嘉之以爲招遠將軍晉陵太守下
車勵名迹除煩奇明法憲嚴於女吏行坐百姓
旬日之間郡中大化俄而暴疾卒百姓行坐號
哭市里爲之誼沸設祭奠於郡庭者四百餘人
田舍有女人夏氏年百餘歲扶曾孫出郡悲泣
不自勝其惠化所感如此百姓相率爲立廟建

是光武猶子昱之才地當豈得比類爲往歲厥以
淮南郡旣不肯行續用爲招遠將軍鎮北長史
襄陽太守又以邊外致辭改除招遠將軍求嘉

碑以紀其德又詣京師求贈謚詔 贈湘州刺史

謚曰恭

史臣曰高祖光有天下慶命傍流枝戚屬婣咸

被任遇蕭景之才辯識斷茝政佐時蓋梁宗室

令望者矣

散騎常侍姚

周捨

徐勉

思廉　撰

周捨字昇逸汝南安成人晉左光祿大夫顗之
八世孫也父顒齊中書侍郎有名於時捨幼聰
穎顒異之臨卒謂曰汝不患不富貴但當持之
以道德既長博學多通九精義理善誦書背文
諷說音韻滿辯起家齊太學博士遷後軍行參
軍建武中魏人吳包南歸有儒學尚書僕射江
祏招包講捨造坐累折包辭理遒逸由是名為口
辯王亮為丹陽尹聞而悅之辟為主簿政事多
委焉遷太常丞梁臺建為奉常丞高祖即位博
求異能之士吏部尚書范雲與顒素善重捨才
器言之於高祖召拜尚書祠部郎時天下草創
禮儀損益多自捨出尋為後軍記室參軍秩陵
令入為中書通事舍人累遷太子洗馬散騎常
侍中書侍郎鴻臚卿時王亮得罪歸家故人莫

有至者捨獨敦舊及卒身營殯葬時人稱之
遷尚書吏部郎太子右衛率右衛將軍雖居職
屢徙而常留省內乃得之日夜下國史詔誥儀體法
律軍旅謀謨皆兼掌之日夜侍上預機密二十
餘年未嘗離左右捨素辯給與人汎論談謔
入官府雖廣夏華屋閨闥重邃捨居之則塵埃
性儉素衣服器用居處林席如布衣之貧者每
日不絕口而竟無一言漏泄機事袞服尤歎服之
蒲積以荻為鄣壞亦不營為右衛母憂去職
為明威將軍右驍騎將軍服闋除侍中領步兵
校尉未拜仍還貞外散騎常侍太子左衛率頃
之加散騎常侍本州大中正遷太子詹事普通
五年南津獲武陵太守曰渦書許遺捨面錢百
萬津司以聞雖書自外入猶為有司所奏捨坐
免遷右驍騎將軍甲知太子詹事以其年卒時年
五十六上臨哭哀慟左右詔曰太子詹事普通
大中正捨奄至殂殞乃惻愴千懷其學思堅明志
行開敏勤勞機要多歷歲年才用未竟彌可嗟

慟宜隆追遠以旌善人可贈侍中護軍將軍鼓

吹一部給東園祕器朝服一具衣一襲喪事隨

由資給謚曰簡子明年又詔曰故侍中護軍將

軍簡子捨義該立儒博窮文史奉親能孝事君

盡忠歷掌機密清貞自居食不重味身靡兼衣

終亡之日內無妻妾外無田宅兩見單貧有過

古烈往者南司白渦之劾恐外議謂朕有私致

此黜免追愧若人一介之善外可量加襃異以

旌善人一子弘義弘信

徐勉字脩仁東海郯人也祖長宗宋高祖霸府

行參軍父融南昌相勉幼孤貧早勵清節年六

歲時屬霖雨家人祈霽率爾爲文見稱耆宿及

長篤志好學起家國子生太尉文憲公王儉時爲

祭酒每稱勉有宰輔之量射策舉高第補西陽

王國侍郎尋遷太學博士鎮軍參軍尚書殿中

郎以公事免又除中兵郎領軍長史琅邪王元

長才名甚盛嘗欲與勉相識每託人召之勉謂

人曰王郎名高望促難可輕敝衣裾俄而元長

及禍時人莫不服其機鑒初與長沙宣武王遊

高祖深器賞之及義兵至京邑勉於新林謁見

高祖甚加恩禮使管書記高祖踐阼拜中書侍

郎遷建威將軍後軍諮議參軍本邑中正尚書

左丞自掌樞憲多所糾舉時論以為稱職天監

二年除給事黃門侍郎尚書吏部郎參掌大選

遷侍中時王師北伐候驛填委勉參掌軍書劬

勞夙夜動經數旬乃一還宅每還輒大驚吠勉

歡曰吾憂國忘家乃至於此若吾亡後亦是傳

中一事六年除給事中五兵尚書遷吏部尚書

勉居選官彝倫有序閒尺牘兼善辭令雖文

案填積坐客充滿應對如流手不停筆又該綜

百氏皆爲避諱常與門人夜集客有虞暠求詹

事五官勉正色答云今夕止可談風月不宜及

公事故時人咸服其無私除散騎常侍游擊

將軍未拜改領太子右衛率遷左衛將軍領太

子中庶子侍東宮昭明太子幼敕知宮事太

子禮之甚重每事詢謀嘗於殿內講孝經臨川

静惠王尚書令沈約備二傳勉與國子祭酒張
克為執經王瑩張稷柳憕王暕為侍講時選極
親賢妙盡時要兒陳讓數四又與沈約書求換
侍講詔不許然後就為轉太子詹事領雲騎將
軍尋加散騎常侍還尚書右僕射又詹事如故又
改授侍中頻表解宮職優詔不許時人間喪事
多不遵禮朝終夕殯相尚以速勉上疏曰禮記
問喪云三日而後斂者以俟其生也三日而不
生亦不生矣自頃以來不過斯制送終之禮殯
以昔日潤屋豪家乃或平壟衣衾榷樺以速為
榮親戚徒隸各念休戚屬纊纔畢灰釘已具
忘狐鼠之顧步愧燕雀之迴翔傷情戚理莫此
為大且人子承衾之時志澀心絕喪事所資悉
關他年愛憎深淺事實難原如魟視或褒存沒
遠濫使萬有其一怨酷已多豈不緩其告斂之
晨申其望生之悲養請自今士庶宜悉依古三日
大斂如有不奉加以糾繩詔可其奏尋授宣惠
將軍置佐史侍中僕射如故又除尚書僕射中

五　主

衛將軍勉以舊恩越位盡心奉上知無不
為愛自小選迄于此職常參掌衡石甚得士心
禁省中事未嘗漏洩每有表奏輒焚藁草博
通經史多識前載朝儀國典婚冠吉凶勉皆預
議普通六年上修五禮表曰臣聞立天之道
曰陰與陽立人之道曰仁與義故稱導之以德
齊之以禮夫禮所以安上治人弘風訓俗經國
家利後嗣者也唐虞三代咸必由之在乎有周
憲章尤備因殷革夏損益可知雖復經禮三百
曲禮三千經文三百威儀三千其大歸有五即
宗伯所掌典禮吉為上凶次之賓次之軍次之
嘉為下也故祠祭不以禮則不齊不莊喪紀不
以禮則背死忘生者眾賓客不以禮則朝覲失
其儀軍旅不以禮則致亂於師律冠婚不以禮
則男女失其時為國修身於斯攸急洎周室大
壞王道既衰官守斯文日失其序禮樂征伐出
自諸侯小雅盡廢舊章缺矣是以韓宣適魯知
周公之德叔族在晉辨郊勞之儀戰國從橫政

教愈泯暴秦滅學掃地無餘漢氏鬱興日不
暇給猶命叔孫於外野方知帝王之為貴末
葉紛綸遞有興毀或以武功銳志或好黃老
之言禮義之式於焉中止及東京曹襄南宮制
述集其後兵革相尋異端互起敲蘭臺石室之文
奏其方領矩步之容事滅於旌旗簠簋俎豆斯
輟摯於帷蓋至乎晉初爰定新禮荀顗制之於
前摯虞刪之於末既而中原喪亂罕有所遺江
左草剏因循而已釐革之風是則未暇伏惟陛
下睿明啓運先天改物撥亂惟武經時以文作
樂在乎功成制禮弘於業定光啓二學皇枝等
於貴遊闢茲五館草萊升以好爵爰自受命迄
于告成盛德形容備矣天下能事畢矣明明穆
穆無德而稱焉至若玄符靈貺之祥浮渭機山
之貴固亦日書左史副在司存今可得而略也
是以命彼羣才搜甘泉之法延茲碩學闢曲臺
之儀淄上淹中之儒連蹤繼軌負笈懷鈆之彥

匪旦伊夕諒以化穆三雍人從五典秩宗之教
敎焉以興伏尋所定五禮起齊永明三年太子
步兵校尉伏曼容表求制一代禮樂于時參議
置新舊學士十人止修五禮詔稟衛將軍丹陽
尹王儉學士亦分住郡中製作歷年猶未克就
及文憲薨遺文散逸後又以事付國子祭酒
何胤胤經涉九載猶未畢建武四年胤還東山
齊明帝敕委尚書令徐孝嗣事本末隨在南
永元中孝嗣於此遇禍又多零落當時鳩歛
第所餘權付尚書左丞蔡仲熊驍騎將軍何佟之
共掌其事時修禮中門外東昏
之代頗有軍火其所散失又踰太半天監元年
佟之啓審省置之宜敕使外詳時尚書參詳以
天地初革庶務權輿宜俟隆平徐議刪撰欲且
省禮局併還尚書儀曹詔旨云禮壞樂缺故國
異家殊實宜以時修定以為永准但頃之修撰
以情取人不以學進其掌知者以貴摠一不以
稽古所以歷年不就有名無實此既經國所先

外可議其人人定便即撰次於是尚書僕射沈
約等參議請五禮各置舊學士一人人各自舉
學士二人相助抄撰其中有疑者依前漢石渠
後漢白虎諸源以聞請旨斷決乃以舊學士右
軍記室參軍明山賓掌吉禮中軍騎兵參軍嚴
植之掌凶禮中軍田曹行參軍兼太常丞賀瑒
掌賓禮征虜記室參軍陸璉掌軍禮右軍參軍
司馬裴掌嘉禮尚書左丞何佟之總參其事佟之
後以鎮北諮議參軍伏晒代之之後又以晒代嚴植
之掌凶禮晒尋遷官以五經博士繆昭掌凶禮復
以禮儀深廣記載殘缺宜須博論共盡其致更
使鎮軍將軍丹陽尹沈約及太常卿張充及臣三
人同參厥務臣又奉別敕摠知其事末又使中
書侍郎周捨庚於陵二人復豫參知若有疑義
所掌學士當職先立議通諮五禮舊學士及參
知各言同異條牒先啟聞決之制旨疑事既多歲
時又積制旨裁斷其數不少莫不網羅經誥玉
振金聲義貫幽微理入神契前儒所不釋後學

所未聞凡諸奏決皆載篇首其列聖旨為不刊
之則洪規盛範冠絕百王茂實英聲方垂千載
寧孝宣之能擬豈孝章之足云五禮之職事有
敕心簡及其列畢不得同時嘉禮儀注以天監六
年五月七日上尚書合有二秩百一十六卷
五百四十六條賓禮儀注以天監六年五月二
十日上尚書合十有七秩一百三十卷四十五
條軍禮儀注以天監九年十月二十九日上尚
書合十有八秩一百八十九卷二百四十條吉
禮儀注以天監十一年十一月十日上尚書合二
十有六秩二百二十四卷一千五條凶禮儀注
以天監十一年十一月十七日上尚書合四十有
七秩五百一十四卷五千六百九十三條大凡
一百二十秩一千一百七十六卷八千一十九條
又列副祕閣及五經典書各一通繕寫校定以
普通五年二月始獲洗畢竊以撰正履禮歷代
罕就皇明在運厥功克成周代三千舉其盈數
今之八千隨事附益質文相變故其數兼倍猶

如八卦之交因而重之錯綜成六十四也昔文武二王所以綱紀周室君臨天下公旦脩之以致太平龍鳳之瑞自斯厥後甫備茲日孔子曰其有繼周百代可知豈所謂齊功比美者歟臣以庸識謬司其任淹留歷稔允當斯責兼勤成之初未違表上寔由才輕務廣思力不周求言輒惕懼無志寤寐自今春輿駕將親六師搜尋軍禮閱其條章靡不該備所謂郁郁文哉煥乎洋溢信可以懸諸日月頒之天下者矣愚心喜

〔十二〕

謹拜表以聞詔曰經禮大備政典載弘令鑾憲司案以行事也又詔曰勉表如此因革允表施章孔備功成業定於是乎在可以光被八表以諸百代俾萬世之下知斯文在斯主者其按以遵行勿有失墜尋加中書令給親信二十人勉以疾自陳求解內任詔不許乃令停下省三日

扶彌思陳述兼前後聯官一時皆逝臣雖幸存耄巳將及慮皇世大典遂闕騰奏不任下情輒具載撰修始末弁職掌人所成卷秩條目之數

【三百冊】【梁書傳九】

一朝有事遣主書論決腳疾轉劇又闕朝覲固陳求解詔乃賚假須疾差還省勉雖居顯位不營產業家無蓄積俸祿分贍親族之窮乏者門人故舊或從容致言勉乃答曰人遺子孫以財我遺之以清白子孫才也則自致輜軿如其不才終為他有嘗為書誡其子崧曰吾家世清廉故常居貧素至於產業之事所未嘗言非直不經營而已薄躬遭遇遂至今日尊官厚祿可謂備之每念叨竊若斯豈由才致仰藉先代風範

〔十二〕 高顯

及以福慶故臻此耳古人所謂以清白遺子孫不亦厚乎又云遺子黃金滿籯不如一經詳求此言信非徒語吾雖不敏實有本志庶得遵奉斯義不敢墜失所以顯貴以來將三十載門人故舊亟薦便宜或使創闢田園或勸興立邸店又欲舳艫運致亦令貨殖聚斂若此事眾皆距而不納非謂拔葵去織且欲省息紛紜中年聊於東田開營小園者非在播藝以要利入正欲穿池種樹少寄情賞又以郊際閒曠終可為宅

【三百冊】【梁書傳九】

儻獲縣車致事實欲歌哭於斯慧日十住等既
應營婚又須住止吾清明門宅無相容處所以
爾者亦復有以前割西邊施宣武寺既失西廂
不復方幅意亦謂此逆旅舍耳何須華常恨
時人謂是我宅古往今來豪富繼踵高門甲第
壞之山聚石移果雜以花卉以娛休沐用託性
靈隨便架立不在廣大惟功德處小以為好所
以內中逼促無復房宇近營東邊兒孫二宅乃
籍十住南還之資其中所須猶為不少既葦挽
不至又不可中塗而輟郊間之園遂不辨保貲
與葦顯乃穫百金成就兩宅已消其半尋園價
所得何以至此由吾經始歷年粗已成立桃李
茂密桐竹成陰膝陌交通渠畎相屬華橫迥榭
並饒菰蔣湖裏殊富芰蓮雖云入外城闉密邇
頗有臨眺之美孤峯叢薄不無糾紛之興清中
葦生欲之亦雅有情趣追述此事非有秃心蓋
是筆勢所至耳憶謝靈運山家詩云中為天地

物今成鄙夫有吾此園有之二十載矣今為天
地物物之與我相校幾何哉此吾所餘今以分
汝營小田舍親戚既多理亦須此且釋氏之教
以財物謂之外命儒典亦稱何以聚人曰財況
汝曹常情安得忘此汝所買田地甚為
烏鹵彌復何安所以如此非物競也雖事異
寢立聊可驕驕孔子曰居家理治可移於官既
已營之宜使成立進退兩亡更貼聊笑若有所
收獲汝可自分贍內外大小宜令得所非吾所
知又復應沾之諸女耳汝既居長故有此及凡
為人長殊復不易當使中外諧緝人無間言先
物後己然後可貴老生云後其身而身先若能
爾者更招巨利汝當自勗見賢思齊不宜忽略
以去葉日也棄日乃是棄身身名美惡豈不大哉
可不慎歟今之所敕略言此意正謂為家已來
不事資產既立堅舍以耶舊業陳其始末無愧
懷抱兼吾年時朽暮心力稍殫葦課奉公略不
克舉其中餘暇裁可自休或復冬日之陽夏日

之陰良辰美景文案間隙負杖蹋屩逍遙陋館
臨池觀魚披林聽鳥濁酒一杯彈琴數刻
之暫樂庶居常以待終不宜復勞家間細務汝
交關既定此書又行凡所資須付給如別自茲
以竟吾不復言及田事汝亦勿復與吾言之假
使竟水湯旱五旬豈知如何若其滿庭盈箱爾之
幸遇如斯之事遇無懷令吾知也記云夫孝者
善繼人之志善述人之事今且望汝全吾此志
則無所恨矣勉第二子悱辛痛悼甚至不欲父

廢王務乃為答客喻其辭曰普通五年春二月
丁丑余第二息晉安內史悱喪之問至焉舉家
傷悼心情若隕三宮遊降中使以相慰最親遊
賓客畢來弔問輒慟哭失聲悲不自已所謂父
子天性不知涕之所從來也於是門人慮其肆
情所鍾容致委頓乃敕社而進曰僕聞古往今
來理運之常數春秋落氣象之定期人居其
間譬諸逆旅生寄死歸著於通論是以深識之
士悠爾忘懷東門歸無之言見稱往哲西河喪

明之過取誚友朋足下受遇於朝任居端右憂
深責重休戚是均宜其遺情下流止哀加飯上
存奉國俯示隆家豈可縱此無益同之見女傷
神損識或戲生務門下竊議咸為君戻不取也
余雪泣而答曰彭殤之達吳之雅言亦常
而不實尼父為之歎息折彼岐路楊子所以留
階庭欽柯葉之茂為山累仞惜覆簣之功故秀
聞之矣顧所以未能弭意者請陳其說夫植樹
連事有可深聖賢靡抑今吾所悲亦以悱踰
立歲孝悌之至自幼而長文章之美得之天然
好學不倦居無塵雜多所著述盈帙滿笥淡然
得失之際不見喜慍之容及翰飛東朝參伍盛
列其所遊往皆一時才俊賦詩頌詠終日忘疲
每從容謂吾以遭逢時來位隆任要當應推賢
下士先物後身然後可以報恩明主克保元吉
倖余二紀之中忝竊若是幸無大過者繫此子
之助為自出閣區政存清靜冀其旋反少慰衰
暮言念今日眇然長往加以闔棺千里之外未

知歸骨之期雖復無情之倫庸詎不痛於昔夷
甫孩抱中物尚盡慟以待賓安仁未及七旬猶
愍勤於詞賦況夫名立官成半途而廢者亦為
可已哉求其此懷可謂苗實之義諸賢既貽
格言喻以大理即日輒哀命駕脩職事焉中大
通三年又以疾自陳移授特進右光祿大夫侍
中中衛將軍置佐史餘如故增親信四十人兩
宮參問冠蓋結轍服膳醫藥皆資天府有救每
欲臨幸勉以拜伏有虧頻啟停出詔許之遂停

梁書傳十九 十七

輿駕大同元年卒時年七十高祖聞而流涕即
日車駕臨殯乃詔贈特進右光祿大夫開府儀
同三司餘並如故給東園秘器朝服一具衣一
襲贈錢二十萬布百匹皇太子亦舉哀朝堂諡
曰簡肅公勉善屬文勤著述雖當機務下筆不
休嘗以起居注煩雜乃加刪撰為別起居注六
百卷左丞彈事五卷在選曹撰選品五卷齊時
撰太廟祝文二卷以孔釋二教殊途同歸撰會
林五十卷凡所著前後二集四十五卷又為婦

人集十卷皆行於世大同三年故佐史尚書左
丞劉覽等詣闕陳勉行狀請刊石紀德即降詔
許立碑於墓云

悱字敬業幼聰敏能屬文起家著作佐郎轉太
子舍人掌書記之任累遷洗馬中舍人猶管書
記出入宮坊者歷稔以足疾出為湘東王友遷
晉安內史

梁書傳十九 十八

陳吏部尚書姚察曰徐勉少而厲志
脩身慎言行擇交遊加運屬興王依光日月故
能明經術以綰青紫出閫闈而取卿相及居重
任竭誠事主動師古始依則先王提衡端執物
無異議為梁宗臣盛矣

列傳第十九

梁書二十五

范岫

傅昭 弟映

蕭琛

陸杲

范岫字懋賓濟陽考城人也高祖宣晉徵士父
義宋宛州別駕濟岫早孤事母以孝聞與吳興沈
約俱爲蔡興宗所禮泰始中起家奉朝請與宗
驃騎參軍尚書刪定郎護軍司馬齊司徒竟陵
王子良記室參軍累遷太子家令文惠太子之
在東宮沈約之徒以父才見引岫亦預焉岫文
雖不逮約言凶故事約常稱曰范公好事該博
魏晉以來吉凶故事約多通岫悉
胡廣無以加南鄉范雲謂人曰諸君進止威儀
當問范長頭以岫多識前代舊事也遷國子博
士永明中魏使至有詔妙選朝士有詞辯者接

〈梁書傳二十〉　一
〈三百五十一〉

使於界首以岫兼准陰長史迎焉還遷尚書左
丞母憂去官尋起攝職出爲寧朔將軍南譙
長史南義陽太守未赴職遷右軍諮議參軍郡
如故除撫軍司馬出爲建威將軍安成內史入爲
給事黃門侍郎遷御史中丞領前軍將軍南北
宛二州大中正永元末出爲輔國將軍冠軍晉
安王長史行南徐州事義師平京邑承制徵
爲尚書吏部郎參大選梁臺建爲慶支尚書
天監五年遷散騎常侍光祿大夫侍皇太子給
爲晉陵太守秩中二千石九年入爲祠部尚書
領右驍騎將軍其年遷金紫光祿大夫加親信
二十八人十三年卒官時年七十五贈錢五萬布百
匹岫身長七尺八寸恭敬儼恪進止以禮自親
喪之後疏食布衣以終身每所居官恆以廉潔
著稱爲長城令時有梓材巾箱至數十年經貴
遂不改易在晉陵惟作牙笏笏一雙猶以爲費

扶六年領太子左衛率七年徙通直散騎侍
右衛將軍中正如故其年表致事詔不許八年出

〈梁書傳二十〉　二
〈三百卅〉

時臣隸爭求權寵惟昭及南陽宗史保身守正
無所參入竟不罹其禍明帝踐阼引昭為中書
通事舍人時居此職皆勢傾天下昭獨廉靜無所
干豫器服屢率安鹿麒糒常挿燭於板林明
帝聞之賜漆合燭盤等敕曰卿有古人之風故賜
卿古人之物累遷車騎晉安王諮議參軍尋除尚
書左丞本州大中正高祖素悉昭能建康城平
引為驃騎錄事參軍梁臺建遷給事黃門侍郎
領著作郎頃之兼御史中丞黃門著作中正垃
如故天監三年兼五兵尚書參選事四年即真
六年徙為左民尚書未拜出為建威將軍平南
安成王長史尋陽太守七年入為振遠將軍中
權長史八年遷通直散騎常侍領步兵校尉復
領本州大中正十年復為左民尚書十一年出
為信武將軍安成內史自宋已來兵亂郡
舍號凶又昭為郡郡內史夜夢見兵馬鎧甲甚
盛又聞有人云當避善人軍衆相與騰虛而逝

梁書傳二十
四
德裕
三吳州

所著文集禮論雜儀字訓行於世三子襄偉
傅昭字茂遠北地靈州人晉司隸校尉咸七世
孫也祖和之父淡善三禮知名宋世淡事宋竟
陵王劉誕誕反淡坐誅昭六歲而孤哀毀如成
人者宗黨咸異之十一隨外祖於朱雀航賣曆
司徒建安王休仁聞而悅之因欲致昭以宋
氏多故遂不往或有稱昭於廷尉虞願願乃
遣車迎昭時願宗人通之在坐並當世名流通
之贈昭詩曰英妙擅山東才子傾洛陽清塵誰
能嗣及爾邁遺芳太原王延秀薦昭於丹陽尹
袁粲粲深為所禮辟為郡主簿使諸子從昭定其
所制每經昭戶輒歎曰經其三戶寂若無人披其
帷其人斯在当得非名賢尋為總明學士奉
朝請齊永明中累遷員外郎司徒竟陵王子良
參軍尚書儀曹郎先是御史中丞劉休薦昭於
武帝永明初以昭為南郡王侍讀王嗣帝位故

梁書傳二十
三
朱

夢者驚起俄而疾風暴雨倏忽便至數間屋俱倒即夢者所見軍馬踐蹈之所也自後郡舍遂安咸以昭正直所致郡溪無魚或有暑月薦昭魚者昭既不納又不欲拒遂餧于門側十二年入為祕書監領後軍將軍十四年遷太常卿十七年出除武將軍臨海太守郡有蜜嚴寶百姓共之大可喻小乃教勿封縣令常餉粟實絹于薄下昭笑而還之普通二年入為通直散

梁書傳二十　五　朱

騎常侍光祿大夫領本州大中正尋領祕書監五年遷散騎常侍金紫光祿大夫中正如故昭所蒞官常以清靜為政不尚嚴肅居朝廷無後太守皆自封固專收其利昭以周文之囿與所請謁不畜私門生不交私利終日端居以書記為樂雖老不衰博極古今尤善人物魏晉以來官宦簿伐姻通內外舉而論之無所遺失性尤篤慎子婦嘗得家餉牛肉以進昭召其子曰食之則犯法告之則不可取而埋之其居身行已不負闇室類皆如此京師後進宗其

學重其道人人自以為不逮大通二年九月卒時年七十五詔贈錢三萬布五十匹即日舉哀諡曰貞子長子謐尚書郎臨安令次子胗映字徽遠昭弟也三歲而孤兄弟友睦修身屬行非禮不行始昭之守臨海陸倕餞之竟主俱權日昏不反映以昭年高不可連夜極樂乃自往迎候同乘而歸映之如父及昭卒映居喪之如父年踰七十哀戚過禮制雖除每言輒感慟映泛涉記傳有文才而不以

三百卅　梁書傳二十　六　德祖

篇什自命少時與劉繪蕭琛相友善繪之為南康相映時為府丞文教多令具草褚彥回聞而忱之乃屈與子賁等遊處年未弱冠彥回欲令仕映以昭未解褐固辭須昭仕乃官永元元年參鎮軍江夏王軍事出為武康令及高祖師次建康吳興太守袁昂自謂門世忠貞固守誠節乃訪於映曰卿謂時事云何映答曰元嘉之末開闢未有故太尉殺身以明節司徒當寄託之重理無苟全所以不顧夷險以殉名義今嗣主

昏虐狎近羣小親賢誅戮君子道消外難屢
作曾無悛改令荊雍協舉乘據上流背昏向明
勢無不濟百姓思治天人之意可知既明且哲
忠孝之途無爽顧明府更當雅慮無祗悔也尋
以公事免天監初除征虜鄱陽王參軍建安王
權錄事參軍領軍長史鳥程令所受俸祿悉歸
于兄復爲臨川王錄事參軍南臺治書安成王
錄事太子洗馬校尉累遷中散大夫光祿卿太
中大夫大同五年卒年八十三子弘

梁書傳二十　七　陳壽

蕭琛字彥瑜蘭陵人祖僧珍宋廷尉卿父惠
訓太中大夫琛年數歲從伯惠開撫其背曰
必興吾宗琛而朗悟有縱橫才辯所識負其
學博士時王儉當朝琛年少未爲儉所識負其
才氣欲候儉時儉宴于樂遊苑琛乃著虎皮靴
策桃枝杖直造儉坐與語大悅儉爲丹陽尹
辟爲主簿舉爲南徐州秀才累遷司徒記室永
明九年魏始通好琛再銜命至桑乾還爲通直
散騎侍郎時魏遣李道固來使齊帝讌之琛於

御筵舉酒勸道固道固不受曰公庭無私禮不
容受勸琛答曰詩所謂爾我公田遂及我私
座者皆服道固乃受琛酒遷司徒右長史出
爲晉熙王長史行南徐州事還兼少府卿尚書
左丞東昏初嗣立時議以無廟見之典於是從
高祖定京邑引爲驃騎諮議領錄事遷給事
黃門侍郎梁臺建爲御史中丞天監元年遷庶
子出爲宣城太守徵爲衛尉卿俄遷員外散騎

梁書傳二十　八　董晨

常侍三年除太子中庶子散騎常侍九年出爲
寧遠將軍平西長史江夏太守始琛在宣城有
北僧南度惟齎一葫蘆中有漢書序傳僧曰三
輔舊老相傳以爲班固眞本琛求得之其書
多有異今者而紙墨亦古文字多如龍舉之例
非隸非篆琛甚祕之及是行也以書贈鄱陽王
範範乃獻于東宮琛尋遷安西長史南郡太守
母憂去官又丁父艱起爲信武將軍護軍長史
俄爲貞毅將軍太尉長史出爲信威將軍東陽

太守遷吳興太守郡有項羽廟土民名為憤王
甚有靈驗遂於郡廳事安施牀幕為神座公
私請禱前後二千石皆於廳事拜祠而避居他室琛
至徙神還廟處之不疑又禁殺牛解祀以脯代肉
元年徵為宗正卿遷左驍騎將軍領軍
琛頻位大郡不治產業有闕則取不以為嫌普通
正太子右衛率徙度支尚書領南徐州大中
將軍轉祕書監後軍將軍遷侍中高祖在西邸
早與琛狎每朝讌接以舊恩呼為宗老琛亦奉

陳昔恩以早筵中陽凤叅同開雖迷興運猶荷
洪慈上答曰雖云早契闊乃自非同志勿談興
運初且道狂奴率宦少壯三好音律書
酒年長以來二事都廢性書籍不衰而琛性
通脫常自解竈事畢飯餘必陶然致醉大通二
年為金紫光祿大夫加特進給親信三十人中大
通元年為雲麾將軍晉陵太守秩中二千石以
疾自解改授侍中特進金紫光祿大夫卒年五
十二遺令諸子與妻同墳異藏祭以蔬菜葬

日止車十乘事存率素乘輿臨哭甚哀詔贈
本官加雲麾將軍給東園祕器朝服一具衣一襲
賻錢二十萬布百匹諡曰平子
陸杲字明霞吳郡吳人祖徵宋輔國將軍益州
刺史父龢揚州治中杲少好學工書畫舅張融
有高名杲風韻舉動頗類於融時稱之曰無對
日下惟舅與甥王僉主簿遷尚書殿中曹郎拜
舍人衞軍王僉主簿遷尚書殿中曹郎拜八
座丞郎立到上省交禮而杲至晚乃不及時刻坐

免官久之以為司徒竟陵王外兵叅軍遷征虜
宜都王功曹史驃騎晉安王諮議叅軍司徒從
事中郎梁臺建以為驃騎記室叅軍遷相國西
曹掾天監元年除撫軍長史母憂去職服闋拜
建威將軍臨川王諮議叅軍尋遷黃門
侍郎右軍安成王長史五年遷御史中丞杲性
婞直無所顧望山陰令虞肩在任贓污數百萬
杲奏收治中書舍人黃睿之以肩事託杲杲不
答高祖聞之以問杲杲答曰有之高祖曰卿識睦

之不杲答曰臣不識其人時睦之在御側上指
示杲曰此人是也杲謂睦之曰君小人何敢以
罪人屬南司睦之失色領軍將軍張稷是杲從
舅杲嘗以公事彈稷稷因侍宴訴高祖曰陸
杲是臣親小事彈臣不貸高祖曰杲職司其
事卿何得為嫌杲在臺號稱不畏彊禦六年
遷祕書監頃之為太子中庶子光祿卿八年出為
義興太守在郡寬惠為民下所稱還為司空臨
川王長史領揚州大中正十四年遷通直散騎

侍郎俄遷散騎常侍中正如故十五年遷司徒
左長史十六年入為民尚書遷太常卿普通
二年出為仁威將軍臨川內史中大通元年加特進金紫光
祿大夫又領揚州大中正如故四年卒時年七十四諡曰質子杲素
信佛法持戒甚精著沙門傳三十卷弟煦學
涉有思理天監初歷中書侍郎尚書左丞太子
家令卒撰晉書未就又著陸史十五卷陸氏驪
泉志一卷並行於世子罕少篤學有文才仕至

太子中庶子光祿卿

史臣曰范岫傅昭並篤行清恪善始令終斯石
建石慶之徒矣蕭琛陸杲以才學著名琛
朗悟辯捷加諧究朝典高祖在田與琛遊舊
及踐天曆任遇甚隆美矣杲性婞直無所忌憚
既而執法憲臺糾繩不避權幸可謂允茲正色
詩云彼己之子邦之司直杲其有焉

列傳第二十

陸倕
到洽
明山賓
殷鈞
陸襄

　陸倕字佐公吳郡吳人也晉太尉玩六世孫祖
子真宋東陽太守父慧曉齊太常卿倕少勤學
善屬文於宅內起兩間茅屋杜絕往來晝夜讀
書如此者數載所讀一遍必誦於口嘗借人漢
書失五行志四卷乃暗寫還之略無遺脫幼為
外祖張岱所異常謂諸子曰此兒汝家之陽
元也十七舉本州秀才刺史竟陵王子良開西
邸延英俊倕亦預焉辟議曹從事參軍盧陵
王法曹行參軍天監初為右軍安成王外兵參
軍轉主簿倕與樂安任昉友善為感知已賦以
贈昉昉因此名以報之曰信偉人之世篤本疾

服於陸鄉緼風流與道素龍裳袞衣與繡裳還
伊人而世載立三駿而龍光過龍津而一息望鳳
條而曾翔彼白玉之雖此幽蘭之信芳思在
物而取譬非斗斛之能量匹登峰於東岳比崤
屬於秋霜不一飯以妄過每三錢以投渭匪蒙徙
之敢嘆豈潘彀之能衣既縕藉其有餘文淡然
而糜雕似子雲之不朴冠眾善而貽操綜群言
而名學折高戴於后臺異鄒顏平董幃採三詩
而無味得意同平卷懷違方似平仗叔
於河間訪九師於淮曲術兼口傳之書藝云廣
鏘鏘之樂時坐睡而梁縣裁枝梧而鎚握既文
過而意深又理勝而辭綢咨余生之荏苒迫歲
暮而傷情測祖陰於堂下聽鳴鍾於洛城唯志
年之陸子定一遇於班荊余獲田蘇之價爾得
海上之名信落魄而無產終長對於短生飢虛
衷於徐步逃責顯於疾行子比我於叔則又方
余於耀卿心照情交流言靡感萬類闇求千里
懸得言象可廢蹄筌自黙居非連棟行則同

車冬日不足夏日靡餘有核非餌絲竹豈娛
我未捨駕子已回輿中飯相顧悵然動色邦壤
既殊離會莫測存異山陽之居沒非要離之側
似膠投漆中離巢豈能識其為士友所重如此
遷驃騎臨川王東曹掾是時禮樂制度多所創
革高祖雅愛僮才乃敕撰新漏刻銘其文甚美
奏之敕曰太子中舍人管東宮書記又詔為石關銘記
典雅足為佳作昔虞丘辨物邯鄲獻賦賞以金
帛前史美談可賜絹三十四遷太子庶子國子
博士母憂去職服闋為中書侍郎給事黃門
侍郎揚州別駕從事史以疾陳解遷馮翊卿入
為吏部郎參選事出為雲麾晉安王長史尋陽
太守行江州府州事以公事免左遷中書侍郎
司徒司馬太子中庶子廷尉卿又為中庶子加
給事中揚州大中正復除國子博士中庶子中
正立如故守太常卿中正如故普通七年卒年
五十七文集二十卷行於世第四子續早慧十

歲通經為童子奉車郎卒
到洽字茂㳂彭城武原人也宋驃騎將軍彥之
曾孫祖仲度驃騎江夏王從事中郎父坦齊中
書郎洽年十八為南徐州迎西曹行事洽少知名
清藻言有才學士行謝朓文章盛於時見洽深
相賞好日引與談論每謂洽曰君非直名人乃
亦兼資文武朓後為吏部洽去職朓欲薦洽
觀世方亂深自幽居
遂築室巖阿幽居者積歲樂安任昉有知之
子曰下無雙遂申拜親之禮天監初詔洽於田舍見之歎曰此
擢用洽尤見知賞從弟沆亦相與齊名高祖問
待詔遲日到洽何如沆遲對曰正清過於
沆文章不減洽加以清言殆將難及即召為太
子舍人御華光殿詔洽及沆蕭琛任昉侍讌賦
二十韻詩以洽辭為工賜絹二十匹高祖謂昉曰
諸到可謂才子昉對曰臣常竊議宋得其武
梁得其文二年遷司徒主簿直待詔省敕使

抄甲部書五年遷尚書殿中郎洽兄弟羣從
遞居此職時人榮之七年遷太子中舍人與庶
子陸倕對掌東宮管記俄為侍讀侍讀省仍
置學士二人洽復充其選九年遷國子博士十四
年入為太子家令遷給事黃門侍郎兼國子博
撰太學碑十二年出為臨川內史在郡稱職十
十六年遷太子中庶子普通元年以本官領
博士頃之入為尚書吏部郎請託一無所行俄
遷貟外散騎常侍復領博士母憂去職五年

梁書傳二十二　五　王志

復為太子中庶子領步兵校尉未拜仍遷給事
黃門侍郎領尚書左丞進繩不避貴戚尚書省
賄賂莫敢通時蔡興宗欲親戎軍國容禮多自洽
出六年遷御史中丞彈糾無所顧望號為勁直
當時蕭清以公事左降猶居職舊制中丞不得
入尚書下舍洽兄溉為左民尚書洽引服親不應
有礙刺省詳決左丞蕭子雲議許入溉省亦以
其兄弟素篤不能相別也七年出為貞威將軍
雲麾長史尋陽太守大通元年卒於郡時年

五十一贈侍中諡曰理子昭明太子與晉安王
諱令曰明比究到長史遂相係凋落傷悼悲
愴不能已巳去歲陸太常殂歿今茲二賢長謝
陸生資忠履貞貞自然直上明公儒學稽古淳厚
流高情勝氣該四始學遍九
篤誠立身行道始終如一儻值夫子必升孔堂到
子風神開爽文義可觀當官莅事介然無私
皆海內之俊乂東序之秘寶此之嗟惜更復何
論但遊處周旋歲序遷淹忠規豈可勝

梁書二十一　六　王志

說辛免祇悔寶二三子之力也談對如昨音言
在耳零落相仍皆成異物每一念至何時可言
天下之寶理當惻愴近張新安又致故其人文
筆弘雅亦足嗟惜隨弟府朝東西日久當
傷懷也比人物零落特可傷愴屬有令信乃復
及之洽文集行於世子伯淮仲舉
明山賓字孝若平原鬲人也父僧紹隱居不
仕宋末國子博士徵不就山賓七歲能言名理
十三博通經傳居喪盡禮服闋州辟從事史

起家奉朝請兄仲璋嬰痼疾家空山賓
乃行千祿齊始安王蕭遙光引為撫軍行參
軍後為廣陽令頃之去官義師至高祖引為
相府田曹參軍梁臺建為尚書駕部郎遷治書
侍御史右軍記室參軍掌治吉禮時初置五經
博士山賓首膺其選遷北中郎諮議參軍侍
皇太子讀累遷中書侍郎國子博士太子率更
令中庶子博士如故天監十五年出為持節督
緣淮諸軍事征遠將軍北兗州刺史普通二
年徵為太子右衛率加給事中遷御史中丞以
公事左遷黃門侍郎司農卿四年遷散騎常侍領
青冀二州大中正東宮新置學士又以山賓居之
俄以本官兼國子祭酒初山賓在州所部平陸縣
不稔啟出倉米以贍人後刺史檢州曹失簿書以
山賓為耗闕有司追責籍其宅入官山賓默不自
理更市地造宅昭明太子聞築室不就有令曰明
祭酒雖出撫大藩擁旄推轂金拖紫而恒事屢
空聞構宇未成令送薄助并貽詩曰平仲古稱奇

夷五吾昔檀美令則挺伊賢東秦固多士築室非
道傍置宅歸仁里庚桑方有係原生今易擬必
來三遷人將招三遷士山賓性篤實家中嘗多用
貨所乘牛既售受錢乃謂買主曰此牛經患漏蹄
治差已久恐後脫發無容不相語買主遽追取
錢慮士阮孝緒聞之歎曰此言足使還淳反朴激
薄停澆矣五年又為國子博士常侍中正如故其
年以本官假節權攝北兗州事大通元年卒時年
八十五詔贈侍中信威將軍諡曰質子昭明太子為
舉哀賻錢十萬布百匹并使舍人王顒監護喪
事又與前司徒左長史殷芸令曰北兗信至明常
侍遂至殞逝聞之傷怛此賢儒術該通志用稽
古溫厚淳和倫雅弘篤授經以來洊十二紀若其
上交不諂造膝忠規非顯外迹得之胷懷者蓋亦
積矣攝官連率行當言歸不謂長往臥疾晦日
追憶談緒皆為悲端往矣如何昔經聯事理當
酸愴也山賓累居學官甚有訓導之益然性頗
疎通接於諸生多所狎比人皆愛之所著吉禮儀

注二百二十四卷禮儀二十卷孝經喪禮服義十
五卷子震字與道亦傳父業歷官大學博士太
子舍人尚書祠部郎餘姚令

殷鈞字季和陳郡長平人也晉太常融八世孫父
叡有才辯知名齊世歷官司徒從事中郎叡妻
為鎮北長史河南太守叡誅叡并見害鈞以叡
王奐女奐為雍州刺史鎮北將軍乃言於朝時年九
歲以孝聞及長恬靜簡交遊好學有思理善
隸書為當時楷法南郡范雲樂安任昉並稱

賞之高祖與叡少舊故以女妻鈞即永興公
也天監初拜駙馬都尉起家祕書郎太子舍人
司徒主簿祕書丞鈞在職啟校定祕閣四部書
更為目録又受詔料檢西省法書古迹別為品
目遷驃騎從事中郎中書郎太子家令堂東
宮書記頃之遷給事黃門侍郎中庶子尚書吏
部郎司徒左長史侍中東宮置學士復以鈞
為之公事免復為中庶子領國子博士左驍騎將
軍博士如故出為明威將軍臨川內史鈞體羸多

疾閉閣卧治而百姓化其德劫盜皆奔出境會
禽劫帥不加考掠但和言誚責劫帥稽顙乞改
過鈞便命遣之後遂為善人郡舊多山瘴疫更
暑必動自鈞在五郡境無復瘴疾母憂去職居
喪過禮昭明太子憂之手書誡喻曰知比諸德
哀頓為過又所進殆無一溢甚以酸耿自
遣割故有及并令繆道臻具書鈞答曰奉賜手
深指故宗賁是寄毀瘠果疏少加勉彊憂懷既

令井繆道臻宣旨伏讀感咽肝心塗地小人無
情動不交禮但稟生庸劣假推年歲罪戾所鍾
復加橫疾頃者綿微守盡昬漏目亂玄黃心
迷哀樂惟救危苦未能以遂理自制薑桂之
滋實聞前典不避梁肉復奉令慈臣亦何人降
此憂慇謹當循復聖旨思自補續如脫弱不
由其造服闋遷五兵尚書猶以頓療經時不
堪拜受乃更授散騎常侍領步兵校尉侍東
宮尋改領中庶子昭明太子薨官屬罷又領石

游擊除國子祭酒常侍如故中大通四年卒時

年四十九謚曰貞子二子構渥

陸襄字師卿吳郡吳人也父閒齋始安王遙

光揚州治中永元末遙光據東府作亂或勸

閒去之閒曰吾為人吏何所逃死臺軍攻陷城閒

見執將刑第二子綏求代死不獲遂以身蔽刃

刑者俱害宮之哀痛父兄之酷喪過于禮服釋後

猶若居憂天監三年都官尚書范岫表薦襄

起家擢拜著作佐郎除永寧令秩滿累遷司

空臨川王法曹外兵輕車盧陵王記室癸軍昭明

太子聞襄業行啟高祖引與遊處除太子洗馬

遷中舍人並掌管記出為揚州治中襄父終此

官固辭職高祖不許聽與府司馬換屏居之昭

明太子敬者老襄每年將八十與弟蕭琛傳昭陸

杲每月常遣存問加賜珍羞衣服襄母嘗卒

患心痛醫方須三升粟漿是時冬月日又過暮

求索無所忽有老人詣門貨漿量如方劑始欲

酬直無何失之時以襄孝感所致也累遷國子

博士太子家令復掌管記母憂去職襄年已

五十毀頓過禮太子憂之日遣使誡喻服闋除

太子中庶子復掌管記中大通三年昭明太子薨

官屬罷妃蔡氏別居金華宮以襄為中散大夫

領步兵校尉金華宮家令知金華宮事七年出為

鄱陽內史是郡民鮮于琛服食脩道法嘗入

山採藥拾得五色幡毦又於地中得石璽竊怪

之琛先與妻別室望琛所飲常有異氣益以為

神大同元年遂結其門徒殺廣晉令王筠疏上

願元年署置官屬其黨轉相誑惑有眾萬餘

人將出攻郡襄先已帥民吏脩城隍為備禦及賊

至連戰破之生獲琛餘眾逃散時隣郡豫章安

成等守宰案治黨與因求賄貨皆不得其實或

有善人盡室離禍惟襄郡部枉直無濫民作

歌曰鮮于平後善惡分民無枉死賴有陸君

又有彭李二家先因忿諍遂相誣告襄引入內

室不加責誚但和言解喻之二人感恩深悔

乃為設酒食令其盡歡酒罷同載而還因相親

厚民又歌曰陸君政無怨家闔旣罷雖共車在
政六年郡中大治民李晼等四百二十人詣闕
拜表陳襄德化求於郡立碑降勑許之又表乞留
襄襄固求還還徵爲吏部郎遷祕書監領揚州大
中正太淸元年遷度支尚書中正如故二年侯景
舉兵圍宮城以襄直侍中省三月城陷襄
逃還吳賊尋寇東境没吳郡景將宋子仙進攻
錢塘會海鹽人陸襄舉義有衆數千人夜出襲
郡殺僞太守蘇單于推襄行郡事時淮南太守

年彥明

文成矦蕭寧逃賊入吳襄遣迎寧爲盟主遑
黯及兄子映公帥衆拒子仙子仙聞兵起乃退還
與黯等戰於松江黯敗走吳下軍聞之亦各奔散
襄歷干墓下一夜憂憤卒時年七十襄弱冠
遭家禍終身疏食布衣不聽音樂口不言殺
害五十許年矦景平世祖追贈侍中雲麾將軍
以建義功追封餘十縣矦邑五百戶
陳吏部尚書姚察曰陸倕博涉文理到洽匪躬
貞勁明山賓儒雅篤實殼鈞靜素恬和陸襄

淳深孝性雖任遇有異皆列於名臣矣

列傳第二十一

梁書二十七

散騎常侍姚　思廉　撰

裴邃　兄子之高　之平　之横
夏侯亶　弟夔　魚弘
韋放

裴邃字淵明河東聞喜人魏襄州刺史綽之後
也祖壽孫寓居壽陽為宋武帝前軍長史父仲
穆驍騎將軍邃十歲能屬文善左氏春秋齊建
武初刺史蕭遙昌引為府主簿壽陽有八公山

三百七十　梁書傳二十八　一　德裕

廟遙昌為立碑使邃為文甚見稱賞舉秀才對
策高第奉朝請東昏踐祚始安王蕭遙光為撫
軍將軍揚州刺史引邃為參軍後遙光敗邃還
壽陽值刺史裴叔業以壽陽降魏豫州豪族皆
被驅掠邃遂隨眾北徙魏主宣武帝雅重之以
為司徒屬中書郎魏郡太守魏遣王肅鎮壽陽
邃固求隨蕭密圖南歸天監初自拔還朝除後
軍諮議參軍邃求邊境自効以為輔國將軍
廬江太守時魏將吕頗率眾五萬奄來攻郡邃

率麾下拒破之加右軍將軍五年征邵陽洲魏
人為長橋斷淮以濟邃築壘逼橋每戰輒克
於是密作没突艦會甚雨淮水暴溢邃乘艦徑
造橋側魏眾驚潰邃乘勝追擊大破之進克
羊石城斬城主元康又破霍丘城斬城圭審永仁
平小峴攻合肥以功封夷陵縣子邑三百戶遷冠
軍長史廣陵太守邃與鄉人共入魏攻宿預
帝王功業其妻甥王篆之密啟高祖云裴邃多
大言有不臣之迹由是左遷為始安太守邃志欲

三百三十　梁書傳二十八　二　德裕

立功邊陲不願閑遠乃致書於吕僧珍曰昔阮
或顏延有二始之歎吾才不逮古人今為三始
非其願也將如之何未及至郡會魏攻宿預詔
邃拒為行次直瀆魏眾退邃右軍諮議參軍豫
章王雲麾府司馬率所領助守石頭出為竟陵
太守開置屯田公私便之遷為游擊將軍西戎校尉
直閤將軍尋遷假節明威將軍朱衣
比梁秦二州刺史復開創屯田數千頃倉廩盈
寄省息邊運民吏獲安乃相率餉絹千餘匹邃

從容曰汝等不應爾吾又不可逆納其絹二匹
而巳還爲給事中雲騎將軍矢衣直閤將軍
遷大匠卿普通二年義州刺史文僧明以州叛
入於魏魏軍來援以遂爲假節武將軍督衆
軍討焉遂深入魏境從邊城道出其不意魏所
署義州刺史封義州平除持節督北徐州諸軍
城壽面縛請降義州未之職又遷督豫州北
事信武將軍北徐州刺史鎮合肥四年進號
豫霍三州諸軍事豫州刺史

宣毅將軍是歲大軍將北伐以遂督征討諸軍
事率騎三千先襲壽陽九月壬戌夜至壽陽攻
其郛斬關而入一日戰九合爲後軍蔡秀成失
道不至遂以援絕技還於是遂復整兵收集士
卒令諸將各以服色相別遂自爲黃袍頭沙陵
狄立麾城黎漿等城皆技之屠安成馬頭沙陵
等成是冬始修苟陂明年復破魏新蔡郡略
地至于鄭城汝潁之間所在響應魏壽陽守
將長孫稚河間王元琛率衆五萬出城挑戰遂

勒諸將爲四甄以待之令直閤將軍李祖憐僞
遁以引稚等悉衆追之四甄競發魏衆大敗
斬首萬餘級稚等奔走閉門自固不敢復出其年
五月卒於軍中追贈侍中左衛將軍給鼓吹一
部進尉爲候增邑七百戶謚曰烈遂少言笑沈
深有思略爲政寬明能得士心居身方正有威
重將吏憚之遂不死洛陽不足技也子之禮字子
流涕以爲遂不死洛陽不足技也子之禮字子
義自國子生推弟補郡陵王國左常侍信威行參

軍王爲南兗除長流參軍未行仍留宿衛補直
閤將軍丁父憂服闋襲封因請隨軍討壽陽除
雲麾將軍遷散騎常侍又別攻魏廣陵城平之
除信武將軍西豫州刺史加輕車將軍除黃門
侍郎遷中軍宣城王司馬尋爲都督北徐
三州諸軍事信武將軍北徐州刺史徵太子左
衛率兼衛尉卿轉少府卿卒謚曰壯子政承聖
中官至給事黃門侍郎江陵陷隨例入西魏
之高字如山遂兄中散大夫髭之子也起家州

從事新都令奉朝請遷參軍頗讀書少負意氣
常隨叔父遂征討所在立功甚為遂所器重戎
政咸以委焉為壽陽之役遂卒于軍所之高隸夏
侯蔓平壽陽仍除平北豫章長史梁郡太守封
都城縣男邑二百五十戶時魏汝陰來附敕之
高應接仍除假節飆勇將軍潁州刺史士民夜
反踰城而入之高率家僮與麾下奮擊賊乃
散走父憂還京起光遠將軍合討陰陵盜賊
平之以為譙州刺史又還為左軍將軍出為南譙

【梁書傳二十二　五　德裕】

太守監北徐州遷員外散騎常侍尋除雄信將
軍西豫州刺史餘如故侯景亂之高揔督
南豫州刺史鄱陽嗣王範命之高揔督江右援
車諸軍事頓于張公洲柳仲禮至橫江之高道
舡舸二百餘艘迎致仲禮與韋粲等俱會青塘
立營據建興死及城陷之高還合肥與鄱陽王
範西上稍至新蔡眾將一萬未有所屬元帝遣
蕭慧正召之以為侍中護軍將軍到江陵承制
除特進金紫光祿大夫卒時年七十三贈侍中

儀同三司鼓吹一部諡曰恭子緒累官太子右
衛率雋州刺史西魏攻陷江陵緒力戰死之
之平字如原之高第五弟少亦隨遂征討以軍
功封都亭侯歷武陵王常侍扶風弘農二郡太
守不行除譙州長史陽平太守拒侯景城陷後
遷散騎常侍右衛將軍太子詹事
之橫字如岳之高第十三弟也少好賓遊重氣
俠不事產業之高以其縱誕乃為狹被疏食以
激屬之之橫歎曰大丈夫富貴必作百幅被遂

【梁書傳二十二　六　德裕】

與僮屬數百人於芍陂大營田墅遂致殷積太
宗在東宮聞而要之以為河東王常侍直殿主
帥遷直閤將軍侯景亂出為貞威將軍隸鄱陽
王範討景景濟江仍與範長子嗣入援連營度
淮據東城京都陷退還合肥與範訴流赴溢城
景遣任約上逼晉熙範令之橫下援未及至範
薨之橫乃還時尋陽王大心在江州範副梅思
立密要大心襲溢城之橫斬思立而拒大心大心
以州降景之橫率眾與兄之高同歸元帝承制

除散騎常侍廷尉卿出為河東内史又隨王僧
辯拒侯景於巴陵景退遷持節平北將軍東徐
州刺史中護軍封豫寧侯邑三千戶又隨僧辯
追景平鄧魯江等州恒為前鋒陷陣仍至石
頭破景景東奔僧辯與杜崱入守臺城
納將李賢明遂平之又隷王僧辯討焉於陣斬
及陸納據湘州叛又破武陵王於硤口還除吳
興太守李賢乃作百幅被以成其初志後江陵陷齊
遣上黨王高渙挾貞陽侯攻東關晉安王諱承

制以之橫為使持節鎮北將軍徐州刺史都督
衆軍給鼓吹一部出守蘄城之橫營壘未周而
魏軍大至兵盡矢窮遂於陣没時年四十一贈
侍中司空公謚曰忠壯子鳳寶嗣
夏侯亶字世龍車騎將軍詳長子也齊初起家
奉朝請求元末詳為西中郎南康王司馬隨府
荊州宣留京師為東昏聽政主帥及崔惠景作
亂亶以捍禦功除驍騎將軍及高祖起師與
長史蕭穎胄協同義舉密遣信下都迎宣宣

乃薦宣德皇后令令南康王纂承大統封十郡
為宣城王進位相國置僚屬選百官建康城平
以亶為尚書吏部郎俄遷侍中領右
監元年出為宣城太守尋入為散騎常侍領諸
驍騎將軍父憂解職居喪盡禮廬于墓側遺財悉推諸
弟八年起為持節督司州諸軍事信武將軍司
州刺史領安陸太守服闋襲封豐城縣公居州
甚有威惠為邊人所悅服十二年以本號還朝
除都官尚書遷給事中右衛將軍領豫州大中

正十五年出為信武將軍安西長史江夏太守
十七年入為通直散騎常侍太子右衛率遷左
衛將軍領前軍將軍俄出為明威將軍吳興太
守在郡復有惠政吏民圖其像立碑頌美焉普
通三年入為散騎常侍領右驍騎將軍轉大府卿
常侍如故以公事免未幾優詔復職五年遷中護
軍六年大舉北伐先遣豫州刺史裴遂帥譙州
刺史湛僧智歷陽太守明紹世南譙太守魚弘

晉熙太守張澄並世之驍將自南道伐壽陽城未
克而遂卒乃加亘使持節馳驛代遂與魏將河間
王元琛臨淮王元彧等相拒頻戰克捷尋有密
敕班師合肥以休士馬須堰成復進七年夏淮
堰水盛壽陽城將沒高祖復遣前道軍元樹帥
彭寶孫壽陽城將没魏軍夾肥築城出亘軍
等通清流澗陳慶之等稍進亘帥湛僧智魚弘張澄
後亘與僧智還襲破之進攻黎漿貞威將軍章
放自比道會為兩軍既合所向皆降下凡降城五

十二獲男女口七萬五千人米二十萬石詔以
壽陽依前代置豫州合肥鎮改為南豫州以亘
為使持節都督豫州緣淮南豫霍義定五州諸
軍事雲麾將軍豫南豫二州刺史壽春久離兵
荒百姓多流散亘輕刑薄賦務農省役頃之民
戶充復大通二年進號平北將軍三年卒於州
鎮高祖聞之即日素服舉哀贈車騎將軍諡曰
襄州民夏侯簡等五百人表請為亘立碑置祠
詔許之亘為人美風儀寬厚有器量涉獵文史

辯給能專對宗人夏侯溢為衡陽內史辭曰亘
侍御坐高祖謂亘曰夏侯溢於卿疏近亘答曰
是臣從弟高祖知溢於亘疏乃曰卿倆人好
不辯族時以為能對曰臣聞服屬易疏不忍言
族時以為能對曰亘歷為六郡三州不修產業祿
賜所得隨散親故性儉率居處儉簡用充足而已
不事華侈晚年頗好音樂有妓妾十數人並無
被服姿容每有客常隔簾奏之時謂簾為太
侯妓衣也亘二子誼損誼襲封豐城公歷官太

子舍人洗馬太清中侯景入冠誼與弟損帥部
曲入城並卒圍內

蒼字季龍亘弟也起家齊南康王府行參軍
中書郎遷司徒屬天監元年為太子洗馬中舍人
普通元年為邵陵王信威長史行府國事其年
出為假節征遠將軍隨機北討還除給事黃門
侍郎二年副裴遂討義州平之三年代兄亘為
吳興太守尋遷假節征遠將軍西陽武昌二郡

太守七年徵為衛尉未拜改授持節督司州諸
軍事信武將軍司州刺史領安陸太守八年敕
夔帥壯武將軍裴之禮直閤將軍任思祖出義
陽道攻平靜穆陵陰山三關克之是時譙州刺
史湛僧智圍魏東豫州刺史趄授僧智慶和於
其郢魏僧智斷魏軍歸路慶和於內築柵以
自武陽會僧智斷魏軍歸路慶和志
自固及夔至遂請降夔讓僧智僧智曰慶和志
欲降公不願降夔令往必乘其意且僧智所
將為合募人不可御之以法公持軍素嚴必無
犯令受降納附深得其宜於是夔乃登城拔魏

三百卅
梁書傳二十二
十二
德祿

幟建官軍旗鼓眾莫敢妄動慶和束兵以出軍無
私焉凡降男女口四萬餘人粟六十萬斛餘物稱
是顯伯聞之夜遁眾軍追之生擒二萬餘人斬
獲不可勝數詔以僧智領東豫州鎮廣陵夔引
軍屯安陽夔又遣偏將屠楚城盡俘其眾由是
義陽北道遂與魏絕二年魏郢州刺史元樹引
請降高祖敕郢州刺史元樹往迎願達夔亦自

楚城會之遂留鎮焉詔改魏郢州為北司州以
夔為刺史兼督司州三年遷使持節進號仁威
將軍封保城縣侯邑二千五百戶中大通二年
徵為右衛將軍丁所生母憂去職時魏元樹帥
刺史劉明以譙城入附詔遣鎮北將軍元樹帥
軍應接起夔為雲麾將軍隨機北討尋授使持
節督南豫州諸軍事南豫州刺史南豫州刺史
節督豫淮陳潁建霍義七州諸軍事豫州刺史
豫州積歲寇戎人頗失業夔乃帥軍人於蒼陵
立堰溉田千餘頃歲收穀百餘萬石以充儲備
兼贍貧人境內賴之夔兄亶先經此任者是夔
又居焉兄弟並有恩惠於鄉里百姓歌之曰我
之有州頻仍夏侯前兄後弟布政優優在州七
甚有聲績遠近多附之有部曲萬人馬二千四
並服習精強為當時之盛性奢豪後房伎妾曳
羅縠飾金翠者亦有百數愛好人士不以貴勢
自高文武賓客常滿坐時亦以此稱之大同四
年卒於州時年五十六有詔舉哀贈錢二十萬

三百卅
梁書傳二十二
十二
德裕

08-242

布二百四匹追贈侍中安北將軍謚曰桓子諶嗣

官至太僕卿諶弟譖少羸險薄行常停鄉里領

其父部曲為州助防剌史蕭淵明引為府長史

淵明彭城戰沒復為侯景長史景尋舉兵反譖

前驅濟江頓兵城西士林館破掠邸第及居人

富室子女財貨畧有之淵明没魏其妾並居人

於王阮並有國色淵明没魏其妾並還章

至破第納焉

魚弘襄陽人身長八尺白晳美姿容累從征討

常為軍鋒歷南譙盱眙竟陵太守常語人曰我

為郡所謂四盡水中魚鱉盡山中麞鹿盡田中

米穀盡村里民庶盡丈夫生世如輕塵栖弱草

白駒之過隙人生權樂富貴幾何時於旦忽意

酣賞侍妾百餘人不勝金翠服翫車馬皆窮一

時之絕還為平西湘東王司馬新興永寧二郡

太守卒官

韋放字元直車騎將軍叡之子初為齊晉安王

寧湖迎主簿高祖臨雍州又召為主簿放身長

七尺七寸鬢帶八圍容貌甚偉天監元年為盱

眙太守遷除通直郎尋為輕車晉安王中兵參

軍遷鎮右始興王諮議參軍以父憂去職服闋

襲封求昌縣侯出為輕車南平王長史襄陽太

守轉假節明威將軍竟陵太守在郡和理為吏

民所稱六年大舉北伐以放為貞威將軍與胡

龍牙會曹仲宗進軍自北道會壽春尋遷雲麾

南康王長史尋陽太守放累為藩佐並著聲績

克高祖復使帥師自北道會之黎將漿不

普通八年高祖遣兼領軍曹仲宗等攻渦陽又

以放為明威將軍師會之魏大將軍費穆帥衆

奄至放軍營未立廡下止有二百餘人放從弟

洵驍果有勇力一軍所杖放令洵單騎擊剌屢

折魏軍洵亦被傷不能進放胄又三貫流矢

衆皆失色請放突去放屬聲呌之曰今日唯有

死耳乃免胄下馬據胡床處分於是士皆殊死

戰莫不一當百魏遂退放逐北至渦陽魏又

遣常山王元昭大將軍李獎乞佛寶費穆等衆五

萬求援放率所督將陳慶趙伯超等夾擊大破
之渦陽城主王偉以城降放乃登城簡出降口四
千二百人器仗充牣又遣降人三十分報李將費
穆等魏人棄諸營壘一時奔潰衆軍乘之斬獲
略盡擒穆弟超并王偉送於京師還為太子右
衛率轉通直散騎常侍出為持節督梁南秦二
州諸軍事信武將軍梁南秦二州刺史中大通二
年徙督北徐州諸軍事北徐州刺史增封四百
戶持節將軍如故在鎮三年卒時年五十九謚

曰宜侯放性弘厚篤實輕財好施於諸弟尤雍
睦每將遠別及行役初還常同一室臥起時稱
為三姜初放與吳郡張率皆有側室懷孕因指
為婚姻其後各產男女未及成長而率亡遺嗣
孤弱放常贍恤之及為北徐州時有勢族請姻
者放曰吾不失信於故友乃以息岐娶率女又
以女適率子時稱放能篤崔昌長子粲嗣別有傳

史臣曰裴邃之詞采早著兼思略沈深夏侯亶
之好學辯給夔之奢豪愛士韋放之弘厚篤行

並遇主逢時展其才用矣及牧州典郡破敵安
邊感著功績允文武之任蓋梁室之名臣歟

列傳第二十二　　　　梁書二十六

高祖三王

散騎常侍姚　思廉　撰

高祖八男丁貴嬪生昭明太子統太宗簡文皇
帝盧陵威王續阮脩容生世祖孝元皇帝吳淑
媛生豫章王綜董淑儀生南康簡王績丁充華
生郡陵攜王綸葛脩容生武陵王紀綜及紀別
有傳

南康簡王績字世謹高祖第四子天監八年封
南康郡王邑二千戶出為輕車將軍領石頭戍
軍事十年遷使持節都督南徐州諸軍事南徐州
刺史進號仁威將軍績時年七歲主者有受貨
洗改解書長史王僧孺弗之覺績見而輒詰之
便即時首服衆咸歎其聰警言十六年徵為宣毅
將軍領石頭戍軍事十七年出為使持節都督
南北兗徐青冀五州諸軍事南兗州刺史在州
著稱尋有詔徵還民曹嘉樂等三百七十人詣
闕上表稱績尤異二十五條乞留州任優詔許

之進號北中郎將普通四年徵為侍中雲麾將
軍領石頭戍軍事五年出為使持節都督江州
諸軍事江州刺史丁董淑儀憂居喪過禮高祖
手詔勉之使攝州任固求解職乃徵授安右將
軍領石頭戍軍事尋加護軍羸瘠弗堪視事大
通三年因感病薨于任時年二十五贈侍中
軍將軍開府儀同三司給鼓吹一部諡曰簡績
寡玩好少嗜慾居無僕妾躬事約儉所有租秩
悉寄天府及薨後府有南康國無名錢數千萬
子會理嗣字長于少聰慧好文史年十一而孤
特為高祖所愛衣服禮秩與正王不殊年十五
拜輕車將軍湘州刺史又領石頭戍軍事遷侍
中兼領軍將軍尋除宣惠將軍丹楊尹置佐
史出為使持節都督南北兗徐青冀東徐護
七州諸軍事平北將軍南兗州刺史太清元年
督衆軍北討至彭城為魏師所敗退歸本鎮二
年侯景圍京邑會理治嚴將入援會北徐州刺
史封山侯正表將應其兄正德外託赴援實謀

襲廣陵會理擊破之方得進路臺城陷侯景遣
前臨江太守董紹先以高祖手敕召會理其僚
佐咸勸距之會理曰諸君心事與我不同天子
年尊受制賊虜今有手敕召我入朝臣子之心
豈得違背且遠處江北功業難成不若身赴京
都圖之肘腋吾計決矣遂席卷而行以城輸紹
先至京景以為侍中司空兼中書令雖在寇手
每思匡復與西鄉侯歡等潛布腹心要結壯士
時范陽祖皓斬紹先據廣陵城起義期以會理
為內應皓敗辭相連及景矯詔免會理官猶以
白衣領尚書令是冬景往晉熙京師虛弱會理
復與柳敬禮謀之敬禮曰舉大事必有所資今
無寸兵安可以動會理曰湖孰有吾舊兵三千
餘人昨來相知克期響集聽吾日定便至京師
計賊守兵不過千人耳若大兵外攻吾等內應
直取王偉事必有成縱景後歸無能為也敬禮
曰善因贊成之于時百姓厭賊咸思用命自丹
陽至于京口靡不同之後事不果與建安侯通

理並遇害通理字季英會理第六弟也生十旬
而簡王薨至三歲而能言見內人分散涕泣相
送通理問其故或曰此簡王宮人喪畢去爾通
理便號泣不自勝後見諸宮人見之莫不傷感為
之停者三人焉服闋後見高祖又悲泣不自勝
高祖為之流涕謂左右曰此兒大必為奇士大
同八年封建安縣侯邑五百戶通理性慷慨
立功名每讀書見忠臣烈士未嘗不廢卷歡曰
一生之內當無愧古人博覽多識有文才嘗祭
孔文舉墓并為立碑製文甚美太清中侯景內
寇通理聚賓客數百輕裝赴南兗州隨兄會理
入援恒親當矢石為士卒先及城陷又隨會理
還廣陵因入齊為質乞師行二日會理侯景遣董
紹先據廣陵遂追會理因為所獲紹先防之甚
嚴不得與兄弟相見乃偽請先還京得入辭母
謂其姊安固公主曰事既如此豈可合家受斃
兄若至願為言之善為計自勉勿貽以為念也
家國阽危雖死非恨前途亦思立効但未知天

命何如耳至京師以魏降人元貞立節忠正可
以託孤乃以王柄扇贈之貞怪其故不受通理
曰後當見憶幸勿推辭會祖皓起兵通理奔長
蘆收軍得千餘人其左右有應賊者因間劫會
理其衆遂驍散爲景所害時年二十一元貞始
悟其前言往收葬焉

琅邪太守十三年轉會稽太守十六年爲都督
盧陵郡王邑二千戶十年拜輕車將軍南彭城
盧陵威王續字世謙高祖第五子天監八年封

三百廿五　梁書傳千三　五　高显

江州諸軍事雲麾將軍江州刺史普通元年徵
爲宣毅將軍領石頭戍軍事續少英果膂力絶
人馳射游獵應發命中高祖常歡曰此我之任
城也嘗與臨賀王正德及胡貴通趙伯超等馳
射於高祖前續冠於諸人高祖大悅三年爲使
持節都督南徐梁秦沙四州諸軍事西中郎將
徐州刺史七年加宣毅將軍中大通二年又爲
使持節都督雍梁秦沙四州諸軍事平比將軍
寧蠻校尉雍州刺史給鼓吹一部續多聚馬仗

玄司養驍雄金帛內盈倉廩外實四年遷安比將
軍大同元年爲使持節都督江州諸軍事安南
將軍江州刺史三年徵爲護軍將軍領石頭戍
軍事五年爲驃騎將軍開府儀同三司又出爲
使持節都督荊邽司雍南北秦梁巴華九州諸
軍事荊州刺史中大同二年薨於州時年四十
四贈司空散騎常侍驃騎大將軍鼓吹一部謚
曰威長子安嗣

邵陵攜王綸字世調高祖第六子也少聦上博

三百廿一　一　梁書傳千三　六　高显

學善屬文尤工尺牘天監十三年封邵陵郡王
邑二十戶出爲寧遠將軍琅邪彭城二郡太守
遷輕車將軍會稽太守十八年徵爲信威將軍
普通元年領石頭戍軍事尋爲江州刺史五年
以西中郎將權攝南兖州坐事免官奪爵七年
拜侍中中郎將領石頭戍軍事尋加信威將軍置佐
軍中大通元年爲丹陽尹四年爲侍中宣惠將
史楊州刺史以侵漁紬民少府丞何智通以事
啓聞綸知之令客戴子高於都巷刺殺之智通

子訴子闕下高祖令圍綸第捕子高綸匿之竟
不出免爲庶人頃之復封爵大同元年爲侍
中雲麾將軍七年出爲使持節都督郢司
四州諸軍事平西將軍郢州刺史遷爲安前將
軍丹陽尹中大同元年進位中衛將軍開府儀同三司
刺史大清二年出爲鎮東將軍南徐州
侯景構逆加征討大都督率衆討景將發高祖
誡曰侯景小豎頗習行陣未可以一戰即殄當
以歲月圖之綸次鍾離景已度採石綸乃晝夜

兼道遊軍入赴濟江中流風起人馬溺者十一
二遂率寧遠將軍西豐公大春新塗公大成等
步騎三萬發自京口將軍趙伯超出自黃城
大道必與賊遇不如逆路直指鍾山出其不意
綸從之衆軍奄至賊徒大駭分爲三道攻綸
與戰大破之斬首千餘級翌日賊又來攻相持日
晚賊稍引却南安侯駿以數十騎馳之賊回拒
駿駿部亂賊因通大軍軍遂潰綸至鍾山衆裁
千人賊圍之戰又敗乃本還京口三年春綸復

與東揚州刺史大連等入援至于驪騎洲進位
司空臺城陷乃奔禹穴大寶元年綸至郢州刺史
南平王恪讓州於綸綸不受乃上綸爲假黃鉞
都督中外諸軍事綸於是置百官改聽事爲正
陽殿數有災怪綸甚惡之時元帝圍河東王譽
於長沙既父內外斷絕綸聞其急欲往救之爲
軍糧不繼遂止乃與世祖書曰伏以先朝聖德
孝治天下九親雍睦四表無怨誠欲以國政實小
家風唯余與爾同奉神訓宜敢旨喻共承無改

且道之斯美以和爲貴況天時地利不及人平豈
可手足肱支自相屠害日者聞譽專情先訓以
幼陵長湘峽之內遂至交鋒方等身遇亂兵斃
於行陣殞于吳局方此非冤聞問號恫惟增摧
憤念以兼糧閫悼當何可稱吾在州所居遙隔雖知
其狀未喻所然及屆此藩備加觀訪云譽應
接多贅兵糧閫雍弟教亦不愃故興師以代譽
未識大體意斷所行雖存急難當知竊思之能
禮爭復以兵來蕭牆興變體親成敵一朝至此能

不嗚呼既有書問雲兩傳流噂噧其間委悉無
因詳究方今社稷危恥創巨痛深人非禽虫在
知君父即日大敵猶強天讎未雪余爾昆季在
外三人如不匡難安用臣子唯應剖心當膽泣
血枕戈感誓蒼穹憑靈宗祀畫謀夕計共思
康復至於其餘小忿或宜寬賞誠復子憾須曳
奈國冤未遑正當輕重相推小大易奪遣無
喪鍾山復誅猶子將非揚湯止沸吞冰療寒若
益之情割下流之悼弘豁以理通識勉之今已

九一　陳

以譽之無道近遠同疾弟復効尤攸非獨罪辜
寬於眾議忍以事寧如使外寇未除家禍仍構
料今訪古未或弗亡夫征戰之理義在克勝至
於骨肉之戰愈勝愈酷捷則非功敗則有喪勞
兵損義虧失多矣侯景之軍所以未窺汗外者
正為藩屏盤固宗鎮強密若自相魚肉是代景
行師景便不勞兵力坐致成效醜徒聞此何快
如之又莊鐵小堅作亂久挾觀寧懷安三侯以
為名號當陽有事充斥殊廢備境第聞征伐

復致分兵便是自於瓜州至于湘雍莫非戰地
惡以勞師侯景卒承虛藉豐浮江柔突宣不表
裏成虞首尾難救可為寒心其事已切弟若苦
陷洞庭兵戈不戢雍復貪狼難測勢必侵吞
魏軍必求形援侯景事等內癰西秦外同瘤腫
直置關中已為咽氣況復貪狼難測正
是採藉風謠博參物論咸以為疑皆欲解體故
弟若不安家去矣吾非有深鑒獨能弘理正

耳自我國五十許年恩格玄穹德彌赤縣雖
有逆難未亂邑熙溥天率土忠臣憤慨比屋羅
禍忠義奮發無不抱甲負戈衝冠裂眥皆咸欲
剚刃於侯景腹中所須兵主唱耳今人皆樂死
赴者如流弟英略振遠雄伯當代唯德唯藝貸
文資武拯溺濟難朝野咸屬一匡九合非弟而
誰當得自達物望致招羣譓其間患難具如所
陳斯理皎然無勞請箸驗之以實寧須確引吾
所以間關險道出自東川政謂上游諸藩必連
師捫至庶以殘命預在行間及到九江安北兄

遂泝流更上全齧饋懸

無因進取侯景方延假息復緩誅怖增號憤

啓處無地計藩湘穀粟猶當紅委君阻弟嚴兵

唯事交切至於運轉恐無眠發遣即日萬心慊

望唯在民天若遂等西河時事殆矣必希令弟

齾照旅途解汨川之圍存社稷之計使其運輸

糧儲應贍軍旅庶叶力一奉指日寧泰宗廟重

安能爲役所寄令弟庶得申情朝閟少死萬殞

梁書傳二十三

安天下清復推弟之功豈非幸甚吾子懍兵界

世祖復書陳河東有罪不可解圍之狀綸省書

何恨聊陳聞見幸無怪焉臨紙號述諸綸次緒

泣於是大修器品甲將討侯景元帝聞其彊威乃遣

王僧辯帥舟師一萬以逼綸綸將劉龍武等降

僧辯綸長史韋質司馬姜律先在于外聞綸敗

昌將編軍潰遂與子礭等十餘人輕舟走武

觀往迎之於是復收散卒屯于齊昌郡將引魏

軍共攻南陽侯景將任約聞之使鐵騎二百襲

十二　任遵

綸綸無備又敗走定州定州刺史田龍祖迎綸綸

以龍祖荆鎭所任懼爲所執復歸齊昌行至汝

南西魏所署汝南城主李素者綸之故吏聞綸敗

開城納之綸乃修後城池收集士卒將攻育陵

西魏安州刺史馬岫聞之報于西魏西魏遣大

將軍楊忠儀同侯幾通率衆赴焉二月忠攻

等至于汝南綸嬰城自守會天寒大重忠等攻

之不能克死綸綸者甚衆後害之投于江岸經日顏

色不變鳥獸莫敢近焉時年三十三百姓憐之

爲立祠廟後世祖追論曰攜長子堅字長白天

同元年以例封汝南侯邑五百戶亦善章隸性

顧庸短侯景圍城堅屯太陽門終日蒲飮不撫

軍政吏士有功未嘗申理疲癗所加亦不存郵

士咸憤怨太清三年三月堅書佐董勲華白雲朗

尋以繩引賊登樓遂陷堅遇害所弟礭字仲正少

驍勇有文才大同二年封爲正階侯邑五百戶

後徙封永安常在第中習曰騎射學兵法時人

梁書傳二十三　十二　任遵

旨以為狂左右或以進諫確曰聽吾為國家破
賊使汝知之除祕書丞太子中舍人鍾山之役
確苦戰所向披靡羣虜憚之確每臨陣對敵意
氣詳膽帶甲據鞍自朝及夕馳騖往反不以為
勞諸將服其壯勇及侯景乞盟確在外慮為後
患啟求召確入城詔乃召確為南中郎將廣州
刺史增封二千戶確知此盟多貳城必淪没因
涕謂曰汝欲反邪時臺使周石珍在坐確謂石

欲南奔攜王閫之逼確使人確猶不肯攜王流
珍曰侯景雖去欲去而不解長圍以盡其意而推其
事可見今召我入未見其益也石珍曰敕旨如
確曰我識君耳刀豈識君耶確於是流涕而出遂
曰譙州卿為我斬之賞賚首赴關伯超揮刃眄
入城及景背盟復圍城城陷確排闥入啟高祖
曰城已陷矣高祖曰猶可一戰不對曰不可臣向
者親格戰勢不能禁自繕下城僅得至此高祖
歎曰自我得之自我失之亦復何恨乃使確為

慰為文確既出見景景愛其膂力恒令在左右
後從景行見天上飛鳶羣虜爭射不中確射
之應弦而落賊徒忿嫉咸勸除之先是攜王遣
人密遺確謂使者曰侯景輕佻可一夫力致
確不惜死正欲手刃之但未得其便耳卿還啟
家王願勿以為念也事未遂而為賊所害
史臣曰周漢廣樹藩屏固本深根高祖之封
建將導古制也南康廬陵並以宗室少貴據險
之重績以孝著績以勇聞綸聰慧有才學桂陽
躁屢以罪黜及太清之亂忠孝獨存斯可嘉矣

列傳第二十
三

梁書二十九

散騎常侍姚　思廉　撰

裴子野
顧協
徐摛
鮑泉

裴子野字幾原河東聞喜人晉太子左率康
八世孫兄黎弟楷緯竝有盛名所謂四裴也曾
祖松之宋太中大夫祖駰南中郎外兵參軍父
昭明通直散騎常侍子野生而偏孤為祖母所
養年九歲祖母亡泣血哀慟家人異之少好學
善屬文起家齊武陵王國左常侍右軍江夏
王參軍遭父憂去職居喪盡禮每之墓所哭泣
處草為之枯有白兔馴擾其側天監初尚書僕
射范雲嘉其行將表奏之會雲卒不果安
任昉有盛名為後進所慕遊其門者昉必相薦
達子野於昉為從中表獨不至昉亦恨焉父之
除右軍安成王參軍俄遷兼廷尉正時三官

二百の十　梁書傳二十四　一

通署獄牒子野嘗不在同僚輒署其名奏有
不允子野從坐免職或勸言諸有司可得無咎
子野笑而答曰雖無恨意柳季之道豈因訟以受服
自此免黜父之終無恨意二年吳平矦蕭景為
南兗州刺史引為冠軍錄事府遷職解時中書
范縝與子野未遇聞其行業而善焉會遷國
子博士乃上表讓之曰伏見前冠軍府錄事參
軍河東裴子野年四十字幾原幼稟至人之行
長屬國士之風居喪有禮毀瘠幾滅免憂之
情無汲汲是以有識嗟推州閭歎服且家傳素
業世習儒史苑圃經籍遊息文藝著者宋略
二十卷彌綸首尾勒成一代屬辭比事有足觀
者且章句洽悉訓故可傳脫置之膠庠以弘
弊後進庶一變之辯可尋三豕之疑無課矣伏
惟皇家淳耀多士盈庭官人邁乎有媯械樸
越於姬氏茍片善宜錄無論厚薄一介可求不
由等級臣歷觀古今人君欽賢好善未有聖

三百三十　梁書傳二十四　二

朝孜孜若是之至也敢緣斯義輕陳愚瞽乞
以臣斯忝回授子野如此則賢否之宜各全其
所訊之物議誰曰不允臣與子野雖未嘗銜杯
訪之邑里差非虛謬不勝慺慺微見冒昧陳
聞伏願陛下哀憐悾款歛其愚實干犯之譬
乞垂赦有有司以資貶歷非次為諸暨令在縣不
書比部郎仁威記室參軍出為通尋除尚
訟初子野曾祖松之宋元嘉中受詔續修何承
行鞭罰民有爭者示之以理百姓稱悅合境無

天宋史未及成而卒子野常欲繼成先業及齊
永明末沈約所撰宋書既行子野更刪撰為宋
略二十卷其叙事評論多善約見而歎曰吾弗逮
也蘭陵蕭琛比地傳昭汝南周捨咸稱重之至
是吏部尚書徐勉言之於高祖以為著作郎掌
國史及起居注頃之兼中書通事舍人尋除通
直正員郎著作舍人如故又敕掌中書詔誥是
時西比微外有白題及滑國遣使由岷山道入貢
此二國歷代弗賓莫知所出子野曰漢潁陰族

斬胡白題將一人服虔注云白題胡名也又漢
定遠疾擊虜八滑從之此其後乎時人服其博
識敕仍使撰方國使圖廣述懷來之盛自要
服至于海表九二十國子野與沛國劉顯南陽
劉之遴陳郡殷芸陳留阮孝緒吳郡顧協京兆
韋棱皆博羣書深相賞好顯尤推重之時
吳平侯蕭勵范陽張纘每討論墳籍咸折中
於子野焉普通七年王師北伐敕子野為喻魏
文受詔立成高祖以其事體大召尚書僕射徐

勉太子詹事周捨鴻臚卿劉之遴中書侍郎
朱异集壽光殿以觀之時並歎服高祖目子野
而言曰其形雖弱其文甚壯俄又敕為書喻魏
相元乂其夜受旨子野謂可待旦方奏未之為
也及五鼓敕催令開齋速上子野徐起操筆
爽便就既奏高祖深嘉焉曰諸符檄皆
令草創子野為文典而速不尚麗靡之詞其制
作多法古與今文體異當時或有詆訶者及其
末皆翕然重之或問其為文速者子野答云人

皆成於手我獨成於心雖有見否之異其於刊

歐也俄遷中書侍郎餘如故大通元年轉鴻

臚卿尋領步兵校尉子野在禁省十餘年靜默

自守未嘗有所請謁外家及中表貧乏所得俸

悉分給之無宅借官地二畝起茅屋數間妻子恒

苦飢寒唯以教誨為本子姪祗畏若奉嚴君

末年深信釋氏持其教戒終身飯麥食蔬中

大通二年卒官年六十二先是子野自剋死期

不過庚戌歲是年自省移病謂同官劉之亨

曰吾其逝矣遺命儉約務在節制高祖悼惜

為之流涕詔曰鴻臚卿領步兵校尉知著作郎

兼中書通事舍人裴子野文史足用廉白自居

勍勞通事多歷年所奄致喪逝惻愴空懷可贈

散騎常侍賻錢五萬布五十匹即日舉哀諡曰

貞子子野少時集喪服續裴氏家傳各二卷

抄合後漢事四十餘卷又敕撰眾僧傳二十卷

百官九品二卷附益論法一卷方國使圖一卷

文集二十卷並行於世又欲撰齊梁春秋始

〈三十七〉

〈梁書傳二四〉

五

草創未就而卒官至通直郎

顧協字正禮吳郡吳人也晉司空和七世孫協

幼孤隨母養於外氏外從祖宋右光祿張永嘗

攜內外孫姪遊武丘山協年數歲永撫之曰兒

欲何戲協對曰兒正欲枕石漱流永歎息曰顧

氏興於此子既長好學以精力稱外氏諸

賢從事史兼太學博士舉秀才尚書令沈約覽

其策而歎曰江左以來未有此作遷安成王國左

常侍兼廷尉正太尉臨川王聞其名召掌書記

仍侍西豐侯正德讀正德為巴西梓潼郡協除

所部安都令未至縣遭母憂服闋出補西陽

郡丞還除北中郎行參軍復兼廷尉正父之出

為廬陵郡丞未拜會西豐侯正德為吳郡除中軍

參軍領郡五官遷輕車湘東王參軍事兼記室

普通六年正德受詔比討引為府錄事參軍掌

書記軍還會有詔舉士湘東王表薦協曰臣聞

貢玉之士歸之潤山論珠之人出於枯岸是以嚮

〈梁書傳二四〉

六

蕘之言擇於廊廟者也臣府兼記室參軍吳

郡顧協行稱鄉閭學兼文武服膺道素雅量遠

遠安貧守靜奉公抗直傍闚知己志不自營年

方六十室無妻子臣欲言於官人申其屈滯協

必苦執貞退立志難奪可謂東南之遺寶所

惟陛下未明求衣思賢如渴愛發明詔各舉所

知臣識非許郭雖無知人之鑒若守固無言懼

貽蔽賢之咎昔孔愉表韓繢之才庾亮薦翟

湯之德臣雖未齒二臣協實無慙兩士即召拜

梁書傳二十四　〔七〕　潘正

通直散騎侍郎兼中書通事舍人累遷步兵校

尉守鴻臚卿負外散騎常侍卿舍人並如故大同八

年卒時年七十三高祖悼惜之手詔曰負外散

騎常侍鴻臚卿兼中書通事舍人顧協廉潔自

居白首不衰久在省闥內外稱善奄然殞喪惻

怛之懷不能已傍無近親彌足哀者大殮既

畢即送其喪柩還鄉并營家槨並皆資給悉

使周辦可贈散騎常侍便舉哀謚曰溫子協少

清介有志操初為廷尉正冬服單薄寺卿蔡法

度謂人曰我願解身上襦與顧郎恐顧郎難衣

食者竟不敢以遺之及為舍人同官者皆潤屋

協在省十六載器服飲食不改於常有門生始來

事協知其廉潔不敢厚餉止送錢二千協發怒

杖二十因此事者絕於饋遺自丁艱憂遂終身

布衣蔬食少時將娉婢息芟未成婚而協母

亡免喪後不復要至六十餘此女猶未他適協

義恥之晚雖判合卒無胤嗣協博極群書於

文字及禽獸草木尤稱精詳撰異姓苑五卷璅

梁書傳二十四　〔八〕　潘

語十卷並行於世

徐摛字士秀東海郯人也祖憑道宋海陵太守

父超之天監初仕至負外散騎常侍摛幼而好

學及長遍覽經史屬文好為新變不拘舊體起

家太學博士遷左衛司馬會晉安王諱出戎石

頭高祖謂周捨曰為我求一文學俱長兼有

行者欲令與晉安遊處捨曰臣外弟徐摛形質

陋小若不勝衣而堪此選高祖曰此人有仲宣之

才亦不簡其容貌以摛為侍讀後王出鎮江州

仍補雲麾府記室參軍又轉平西府中記室王移鎮京口復隨府轉為安北中錄事參軍帶郯令以母憂去職普通四年王出鎮襄陽攜固求隨府西上遷晉安內史王揔戎北伐以攜兼寧蠻府長史參贊戎政教命軍書多自攜出王入為皇太子轉家令兼掌管記尋帶領直攜文體既別春坊盡學之宮體之號自斯而起高祖聞之怒召攜加讓及見應對明敏辭義可觀高祖意釋因問五經大義次問歷代史及百家雜說末論釋教攜商較縱橫應答如響高祖甚加歎異更被親狎寵遇日隆領軍朱异不說謂所親曰徐叟出入兩宮漸來逼我須早為之所遂承間白高祖曰攜年老又愛泉石意在一郡以自怡養高祖謂攜欲之乃召攜曰新安大好山水任昉等並經為之卿為我臥治此郡中大通三年遂出為新安太守至郡為治清靜教民禮義勸課農桑期月之中風俗便改秩滿還為

中庶子加戎昭將軍是時臨城公納夫人王氏即太宗妃之姪女也晉宋已來初婚三日婦見舅姑衆賓皆列觀引春秋義云丁丑夫人姜氏至戊寅公使大夫宗婦覿用幣戊寅丁丑之明日故禮官據此皆云宜依舊貫太宗以問攜攜曰儀禮云質明贊見婦於舅姑舅姑坐於堂下見舅兄弟姊妹皆立于堂下政言婦是外宗未審嫻令所以傳坐三朝觀其七德舅延外客姑率內賓堂下之儀以備盛禮近代婦於舅姑本有戚屬不相瞻看夫人乃妃姪女有異他姻覿見之儀謂可略太宗從其議除太子左衛率太清三年侯景攻陷臺城時太宗居永福省賊衆奔入舉兵上殿侍衛奔散莫有存者攜獨嶷然侍立不動徐謂景曰侯公當以禮見何得如此凶威遂折景凶威景乃拜由是常憚攜太宗嗣位進授左衛將軍固辭不拜太宗後被幽閉攜不獲朝謁因感氣疾而卒年七十八長子陵最知名

鮑泉字潤岳東海人也父機湘東王諮議參軍泉
博涉史傳兼有文筆少事元帝早見擢任及
元帝承制累遷至信州刺史太清三年元帝命
泉征河東王譽於湘州泉至長沙作連城以逼
之譽率眾攻泉泉據柵堅守譽不能克泉因
其弊出擊之譽大敗盡俘其眾遂圍其城夫
能拔世祖乃數泉罪遣平南將軍王僧辯代泉
為都督泉僧辯至泉愕然顧左右曰得王貢陵助
我經略賊不足平矣僧辯既入乃背泉而坐曰
鮑郎有罪令旨使我鎖卿卿勿以故意見期因
出令示泉鎖之牀下泉曰稽緩王師甘罪是分
但恐後人更思鮑泉之憤憤耳乃為啟謝淹遲
之罪世祖尋復其任令與僧辯等率舟師東
逼邵陵王於郢州郢州平元帝以長子方諸為
刺史泉為長史行府州事及景密遣將宋子仙
任約率精騎襲之方諸與泉方雙陸不恤軍政唯蒲酒
樂賊騎至一百姓奔告方諸與泉方雙陸不信曰
徐文盛大軍在東賊何由得至既而傳告者眾

梁書傳二十四 〔12〕 任達

始令闔門賊繼火焚之莫有抗者賊騎遂入城
乃陷執方諸及泉送之景所後景攻王僧辯
於巴陵不克敗還乃縶泉於江夏沈其屍于
黃鵠磯初泉之為南討都督也其友人夢泉
得罪於世祖覺而告之後未旬果見四執泉
又夢泉著朱衣而行水上又告泉曰君勿憂尋
得免矣因說其夢泉密記之俄而復見任昏
如其夢泉於儀禮龍明撰新儀四十卷行
於世

陳吏部尚書姚察曰阮孝緒常言仲尼論四科
始乎德行終乎文學有行者多尚質朴有文
者少蹈規矩故衞石靡餘論可傳屈賈無立
德之譽若夫憲章游夏祖述回騫體兼文行
於裴幾原見之矣

列傳第二十四　　　　梁書三十

梁書傳二十四 〔12〕 任達

袁昂　子君正

散騎常侍姚思廉　撰

袁昂字千里陳郡陽夏人祖詢宋征虜將軍
吳郡太守父顗冠軍將軍雍州刺史泰始初舉
兵奉尋陽王子勛事敗誅死昂時年五歲乳
媼攜抱匿於廬山會赦得出猶從晉安至元徽
中聽還時年十五初顗敗傳首京師藏於武庫
至是始還昂號慟嘔血絕而復蘇從兄彖撫
視抑譬昂更制服廬于墓次後與彖同見從叔
司徒粲粲謂彖曰其幼孤而能至此故知名器
自有所在齊初起家冠軍安成王行參軍遷征
虜主簿太子舍人王儉鎮軍府功曹史儉時為
京尹經於後堂獨引見昂指北堂謂昂曰卿必
居此累遷祕書丞黃門侍郎昂本名千里齊永
明中武帝謂之曰昂即千里昂千里之駒在卿有之今
改卿名為昂即千里昂千里之駒出為安南邵陽王長
史尋陽公相還為太孫中庶子衛軍武陵王長

史丁內憂哀毀過禮服未除而從兄彖卒昂
幼孤為彖所養哀乃制朞服人有怪而問之者昂
致書以喻之曰竊聞禮由恩斷服以情申故小
功他邦加制一等同爨有緦明之典籍孤子鳳
以不天幼傾乾廕資敬未奉過庭訓示以義方每假
沖人未達朱紫從兄提攜養得及人次實亦有由兼開
其談價虛其聲譽得及人次實亦有由兼開
拓房宇處以華曠同財共有怨其取足爾來三
十餘年慘愛之至無異於己姊妹孤姪成就一
時篤念之深在終彌固此恩此愛畢壞不追既
情若同生而服為諸從言心即事實未忍安者
馬棱與弟毅同居毅亡棱為心服三年由也之
不除喪亦緣情而致制雖識情感慕
常願千秋之後從服朞齊不圖門衰禍集一旦
草土殘息復罹今酷尋惟慟絕彌劇彌深今
以餘喘欲遂素志庶寄其罔慕之痛少申無已
之情雖禮無明據乃事有先例率迷而至必欲
行之君問禮所歸謹以諮白臨紙號哽言不識

次服闕除右軍邵陵王長史俄遷御史中丞時
尚書令王晏弟詡為廣州多納賄貨昂依事
劾奏不憚權豪當時號為正直出為豫章內
史丁所生母憂去職以喪還江路風浪暴駭昂
乃縛衣著柩誓同沈溺及風止餘舫皆沒唯
昂所乘船獲全咸謂精誠所致葬記起為建
郡守皆望風降款昂獨拒境不受命高祖手
書諭曰夫禍福無門興亡有數天之所棄人孰

武將軍吳與太守永元末義師至京師州牧
能匡機來不再圖之宜早頃藉聽道路承欲
狼顧一隅既未悉雅懷聊申往意獨夫狂勃振
古未聞窮凶極虐歲月滋其天未絕齊聖明啟
運兆民有賴百姓來蘇吾荷任前驅掃除京
邑方撥亂反正伐罪弔民至止以來前無橫陣
今皇威四臨長圍已合遐邇畢集少神同萬銳
卒萬計鐵馬千羣以此攻戰何往不克況建業
孤城人懷離阻面縛軍門日夕相繼屠潰之期
勢不去遠兼燋感出端門太白入氐室天文表

於上人事符於下不謀同契憲在茲辰且范岫
申冑久薦誠款各率所由仍為掎角沈法瑀孫
貯朱端已先蕭清吳會而足下欲以區區之郡禦
堂堂之師根本既傾枝葉安附童兒牧豎咸謂
其非求之明鑒實所未達今鳴力昏主未足為
忠家門屠滅非所謂孝忠孝俱盡將欲何依豈
若翻然改圖自招多福進則遠害遂往同惡不
守祿位去就之宜幸加詳擇若悔寧復欲何依
悛大軍一臨誅及三族雖貽後悔寧復去補欲布

所懷故致今白昂蒼昂都史至厝誨承藉以粟
論謂僕有勤王之舉兼蒙詡責獨無送款循
復嚴旨若臨萬仞三吳內地非用兵之所況以
偏隅一郡何能為役近奉敕以此墻多虞見使安
慰自承麾掃屆止莫不麻祖軍門惟僕一人敢
後至者政以內揆庸素文武無施直是陳國戰
男子耳雖欲獻心不增大師之勇置其愚黙寧
沮衆軍之威幸藉將軍含弘之大可得從容以
禮襲以一食微施尚復投殞況食人之祿而傾

忘一旦非惟物議不可亦恐明公鄙之所以躊
蹐未遑薦壁遂以輕微爰降重命震灼于心
忘其所厲誠推理鑒猶懼威臨建康城平昂
東身詣闕高祖宥之不問也天監三年以為後
軍臨川王參軍事昂奉啓謝曰恩降絕望之辰
慶集寒心之日燼灰非喻萬祜未疑摳衣聚足
顛狽不勝臣遍歷三墳詳六典巡校賞罰之
科調檢生之世是以塗山始會致防風之誅
三章於聖人之律莫不嚴五辟於明君之朝峻
鄧邑方構有崇侯之伐未有緩憲於斷戮之
人緜刑於耐罪之族出萬死入一生如臣者也推
恩及罪在臣實大披心瀝血敢乞言之臣東國
賤人學行何取既殊鳴鳳直木故無結綬彈冠
徒藉羽儀易農就仕往年濫職守秩東隅仰屬
龍驤行風驅電掩當其時也負鼎圖者目至埶
玉帛者相望獨在愚臣頓昏大義殉鴻毛之
輕忘同德之重但三吳險薄五湖交通屢起田
儋之蘗每懼殷通之禍空慕君魚保墳遂失

梁書傳二十五　五　朱异

師消抱器後至者斬臣甘斯戰明刑殉衆誰曰
不然幸約法之弘承網之宥猶當降等薪繁
遂乃頓釋鉗赭斂骨吹魂還編黥麻濯此湯穢
入楚遊陳天波旣洗雲油邊沫古人有言非死
之難處虞死之難臣之所荷臻尋陽太
知何地高祖答曰朕遺射鉤卿無自外俄除給
事行江州事六年徵為吏部尚書累表陳讓挺
守行黃門侍郎其年遷侍中明年出為尋陽太
為左民尚書兼右僕射七年除國子祭酒兼僕
射如故領豫州大中正八年出為仁威將軍吳
郡太守十一年入為五兵尚書復兼右僕射未拜
有詔即眞封尋以本官領起部尚書加侍中十
四年馬仙琕破魏軍於朐山詔權假昂節徙勞
軍十五年遷右僕射尋為尚書令宣惠將軍
普通三年為中書監丹陽尹其年進號中衛
將軍復為尚書令即本號開府儀同三司給
吹未拜又領國子祭酒進號中撫軍大將軍
親信三十八尋羨解祭酒進號中撫軍大將軍

梁書傳二十五　六　朱异

遷司空侍中尚書令親信鼓吹並如故五年加
特進左光祿大夫增親信為八十人大同六年薨
時年八十詔曰侍中特進左光祿大夫司空昂奄
至薨逝惻悝于懷公器寓凝素志誠貞方端
朝痰理事加猷載緝追榮表德定惟令典可贈
本官鼓吹一部給東園祕器朝服一具衣一襲錢
二十萬絹布一百四蠟二百斤即日舉哀初昂
臨終遺疏不受贈諡敕諸子不得言上行狀及
立誌銘凡有所須悉皆傳省復曰吾釋褐從
仕不期富貴但官序不失等倫衣食粗知榮
辱以此闔棺無慼鄉里往來吳興屬在昏明
之際既闇於前覽無識於聖朝不知天命甘貽
顯戮幸遇殊恩遂得全門戶自念罪門階榮望
絕保存性命以為幸甚不謂叨竊寵靈一至於
此常欲竭誠酬報申吾乃心所以朝廷每興師
北伐吾輒啓求行誓言之丹款實非矯言既庸
懦無施皆不蒙許雖欲罄命其議莫從今日
瞑目畢恨泉壤若蒙而有知方期結草聖朝

遵古知吾名品或有追遠之恩雖是經國恒
典在吾無應致此脫有贈官慎勿祇奉諸子累
表陳奏詔不許冊諡曰穆正公
子君正美風儀善自居處以貴公子得當世名
譽頃之兼吏部郎以母憂去職服闋為邵陵王
友北中郎長史東陽太守尋徵還都郡民徵士
徐天祐等三百人詣闕乞留一年詔不許仍除豫
章內史尋轉吳興太守廐景亂率數百人隨
邵陵王赴援及京城陷還郡君正當官莅事有
名稱而菩苜聚財產服玩靡麗賊遣子子悅攻
之新戍戍主戴僧易勒令拒守吳陸映公等懼
賊脫勝略其資產乃曰賊軍甚銳其鋒不可當
全若拒之恐民心不從也君正性怯懦乃送米
及牛酒郊迎子悅子悅既至掠奪其財物子女
因是感疾卒
史臣曰夫天尊地卑以定君臣之位松筠等質
無革歲寒之心衰千里命屬崩離身逢厄季
雖獨夫喪德臣志不移及抗疏高祖無虧忠

節斯亦存夷叔之風矣然終爲梁室台鼎何其

美焉

陳慶之
蘭欽

陳慶之字子雲義興國山人也幼而隨從高祖
高祖性好棊每從夜達旦不輟等輩皆倦寐性
慶之不寢聞呼即至甚見親賞從高祖東下平
建鄴稍為主書散財聚士常思効用除奉朝請
普通中魏徐州刺史元法僧於彭城求入內附
以慶之為武威將軍與胡龍牙成景儁率諸軍
應接還除宣猛將軍文德主帥仍率軍二千送
豫章王綜入鎮徐州魏遣安豐王元延明臨淮
王元彧率衆二萬求拒屯據陟　延明先遣其
別將丘大千築壘浮梁觀兵近境慶之進薄其
壘一鼓便潰後豫章王棄軍奔魏衆皆潰散諸
將莫能制止慶之乃斬關夜追軍士得全普通
七年安西將軍元樹出征壽春除慶之假節總
知軍事魏豫州刺史本憲遣其子長鈞別築兩

城相拒慶之攻之憲力屈遂降慶之入據其城
轉東宮直閤賜爵關中侯大通元年隸領軍曹
仲宗代渦陽魏遣征南將軍常山王元昭等率
馬步十五萬來援前軍至駝澗去渦陽四十里
慶之欲逆戰韋放以賊之前鋒必定輕銳與戰
若捷不足為功如其不利沮我軍勢兵法所謂
以逸待勞不如勿擊慶之曰魏人遠來皆已
疲倦去我既遠必不見疑及其未集須挫其
氣出其不意必無不敗之理且聞虜所據營
林木甚盛必不夜出諸君若疑惑慶之請獨取
之於是與麾下二百騎奔擊破其前軍魏人震
恐慶之乃還與諸將連營而進據渦陽城與魏
軍相持自春至冬數十百戰師老氣衰魏之援
兵復欲築壘於軍後仲宗等恐腹背受敵謀欲
退師慶之杖節軍門曰共來至此涉歷一歲廩
費糧仗其數極多諸軍並無關心皆謀退縮豈
是欲立功名直聚為抄暴耳吾聞置兵死地乃
可求生須虜大合然後與戰審欲班師慶之別

有密敕今日犯者便依明詔仲宗壯其計乃從
之魏人撤角作十三城慶之銜枚夜出陷其四
壘渦陽城主王緯乞降所餘九城兵甲猶盛乃
陳其俘馘鼓噪而攻之遂大奔潰斬獲略盡渦
水咽流降城中男女三萬餘口詔以渦陽之地
置西徐州眾軍乘勝前頓城父高祖嘉焉賜慶
之手詔曰本非將種又非豪家觖望風雲以至
於此可深思奇略善克令終開朱門而行賓揚
聲名於竹帛豈非大丈夫哉大通初魏北海王
元顥以本朝大亂自投來降求立為魏主高祖
納之以慶之為假節飚勇將軍送元顥還北顥
於渙水即魏帝號授慶之使持節鎮北將軍護
軍前軍大都督發自銍縣進拔滎城遂至睢陽
魏將丘大千有眾七萬分築九城以相拒慶之
攻之自旦至申陷其三壘大千乃降時魏征東
將軍濟陰王元暉業率羽林庶子二萬人來救
梁宋進屯考城城四面縈水守備嚴固慶之命
浮水築壘攻陷其城生擒暉業獲租車七千八

百兩仍趣大梁望旗歸款顥進慶之衛將軍徐
州刺史武都公仍率眾而西魏左僕射楊昱西
阿王元慶撫軍將軍元顯恭率兵餤精強城又險
庶子眾凡七萬據滎陽拒顥
固慶之攻未能拔魏將元天穆大軍復將至先
遣其驃騎將軍爾朱吐没兒領胡騎五千騎將
曾安領夏州刺史步騎九千援楊昱又遣右僕射爾
朱隆西荊州刺史王羆騎一萬據虎牢天穆等
兒前後繼至旗鼓相望時滎陽未拔眾皆恐
慶之乃解鞍秣馬宣諭眾曰吾至此以來屠城
略地實為不少君等殺人父兄略人子女又為
無算天穆之眾並是仇讎我等纔有七千虜眾
三十餘萬今日之事義不圖存吾以虜騎不可
爭力平原及未盡至前頓平其城壘諸君無假
狐疑自貽屠膾鼓噪乃使登城壯士東陽宋景
休義興魚天愍踴堞而入遂克之俄而魏陣外
合慶之率騎三千背城逆戰大破之曾安於陣
乞降元天穆爾朱吐没兒單騎獲免收滎陽儲

實年馬毅弔不可勝計進赴武牢爾朱隆棄城
走魏主元子攸懼奔并州其臨淮王元彧安豐
王元延明率百僚封府庫備法駕奉迎顥入洛
陽宮御前殿改元大赦顥以慶之為侍中車騎
大將軍左光祿大夫增邑萬戶魏大將軍上黨
王元天穆王老生李叔仁又率眾四萬攻陷大
梁分遣老生費穆兵二萬據武牢刁宣刁雙入
梁宋慶之隨方掩襲並皆降款天穆與十餘騎
北渡河高祖復賜慶之手詔稱美焉慶之麾下悉著

白袍所向披靡先是洛陽童謠曰名師大將莫
自牢千兵萬馬避白袍自發銍縣至于洛陽十
四旬平三十二城四十七戰所向無前初元子攸收
止單騎奔走宮衛嬪侍無改於常顥既得志荒
于酒色乃日夜宴樂不復視事與安豐臨淮共
立姦計將帥朝恩絶賓貢之禮直以時事未安
其資慶之之力用外同内異言多忌刻慶之心
知之亦密為其計刀說顥曰今遠來至此求伏
尚多若人知虛實方更連兵而安不忘危須預

為此策宜啟天子更請精兵并勒諸州有南人
沒此者悉須部送顥欲從之元延明說顥曰陳
慶之兵不出數千已自難制今更增其眾寧肯復
為用乎權柄一去動轉聽人魏之宗社於斯而
滅顥由是致疑稍成疎貳慮慶之密啟乃表高
祖曰河北河南一時已定唯爾朱榮尚敢跋扈
臣與慶之自能擒討今州郡新服正須綏撫不
宜復加兵甲搖動百姓且顥前以慶之為徐州
首洛下南人不出一萬羌夷十倍軍副馬佛念

言於慶之曰功高不賞震主身危二事既有將
軍豈得終今將軍威震中原聲動河塞屠顥據
洛則千載一時也慶之不從顥前以慶之為
刺史因固求之鎮顥心憚之遂不遣乃曰主上以
洛陽之地全相任委忽聞捨此朝寄欲往彭城
謂君遠取富貴不為國計手敕頻仍恐成僥
慶之不敢復言魏天柱將軍尒朱榮右僕射尒
朱隆大都督元天穆驃騎將軍尒朱吐沒兒榮

長史高歡鮮卑苪苪勒衆號百萬挾魏主元子
攸來攻顥顥據洛陽六十五日凡所得城一時反
叛慶之渡河守北中郎城三日中十有一戰傷
殺甚衆榮將退時有劉助者善天文乃謂榮曰
不出十日河南大定榮乃縛慶之筏濟自洛
與顥戰於河橋顥大敗走至臨潁賊被擒洛
陽陷慶之馬步數千結陣東反榮親自來追
值嵩高山水洪溢軍人死散慶之乃落鬚髮為
沙門間行至豫州豫州人程道雍等潛送出汝
陰至都仍以功除石衞將軍封永興縣侯邑一
千五百戶出為持節都督緣淮諸軍事奮武將
軍北兗州刺史會有妖賊沙門僧強自稱為帝
土豪蔡伯龍起兵應之僧強頗知幻術更相扇惑
衆至三萬攻陷北徐州濟陰太守楊起文棄城
走鍾離太守單希寶見害使慶之討焉車駕
幸白下臨餞謂慶之曰江淮兵勁其鋒難當卿
可以策制之不宜決戰慶之受命而行曾未淺辰
斬伯龍僧強傳其首中大通二年除都督南北司

西豫豫四州諸軍事南北司二州刺史餘並如
故慶之至鎮遂圍懸瓠破魏潁州刺史婁起揚
州刺史是云寶於溱水又破行臺孫騰大都督
侯進豫州刺史堯雄等於楚城
罷義陽鎮兵停水陸轉運江湖諸州並得休息
開田六千頃二年之後倉廩充實高祖每嘉勞
之又表省南司州復安陸郡置上明郡大同二
年魏遣將侯景率衆七萬宼楚州刺史桓和陷
沒景仍進軍淮上貽慶之書使降敕遣湘潭侯
退右衞夏侯夔等赴援軍至黎漿慶之已擊
破景時大寒雪景棄輜重走慶之收之以歸進
號仁威將軍是歲豫州饑慶之開倉賑給多所
全濟州民李昇等八百人表請樹碑頌德詔許
焉五年十月卒時年五十六贈散騎常侍左衞
將軍鼓吹一部諡曰武救義興郡發五百丁會
喪慶之性祗慎衣不紈綺不好絲竹射不穿札
馬非所便而善撫軍士能得其死力長子昭嗣
第五子昕字君章七歲能騎射十二隨父入洛

於路遇疾還京師詣鴻臚卿朱异异訪北間形
勢昕聚土畫地指麾分別异其奇之大同四年
為邵陵王常侍文德主帥右衛仗主敕遣助防
義陽魏豫州刺史堯雄此間驍將兄子寶特
為敢勇慶之圍懸瓠雄來赴其難寶樂求單
騎挍戰昕躍馬直趣寶樂即散潰仍陷湊城
六年除威遠將軍小峴城主以昕為宣猛將軍假節
賊王勤宗起於巴山郡以昕為妖
討焉勤宗平除陰陵戍主此燕太守以疾不之
景圍歷陽敕召昕還啟云採石急須重鎮王
質水軍輕弱恐慮不濟乃板昕為雲旗將軍代
質未及下渚景已渡江仍遣率所領遊防城外
不得入守欲奔京口乃為景所擒景見昕殷勤
因留極歡曰我至此得卿餘人無能為也令昕
收集部曲將用之昕拒言而不許景使其儀同范
桃棒嚴禁之昕因說桃棒令率所領歸降襲殺
五偉宋子仙為信桃棒許之遂盟約射啟城中

遣昕夜繼而入高祖大喜敕即受降太宗遲疑
累曰不決外事發洩昕知猶依期而下景邀
得之乃過昕書城中云桃棒且輕將數
十八先入景欲襲甲隨之昕既不肯為書期以
必死遂為景所害時年三十三
蘭欽字休明中昌魏人也父子雲天監中軍功
官至雲麾將軍冀州刺史欽幼而果決驍捷過
人隨父征授東宮直閣大通元年攻魏蕭城
拔之仍破彭城別將郭仲進攻擬山城破其大
都督劉蠡升眾二十萬進攻籠城獲馬千餘匹又
破其大將柴集及襄城太守高宣別將范思念
鄭承宗等仍攻歔固張龍子城未拔魏彭城守
將楊目遣子孝邕率輕兵來援欽逆擊走之又
破譙州刺史劉海游還救歔固收其家口楊目
又遣都督范思念別將曹龍牙數萬眾來援欽
與戰於陣斬龍牙傳首京師又假欽節都督衡
州三郡兵討桂陽陽山始興叛蠻至即平破之
封安懷縣男邑五百戶又破天漆蠻帥晚時得

會衡州刺史元慶和為桂陽人嚴容所圍遣使告急欽往應援破容羅溪於是長樂諸洞一時平蕩又密敕欽向魏興經南鄭屬魏脾托跋滕寇襄陽仍敕赴援除持節督南梁南北秦沙四州諸軍事光烈將軍平西校尉梁南秦二州刺史增封五百戶進爵為侯破通生擒行臺元子禮大將軍薛催閭張華旨薩魏梁州刺史元羅遂降梁漢底定進號智武將軍增封二千戶俄改授持節都督衡桂二州諸軍事衡州刺史未及赴職

魏遣都督董紹張獻玫圍南鄭梁州刺史杜懷瑤請救欽率所領援之大破紹獻於高橋城斬首三千餘紹獻奔退追入斜谷斬獲略盡西魏拍宇文黑泰致馬二千四請結隣好詔加散騎常侍進號仁威將軍增封五百戶仍令述職經廣州因破俚帥陳文徹兄弟並擒之至衡州進號平南將軍改封曲江縣公增邑五百戶在州有惠政吏民詣闕請立碑頌德詔許焉徵為散騎常侍左衛將軍尋改授散騎常侍安南將

軍廣州刺史既至任所前刺史南安侯密遣廚人置藥於食欽中毒而卒時年四十二詔贈侍中中衛將軍鼓吹一部子夏禮侯景至歷陽其部曲邀擊景兵敗死之

史臣曰陳慶之蘭欽俱有將略戰勝攻取蓋頗牧衛霍之亞歟慶之警悟早侍高祖旣預舊恩加之謹肅闡蟬冤組珮亦一世之榮矣

列傳第二十六

梁書傳二十六　十一　汪顕

梁書傳二十六　十二　顕

梁書三十二

08-268

王僧孺

張率

劉孝綽

王筠

王僧孺字僧孺東海郯人魏衛將軍肅八代孫
曾祖雅晉左光祿大夫儀同三司祖准宋司徒
左長史僧孺年五歲讀孝經問授者此書所載

二百五十一　▌梁書傳二十七　一　太亨

述曰論忠孝二事僧孺曰若爾常願讀之六歲
能屬文旣長好學家貧常傭書以養母所寫
旣畢諷誦亦通仕齊起家王國左常侍太學博
士高書僕射王晏深相賞好晏爲丹陽丑召補
郡功曹使僧孺撰東宮新記遷大司馬豫章王
行參軍又兼太學博士司徒竟陵王子良開西
邸招文學僧孺亦遊焉文惠太子聞其名召入
東宮直崇明殿欲擬爲宮僚文惠薨不果時王
晏子得元出爲晉安郡以僧孺補郡丞除候官

令建武初有詔舉士揚州刺史始安王遙光表
薦秘書丞五睞及僧孺曰前候官令東海王僧
孺年三十五理尚棲約思致敏旣筆耕爲養
亦傭書成學至乃照螢映雪編蒲緝柳先言往
行人物雅俗甘泉遺儀南宮故事畫地成圖抵
掌可述豈直魖鼠有必對之辯竹書無落簡之
謬訪對不休質疑斯在除尚書儀曹郎遷治書
侍御史出爲唐令初僧孺與樂安任昉遇竟陵
王西邸以文學友會及是將之縣昉贈詩其略

三百卅　▌梁書傳二十七　二　太亨

曰惟子見知惟余知子觀行視言要終猶始敬
至何遽誰其執鞭吾爲子御劉略班藝虞志蜀
錄伊昔有懷交相欣勖下帷無倦外高有屬嘉
爾晨燈惜余夜燭其爲士友推重如此天監初
除臨川王後軍記室參軍待詔文德省尋出爲
南海太守郡常有高涼生口及海舶每歲數至
外國賈人以通貨易舊時州郡以半價就市又

買而即賣其利數倍歷政以為常僧孺乃歎曰
昔人為蜀部長史終身無蜀物吾欲遺子孫者
不在越裝並無所取視事朞月有詔徵還郡民
道俗六百人詣闕請留不許既至拜中書郎領
著作復直文德省撰中表簿及起居注遷尚書
左丞領著作如故俄除游擊將軍兼御史中丞
僧孺幼貧其母鬻紗布以自業嘗攜僧孺至市
道遇中丞鹵簿驅迫溝中及是拜日引騶清道
悲感不自勝尋以公事降為雲騎將軍兼職如
故頃之即真是時高祖製春景明志詩五百字
敕在朝之人沈約已下同作高祖以僧孺詩為
工遷少府卿出監吳郡還除尚書吏部郎參大
選請謁不行出為仁威南康王長史行府州國
事王典籤湯道愍眈眈於王用事府內僧孺每裁
抑之道愍遂讒訟僧孺逮詣南司奉牋辭曰
下官不能避溺山隅而正冠李下既貽疵辱芳致
徽纆解籙收簪且歸初服竊以董生年偉器止相
驕王賈子上才爰傅草土下官生年有值譏仰

【梁書傳二十七】 三白州 三 緑謙

清塵假翼西雍竊步東閣多慙袨服取亂長裾
高揖相望直居坐右長階如畫獨在僚端借其
從容之詞假以寬和之色恩禮過申白榮望
多廁膺徐厚德難逢小人易說方謂離腸隕首
不足以報一言露膽披誠何能以酬屢顧寧謂
爾羅裁舉微禽先落闇闇始吹細草仍墜一
辭九畹方去五雲縱天網是漏聖恩可恃亦復
執寄心骸何施眉目當橫潭亂海就魚鼈而
為羣披榛捫樹從虵虺而相伍豈復仰聽金聲
武瞻玉色顧步高軒悲如霰委踟蹰下席淚若
緪縻僧孺坐免官久之不調友人盧江何炯猶
為王府記室乃致書於炯以見其意曰近別之
後將隔暄寒思子為勞未能忘邸首秊奭入
秦栗生適越猶懷悵恨且或吟謠況岐路之日
將離嚴網辭無可憐罪有不測蓋畫地刻木
昔人所惡業棘既累於何可聞所以握手戀戀
離別珍重弟愛同鄒季淫淫承睫吾猶復抗手
分背蓋學婦人素鍾擊節金鳳戒序起居無恙

【梁書傳二十七】 三八州 四 緑道

動靜履宜子雲筆札元瑜書記信用既然可樂
為甚且使目明能祛首疾甚善吾無苦人
之才而有其病癲眩屢動消渴頻增委化任期
故不復呼醫飲藥但恨一旦離大厦蹈明科去
皎皎而非自汗抱鬱結而無誰告丁年蓄積與
此鎖亡徒切高價厚名橫叨公器人爵智能無所
報筋力未之酬所以悲至撫膺泣盡血而繼之以血
顧惟不肖文質無所底蓋困於衣食迫於飢寒
依隱易農所志不過鍾庾父為尺板斗食之吏

三、卅 〔梁書傳二十七〕　五　縲蟲

以從皁衣黑綬之役非有奇才絕學雄略高謨
吐一言可以匡俗振民動一議可以固邦興國全
壁歸趙飛矢救燕偃息藩魏甘臥安邊腦日逐
髓月支擁十萬而橫行提五千而深入將能執
主裂壤功勤景鍾錦繡為衣朱丹被轂斯大丈
夫之志非吾曹之所能及已直以章句小才蟲
篆末藝含吐緗縹之上翻躚齟齬之側委曲同
之鍼縷繁碎譬之米鹽黍稷致顯榮何能至到加
性疎澁拙於進取未嘗去來許史遨遊梁實儵

首脊肩先意承旨是以三葉靡遷不與運升
十年未徙執非能薄及除舊布新清晏方旦
抱樂銜圖忽有主而猶限一吏於岑石隔千
里於泉耳不得奉板中涓預衣裳之會提戈
後勁廁龍豹之謀及其投勁歸來恩均舊隸升
文石登玉陛一見而降顏色再覿而接話言非藉
左右之容無勞羣公之助又非同席共研之風
逢筍餌卮酒之早識一旦陪武帳仰文陛備之
佚之柱下充嚴朱公之席上入班九棘出專千里

三、卅 〔梁書傳二十七〕　六　縲蟲

據操撮之雄官參人倫之顯職雖右之爵人不
次瓦上無名未有躡之蹟勢必然顛匐可俟竟
蓋基薄牆高塗遠力蹟景追風奔驟之若此者也
以福過災生人指鬼瞰將均宥器有驗傾危是
以不能早從曲影遂乃取疑邪徑故司隸懍懍
思得應弦磨縣厨之獸如雜繳之鳥將充庖鼎
以餌鷹鸇雖事異鑽皮文非刺骨猶復因茲苦
杪成此筆端上可以投畀北方次可以論翰左校
以餧爲丹楮充彼春新幸聖主留善貸之德紆好

生之施解網呪禽下車泣罪愍茲詒憐其
觳觫加肉朽皆布葉枯株轅薪止火得不銷爛
所謂還魂斗極迫氣泰山止復除名為民幅巾
家巷此五十年之後人君之賜焉求右感陰陽
犬馬識厚薄負首方足既不戴天而竊目有悲
妬家貧無苟直可以徇物外無奔走之強近
者蓋士無賢不肖在朝見妬女無美惡原恥被威
施何以從人何以事朋類惡其鄉入宮見
之親是以樞市之徒隨相媒孽及一朝捐棄以快

謙

怨者之心呼嗚悲可矣蓋先貴後賤古富今貧李
倫所以發此哀音雍門所以和其悲曲又迫以
嚴秋殺氣具物多悲長夜展轉百憂俱至況復
霜銷草色風搖樹影寒蟲夕叫合輕重而同悲
秋葉晚傷雜黃紫而俱墜蜘蛛絡幕熠燿爭飛
故無車轍馬聲何聞鳴鷄吠犬用蓬事妻子舉
手謝賓遊方與飛走為隣永倪眉萬自沒恤
其長息忽不覺生之為重素無一廛之田而有
數口之累豈曰豹而不食方當長為傭保糊口

寄身逾死溝渠以實蟻蟻悲夫豈復得與二三
士友抱接膝之歡復足差肩攬綺縠之清文談
希微之道德唯吳馮之遇夏馥范或之值孔嵩
愍其留賃憐此行乞耳儻不以拒累時存寸札
則雖先大馬猶松下乞之高樹芳列裁
軍入直西省知撰譜事普通三年卒時年五十
還鎮右始面筆涙俱下父之起為安西成王諮議參
八僧孺好墳籍聚書至萬餘卷率多異本與沈

謙

約任昉家相埒少篤志精力於書無所不觀
其文麗逸多用新事人所未見者世重其富僧
孺集十八州譜七百一十卷百家譜集十五卷
東南譜集抄十卷文集三十卷兩臺彈事不
入集內為五卷及東宮新記並行於世
張率字士簡吳郡吳人祖永宋右光祿大夫父
瓌齊世顯貴歸老鄉邑天監初授右光祿加給
事中率年十二能屬文常日限為詩一篇稍進
作賦頌至年十六向二千許首齊始安王蕭遙

光為揚州召迎主簿不就起家著作佐郎建武
三年舉秀才除太子舍人與同郡陸倕幼相
友神常同詣左衛將軍沈約適值任昉在焉約
乃謂昉曰此二子後進才秀皆南金也卿可與
定交由此與昉友善遷尚書殿中郎出為西中
郎南康王功曹史以疾不就父之除太子洗馬
高祖霸府建引為相國主簿天監初臨川王已
下並置友學以率為鄱陽王友遷司徒謝朏掾
直文德待詔省敕使抄乙部書又使撰婦人事
二十餘條勒成百卷使工書人琅邪王深具郡
范懷約褚洵等繕寫以給後宮率又為待詔賦
奏之甚見稱賞手敕荅曰省賦殊佳相如工而
不敏枚皋速而不工卿可謂兼二子於金馬矣
又待宴賦詩高祖乃別賜率詩曰東南有才子
故能服官政余雖愍古昔得人今為盛率奉詔
往返數首其年遷祕書丞引見五衡殿高祖曰
祕書丞天下清官東南胄望未有為之者今以
相處足為卿譽其恩遇如此四年三月褉飲華

光殿其日河南國獻舞馬詔率賦之百臣聞天
用莫如龍地用莫如馬故禮稱驥顯詩誦駉駱
先景遺風之美世所得聞吐圖騰光之異有時
而出泊我大梁光有區夏廣運自中貟照無外
日入之所浮琛委贄風被之域越險劾珍軨服
鳥號之駿駒驎駼龍之名而河南又獻赤龍駒
有奇貌絕足能拜善舞天子異之使臣作膠庠
維梁受命四載元符既臻協律之事員舉文
之教必陳檀與之用已僵五輅之御方巡考帝
而率通披皇圖以大觀慶惟道而必先靈匪聖
其雖賚見河龍之瑞唐賜天馬之禎漢既叶符
而此贊貟同條而共貫詢國美於斯今邁皇王於
曩昔散大明以燭幽揚義聲而遠斤固施之於
不窮諒無所乎朝夕並承流以請吏咸向風而
率職納奇貢於絕區致龍媒於殊域伊況古而
赤文爰在茲而朱翼既劭德於炎運亦表祥於
尚色皎月而載生祖河房而挺授種北唐之
絕類嗣西宛之鴻冑稟妙足而逸倫有殊姿而特

茂善環旋於薺夏知路躇躍於金奏超六種於周
關喻八品於漢廡伊自然之有質寧改觀於肥
瘦豈徒服阜而養安與進駕以馳驟關其挾
尺縣鑿之辨附蟬伏兔之別十形五觀之次三
毛八肉之勢臣何得而稱焉固已詳於前製
秀騏而並末駟昐代視其豪異鞁跨野而忽蹻齊
天驥信無等於漏面魁有取於決鼻可以逐章
亥之所未遊踰兔益之所未至將不得而屈相
亦何眼以理戀若跡遍而忘反非我皇之所事
方潤色於前古邈深文而儲思旣而機事多服
青春未移時惟上巳美景在斯遵鋪飲之故實
陳洛譖之舊儀漕伊川而分汧引激水以回池
集國良於民儁列樹茂於皇枝粉高冠以連袿
鏘鳴玉而肩隨清鑾道於上林蕭華臺之金
座壁發色於綠苞佇流芬於紫裏聽磬鏄之
畢舉聆韶夏之咸播承六奏之旣
已成均儀人儳於唐序同舞獸於虞庭懷夏后之

九代想陳王之紫騮乃命洧人効良駿經周衞
入鉤陳言右牽之已來寧執朴而後進旣傾首
於律同又蹀足於鼓振權龍首回鹿軀睨兩鏡
感雙鳧旣就場而雅拜時赴曲而徐趨敏踽中
於促節捷驁外於驚將騄行驤動獸發龍驤
雀躍驚集鶴引鳧翔哭器於髡皇婉脊投
之抑揚豈借儀合雅露沫歕紅沾汗赭乃却走於集
靈馴惠養於豐夏鬱風雷之壯心思展足於南
野若彼符瑞之富可以臻介丘而昭卒業搢紳
蕶后誠希末光天子深穆爲度未之訪也何則
進讓殊事豈非帝者之彌文哉今四衞外封五
岳內郡亘弘下禪之規增上封之訓背清都而
日行指玄郊而玄運將絕塵而彌轍類飛鳥與
驅驪總三才而驅騖按五御而起攄翳卿雲於
華蓋翼翼條風於屬車無逸御於王輪不泛駕
於金輿飾中岳之絕軓營奉高之舊墟訓厚
況於人神弘施育於黎獻垂景炎於長世集蘩紫

祉於斯萬在庸臣之方剛有從軍之大願必自
茲而展采將同界於庖輝悼長卿之遺書惆周
南之留恨時與到沿周興嗣同奉詔為賦高祖
以率及興嗣為工其年父憂去職其父侍妓數
十人善謳者有色貌邑子儀曹郎顧玩之求娉
焉謳者不願遂出家為尼嘗因齋會率宅玩之
乃飛書言與率姦南司以事奏聞高祖惜其才
寢其奏然猶致世論焉服關後父久之不仕七年
敕召出除中權建安王中記室參軍預長名問
中書侍郎十三年王為荊州復以率為宣惠諮
議領江陵令府遷江州以諮議領記室出監豫
章臨川郡率在府十年恩禮其篤還除太子僕
兗州轉宣毅諮議參軍並兼記室王還都率除
年晉安王戍石頭以率為雲麾中記室王遷南
評不限日俄有敕直壽光省治景丁部書抄八
果遷招遠將軍司徒右長史揚州別駕率雖歷
居職務未嘗留心簿領及為別駕奏事高祖覽牒
問之並無對但奉荅右事在牒中高祖不悅俄

遷太子家令與中庶子陸倕僕射劉孝綽對掌
東宮管記遷黃門侍郎出為新安太守秩滿還
都未至丁所生母憂大通元年服未闋卒時年
五十三昭明太子遣使贈賻與晉安王譔令曰
近張新安又致故其人才筆弘雅亦足嗟惜隨
弟府朝東西日久尤當傷懷也比人物零落特
於家務九忘懷有令信乃復及之率者嗜酒事寬恕
可潛慨屬有令信乃復及之率者嗜酒事寬恕
吳宅既至王遂耗太半率問其亡其文者崔鼠耗也
率笑而言曰壯哉崔鼠音不研問少好屬文而
七略及藝文志所載詩賦令亡其文者並補作
之所著文衡十五卷文集三十卷行於世子長
公嗣

劉孝綽字孝綽彭城人本名冉祖勔宋司空忠
昭公父繪齊大司馬霸府從事中郎孝綽幼聰
敏七歲能屬文舅齊中書郎王融深賞異之常
與同載適親友號曰神童融每言曰天下文章
若無我當歸阿士阿士孝綽小字也繪齊世掌

詔諮孝綽年未志學繪常使代草之父當亦沈約
任昉范雲等聞其名並命駕焉昉尤相賞
好泣雲迺年長繪十餘歲其子季才與孝綽年並十
四五及雲遷孝綽便申季才拜之天
監初起家著作佐郎為歸沐詩以贈任昉報
疢匪報庶良藥子其崇鋒穎春耕勵秋穫其為
深老夫託直史兼襄肤轄司專疾惡九折多美
章曰彼美洛陽子投我懷秋作誂慰蕃暍人徒
名流所重如此遷太子舍人俄以本官兼尚書
水部郎奉啟陳謝手敕荅曰美錦未可便製簿
領亦宜稍習頃之即真高祖雅好蟲篆時因宴
幸命沈約任昉等言志賦詩孝綽亦見引嘗侍
宴於坐為詩七首高祖覽其文篇篇嗟賞由是
朝野改觀焉尋有敕知青北徐南徐三州事出
為平南安成王記室隨府之鎮尋補太子洗馬
遷尚書金部侍郎復為太子洗馬掌東宮管記
出為上虞令還除祕書丞高祖謂舍人周捨曰
第一官當用第一人故以孝綽居此職公事免

尋復除祕書丞出為鎮南安成王諮議入以事
免起為安西記室累遷安西驃騎諮議參軍敕
權知司徒右長史事遷太府卿太子僕復掌東
宮管記時昭明太子好士愛文孝綽與陳郡殷
芸吳郡陸倕琅邪王筠彭城到洽等同見賓禮
太子起樂賢堂乃使畫工先圖孝綽焉太子文
章繁富群才咸欲撰錄太子獨使孝綽集而序
之遷員外散騎常侍兼廷尉卿頃之即真孝
綽與到洽善同遊東宮孝綽自以才優於洽
每於宴坐嗤鄙其文洽銜之及孝綽為廷尉正
攜妾入官府其母猶停私宅洽尋為御史中丞
遣令史案其事遂劾奏之文攜少妹於華省棄
老母於下宅高祖為隱其惡改為攜妹坐免官
孝綽諸弟時隨藩皆在荊雍乃與書論共洽不平
者十事其辭皆鄙到氏又寫別本封呈東宮昭
明太子命焚之不開視也時世祖出為荊州至
鎮與孝綽書曰君屏居多暇差得肆意典墳吟
詠情性比復稀數古人不以委約而能不伐癙且

虞卿史遷由斯而作想擒屬之興益當不少洛

地紙貴京師名動彼此一時何其盛也近在道務

閒微得點翰雖無紀行之作頗有懷舊之篇至

此已來眾諸屑役小生之詆恐取辱帷自屬於盧江遮

道之姦慮興謀於從事方且寒帷夢想溫玉飢渴

休筆雖愧下隨猶為好事新有所製想能示之

歇思樂音清風靡聞譬夫夢想溫玉飢渴

明珠雖惠徒虛其謂無由賞愛遣此代懷數路

勿等清慮徒虛其謂無由賞愛遣此代懷數路

梁書傳三十七　十七

計行運還芳礼孝綽荅曰伏承自辭皇邑爰

至荊臺未勞剌舉且摛高麗近雖預觀尺錦

金石流功耽用翰墨垂迹雖乖知二偶達聖心

爰自退居素里却掃窮閨開比楊倫之不出譬張

顧慙先哲渚宮舊俗朝衣多故李子固之蕉二

邦徐珍之奏七邑感懷之道兼而有之當欲使

摯之柱門昔趙卿窮愁肆言得失漢臣鬱志廣

叙感衰彼此一時擬非其匹竊以文豹何辜以文

王敷

為罪由此而談又何容易故韜翰吮墨多歷寒暑

飢闕子紓南山之哥文微歟通渭水之賦無以自

同獻笑少酬菱誘且才乖體物不擬作於玄根

事殊宿諾寧貽懼於朱亥顧已反躬載懷累息

但瞻言漢廣邈此天涯區區一心分宵九逝殿

下降情白屋存問相尋食棋懷音別伊人矣孝

綽免職後為高祖數使僕射徐勉宣旨慰撫之每

朝宴常引與焉及高祖為籍田詩又使勉先示孝

綽時奉詔作者數十人高祖以孝綽尤工即日

梁書傳三十七　六　鈇

有救起為西中郎湘東王諮議啟謝曰臣不能

衡珠避顛傾柯衛足以故跡倖與物多忤兼達

匪怨之友遂居司隸之官交構是非用成威要

日月昭回俯明枉直獄書毋御輒鑒將濟之冤

灸駿見明非關陳正之辯遂漏斯密網免彼嚴

棘得便還同士伍比屋唐民生死肉骨豈伴其施

臣誠無識孰不戴天踈遠敝隴絕望高闕而降

其桉引優以旨喻於臣微物尺鳥榮隕況剛條

落葉忽沾雲露周行所箕複藥盛流但雕朽污

鈇

糞徒成延獎捕影繫風終無效答文啓謝東宮
曰臣聞之先聖以衆惡之必監焉衆好之必監
焉豈非孤特則積毀所歸比周則積譽曰斯信知
好惡之間必待明鑒故晏嬰再爲阿宰而前毀
後譽後譽出於阿意前毀由於直道是以一天
又鄒陽有言士無賢愚入朝見嫉至若臧文之死
所噬旨酒賀其甘酸一手所搖嘉樹礎其生死
陷主父自茲厭徒其徒宴蠹曲筆短辭不暇殫
述寸管所窺常由切齒殿下誨道觀書俯同
好學前載狂直備該神覽臣普因立侍親承緒
言飄風具錦壁彼讒慝聖旨殷勤深以爲歎臣
資愚復直不能杜漸防微曾未幾何逢訛罹難
雖吹毛洗垢在朝而同嗟而嚴文峻法肆姦其
必奏不顧畫友志欲要君自非上帝運超已之
光昭陵陽之虐舞文虛謗不取信於宸明在縲絏
蠢幸得蠲於庸暗裁下免黜之書仍頒朝會之
旨小人未識通方爇馬懸車息絕朝觀方願滅

影銷聲遂移林谷不悟天聽閟已造次必彰不以
距違見疵復使引籍雲陛降寬和之色垂布帛
之言形之千載所蒙巳厚況乃恩等特召榮同
起家望古自惟彌覺多忝但未渝丹石永藏輪
軌相彼工言構茲媒讒且欷冬而生巳凋柯葉空
延德澤無謝陽春後爲太子僕毋憂去職服
關除安西湘東王諮議參軍遷黃門侍郎尚書
吏部郎坐受人絹束爲飼者所訟左遷信威臨
賀王長史頃之遷祕書監大同五年卒官時年
五十九孝綽少有盛名而仗氣負才多所陵忽
有不合意極言詆訾領軍臧盾太府卿沈僧杲
等並被時遇孝綽尤輕之每於朝集人會同廬公
卿閒無所與語及呼馭卒訪道途閒事由此多
忤於物孝綽辭藻爲後進所宗世重其文每作
一篇朝成暮遍好事者咸諷誦傳寫流聞絕域
文集數十萬言行於世孝綽兄弟及羣從諸子
姪當時有七十人並能屬文近古未之有也其
三妹適琅邪王叔英吳郡張嵊東海徐悱並有

才學俳妻文尤清拔俳僕射徐勉子為晉安郡卒
爽遷京師妻為蔡文辭甚懷憐勉本欲為哀文
既覩此文於是閣筆老緯子諒字求信少好學
有文才尤愽悉晉代故事時人號曰皮裹晉書
歷官著作佐郎太子舍人王府主簿功曹史中
城王記室參軍
王筠字元禮一字德柔琅邪臨沂人祖僧虔齊
司空簡穆公父楫太中大夫筠幼警言韜七歲能
屬文年十六為芍藥賦甚美及長清靜好學與

二七

竹

從兄泰齊名陳郡謝覽覽弟舉亦有重譽時
人為之語曰謝有覽舉王有養炬炬是泰養即
筠並小字也起家中軍臨川王行參軍遷太子
舍人除尚書殿中郎王氏過江以來未有居郎
者或勸逸巡不就筠曰陸平原東南之秀王文
度獨步江東吾得比蹤昔人何所多恨乃欣然
就職尚書令沈約當世辭宗每見筠文咨嗟吟
味以為不逮也嘗謂筠曰昔蔡伯喈見王仲宣稱
曰王公之孫也吾家書籍悉當相與僕雖不敏

請附斯言自謝眺諸賢零落已後平生意好殆
將都絕不謂疲暮復逢於君約於郊居宅造閣齋
筠為草木十詠書之於壁皆直寫文詞不加篇
題約謂人云此詩指物呈形無假題署約製郊居
賦構思積時猶未都畢乃要筠示其草筠讀至
雌霓（五激反）連蜷約撫掌欣抃曰僕嘗恐人呼為
霓（五兮反）鷄（五激反）次至雌墜石磓星及冰縣

二一

建

政在此數句耳筠又嘗為詩呈約即報書云覽
所示詩實為麗則聲和被紙光影盈字夔舊轉
佇新奇爛然總至權輿已盡會昌昭發蘭揮玉
振克諧之義寧止坐簧思力所該一至乎此歎
服吟研周流忘念昔時勿牡頗愛斯文舍旦之
閒倏焉疲暮不及後進誠非一人擅美推能寡
歸吾子遲比閒日清觀乃申筠為文能壓強韻
每公宴並作辭必妍美約常從容啟高祖曰晚
來名家唯見王筠獨步累遷太子洗馬中舍人

並掌東宮管記昭明太子愛文學士常與筠及
劉孝綽陸倕到洽殷芸等遊宴玄圃太子獨執
筠袖撫孝綽肩而言曰所謂左把浮丘袖右拍洪
崖肩其見重如此筠又與殷芸以方雅見禮焉出
為丹陽尹丞北中郎諮議參軍遷中書郎奉敕
製開善寺寶誌大師碑文詞甚麗逸又敕撰中
書表奏三十卷及所上賦頌都為一集俄兼宵遠
湘東王長史行府國郡事除太子家令復掌管
記普通元年以母憂去職筠有孝性毀瘠過
禮服闋後疾廢父之六年除尚書吏部郎遷太
子中庶子領羽林監又改領步兵中大通二年
遷司徒左長史三年昭明太子薨敕為哀策
文復見嗟賞尋出為貞威將軍臨海太守在
郡被訟不調累年大同初起為雲麾豫章王長
史遷祕書監五年除太府卿明年遷度支尚書
中大同元年出為明威將軍永嘉太守以疾
固辭徙為光祿大夫俄遷雲旗將軍司徒左長
史太清二年侯景寇逼通筠時不入城明年太宗

即位為太子詹事筠舊宅先為賊所焚乃寓居
國子祭酒蕭子雲宅夜忽有盜攻之驚懼墜井
卒時年六十九家人十餘人同遇害筠狀貌寢
小長不滿六尺性弘厚不以藝能高人而少擅
才名與劉孝綽見重當世其自序曰余少好書
老而彌篤雖遇見憒觀皆即疏記後重覽
興彌深習與性成不覺筆倦自年十三四齊建
武二年乙亥至梁大同六年四十載矣幼實吶
五經皆七八十遍愛左氏春秋吟諷常為口實
廣略去取凡三過立抄餘經及周官儀禮國語
爾雅山海經本草並再抄子史諸集皆一遍
未嘗倩人假手並躬自抄錄大小百餘卷不足
傳之好事蓋以備遺忘而已又與諸兄書論家
世集三史傳稱安平崔氏及汝南應氏並累世
有文才所以范蔚宗世擅雕龍然不過父子兩
三世耳非有七葉之中名德重光爵位相繼人
人有集如吾門世者也沈少傳約語人云吾少
好百家之言身為四代之史自開闢已來未有

爵位蟬聯文才相繼如王氏之盛者也汝等仰

觀堂構思各努力筊自撰其文章以一官為

一集自洗馬中書中庶子吏部佐臨海太府各十

卷尚書三十卷凡一百卷行於世

史臣陳吏部尚書姚察曰王僧孺之巨學劉孝

綽之詞藻主非不好也才非不用也其拾青紫

取極貴何難哉而孝綽不拘言行自躓身名徒

鬱抑當年非不遇也

散騎常侍姚　思廉　撰

張緬　弟纘　綰

張緬字元長車騎將軍弘策子也年數歲外祖
中山劉仲德異之嘗曰此兒非常器為張氏寶
也齊永元末義師起弘策從高祖入伐留緬襄
陽年始十歲每聞軍有勝負憂喜形於顏色天
監元年弘策任衛尉卿為妖賊所害緬痛父之
酷喪過於禮高祖遣戒諭之服闋襲洮陽縣矦

召補國子生起家祕書郎出為淮南太守時年
十八高祖疑其年少未閑吏事乃遣主書封取
郡曹文案見其斷決允愜甚稱賞之還除太子
舍人雲麾外兵參軍緬少勤學自課讀書手不
輟卷光明後漢及晉代衆家客有執養質緬者
隨問便對略無遺失殿中郎缺高祖謂徐勉曰
此曹舊用文學且居彌行之首宜詳擇其人勉
舉緬充選項之出為武陵太守還拜太子洗馬
中舍人緬母劉氏以父沒家貧葬禮有闕遂終

身不居正室不隨子入官府緬在郡所得祿俸
不敢用乃至妻子不易衣裳及還都並供其母
賑贍親屬雖累載所畜一朝隨盡緬私室常間
然如貧素者累為北中郎諮議參軍竟陵長史
出為豫章內史緬為政任恩惠不設鉤距遠人
化其德亦不敢欺故老咸云數十年未之有也
大通元年徵為司徒右長史以疾不拜改為太
子中庶子領羽林監俄遷御史中丞坐收捕人
與外國使關左降黃門郎兼領先職俄復為真緬

居憲司推繩無所顧望聲為勁直高祖乃遣畫
工圖其形於臺省以勵當官中大通三年遷侍
中未拜卒時年四十二詔贈侍中加貞威將軍
矦如故贈錢五萬布五十匹高祖舉哀昭明太
子亦往臨哭與緬弟纘書曰賢兄學業該通往
事明敏雖倚相之讀墳典郯郲之歌詩書惟今
望古蔑以斯過自列官朝二紀將及義惟僚屬
情實親友文筵講席朝遊夕宴何曾不同茲勝
賞共此言寄如何長謝奄然不追且年甫強仕

方申才力摧莠落穎彌可傷惋念天倫素睦一
旦相失如何可言言及增哽瞑筆無次緬性愛
墳籍聚書至萬餘卷抄後漢晉書衆家異同為
後漢紀四十卷晉抄三十卷又抄江左集未及
成文集五卷子傳嗣

續字伯緒緬第三弟也出後從伯弘籍弘籍高
祖舅也梁初贈延尉卿緬年十一尚高祖第四
女富陽公主拜駙馬都尉封利亭侯召補國子
生起家祕書郎時年十七身長七尺四寸眉目
疎朗神彩奕發高祖異之嘗曰張壯武云後八
葉有逸五者其此子平讚好學字兒緬有書萬餘
卷晝夜披讀殆不輟手祕書郎有四員宋齊以
來為甲族起家之選待次入補其居職例數十
百日便遷任緬固求不徙欲遍觀閣內圖籍嘗
執四部書目曰若讀此畢乃可言優仕矣如此
數載方遷太子舍人轉洗馬中舍人並掌管記
續與琅邪王錫齊名普通初魏遣彭城人劉善
明詣京師請和求識續續時年二十三善明見

而蕭服累遷太尉諮議參軍尚書吏部郎俄為
長史兼侍中時人以為早達河東裴子野曰張
吏部在喉舌之任已恨其晚矣子野性曠達自
云年出三十不復詣人初未與緬遇便虛相推
重因為忘年之交大通元年出為寧遠華容公
長史行琅邪彭城二郡國事二年仍遷華容公
北中郎長史南蘭陵太守加貞威將軍行府州
事二年入為度支尚書母憂去職服闋出為吳
興太守緬治郡務清靜民吏便之大同
二年徵為吏部尚書緬居選其後門寒素有一
介皆見引拔不為貴要風意人士翕然稱之五
年高祖手詔曰緬外氏英華朝中領袖司空以
後名冠范陽可尚書僕射緬與參掌何敬容
意趣不協敬容居權軸賓客輻湊有過詣緬者
輒距不前曰吾不能對何敬容殘客及是遷為
表曰自出守股肱入尸衡尺可以仰首伸眉論
列是非者矣而寸裨所滯近蔽耳目深淺清濁
豈有能預加以矯心飾貌酷非所閑不喜俗人

與之共事此言以指苟容也繼在職議南郊御
乘素輦通古今之東入議印綬官備朝服宜並
著綬時並施行九年遷宣惠將軍丹陽尹未拜
改為使持節都督湘桂東寧三州諸軍事湘州
刺史述職經途乃作南征賦其詞曰歲次娵訾
月惟中呂余謁帝於承明將述職於南楚忽中
川而反顧懷舊鄉而延佇路漫漫以無端情容
容而莫與乃弭節歎曰人之寓於宇宙也何異
夫栖鳩之爭戰附蚋之遊禽而盈虛俯伏俯仰

浮沈秋榮華於尺景總萬慮於寸陰彼忘機於

〔五〕

粹日乃聖達之明箴妙品物於自觀曾何足而
繫心撫余躬之末迹屬興王之盛世蒙三藥之
休寵荷通家之渥惠登石渠之三閣典校文乎
六藝振長纓於承華卷儲皇之上叡居衛鶴而
接席出方舟以同濟彼華坊與禁苑常宵盤而
晝想思德音其在耳若清塵之未逝緬二紀以
及茲悲明離之永翳惟平生之編能實有志於
樓息懃滅沒之千里謝韓哀於八極如韷衷表之

代用璧輪轅之曲直愧周任之清規諒無取於
陳力逢濯纓之嘉運遇井汲之明時懷君恩而
未荅顧靈璅而依遲總端揆以居副長庶僚而
稱師猶深泉之短綆若高堽而求舉方伊吾人之
罪薄當斯滿之能持奉皇命以橈行搖搖傍瞻中州之
衡疑遵夕宿以言邁戒晨裝而未辭行搖搖於
南逝心眷眷而西悲爾乃橫濟奉牛傍瞻中州之
前觀隱脈卻視雲布其追晉氏之啟戎復中州之
鼎祚鞠三川於茂草霧淫兩京於朝臺靈故菁旗紫

蓋運在震方金陵之北兆符歐祥及歸命之衡

〔六〕

壁受戲盟於武王啟中興之英主宣十世而重
光觀其內袵入望外攘干紀草劉江南締構基
址豈徒能布其德主晉有杞雲漢作詩斯千見
美而已哉乃得正朔相承于茲四代多歷年所
二百餘載割疆場於華戎拯生靈於宇內不被
緩而左柱緊明德其是費次臨淵之層巘羊叔
寶之舊埏蘊珠玉之餘潤昭羅綺之遺妍懷若
人之遠理豈喜慍其能遷雖塊埋於百世猶映

澈於九泉經法王之梵宇覩因時之或躍從四
海之宅故取亂而誅虐在蒼精之將季劇洪
柯以鎖落既觀蝎而逞刑又施獸而為諸侯髙
逢以巧笑侯長星而懼豫何懍慄之黔首思假
命其無託信人欲而天從羨物覩而聖作我皇
帝膺籙受圖聰明神武乘豐而運席卷三楚師
時夏而成功放聲於鄭衞屏豔質於傾宮配
桑林之封狝繳青丘之大風戢干戈以耀德肆
克在和仁義必取形猶積決應若飃舉於是殖

卷三　七

軒皇以邁迹豈商周之比隆化致升平于茲四
紀六夷膜拜八蠻同軌教穆於上庠冤申於大
理顯三光之照燭降五靈之休祉諒殊功於百
王固無得而稱矣泝金牛之迅渚觀靈山之雄
壁葺顏文於翠嶂跳巨石以鷲湍批衝巖而駭
壯實江南之丘墟平雲霄而竦狀摽素嶺乎青
浪鑱千尋之峭岸谿萬流之大壑隱日月以藏
虧搏風煙而回薄崖映川而晃朗水騰光而藏
爥積霜霰之往還鼓波濤之前却下流沫以濟

險上岑岑金而將落聞知命之是虞故違風而靡
託訊會骸之詭狀云怒特之來奔及漁人之垂
餌沈潛鎖於洪源鑑幽塗於忠武馳四馬之髙
軒不語神以徵怪情存之而勿論矖姑熟之舊
朝訪遺迹兮宣武挾仲謀之雄氣傾河以覆
輔歷祖宗之明君召芒於盛主勢在伊稷而未
岱威回天而震宇雖明允之篤誠在伊稷而未
舉列有功而無志豈季葉其能處懼貽笑於文
景責晏象賢之覆餗雖苞藥以代興終夷宗而殄

八

族彼儻石之高贏儲尚邀之而俟福況神明之大
鎬乃閤千於天祿造高鍵之候司發傳書於關
尉據轊轅乎伊洛守衡津於河渭無矯且以招
賓闕捎繡而待貴實祗敬於王典懷鞠躬而屏
氣惟函谷之襟帶疑武庫之精兵採風謠於往
昔聞乳獸於竂成在當今而簡易止譏鑒其姦
情陋文仲之廢職鄙形門之食征於是近睇之新
本遙瞻鵲岸島嶼蒼茫風雲蕭散屬時雨之新
晴觀百川之浩潏水泓澄以闇夕山參差而辨

■集書傳二十八　九

旦忽臨睨於故鄉眇江天其無畔遡洄流而右
阻遵長薄而左貫向風以舒情騫芳洲其誰
覿息銅山而繫纜訪叔文之靈宇得舊名而猶
存皆攢無而積楚想夫君之令問實有聲於前
古挺巴漢之廢業爰配名於鄒魯辨山精以息
訟對祠星而轄主每撫事以懷人非末學其能
觀嘉梅根於將貽彼沈瓜而顯義指滄波而為
辟憂峻網於將貽彼沈瓜而顯義指滄波而為
期此浮復以明節赴丹爐其何疑信理感而情

悼實悵於余悲空沈吟以退想愧邯鄲之妙
詞望南陵以寓目美牙門之守志當晉師之席
卷宜藩籬而不底攜老弱於窮城猶區區乎一
賢雖契瓶之小善寔君子之所識　闕一句
是謂事人之禮入雷池之長浦想恭岱之芳
塵臨魚官以輟膳踐寒蒲之拥鶩又有生為令
德没為明神或拍家事主攜手拜親或正身殉
義哀感市人所以家稱純孝國號能臣揚清徽
於上列並異世而為隣發曉渚而遡風苦神吳

■梁書傳二十八　十

之難習片暉舟而不進水騰沙以驚恐天曠其
垂陰雨霏霏而來集愍征夫之勞瘁每寒帷而行
音苗江沱之派別望彭匯之通津途未中平及綜
日已盈於浹旬於是千流共歸萬嶺分狀倒景
懸高浮天瀉壯清江洗滌平湖夷暢瀲光轉彩
出没搖漾岷山嶓冢悠遠寂寥青溢赤岸控汐
翠薄耿長虹於青霄若夫灑苯川涯層潭水府
引潮望歸雲之杳靄颺清風之飄飄界飛流於
游泳之所往還喧鳥之所攢聚臺飛沙渡掩薄

草渚奇甲異鱗雕文綷羽聽寒鶴之偏鳴聞孤
鴻之慕侶在客行而多思獨傷魂而懷楚鳴中
流之衝要因背坎以守固既固之而設險又居
之而務德南通珠崖夜聳西崑王津華墨莫不
內清姦宄外弭苛慝離屏京師事有均於齊德

響發王子之清韻若夜光而可投其榮華之難
擴茨還丹其何術佇一九於來信徑遵途乎鄂
渚迹孫氏之霸基陳利兵而菁粟抗十倍之銳

師在賢才之必用寧推誠而忍欺圖富強以法
立屬貞臣而日嬉識徐基於江畔云釣臺之舊
扯方戰國之多虞猶從容而宴喜欽輔吳之忠
諒歎仲謀之虛己處君臣而並得良致霸其有
以伊文侯之雅望誠一代之偉人禰觀書以經
服俾漢京之惟新何天命其弗與悲盛業之未
綸名既遍而愈賞言雖聞而彌親惜勤王於延
申汎蘆洲以延佇聞伍員之所洒出懷珠而免
獻玉比德而譽均邁時雄之應運方協義以經

襁歸投金以若惠彼無求於萬鍾唯長歌而鼓
拙慍斯誠之未感乃沈軀以明誓空有恨其何
追徒臨食而先祭及旋師於鄭國美邀福於來
齎入郢都而抵掌壯天險之難窺允分荊之勝
略成百代之良規賈生方於指大應危譬之木
披裹而不移可不謂然與美經國之遠體也酌
忠言於城郢播終古之芳獻忘我躬之匪閱顧
社稷而懷憂服莊王之高義乃徵名於夏州恥

蹙田之過罰納申叔之嘉謀觀巫臣之獻箴覽
周書以明喻何自謀其多僻要桑中而遠赴若
篠申之誅丹實臣君以成務在兩臣而優劣居
二主其並裕臨赤崖而慷慨摧雄圖於魏武乘
戰勝以長驅志吞吳而并楚總八州之毅卒期
姑蘇而振旅時有便平建瓴事無留於蕭介霸
孫赫其霆奮杖萬俗之英輔於宙而三分誠
卧龍於當世配管仲而稱英收散亡之餘弱結

沈機乎一舉嗟玄德之矯矯思興復於舊京招
與國而連橫延五紀乎岷漢紹四百於炎精望
巴丘以遵回遶洞庭而欸悅沈輕舟而不繁何
靈胥之浩蕩耿君禰之雙峯徒臨風以增想償
瑤觴而一酌駕彩蜺而獨往闋乃南箕衡霍北
距沮漳包括沅澧汲引瀟湘瀯瀯長邁漫漫回
翔蕩雲沃日吐霞含光青碧潭嶼萬頃澄澈綺
蘭從風素沙被雪雜雲霞以舒卷開河洲而斷
絕回曉汶羅以於中川起長飈而半減稅遺褠
浦瞻汨羅以隕泗豈懷賢而迷邦猶殷勤而一

致懽芳華以饞積非黨人之所媢合小雅之怨
辭兼國風之美志譬彈冠而振衣猶自別於泥
滓且殺身以成義志寧露才而揚已悲先生之不
辰逢椒蘭之妬美有騏驥而不馭焉違遑於千
里既踐境以思人彌流連其無已俯行潦之薄
薦致馮誠於沼沚調黃陵而要之延帝子于川
湄具蘭香以肓沐懷椒糈而展郊算瑤席平川
后降囊龍於九疑騰河靈之水駕下太一之靈
旗撫安哥以會儔踈節而依遲曰徘徊以將

〔梁傳二十八〕〔十三〕〔王生〕

暮情眇默而無辭悒悒秦皇之川幸尤土壤以加
戢昧天道之無觀勤望祀以祈福將人怨而神
怒故飛川而蕩谷推寘理以歸保遂刊山而耤
木於是下車入部班條理務砥課庸補省賦競
懼存問長老隱恤垠庶奉宣皇恩覽徭省賦遠
哉盛乎斯邦之舊也有虞巡方以託終夏后開
圖而踈波汰太伯謙嗣以來遊　臣祈仙而齊潔
固是明王之塵軌聖賢之蹤轍也若夫屈平懷
沙之賦賈子遊湘之篇史遷攄文以投弔揚雄

反騷而沈川其風謠雅什又是詞人之所流連
也亦有仲寧咸德仍世相繼父子三台緇衣改
散古初抱於烈火劉先高而怵世蔣公琰之弘
通桓伯緒之臣濟鄧究時之絕述谷思恭之藻
顗寶川嶽之精靈常開出而無替也至於殊庭
之客帝鄉之賢神奔鬼化吐吸雲煙王笥登之
而却老金人植杖以尊泉蘇生羈龍而出入處
靜駕鹿以周旋配此燭之神女偶南榮之僵佺
時騎驥其遊見而有焉顧乃歷省府庭

〔梁書傳二十八〕〔十四〕〔墨〕

獻青陽而背質鄰生所謂還舟楚王於焉乘駟
周行街術山川遠體見邑居近惡割黔中以置守
巡高山之累阽襄吳文之為宰彼非劉而八王
皆國士而身醮在長沙而著令經五葉其未改
知天道之福謙勝一時之經始尋太傅之故宅
今築室以安禪邑無改於舊井尚開流而冽泉
懷伊管之政術遇庸臣而見遷終被知於時主
嗟漢宗之得賢受齊居之遠託豈理謝而生全
哀懷王之不秀遂抱恨而傷年俯定祀于北郭

對林野而幽藹庶無吐於巖馨香祀瓊茅而沃酒
景十三以啓國惟君王其能大迫炎正之中微
定斯藩而是賴顧四阜之紆餘乍升高以遊目
審山川之面帶將取名於衡嶽下彌漫以夾遊
上欽蔚而重複風瑟瑟以鳴松水珠珠而響谷
低四照於若華竦千尋於建木冀躋塵之可屏
登巖阿而寢宿捨域中之常飄慕遊仙之靈族
是時涼風暮節萬實西成華池迥遠飛閣淒明
嘉南州之炎德愛蘭蕙之秋榮下名甘於曲糵

梁書傳世二十八　十三　三社

採芳菊於高城樹羅軒而並列竹被嶺而叢生
翫棲禽之夕返送旅鴈之晨征悲去鄉而遠客
寄賞物而娛情惟傳車之所駕竟是鷹揚其巢掌
或解組以立威乍露服而加賞邁聖主之恩刑
荷天地之厚德沾河潤於九里澤自家而刑國
關小道之可觀靈臬塗其易克眄高衢而明則
憂取泉於長繘聞困石之非據承烟戒乎顧驟
愧壽陵之餘子學邯鄲而匍匐也繽至州傳遣
十郡尉勞解放老疾更役及關市戌邏先所防

人一皆少省併州界零陵衡陽等郡有莫徭蠻者
依山險為居歷政不賓服因此向化益陽縣人
作田二頃比目異畝同頴繢在政四年流人自歸
戶口增益十餘萬州境大安大清二年徵為領
軍俄政授使持節都督雍梁北秦東益郢州之
竟陵司州之隨郡諸軍事平北將軍寧蠻校尉
繢初聞邵陵王綸當代己為湘州其後定用河
東王與繢素輕少王州府候迎及資待甚薄舉警
深銜之及至州遂託疾不見繢仍檢括州府廨事

三川二　梁書傳二十八　十六

郢繢不遣會聞庾景冠京師譽飾裝當下援時
荊州刺史湘東王赴援軍次郢州武城繢馳信
報曰河東已堅橋上水將襲荊州王信之便回
軍鎮荊湘因構嫌隙棄其部伍單舸赴江陵
王即遣使責讓與譽繢部下旣至仍遣繢向襄
陽前刺史岳陽王詧推遷未去鎮但以城西白
馬寺處之會聞賊陷京師詧下必不容使君使
杜岸紿繢曰觀岳陽殿下必不受代州助防
得物情若走入西山招聚義眾遠近必當投集

又師部下繼至以此義舉無往不克績信之與
結盟約因夜道入山岸攴以告督仍遣岸帥軍
追績績眾望岸軍大喜謂是起期既至即執績
幷其眾並俘送之始被囚繫尋又通績剃髮為
道人其年管舉兵襲江陵常戰績隨後及軍退
敗行至漊水南防守績著應公績贈績侍中中衛
尸而去時年五十一元帝承制贈績侍中中衛
將軍開府儀同三司諡簡憲公績八公績有識鑒自見
元帝便推誠委結及元帝即位追思之賞為詩
其序曰簡憲之為人也不事夫人之德何日忘
余則申旦達夕不能已已懷夫人之德何日忘
額早知名選尚太宗第九女海鹽公主承聖初
官至黃門侍郎
績字孝嫄績第四弟也初為國子生射策高第
起家長兼祕書郎遷太子舍人洗馬中舍人並
掌管記累遷中書郎國子博士出為北中郎長
史蘭陵太守還除員外散騎常侍時丹陽尹西

梁書傳二十八　十七　三祖

昌侯蕭深藻以久疾未拜敕綰權知郡事遷中
軍宣城王長史俄從御史中丞高祖遣其弟中
書舍人絢宣旨曰為國之急惟在執憲直編用
人本不限外降晉宋之世周閔蔡廓並以侍中
為之卿勿疑是左遷也時宣城王府望重故有
此旨焉大同四年元日舊制僕射及百司就列兄弟導
西相當時綰兄績為僕射綰之歲餘出為
豫章內史綰在郡述制旨禮記正言義四娤長
驃分趨兩陛前代未有也時人榮之歲餘出為
縣南中久不習兵革吏民惟擾奔散或勸綰宣
康廬陵屠破縣邑有眾數萬人進寇豫章新淦
挾梜道逐乘當塗發郡內史蕭俶棄城走賊轉寇南
冠士子聽者常數百人八年安成人到歡官
避其鋒綰不從仍修城隍設戰備召敢勇得
萬餘人刺史湘東王遣司馬王僧辯師兵討賊
受綰節度旬月開賊黨悉平十年復為御史中
丞加通直散騎常侍綰毋為憲司彈糾無所回
避豪右憚之是時城西開士林館聚學者綰與

梁書傳二十八　十八　三祖

右衞朱异太府卿賀琛遂述制旨禮記中庸義

太清二年遷左衞將軍會侯景寇至入守東掖

門三年遷吏部尚書宮城陷縮出奔外轉至江

陵湘東王承制授侍中左衞將軍相國長史侍

中如故出為持節雲麾將軍湘東內史承聖二

年徵為尚書右僕射尋加侍中明年江陵陷朝

士甘罷俘入關縮以疾免後卒於江陵時年六十

女安陽公主交字少游頗涉文學選尚太宗第

三次子交官至太子洗馬祕書丞

掌東宮管記

陳吏部尚書姚察曰大清版蕩親屬離貳績不

能叶和藩岳成溫陶之舉苟懷私怨攜隙瀟湘

遂及禍於身非申忠節繼以江陵淪覆寔萌於

此以纘之風格卒為梁之亂階惜矣哉

列傳第二十八　　梁書三十四

蕭子恪 　弟子範　子顯　子雲

散騎常侍姚　思廉　撰

蕭子恪字景沖蘭陵人齊豫章文獻王嶷第二
子也永明中以王子封南康縣侯年十二和帝
兄司徒音陵王高松賦衛軍王儉見而哥之初從
為寧朝將軍淮陵太守建武中遷輔國將軍吳
郡太守及司馬王敬則於會稽舉兵友以奉子
恪為名明帝悉召子恪兄弟親從七十餘人入

西省至夜當害之會子恪棄郡奔歸是日亦至
明帝乃止以子恪為太子中庶子東昏即位遷
祕書監領領右軍將軍俄為侍中中興二年遷輔
國諮議參軍天監元年降爵為子除散騎常侍
領步兵校尉以疾不拜徙為光祿大夫為司
徒左長史子恪與弟子範等嘗因事入謝高祖
在文德殿引見之從容謂曰我欲與卿兄弟有
言夫天下之寶本是公器非可力得苟無期運
雖有項籍之力終亦敗亡所以班彪王命論云

（梁傳廿九）

天命者非人所害害亦不能得我初平建康城
我于時已年二歲彼豈知我應有今日當知有
者如宋明帝本為庸常被免疑而得全又復
疑卿祖而無如之何此是疑而不得又有不疑
而不害者或不知有天命而不疑者于時雖
天命而致害者或不知有天命而不疑者雖有
事鴆毒所遺唯有景和至餘朝臣之中或疑有
書宋孝武為性猜忌兄弟粗有令名者無不因
所承不過一金然終轉死溝壑卿不應不讀此

朝廷內外皆勸我云時代革異物心須一宜行
處分我于時依此而行誰謂不可我政言江左
以來代謝必相誅戮此是傷於和氣所以國祚
不靈長所謂殷鑒不遠在夏后之代此是一
例二者齊梁雖曰革代義異往時我與卿兄弟
義二者齊梁雖曰華代義異往時我與卿兄弟
雖復絕服二世宗屬未遠卿勿言兄弟是親人
家兄弟自有周旋者有不周旋者況五服之屬
邪商業之初亦是甘苦共嘗腹心在我卿兄弟
年少理當不悉我與卿兄弟便是情同一家豈

當都不念此作行路事此是二義我有今日非
是本意所求且建武屠滅卿門致卿兄弟塗炭
我起義兵非惟自雪門恥亦是為卿兄弟報仇
卿若能在建武永元之世撥亂反正我雖欲
鄧豈得不釋戈推奉其主雖欲不已亦是師出無
名我今為卿報仇且時代革異望卿兄弟盡節
報我耳且我自藉爽亂代稱成帝子光武天下耳不取
卿家天下昔劉子輿自稱成帝子光武天下亦不取
成帝更生天下亦不復可得況乎梁初人假使

勸我相謀滅者我答之猶如向孝武時事彼若
苟有天命非我所能殺若其無期運何忽行此
政足示無度量曹志是魏武帝孫陳思之子
事晉武能為晉室惠臣此即卿事例卿是宗室情
義異他方坦然相期卿無復懷自外之意小待
自當知我寸心又文獻王時內蕭直帳閣人趙
叔祖天監初入為臺齋帥在壽光省高祖呼叔
祖曰我本識汝在此第以汝舊人故每驅使汝
此見北第諸郎不叔祖奉答云比多在直出外

其蹤假使蹔出亦不能得往高祖曰若見北第
諸郎道我此意我今日雖是革代情同一家但
今磐石未立所以未得用諸郎者非惟在我未
宜亦是欲使諸郎得安耳但開門高枕後自當
見我心叔祖即出外具宜敕語子恪尋出為永
陵太守十七年入為散騎常侍輔國將軍普通
元年遷宗正卿三年遷都官尚書四年轉吏部
嘉太守還除光祿卿祕書監出為明威將軍零
六年遷太子詹事大通二年出為寧遠將軍吳

郡太守三年卒于郡舍時年五十二詔贈侍中
中書令諡曰恭子恪兄弟十六人並仕梁有文
學者子質子顯子雲子暉五人子恪嘗謂
所親曰文史之事諸弟備之矣不煩吾復牽率
但退食自公無過足矣子恪少亦涉學頗屬文
隨棄其本故不傳文集子琛亦知名太清中官
至吏部郎避亂東陽後為盜所害
子範字景則子恪第六弟也齊永明十年封祁
陽縣侯拜太子洗馬天監初降爵為子除後軍

記室參軍復為太子洗馬俄還司徒主簿丁所
生母憂去職子範有孝性君憂以毀聞服闋又
為司徒主簿累還丹陽尹丞南平王戶曹屬又
建安太守還除大司馬南平王戶曹屬從事中
郎王愛文學士子範偏被恩遇嘗曰此宗室奇
才也使製千字文其辭甚美王命記室蔡遷注
釋之自是府中文筆皆使草之王薨子範還宣
惠諮議參軍護軍臨賀王正德長史正德為丹
陽尹復為正德信威長史領尹丞歷官十餘年

不出落府常以自慨而諸第並登顯列意不能
平及是為到府戚日上藩首佐於茲冊忝河南
雌伏自此重昇以老少異時盛裝殊日雖佩恩
龍還著年蹟子範少與第子顯子雲才名略相
比而風彩容止不逮故官途有優劣每讀漢書
杜緩兄第五人至大官唯中第欽官不至而最
知名常吟諷之以況已也尋復為宣惠
司馬不就仍除中散大夫遷光祿廷尉卿出為
戎昭將軍始興內史還除太中大夫遷祕書監

太宗即位召為光祿大夫加金章紫綬以過賊
不拜其年葬簡皇后使與張纘俱製長策文太
宗覽見讀之曰今葬禮雖闕此文猶不減於舊壽其
過疾卒時年六十四賊平後世祖追贈金紫光
祿大夫諡曰文金前後文集三十卷三子滂碓少
有文章太宗東宮時嘗與邵陵王數詣蕭文士
滂碓亦預焉滂官至尚書殿中郎中軍宣城王
記室先子範卒後碓太清中歷官宣城王友司徒
右長史賊平後赴江陵因沒關西

子顯字景陽子恪第八第也幼聰慧文獻王異
之愛過諸子七歲封寧都縣侯累元末以王子
例拜給事中天監初降爵為子累遷安西外兵
仁威記室參軍司徒主簿太尉錄事子顯偉容
貌身長八尺好學工屬文嘗著鴻序賦尚書令
沈約見而稱曰可謂得明道之高致蓋幽通之
流也又探眾家後漢考正同異為一家之書又
啟撰齊史書成表奏之詔付祕閣累遷太子中
舍人建康令邵陵王友丹陽尹丞中書郎守宗

正卿出為臨川內史還除黃門郎中大通二年
遷長兼侍中高祖雅愛子顯才又嘉其容止吐
納每御筵侍坐偏顧訪焉嘗從容謂子顯曰我
造通史此書若成衆史可廢子顯對曰仲尼讚
易道黜八索述職方除九丘聖製符同復在茲
日時以為名對三年以本官領國子博士高祖
所製經義未列學官子顯在職表置國子助教一人
生十人又啓撰高祖集并普通北伐記其年遷
國子祭酒又加侍中於學遞述高祖五經義五

年選吏部尚書侍中如故子顯性凝簡頗負其
才氣及掌選見九流賓客不與交言但舉一
攜而已衣冠竊恨之然太宗素重其為人在東
宮時每引與促宴子顯嘗起更衣太宗謂坐客
曰嘗聞異人間出今日始知是蕭尚書其見重
如此大同三年出為仁威將軍吳興太守至郡
未幾卒時年四十九詔曰仁威將軍吳興太守
子顯神韻峻舉宗中佳器分竹未久父奄到喪須
惻愴于懷可贈侍中中書令今便舉哀及葬諡

諡曰恃才傲物宜諡曰驕子顯嘗為自序其
略云余為邵陵王友泰還京師遠思前比即楚
之唐宋梁之嚴鄒追尋平生頗好辭藻雖在名
無成求心已足若乃登高目極臨水送歸風動
春朝月明秋夜早鴈初鶯開花落葉有來斯應
年始預九日朝宴稠人廣坐獨受旨云今雲物
每不能已也前世賈傅崔馬邯鄲繆路之徒並
以文章自比古人天監十六
甚美卿得不斐然賦詩詩既成又降帝旨曰可

謂才子余退謂人曰一顧之恩非望而至遂方
賈誼何如哉未易當也每有製作特寡思功須
其自來不以力構少來所為詩賦則鴻序一
體兼衆製文備多方頗為好事所傳故虛聲易
遠子顯所著後漢書一百卷齊書六十卷普通
北伐記五卷貴儉傳三十卷文集二十卷二子
序愷並少知名序太清中歷官太子家令中庶
子愷掌管記及亂於城內卒愷初為國子生對
策高第州又舉秀才起家祕書郎遷太子中舍

人王府主簿太子洗馬父憂去職服闋復除太
子洗馬遷中舍人班掌管記累遷宣城王文學
中書郎太子家令又掌管記愷于學覽舉時論
以方其父太宗在東宮早引接之時中庶子謝
蝦出守建安於宣猷堂宴餞並召時才職詩同
王令曰王筠本自舊手後進有蕭愷可稱信為
用十五劇韻愷詩先就其辭又美太宗在東宮
才子先是時太學博士顧野王奉令撰玉篇太
宗嫌其書詳略未當以愷博學於文字尤善使

梁書傳二十九　九　二三

更與學士刪改遷中庶子未拜徙為吏部郎太
清二年遷御史中丞頃之侯景寇亂愷於城內
遷侍中尋卒官時年四十四文集並亡逸
子雲字景喬子恪第九第也年十二齊建武四
年封新浦縣侯自製拜章便有文彩天監初降
爵為子既長勤學以晉代竟無全書弱冠便留
心撰著至年二十六書成表奏之詔付祕書郎
遷太子舍人撰東宮新記表之勑賜束帛累遷

比中郎外兵參軍晉安王文學司徒主簿丹陽
尹水時湘東王為京尹深相賞好如布衣之交
遷比中郎盧陵王諮議參軍兼尚書左丞大通
元年除黃門郎俄遷輕車將軍兼司徒左丞大
二年入為吏部三年遷長兼侍中大通元年轉
太府卿三年出為貞威將軍臨川內史在郡以
和理民吏悅之還除散騎常侍俄復為侍中大
同二年遷員外散騎常侍國子祭酒領南徐州
大中正頃之復為侍中祭酒中正如故梁初郊
廟未革牲牷樂辭皆沈約撰至是承用子雲始

梁書傳二十九　十

建言宜改啓曰伏惟聖敬率由尊嚴郊廟得西
隣之心知周孔之迹載革牲牷俎德通神明黍稷
革牲前曲圜立眠燎尚言式備牲牷猶用未
於是乎在臣比兼職齊官見伶人所歌猶用王
蘋藻竭誠嚴配經國制度方懸日月垂訓百王
亦奏牲云孔備清廟登歌而稱我牲未符盛制
食樂猶詠朱尾碧鱗聲被鼓鍾未符盛制臣職
司儒訓意以為疑未審應改定樂辭以不敕答

曰此是主者守株宜急改也仍使子雲撰定敕
曰郊廟歌辭應須典誥大語不得雜用子史文
章淺言而沈約所撰亦多外謬子雲答敕曰羣
薦朝饗樂以雅名理應正採五經聖人成敕而
漢來此製不全用經典約之所撰彌復淺雜臣
前所易約十曲惟知牲體既革宜改歌辭而猶
本庸滯昭然忽朗謹依成旨悉改約制惟用五
經為本其次彌雅周易尚書大戴禮即是經誥
之流愚意亦取兼用臣又尋唐虞諸書郊頌周
雅稱美是一而復各述時事大梁革服偃武偹
文制禮作樂義高三正而約撰歌辭惟浸稱聖
德之美了不序皇朝制作事雅頌前例於體為
違伏以聖旨所定樂論鍾律緯緒文思深致微
世一出方懸日月不刋之典禮樂之教致治所
成謹一二採綴各隨事顯義以明制作之英罩
思累日今始克就謹以上呈敕立施用子雲善
草隸書為世楷法自云善効鍾元常王逸少而

微蹙字體答敕云旨昔不能拯賞隨世所貴規
摹子敬多歷年所年二十六著晉史至二王列
傳欲作論語草隸法言不盡意遂不能成略指論
飛白一勢而已十許年來始見敕旨論書一卷
商略筆勢洞澈字體又以逸少之不及元常猶
子敬之不及逸少自此研思方悟隸式始變子
敬全範元常遠闡以來自覺功進其書迹雅為
高祖所重嘗論子雲書曰筆力勁駿心手相應
巧踰杜庶美過崔寔當與元常並驅爭先其見
賞如此七年出為仁威將軍東陽太守中大同
元年還拜宗正卿太清元年復為侍中國子祭
酒領南徐州大中正二年侯景寇逼子雲逃民
間三月宮城失守東奔晉陵餒卒于顯靈
寺僧房年六十三所著晉書一百一十卷東宮
新記二十卷第二子特字世達早知名亦善草
隸高祖嘗謂子雲曰子敬之書不及逸少近見
特迹遂逼於卿歷官著作佐郎太子舍人宣惠
主簿中軍記室出為海鹽令坐事免年二十五

先子雲卒

子暉字景光子雲第也少涉書史亦有文才起家貞外散騎侍郎遷南中郎記室出爲臨安令性恬靜寡嗜好嘗預重雲殿聽制講三慧經退爲講賦奏之甚見稱賞遷安西武陵王諮議帶新繁令隨府轉儀同從事中騎長史卒

陳吏部尚書姚察曰昔魏籍兵威而革漢運晉因宰輔乃移魏歷異乎古之禪授以德相傳故抑前代宗枝用絶民望然劉曄曹志猶顯於朝及宋遂爲廢姓而齊代宋之戚屬一皆殲焉其祚不長抑亦由此有梁革命弗取前規故子恪兄弟及羣從並隨才任職通貴滿朝不失於舊豈惟魏幽晉顯而已哉君子以是知高祖之弘量度越前代矣

列傳第二十九

梁書三十五

散騎常侍姚　思廉　撰

孔休源

江革

孔休源字慶緒會稽山陰人也晉丹陽太守沖
之八世孫曾祖遙之宋尚書水部郎父珮齊廬
陵王記室參軍早卒休源年十一而孤居喪盡
禮每見父手所寫書必哀慟流涕不能自勝見
者莫不為之垂泣後就吳興沈驎士受經略通
大義建武四年州舉秀才太尉徐孝嗣省其策
深善之謂同坐曰董仲舒華令思何以尚此可
謂後生之准也觀其此對足稱王佐之才琅邪王
融雅相友善乃薦之於司徒竟陵王為西邸學
士梁臺建與南陽劉之遴同為太學博士當時
以為美選休源初到京寓於宗人少府卿孔登
宅曾以祠事入廟侍中范雲一與相遇深加款
實曰不期忽覩清顏頓祛鄙吝各觀天拔霧驗
今日後雲命駕到少府門登便棹延整帶謂當

詣已既而獨造休源高談盡日同載還家登深
以為愧尚書令沈約當朝貴顯蓋門盈
或時後來必虛襟引接奧之坐右商略文義其
為通人所推如此俄除臨川王府行參軍高祖
嘗問吏部尚書徐勉曰今帝業初基須一人有
學藝解朝儀者為尚書儀曹郎為朕思之誰
堪其選勉對曰孔休源識其清通諳練故實自
晉宋起居注誦略上口高祖亦素聞之即日除
兼尚書儀曹郎中是時多所改作每遠訪前事休
源即以所誦記隨機斷決曾無疑滯吏部郎任
昉常謂之為孔獨誦遷建康獄正及辦訟折獄
時罕冤人後有選人為獄司者高祖引休源
以勵之除中書舍人司徒臨川王府記室參軍
遷尚書左丞彈肅禮闈雅允朝望時太子詹事
周捨撰禮疑義自漢魏至于齊梁並皆搜採休
源所有奏議咸預編錄除給事黃門侍郎遷長
兼御史中丞正色直繩無所回避百寮莫不憚
之除少府卿又兼行丹陽尹事出為宣惠晉安

王府長史南郡太守行荊州府州事高祖謂之
曰荊州總上流衝要義高分陝今以十歲兒委
卿善匡翼之勿憚周昌之舉也對曰臣以庸鄙
曲荷恩遇方揣丹誠効其一割上善其對乃敕
晉安王曰孔休源人倫儀表汝年尚幼每事
師之尋而始興王憺代鎮荊州復為安
南郡太守行府州事如故高祖深嘉之除通直散騎
常侍領羽林監轉祕書監遷明威將軍復為晉

平心決斷請託不行高祖
務動止詢謀常於中丞別施一榻云此是孔長
史坐人莫得預焉其見敬如此徵為太府卿俄
授都官尚書頃之領太子中庶子普通七年揚
休源累佐名藩甚得民譽王深相倚仗軍民機
州刺史臨川王宏薨高祖與羣臣議王代居州
任者久之于時貴戚公王咸望選授高祖曰朕
已得人孔休源才識通敏實應此選乃授宣惠
將軍監揚州休源初為臨川王行佐及王薨而

管州任時論榮之而神州都會濟領殷繁休源
割斷如流傍無私謁中大通二年加授金紫光
祿大夫監揚州如故累表陳讓優詔不許在州
晝決辭訟夜臨墳籍每車駕巡幸常以軍國
事委之昭明太子薨有敕夜召休源入宴居殿
與羣公參定謀議立晉安王譚為皇太子四年
遷疾高祖遣中使候問并給醫藥日有十數其

而已高祖為之流涕顧謂謝舉曰孔休源奉職
年五月卒時年六十四遺令薄葬節朝薦蔬菲
殞歿朕甚痛之舉曰此人清介彊直當今空有
微臣竊為陛下惜之詔曰慎終追遠歷代通規
清忠當官忠直方欲共康治道以隆王化奄至
褒德眝庸先王令典宣惠將軍金紫光祿大夫
監揚州孔休源風業貞正雅量沖遠升榮禮
舉重搢紳理務神州化覃京仁壽詠金穆是
舉倫奄然永逝倍用悲惻可贈散騎常侍金紫
光祿大夫賻錢第一材一具布五十四錢五萬蠟
二百斤剋日舉哀喪事所須隨便資給諡曰貞

子皇太子手令曰金紫光祿大夫孔休源立身

中正行己清恪昔歲西浮渚官東泊紛壞毗佐

蕃政實盡歡誠安國之詳審公儀之廉白無以

過之奄至殞喪情用惻怛令須舉哀外可備禮

休源少孤立志操風範彊正明練治體持身儉

約學窮文藝當官理務不憚彊禦常以天下

為己任高祖深委仗之累居顯職纖毫無犯性

慎密寡嗜好出入帷幄未嘗言禁中事世以此

重之聚書盈七千卷手自校治凡奏議彈文勤

梁書傳三十　五　王

中書郎

宗軌聰敏有識度歷尚書都官郎司徒左西掾

持經戒官至岳陽王府諮議東揚州別駕少子

成十五卷長子雲童顏有父風而篤信佛理遍

江革字休映濟陽考城人也祖齊之宋尚書金

部郎父柔之齊尚書倉部郎有孝行以母憂毀卒

革幼而聰敏早有才思六歲便解屬文柔之深

加賞器曰此兒必興吾門九歲丁父艱與弟觀

同生孤貧傍無師友兄弟自相訓勖讀書精力

不倦十六喪母以孝聞服闋與觀俱詣太學補

國子生舉高第齊中書郎王融吏部謝朓雅相

欽重朓嘗宿衛還過候革時大雪見革弊絮單

席而耽學不倦嗟嘆久之乃脫所著襦并手割

半氈與革充卧具而去司徒竟陵王聞其名引

為西邸學士弱冠舉南徐州秀才時豫章胡諧

之行州事王融以革才之解褐奉朝請江祏深

邪王汎便以革代之書令廣革諧之方貢琅

相引接祏為太子詹事革為府丞祏時權

梁書傳三十　六

傾朝右以革才堪經國令參掌機務詔語文檄

皆委以革不具革防杜形迹外人不知祏誅賓客

羅其罪革獨以智免除尚書駕部郎中興元年

高祖入石頭時吳興太守袁昂據郡距義軍

使革製書與昂於坐立成辭義典雅高祖深賞

歎之因令與徐勉同掌書記建安王為雍州刺

史表求管記以革為征北記室參軍帶中廬令

與弟觀少長共居不忍離別苦求同行乃以觀

為征北行參軍兼記室時吳興沈約樂安任昉

並相賞重防禦軍書云此段雍府妙選英才文房之
職總卿昆季可謂馭二龍於長途騁騏驥於千里
途次江夏觀遇疾卒革時在雍為府王所禮歌若布
衣王被徵為丹陽尹以革為記室領五官掾除通直
散騎常侍建康正頻遷秣陵建康令革為治劇復
豪彊憚之入為中書舍人尚書左丞司農卿復為
出為雲麾音安王長史尋陽太守行江州府事
挑仁威盧陵王長史太守行事如故以清嚴為
百城所憚時少王行事多傾意於籤帥革以正
直自居不與籤帥等同坐俄遷左光祿大夫南
平王長史御史中丞彈奏豪權一無所避除少
府卿出為貞威將軍北中郎南康王長史廣陵
太守改授鎮北豫章王長史將軍太守如故時
魏徐州刺史元法僧降附革被敕隨府王鎮彭
城城既失守革素不便馬乃泛舟而還途經下
邳遂為魏人所執徐州刺史元延明聞革才
名厚加接待革稱患腳不拜延明將加害焉見
革辭色嚴正更相敬重時祖暅同被拘執延明

使暅作歌器漏刻銘革罵暅曰卿荷國厚恩已
無報答今乃為虜立銘孤負朝廷延明聞之乃
令革作大小寺碑并祭彭祖文革辭以凶執既
久無復心思延明遍之逾苦將加箠撲革廳色
而言曰江革行年六十不能殺身報主今日得
死為幸誓不為人執筆延明知不可屈乃止日
給脫粟三升僅餘性命值魏王元略
反此乃放革及祖暅還朝詔曰前貞威將軍鎮
北長史廣陵太守江革才思通贍出內有聞在
朝正色臨危不撓百佐台鉉實允僉諧可太尉
臨川王長史時高祖盛於佛教朝貴多啟求受
戒革精信因果而高祖未知謂革不奉佛教乃
賜革覺意詩五百字云惟當勤精進自彊行
勝脩當可作底突如彼必死因以此告江革并
及諸貴遊又手敕云世間果報不可不信並得
底突如對元延明邪革因啓乞受菩薩戒重除
少府卿長史校尉時武陵王在東州頗自驕縱
上刀革面敕曰武陵王年少臧盾性弱不能匡

正欲以卿代為行事非卿不可不得有辭乃除
折衝將軍東中郎武陵王長史會稽郡丞行
府州事革門生故吏家多在東州聞革應至並
齋持緣道迎候革曰我通不受餉不容獨當故
人筐篚至鎮惟資公俸食不兼味郡境殷廣辭
訟日數百革分判辨析曾無疑滯功必賞過必
罰民安吏畏百城震恐琅邪王騫為山陰令贓
貨狼藉望風自解府王憚之遂雅相欽重每至
侍宴言論必以詩書王因此耽學好文典籖沈

熾文以王所製裝詩呈高祖高祖謂僕射徐勉曰
江革昔能稱職乃除都官尚書將還民皆戀惜
之贈遺無所受故依舊訂船革並不納惟乘
臺所給一舸舸偏欹不得安臥或謂革曰船
既不平濟江甚險當移徙重物以迮輕舸革既
無物乃於西陵岸取石十餘片以實之其清貧
如此尋監吳郡于時境內荒儉劫盜公行革至
郡惟有公給仗身二十人百姓皆懼不能靜寇
反省遊軍尉民下逾恐革乃廣施恩撫明行制

令盜賊靜息民吏安之武陵王出鎮江州乃曰
我得江革文華清麗豈能一日忘之當與其司
飽乃表革同行又除明威將軍南中郎長史尋
陽太守徵革入為度支尚書僕進閣闈為後生
延譽由是衣冠士子翕然歸之時尚書令何敬
容掌選序用多非其人革性彊直每至朝宴恒
有褒貶此為權勢所疾乃謝病還家除先祿
大夫領步兵校尉南比兗二州大中正優遊閒
放以文酒自娛大同元年二月卒諡曰彊子有

集二十卷行於世革歷官八府長史四王行事
二為二千石傍無姬侍家徒壁立世以此高之
長子行敏好學有才俊官至通直郎早卒有集
五卷次子從簡少有文性年十七作採荷詞以
刺敬容為當時所賞麻苧司徒從事中郎庾景
亂為任約所害子兼叩頭流血乞代父命以身
蔽刃遂俱見殺天下莫不痛之
史臣曰高祖留心政道孔休源以識治見知既
遇其時斯為幸矣江革聰敬亮直亦一代之盛

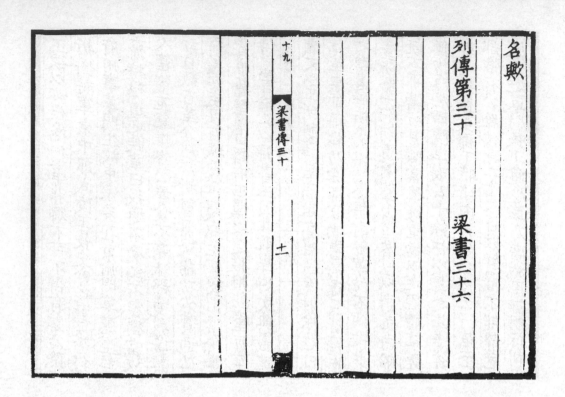

列傳第三十　　　梁書三十六

十九

梁書傳三十

十一

散騎常侍姚　思廉　撰

謝舉

何敬容

謝舉字言揚中書令覽之第也幼好學能清言與覽齊名舉年十四嘗贈沈約五言詩為約稱賞世人為之語曰王有養炬謝有覽舉養炬王筠王泰小字也起家秘書郎遷太子舍人輕車功曹王史秘書丞司空從事中郎太子庶子家令掌東宮管記深為昭明太子賞接秘書監任昉出為新安郡別駕詩云詎念耄至嗟人方深老夫託其屬意如此嘗侍宴華林園高祖訪舉於覽覽對曰識藝過臣甚遠惟飲酒不及於臣高祖大悅轉太子中庶子獨掌管記天監十一年遷侍中十四年出為寧遠將軍豫章內史為政和理甚得民心十八年復入為侍中領步兵校尉普通元年出為貞毅將軍太尉臨川王長史尋四年入為左民尚書其年遷掌吏部尋以公事

免五年起為太子中庶子領右軍將軍六年復為左民尚書領步兵校尉俄徙為吏部尚書尋加侍中出為仁威將軍晉陵太守在郡清靜百姓化其德境內肅然罷郡還詣闕請立碑詔許之大通二年入為侍中如故舉祖駐宋世再典選至舉又掌吏部侍中如故舉祖少博涉多通尤長玄理及釋氏義為晉陵郡時常與義僧遞講經論三[為]此職前代未有也舉少博涉多通尤長玄理及釋氏義徵士何胤自虎丘山赴之其盛如此先是北渡人盧廣有儒術為國子博士於學發講僕射徐勉以下畢至舉造坐屢折廣辭理通遠廣深歎服仍以所執塵尾薦之以況重席為四年加侍中五年遷尚書右僕射侍中如故大同三年以疾陳解徙為右光祿大夫給親信二十人其年出為雲麾將軍吳郡太守先是何敬容居郡有美績世稱為何吳郡及舉為政聲跡略相比六年入為侍中中書監未拜遷太子詹事翊左將軍侍中如故舉父瀹齊世終此官累表乞改授

敕不許久之方就職九年遷尚書僕射侍中將
軍如故舉雖居端揆未嘗肯預時務多因疾陳
解敕輒賜假并手敕勅分加給上藥其卒干圍
內詔贈侍中中衞將軍開府儀同三司侍中尚
令侍中將軍如故是歲羡景冠京師舉兵干圍
此其年以本官參掌選事太清二年遷尚書
書令如故文集亂中並亡逸二子禧敳並少知
名敳太清中歷太子中庶子出為建安太守
何敬容字國禮盧江人也祖攸之宋太常卿父

昌寓齊吏部尚書並有名前代敬容以名家子
弱冠選尚齊武帝女長城公主拜駙馬都尉天
監初為秘書郎歷太子舍人尚書殿中郎太子
洗馬中書舍人秘書丞遷揚州治中出為建安
內史清公有美績民吏稱之還除黃門郎累遷
太子中庶子散騎常侍侍中司徒左長史普通
二年復為侍中領羽林監俄又領本州大中正
頃之守吏部尚書銓序明審號為稱職四年出
為招遠將軍吳郡太守為政勤恤民隱辨訟如

神視事四年治為天下第一吏民詣闕請樹碑
詔許之大通二年徵為中書令未拜復為吏部
尚書領右軍將軍俄加侍中中大通元年改太
子中庶子敬容身長八尺白皙美鬚眉性矜莊
衣冠尤事鮮麗每公庭就列容止美觀時如故
尚書右僕射參掌選事侍中如故時僕射徐勉
參掌機密以疾陳解因舉敬容自代故有此授
焉五年遷左僕射加宣惠將軍置佐史侍中參
掌如故大同三年正月朱雀門災高祖謂羣臣

曰此門制卑狹我始欲構遂遭天火並相顧未
有答敬容獨曰此所謂陛下先天而天不違時
以為名對俄遷中權將軍丹陽尹侍中參掌佐
史如故五年八為尚書令侍中將軍參掌佐
如故敬容父處臺閣詳悉舊事且聰明識治勤
於簿領詰朝理事日昃不休自晉宋以來宰相
皆文義自逸敬容勤庶務為世所嗤鄙時蕭
琛子巡者頗有輕薄才因制封名離合等詩以
嘲之敬容處之如初亦不屑也十一年坐妾弟

費慧明為導子舍丞夜盜官米為禁司所執送
慧明譽即封書以奏高祖大怒付南司推劾御
史中丞張縮奏敬容挾私罔上合棄市刑詔特
免職初天監中有沙門釋寶誌者嘗遇敬容謂
曰君姓當為其禍故抑没宗族無仕進者至是
竟為河東所敗何耳及敬容為宰相
謂何姓當貴然終是何敗何耳及敬容為宰相

梁書傳三十一
寺講金字三惠經敬容請預聽敕許之又有敕

領軍府時河東王譽為領軍將軍敬容以書解
慧明譽即封書以奏高祖大怒付南司推劾解

聽朔望聞訊尋起為金紫光祿大夫未拜又加
侍中敬容舊時賓客門生誼諱如昔冀其復
用會稽謝郁致書戒之曰草萊之人聞諸道路
君侯已得瞻望多士出入禁門醉尉將不敢呵灰
然不無其漸甚休敢賀於前又將弔也昔
流言裁作公曰東奔燕書始來子孟不入夫聖
賢被虛過以自斤未有嬰時豐勞而求親者也且
曝鰓之鱗何者所託已盛也昔君矣納言加首鳴王

玉元年　五

在要回豐貌以步文昌俊高蟬而趨武帳可謂
盛矣不以此時薦才拔士少報聖主之恩今卒
如夏絲之說受責見過方復欲更窺朝廷然望
萬分竊不為左右取也昔實嬰楊惲亦得罪
明時不能謝絕賓客獨交黨援卒無後福終益
前禍僕之所弔實在於斯人人所以頗有踟
君侯之門者未必皆感惠懷仁有灌夫任安之
義乃戒翟公之大署冀君侯之復用之在思
過之日而挾復用之意未可為智者說矣君侯
宜杜門念失無有所通築茅茨於鍾阜聊優游
以卒歲見可憐之意著待終之情復仲尼能改
之言惟子貢更也之譬少戢言於眾口微自救
於竹帛所謂失之東隅收之桑榆如此今明主
聞知尚有冀也僕東皇鄙人入窀幸無銜竇恥
天下之士不為執事道之故披肝膽示情素君
侯豈能鑒正焉太清元年遷太子詹事侍中如故
二年侯景襲京師敬容自府移家臺內初景於
渦陽退敗未得審實傳者乃云其將暴顯及

王覽　六

景身與衆並沒朝廷以為憂敬容尋見東宮太宗
謂曰淮北始更有信戾景定得身免不如所傳
敬容對曰得景遂死深是朝廷之福太宗失色
問其故敬容曰景翻覆叛臣終當亂國是年太
宗頻於玄圃自講老莊二書學士吳孜時寄詹
事府每日入聽敬容謂孜曰昔晉代喪亂頗由
祖尚玄虛胡賊殄覆中夏今東宮復襲此殆非
人事其將為戒乎俄而侯景作其言有徵也
三年正月敬容卒于圍內詔贈仁威將軍本官
並如故何氏自晉司空充宋司空之世奉佛
法並建立塔寺至敬容又捨宅東為伽藍趨勢
者因助財造構敬容並不拒故此寺堂宇校飾
頗為宏麗時輕薄者因呼為衆造寺焉及敬
容免職出宅止有常用器物及嚢衣而已竟無
餘財貲時亦以此稱之子斅祕書丞早卒
陳吏部尚書姚察曰魏正始及晉之中朝時俗
尚於玄虛貴為放誕尚書丞郎以上簿領文案
不復經懷皆成於令史逮乎江左此道彌扇惟

卜壹以臺閣之務頗欲綜理院孚謂之曰卿常
無閑暇不乃勞乎宋世王敬弘身居端右未嘗
省牒風流相尚其流遂遠望百署空是稱清貴
恪勤匪懈終滯鄙俗是使朝經廢於上職事隳於
於下小人道長抑此之由嗚呼傷風敗俗曾莫之
悟永嘉不競戎馬生郊宜其然矣何國禮之識
治見譏薄俗惜哉

列傳第三十一

梁書三十七

散騎常侍姚　思廉　撰

朱异
賀琛

朱异字彥和吳郡錢唐人也父巽齊江夏王參軍吳平令异年數歲外祖顧

歡撫之謂异祖昭之曰此兒非常器當成卿門戶年十餘歲好羣聚蒲博頗為鄉黨所患既長

乃折節從師遍治五經尤明禮易涉獵文史兼

三十五　梁書傳三十二　一　王

通雜藝博弈書筭皆其所長年二十詣都尚書

令沈約面試之因戲曰卿年少何乃不廉异

逡巡未達其旨約乃曰天下唯有文義棊書卿

一時將去可謂不廉也其年上書言建康宜置

獄司比廷尉敕付尚書議詳從之舊制年二十

五方得釋禍時异適二十一特敕擢為揚州議

曹從事史尋有詔求異能之士五經博士明山

賓表薦异曰竊見錢唐朱异年時尚少德備老

成在獨無散逸之想處闇有對賓之色器宇弘

深神表峯峻金山萬丈綠陟未登玉海千尋窺

映不測加以珪璋新琢錦組初構觸響鏗鏘值

采便發觀其信行非惟十室所稀若使負重遠

途必有千里之用高祖召見异使說孝經周易義

甚悅之謂左右曰朱异實异後見明山賓謂曰

卿所聞殊得其人仍召异直西省俄兼太學博

士其年高祖自講孝經使异執讀遷尚書儀曹

郎入兼中書通事舍人累遷鴻臚卿太子右衞

率尋加員外常侍普通五年大舉北代魏徐州

三十冊　梁書傳三十二　二

刺史元法僧遣使請舉地內屬詔有司議其虛

實异曰自王師北討剋獲相繼徐州地轉削弱

威願歸罪法僧法僧懼禍之至其降必非偽也

高祖仍遣异報法僧并敕眾軍應接受异節度

既至法僧遵承朝旨如异策焉中大通元年遷

散騎常侍自周捨卒後异代掌機謀方鎮改換

朝儀國典詔誥敕書並兼掌之海四方表疏當

司簿領詔詢詳斷填委於前异屬辭落紙覽事

下議從橫敏贍不暫停筆頭剗之間諸事便了

大同四年遷右衛將軍六年異啟於儀賢堂奉
述高祖老子義敕許之及就講朝士及道俗聽
者千餘人爲一時之盛時城西又開士林館以
延學士異與左丞賀琛遞日述高祖禮記中庸
義皇太子又召異於玄圃講易八年改加侍中
太清元年遷左衛將軍領步兵二年遷中領軍
舍人如故高祖夢中原平舉景歸降敕召羣
臣議尚書僕射謝舉等以爲不可高祖欲納之
異對曰此宇內方一之徵及侯景朝降敕召羣

〈梁書傳三十二〉

王元亨

三

末決嘗鳳興至武德閤目言我國家承平若此
今便受地詎是事宜脫致紛紜悔無所及異探
高祖微旨應聲荅曰聖明御宇上應蒼玄北土
遺黎誰不慕仰爲無機會未達其心今侯景分
魏國太半輸誠送款遠歸聖朝豈非天誘其衷
人獎其計原心審事殊有可嘉今若不容恐絕
後來之望此誠易見願陛下無疑高祖深納異
言又感前夢遂納之及貞陽敗沒自魏使還述
魏相高澄欲更申和睦敕有司定議異又以和

爲允高祖果從之其年六月遣建康令謝挺通
直郎徐陵使此通好事時侯景鎭壽春累啟絕
和及請追使又致書與異辭意甚切異但述敕
旨以報之八月景遂舉兵反以討異爲名募兵
得三千人及景至仍以其衆守大司馬門初景
謀反及合州刺史鄱陽王範司州刺史羊鴉仁並
累有啟聞異遂不許景孤立寄命必不應爾乃謂使
者鄱陽王遂不爲之備及寇至城內文武咸尤之皇太
朝廷不爲之備及寇至城內文武咸尤之皇太

〈梁書傳三十二〉

元亨

四

子又製圍城賦其末章云彼高冠及厚履並是
食而乘肥升紫霄之丹地排玉殿之金扉陳謀
謨之啓沃宣政刑之福威四郊以之多壘萬邦
以之未綏問豺狼於何者訪虺蜴之爲誰蓋以
指於異因慷慨發病卒時年六十七詔曰故
中領軍異器宇弘通才力優贍諮謀惟幄多歷
年所方贊朝經永申寄任奄先物化惻悼兼懷
可贈侍中尚書右僕射給祕器一具凶事所須
隨由資辦權尚書官不以爲贈及異卒高祖惜

之方議賍事左右有善身者乃啟曰昇天歷難
多然平生所懷願得執法吾同祖因其宿志特有
此贈爲異居權要三十餘年善窺人主意曲能
阿諛以承上旨故特被寵任歷官自員外常侍
至侍中四職並驅國簿近代未之有也昇及諸
子自潮溝列宅至青溪其中有臺池翫好每服
日與賓客遊焉四方所饋財貨充積無十數車雖諸
有散施厨下珍羞爛慢每月常棄十數車雖未嘗
子別房亦不分贍所撰禮易講疏及儀注文集

〔三十三〕 〔梁書傳三十二〕 五

子閩司徒掾竝遇亂竝遇亂卒
百餘篇亂中多亡逸長子肅官至國子博士次
賀琛字國寶會稽山陰人也伯父瑒步兵校尉
爲世碩儒琛幼瑒授其經業一聞便通義理瑒
異之常曰此見當以明經致貴瑒卒後琛家貧
常往還諸暨販粟以自給閑則習業尤精三禮
初瑒於鄉里聚徒教授至是又依瑒始出都高祖
刺史臨川王辟爲祭酒從事史琛始出都高祖
聞其學術召見文德殿與語悅之謂僕射徐勉

曰琛殊有世業仍補王國侍郎兼太學博士
稍遷中衛參軍事尚書通事舍人參禮儀事累
遷通直正員郎舍人如故又征西鄱陽王中錄
事參軍尚書左丞琛啟爲其詔琛撰新謚法至今
施用時旨令皇太子議大功之末可以冠女不
駮之曰今旨以大功之末可得冠子嫁女不得
自冠自嫁推以記文竊猶致惑竊嫁冠之禮本
是父之所成無父之人乃可自冠故稱大功小
功並以冠子嫁子爲文非關惟得爲子已身不

〔三十三〕 〔梁書傳三十二〕 六

得也小功之末既得自嫁娶而亦云冠子嫁婦
其義益明故先列二服每明冠子嫁子結於後
句方顯自娶之義既明小功自娶大功自冠矣
蓋具約言而見旨若謂緣父服大功子服小功
小功服輕故得爲子冠嫁大功子服殊不應復
嫁自冠者則小功之末非明父子服已可娶大功
之文不言己冠故知身有大功不得自行嘉禮
云冠子嫁子也若謂小功之末言已可娶大功
但得爲子冠嫁竊謂有服不行嘉禮本爲吉凶

不可相干子雖小功之末可得行冠嫁猶須
父得爲其嫁冠若父於大功之末可以冠子嫁
子是於吉凶禮無礙豈不得自冠
自嫁若自冠自嫁於事有礙則冠子嫁子寧獨
可通今許其自冠自嫁子而塞其自冠是琛之所惑也
又令旨推下殤小功不可娶婦則降服大功亦
不得爲子冠嫁伏尋此旨若謂降服大功不
冠子嫁子則降服小功亦不可自冠自娶是爲
凡厭降服大功小功皆不得冠娶矣記文應云

降服則不可寧得惟稱下殤今不言降服的舉
下殤實有其義夫出嫁出後或有再降出後之
身於本姊妹降爲大功若是大夫服士又以尊降
則成小功其於冠嫁義無以異所以然者以出嫁
則有受我出後則有傳重並欲薄於此而厚於
彼此服雖降彼服則隆昔實甚親雖再降猶依
小功之禮可冠可嫁若夫甚降大功大功降爲
小功止是一等降殺有倫服未嫁大功冠故無有異
惟下殤之服特明不娶之義者蓋緣以幼稚之

故夫喪情深飯無受厚佗姓又異傳重彼宗嫌
其年稚服輕頓成殺略故特明不娶以示本重
之恩是以凡厭降服冠嫁不殊惟在下殤乃明
不娶其義若此則大功之降服皆不可
冠嫁也且記云下殤大功則不得言
中上語小功則不得兼於大功若實大小功降於
服皆不冠嫁上中二殤亦不嫁冠者記不得直
云下殤小功則不可恐非文意此又琛之所疑
也遂從琛議遷員外散騎常侍舊尚書南坐無

貂郭自琛始也頃之遷御史中丞參禮儀事如
先琛家產既豐貨買第爲宅有司所奏坐免
官俄復爲尚書左丞遷給事黃門侍郎兼國子
博士未拜改爲通直散騎常侍領尚書左丞
參禮儀事琛前後居職凡郊廟諸儀多所創定每
見高祖與語常移晷刻故省中爲之語曰上殿
不下有賀雅琛容止都雅故時人呼之遷散
騎常侍參禮儀如故是時高祖任職者皆緣飾
姦謟深害時政琛遂啓陳事條封奏曰臣荷校

擢之恩曾不能効一職居獻納之任又不能薦
一言竊聞慈父不愛無益之子明君不畜無益
之臣臣所以當食廢飡中宵而歎息也輒言時
事列之於後非謂謀猷竊寧云啟沃獨緣芻蕘不
語妻子辭無粉飾削稾則焚脫得聽覽見試加省
鑒如不允倉其其顥愚其一事曰今此邊稍服
不堪州之控總縣不堪郡之裒削更相呼擾莫
落誠當今之急務雖是處彫流而關外彌甚郡
戈甲解息政是生聚教訓之時而天下戶口減

得治其政術惟以應起徵斂為事百姓不能堪
命各事流移或依於大姓或聚於屯封蓋不獲
已而竄亡非樂之也國家於關外賦稅蓋微乃
至年常租課動致逋積而民失安居寧非牧守
之過東境戶口空虛皆由使命繁數天天夜
吠故民得安居今大邦大縣舟舸銜命者非惟
十數復窮幽之鄉極遠之邑亦皆必至每有一
使屬蜀所搔擾況復煩擾積理深為民害駕困邑
宰則拱手聽其漁獵姱黠長吏又因之而為貪

殘縱有廉平郡猶掣肘故邑宰懷印類無考
績細民棄業流亢者多雖年降復業之詔屢下
鐫賦之恩而終不得反其居也其二事曰聖主
恤隱之心納隍之念聞之遐邇至於霸飛蠕動
猶且度脫況在兆庶而州郡無恤民之志故天
下顒顒惟敬仰於一人誠所謂愛之如父母仰
之如日月敬之如神畏之如雷霆庭苟須應奢
逗藥豈可不治之哉今天下宰守所以皆尚員
殘寧有廉白者良由風俗侈靡使之然也謟奢

之弊其事多端粗舉二條言其尤者夫食方丈
於前所甘一味今之燕喜相競誇豪積果如山
臣列肴同綺繡露臺之產不同一燕之資而賓
主之間裁取滿腹未及下堂已同臭腐又歌姬
舞女本有品制二八之錫良待和戎今言妓之
僭其秩雖復庶賤微人皆盛姜務在貪
夫無有等差故為吏牧民者競為剝削雖致貲
污爭飾羅綺故不支數年便已消散蓋由宴醑
巨億罷歸之日不支數年便已消散蓋由宴醑
所費既破數家之產歌謠之具必俟千金之資

所費事等丘山為歡止在俄頃乃更追恨回所
取之少今所費之多如復傅翼增其搏噬一何
悖哉其餘淫侈傷著之凡百習以成俗曰見滋甚
欲使人守廉隅吏尚清白安可得邪今誠宜嚴
皆禁制道之以節儉貶黜雕飾約奏浮華使衆
自患其樂其耳目敗其好惡夫失節之苟亦民所
自患正耻不及羣故勉彊而為之苟力所不至
皆知變其樂矣今若教慮其風而正其失易於反掌

夫論至治者必以淳素為先正其彫流之弊莫有
過儉朴者也其三事曰聖朝荷負蒼生以為任
弘濟四海以為心不憚胼胝之勞不辭罷癃之
苦豈止日昃忘飢夜分廢寢至於百司莫不奏
事上息責下之嫌下無遙上之咎斯實道通百
王事超千載但斗筲之人藻梲之子既得伏奏
惟展便欲訖競求進不說國之大體不知當一
官處一職貴使理其綦亂匡其不及心在明恕
事乃平章但務吹毛求疵擘肌分理運筆瑣瑣
智徼分外之求以深刻為能以繩逐為務迹雖

【梁書傳三十二】 十一 陵

似於奉公事更成其威福犯罪者多巧避滋甚
曠官廢職長弊增姦寔由於此今誠願責其公
平之效黜其謗愚之心則下安上謐無徵倖之
患矣四事曰自征伐北境帑藏空虛今天下無
事而猶日不暇給者良有以也夫國弊則省其
年之中尚於無事必能使國豐民阜若積以歲
事而息其費事省則養民貴息則財聚以歲
月斯乃范蠡計然吳之術管仲霸齊之由今應
省職掌各檢其所部凡京師治署邸肆應所為

【梁書傳三十二】 十二 王明

或十條宜省其五或三條宜除其一凡國容戎備在
昔應多在今宜少雖於後應多即事未須皆悉減
省應四方屯傳邸治或舊有或無益或妨民有所
宜除除之有所宜減減之凡厥興造凡厥討召凡厥徵求雖關國計
非急者有役民者又凡厥皆項息費休民息費則無以聚財財不休
權其事宜皆休民息費則無以聚財財不休
則無以聚力故畜其財者所以大用之也息其民者
所以大役之也若言小事不足害財則終年不息矣
以役不足妨民則終年不止矣擾其民而欲求

生聚殷阜不可得矣耗其財而務賦斂繁興則

奸詐盜竊彌生是弊不息而其民不可使也則

難可以語富彊而圖遠大矣自普通以來二十

餘年刑役荐起民力彫流今魏氏和親疆埸無

警若不及於此時大息四民使之生聚減省國

費令府庫蓄積一旦異境有虞關河可掃則國

吳民渡安能振其速略事至方圖知不及矣言

有聞殊稱所期但朕有天下四十餘年公車謙

言見聞聽覽所陳之事與卿不異常欲承用無

替懷抱每苦倥傯更增惕惑卿珥貂紆組博問

洽聞不宜同於闒茸止取名字宣之行路言我

能上事明言得失恨朝廷之不能用或誦老子

蕩蕩其無人逐不御乎千里或誦離騷

希則我責矣如是獻替莫不能言正旦獸罇

皆其人也卿可分別言事啟乃心沃朕心卿云

今北邊稽服政是生聚教訓之時而民失安居

牧守之過朕無則哲之知觸同多弊四聰不開

四明不達內省責躬無處逃咎竟為聖主四凶

在朝況乎朕也能無惡人但大澤之中有龍有

蛇縱不盡善不容皆惡卿可分明顯出其刺史

橫暴某太守貪殘某官長凶虐尚書蘭臺主

書舍人某其人姦猾某與明言其事得以黜

陟向令舜卿又云東境戶口空虛良由使命繁

多但未知此是何使卿云駕困邑宰則拱手聽

其漁獵桀黠長吏又因之而為貪殘並何姓名

永為闇主卿但聽公車上書四凶終自不知堯

多由民訟或復軍糧諸所感急蓋不獲已而遣

廉平制肘復是何人朝廷思賢有如飢渴廉平

掣肘實為異事宜速條聞當更擇用凡所遣使

辦惡人日滋善人日蹙欲求安臥其可得乎不

之若不遣使天下枉直云何綜理事實云何澄

遣使而得事理此為佳事無足而行無翼而飛

能到在所不威而伏豈不幸甚卿餞言之應有

深見宜陳祕術不可懷實迷邦卿又云守宰貪

殘皆由滋味過度貪殘廉費已如前咎漢文雖

愛露臺之產鄧通之錢布於天下以此而治朕
無愧焉若以下民飲食過差亦復不然天監之
初思之已甚其勤力營產則無不富饒惰遊緩
事則家業貧窶勤修產業以營盤案自已營之
自已食之何損於天下無賴子弟惰營產業致
於貧窶無可施設此何益於天下且又意雖曰
同富富有不同惜而富者終不能設奢而富者
於事何損若損若使朝廷緩其刑此事終不可知若家家搜
急其制則曲屋密房之中去何可知若家家搜
檢其細已甚欲使吏更不呼門其可得乎更相恐
脅以求財帛足長禍萌無益治道若以此指朝
廷我無此事昔之牲牢不宰殺朝中會同菜
蔬而已意粗得奢約之節若復減此必有蟣蝨
之譏若以為功德事者皆是圍中之所產功
德之事亦無多費變一瓜為數十種食菜為
數十味不變瓜菜亦無多種以變故多何損
於事亦豪夾不關國家如得財如法而用此
不愧乎人我自除公宴不食國家之食多歷

年稔乃至宮人亦不食國家之食積累歲月凡
所營造不關材官及以國匠皆資雇借以成其
事近之得財頗有方便民得其利國得其利我
得其利營諸功德或以卿之心度我之心故不
能得知所得財用暴於天下不得曲辭辯論卿
又云女妓越濫此有司之責雖然亦復有不同貴者
多多畜妓女至於勳附若兩揆有二
八多之畜女妓者此竝宜其言所取當令有同振
其霜豪卿又云乃追恨所取為少如復傳翼增
其搏噬一何悖哉勇怯不同貪廉各用勇者可
使進取怯者可使守城貪者可使捍禦廉者可
使牧民向使叔齊守於西河豈能濟事吳起育
民必無成功若使吳起而不重用則西河之功
廢令之文武亦復如此取其搏噬之用不能得
不重更任彼亦非為朝廷為之傳翼卿以朝廷
為悖乃自甘之當思致悖所以卿云宜道守之以
節儉又云至治者必以淳素為先此言大善夫
子言其身正不令而行其身不正雖令不從朕

絕房室三十餘年無有淫佚朕頗自計不與女
人同屋而寢亦三十餘年至於居處不過一牀
之地雕飾之物不入於宮此亦人所共知受生
不飲酒受生不好音聲所以朝中曲宴未嘗奏
樂此羣賢之所觀見朕三更出理事隨事多少
事少或中前得竟或事多至日昃方得就食日
常一食若晝若夜時疾苦之日或亦再食猶存
腹過於十圍今之瘦削裁二尺餘帶猶存非
為妄說為誰為之救物故也書曰股肱惟人良

臣惟聖向使朕有股肱故可得中主今乃不免
九品之下不令而行徒虛言耳卿今懶言便閣
知所咨卿又云百司莫不奏事詭競求進此又
是誰何者復是詭事令不使外口呈事於義可
否無人廢職職可廢乎職廢則人亂人亂則國
安乎以咽廢殄此之謂也若斷呈事誰尸其任
專委之人云何可得是故古人云專聽生姦獨
任成亂猶二世之委趙高元后之付王莽亦任
為馬卒有閻樂望夷之禍王恭亦終移漢鼎卿

云吹毛求疵復是何人所吹之疵擘肌分理復
是何人乎事及深刻繩逐迆迴復是誰又云治署
邸肆何者宜除何者宜省國容戎備何者宜省
何者未須四方屯傳何者無益何者妨民何處
興造而是役民何處費財而是非急若為討召
者宜徵賦朝廷從來無有此事靜息之方復何
息其民事至方圖知無及也如卿此言即時便
者其民事具以奏聞卿云若不及於時大
是大役其民是何處所卿云國弊民疲誠如卿

言終須出其事不得空作漫語夫能言之必能
行之富國彊兵之術急民省役之法並具列若
之法並宜具列若不具列則是欺罔朝廷空示
頗吾凡人有為先須內省惟無瑕者可以戮人
卿不得歷詆內外而不極言其事停聞重奏當
後省覽付之尚書班下海內庶亂羊求除害馬
長息惟新之美復見今日深奉勅但謝過而已
不敢復有指斥久之遷太府卿太清二年遷雲
騎將軍中軍宣城王長史族景與兵龍襄京師王

移入臺內留琛與司馬楊瞭守東府賊尋攻陷
城放兵殺害琛被擒未至死賊求得之轝至闕
下求見僕射王克領軍朱异勸開城納賊克等
讓之涕泣而止賊復舉送莊嚴寺療治之明年
臺城不守琛逃歸鄉里其年冬賊進寇會稽復
執琛送出都以為金紫光祿大夫後遇疾卒年
六十九琛所撰三禮講疏五經滯義及諸儀法
凡百餘篇子詡太清初自儀同西昌侯掾出為
巴山太守在郡遇亂卒

陳吏部尚書姚察云夏侯勝有言曰士患不明
經術經術明取青紫如拾地芥耳朱异賀琛並
起微賤以經術逢時致於貴顯符其言矣而异
遂徼寵幸任事居權不能以道佐君苟取容媚
及延寇敗國寔身异之由禍難既彰不明其辠至
於身死寵贈猶殊罰旣弗加賞亦斯濫失於勸
沮何以為國君子是以知太清之亂能無及是乎

散騎常侍姚　思廉　撰

梁書三十

元法僧
元樹
元願達
王神念　楊華
羊侃　子鵾
羊鴉仁

元法僧魏氏之支屬也其始祖道武帝父鍾葵

江陽王法僧仕魏歷光祿大夫後為使持節都
督徐州諸軍事徐州刺史鎮彭城普通五年魏
室大亂法僧遂據鎮稱帝誅鋤異己立諸子為
王部署將帥欲議匡復既而魏亂稍定將討法
僧法僧懼乃遣使歸款請為附庸高祖許焉授
侍中司空封始安郡公邑五千戶及魏軍既逼
法僧請還朝高祖道中書舍人朱异迎之既至
甚加優寵寵時方事招攜撫慰降附賜法僧以
女樂及金帛前後不可勝數法僧以在魏之日

久處疆場之任每因寇掠殺戰甚多求兵自衛
詔給甲仗百人出入禁闥大通二年加冠軍將
軍中大通元年轉車騎將軍四年進太尉領金
紫光祿其年立為東魏主不行仍授使持節散
騎常侍驃騎大將軍開府同三司之儀鄴州刺
史大同二年徵為侍中太尉領軍將軍藝時
年八十三子景隆景仲普通中隨法僧入朝
景隆封沘陽縣公邑千戶出為持節都督廣越
交桂等十三州諸軍事平南將軍平越中郎將
廣州刺史中大通三年徵侍中安右將軍四年
為征北將軍徐州刺史又封彭城王不行俄除待
中庶支尚書太清初又為使持節都督廣越交
桂等十三州諸軍事征南將軍平越中郎將廣
州刺史行至雷首遇疾卒時年五十八景仲封
枝江縣公邑千戶拜侍中右衛將軍大通三年
增封并前為二千戶仍賜女樂一部出為持節
都督廣越等十三州諸軍事宣惠將軍平越中
郎將廣州刺史大同中徵侍中左衛將軍兄景

隆後為廣州刺史侯景作亂以景仲元氏之族
遺信誘之許奉為主景仲乃舉兵將下應景會
西江督護陳霸先與成州刺史王懷明等起兵
攻之霸先徇其眾曰朝廷以元景仲與賊連從
謀危社稷令使曲江公勃為刺史鎮撫此州眾
聞之皆棄甲而散景仲乃自縊而死
元樹字君立亦魏之近屬也祖獻文帝父僖咸
陽王樹仕魏為宗正卿屬爾朱榮亂以天監八
年歸國封為鄴王邑二千戶拜散騎常侍普通

三十五 梁書傳三十三 三 元五广

六年應接元法僧還朝遷使持節督郢司霍三
州諸軍事雲麾將軍郢州刺史增封并前為三
千戶討南蠻賊平之加散騎常侍安西將軍又
增邑五百戶中大通二年徵侍中鎮右將軍四
年為使持節鎮北將軍都督北討諸軍事加鼓
吹一部必以伐魏攻魏譙城拔之會魏將獨孤如
願來援遂圍樹城陷被執發憤卒於魏時年四
十八子貞大同中求隨魏使崔長謙至鄴葬父
還拜太子舍人太清初侯景降請元氏戚屬願

奉為主詔封貞為咸陽王以天子之禮遣還北
會景敗而返
元願達亦魏之支庶也祖明元帝父樂平王願
達仕魏為中書令司州刺史普通中大軍比伐
攻義陽願達舉州歸款詔封樂平公邑千戶賜
諸軍事平南將軍湘州刺史中大通二年徵侍
中太中大夫翊左將軍大同三年卒時年五十七
甲第女樂仍出為使持節散騎常侍都督湘州
王神念太原祁人也少好儒術尤明內典仕魏

三十七 梁書傳三十三 四 元五兒

起家州主簿稍遷潁川太守遂據郡歸款魏軍
至與家屬渡江封南城縣侯邑五百戶之除
安成內史又歷武陽宣城內史皆著治績還除
大僕卿出為持節都督青冀二州諸軍事信武
將軍青冀二州刺史神念性剛正所更州郡必
禁止淫祠時青冀二州東北有石鹿山臨海先有
神廟妖巫欺惑百姓遠近祈禱廢費極多及神
念至使令毀撤風俗遂改普通中大舉北伐徵
為右衛將軍六年遷使持節散騎常侍爪牙將

軍右衛如故遘疾卒時年七十五詔贈本官衡
州刺史兼給鼓吹一部謚曰壯神念少善騎射
既老不衰嘗於高祖前手執二刀楯左右交度
馳馬往來冠絕群伍時復有楊華者能作驚軍
騎並一時妙捷高祖深歡賞之子尊業仕至太
僕卿卒贈信威將軍青冀二州刺史鼓吹一部
次子僧辯別有傳

楊華武都仇池人也父大眼為魏名將華少有
勇力容貌雄偉魏胡太后逼通之華懼及禍乃
率其部曲來降胡太后追思之不能已為作楊
白華歌辭使宮人晝夜連臂蹋足歌之辭甚悽
惋焉華後累歷官至太僕太子左
衛率封益陽縣侯太清中侯景亂華欲立志節
妻子為賊所擒遂降之卒於賊

羊侃字祖忻泰山梁甫人漢南陽太守續之裔
也祖規宋武帝之臨徐州辟祭酒從事大中正
會薛安都舉彭城降北規由是陷魏魏授衛將
軍營州刺史父祉魏侍中金紫光祿大夫侃少

而瑰偉身長七尺八寸雅愛文史博涉書記尤
好左氏春秋及孫吳法弱冠隨父在梁州立
功魏正光中稍為別將時秦州羌莫有念生
者據州及稱帝仍遣其弟天生率眾攻陷岐州
遂寇雍州侃為偏將隸蕭寶寅往討之潛身巡
漸伺射天生應弦即倒其眾遂潰以功遷使持
節征東大將軍東道行臺領太山太守進爵鉅
平侯雍初其父每有南歸之志常謂諸子曰人生
安可久淹異域汝等可歸奉東朝侃至是將舉
河濟以成先志兗州刺史羊敦侃從兄也密知
之據州拒侃侃乃率精兵三萬襲之弗剋築十
餘城以守之朝廷賞授一與元法僧同遣羊鴉
仁王升率軍應接本元履運給糧仗魏帝聞之
使授侃驃騎大將軍司徒太山郡公長為兗州
刺史侃斬其使者以徇魏人大駭侃與朱陽都
率眾數十萬及高歡尒朱陽都等相繼而至圍
侃十餘重傷殺甚眾柵中矢盡南軍不進乃夜
潰圍而出且戰且行一日一夜乃出魏境至渣

口衆尚萬餘人馬二千匹將入南十卒並入竟夜
悲歌僴乃謝曰卿等懷土理不能見隨幸適去
留於此別異因各拜辭而去僴以大通三年至
京師詔授使持節散騎常侍都督瑕丘征討諸
軍事安北將軍徐州刺史并其兄兒及三弟忱
軍事安北將軍青兖二州刺史中大通四年詔為
節雲麾將軍曾陳慶之失律僴進其年詔以為持
出頓日城僧將軍瑕丘諸軍事安北將軍兖州刺史
給元畢拜為刺史尋以僴為都督北討諸軍事安北將軍兖州刺史
使持節都督瑕丘諸軍事安北將軍兖州刺史

隨太尉元法僧北討法僧先啟去與僴有舊願
得同行高祖乃召僴問方略僴具陳進取之計
高祖因曰知卿願與太尉同行僴曰臣拔迹遷
朝常思効忠然實未曾願與法僧同行還
謂臣為吳南人已呼臣為虜今與匈奴輕漢高
是羣類相逐非止有乖素心亦使匈奴輕漢高
祖曰朝廷今軍司馬廢來已久此段為卿置之
高祖曰朝廷今者要須卿行乃詔以為大軍司馬
行次官竹元樹又於譙城襲師軍罷入為侍中

五年封高昌縣侯邑千戶六年出為雲麾將軍
督安太中閩越俗奸反亂前後太中莫能止息
僴至討擊斬其渠師陳稱吳滿等於是郡內蕭
清莫敢犯者頃之徵太子左衛率大同三年車
駕幸樂遊死僴預宴時少府奏新造兩刃稍成
製武宴詩三十韻以示僴僴即席應詔高祖覽曰
吾聞仁者有勇今見勇者有仁可謂鄉魯遺風
僴執稍上馬左右擊刺特盡其妙高祖善之又
長丈四尺圍一尺三寸高祖因賜僴馬令試之

英賢不絕六年遷都官尚
書時尚書令何敬容用事與之並省未嘗遊造
有宦者張僧胤候僴僴曰我牀非閹人所坐竟
不詣之時論美其貞正九年出為使持節壯武
將軍衡州刺史太清元年徵為侍中會大舉北
伐仍以僴為持節冠軍監作韓山堰事兩旬堰
立僴勸乘其遠來可擊旦日不納既而魏
援大至僴頻勸乘水攻彭城不納既而魏
並不從僴乃率所領出頓堰上及衆軍敗僴結

陣徐還二年復為都官尚書侯景
及攻陷歷陽
高祖問侃討景之策侃曰景反迹久見或容奄
突宜急據採石令邵陵王襲取壽春景進不得
前退失巢窟烏合之眾自然瓦解議者謂景未
敢便逼京師遂寢其策令侃率千餘騎頓望國
門景至新林追侃入副宣城王都督城內諸軍
事時景既卒至百姓競入公私混亂無復次第
侃乃區分防擬皆以宗室間之軍人爭入武庫
自取器甲所司不能禁侃命斬數人方得止及

梁書傳三十三　九

賊遍城衆皆惆悸侃偽稱得射書云邵陵王西
昌侯已至近路衆乃少安賊攻東掖門縱火甚
盛侃親自拒抗以水沃火火滅引弓射殺數人
賊乃退加侍中軍師將軍有詔送金五千兩銀
萬兩絹萬匹以賜戰士侃辭不受部曲千餘人
並私加賞賚賊為尖頂木驢攻城矢石所不能
制侃作雉尾炬施鐵鏃以油灌之擲驢上焚之
俄盡賊又東西兩面起土山以臨城城中震駭
侃命為地道潛引其土山不能立賊又作登城

樓高十餘丈欲臨射城內侃曰車高塹虛彼來
必倒可卧而觀之不勞設備及車動果倒衆皆
服焉賊既頻攻不捷乃築長圍朱异張綰議欲
出擊之高祖以問侃侃曰不可賊多日攻城既
不能下故立長圍欲引城中降者耳今擊之出人
若少不足破賊若多則一旦失利自相騰踐門
隘橋小必大致挫衄此乃示弱非騁王威也不
從遂使千餘人出戰未及交鋒望風退走果以
爭橋赴水死者太半初侃長子躄為景所獲執

梁書傳三十三　十

來城下示侃謂曰我傾宗報主猶恨不足豈
復計此一子幸汝早能殺之爾後復持躄來侃謂
曰吾以身許國誓死行陣終不以爾而生進退因
引弓射之賊感其忠義亦不之害也景遣儀同傅
士哲呼侃與語曰侯王遠來問訊天子何為閉距
不時進納尚書國家大臣宜啟朝廷侃曰侯將軍
奔亡之後歸命國家重鎮方城懸相任寄何所患
苦忽致稱兵今驅烏合之卒至王城之下虜馬飲
淮矣

集帝室豈有人臣而至於此吾荷國重恩當景
承廟算以掃大逆耳不能妄受浮說開門揖盜
幸謝侯王早自為所士哲又曰侯王事君盡節
不為朝廷所知正欲面啓至尊以除姦侫既居
戎旅故帶甲來朝何謂作逆侯曰聖上臨四海
將五十年聰明叡哲無幽不照有何姦侫而得
在朝欲飾其非寧無詭說且侯王親舉白刃以
向城闕事君盡節正若是邪士哲無以應乃曰
在此之日久抱風猷每恨平生未獲披敘願去
戎服得一相見侭為之免冑士哲瞻望火之而
去其為北人所歆慕如此後大雨城內土山崩
賊乘之垂入苦戰不能禁侭乃令多擲火為火
城以斷其路徐於裏築城賊不能進十二月遷
疾辛于臺內時年五十四詔給東園祕器布絹
各五百匹錢三百萬贈侍中護軍將軍鼓吹一
部侭少而雄勇旅力絕人所用弓至十餘石嘗
於兗州堯廟蹋壁直上至五尋橫行得七跡泗
橋有數石人長八尺大十圍侭執以相擊悉皆

破碎侭性真家後善音律自造採蓮棹歌兩曲其
有新致姬妾侍列窮極奢靡有彈箏人陸太喜者
鹿角爪長七寸儛人張淨琬腰圍一尺六寸時
人咸推能掌中儛又有孫荊玉能反腰帖地街
得席上玉簪教歌人王娥兒東官亦賚歌者
屈偶之並妙盡奇曲一時無對初趙衡州於兩
艖舫起三間通涼水齋飾以珠玉加之錦繢盛
設帷屏陳列女樂乘潮臨波置酒綠塘傍
水觀者填咽大同中魏使陽斐與侭在北嘗同
學有詔令侭延斐同宴賓客三百餘人器皆金
玉雜寶奏三部女樂至久侍婢百餘人俱執金
花燭侭不能飲酒而好賓客交遊終日獻酬同
其醉醒侭性寬厚有器局嘗南還至連口置酒有
客張孺才者醉於船中失火延燒七十餘艘所
燔金帛不可勝數侭聞之都不挂意命酒不輟
孺才慙懼自逃匿侭慰喻使還待之如復舊第三
子瑒字子鵬隨侭臺內城陷竄於陽平侯景呼還

子瑒

鷗字子鵬

待之甚厚及景敗鷗密圖之乃隨其東走景於
松江戰敗惟餘三舸下海欲向蒙山會景備書
寢鷗語海師此中何處有蒙山汝但聽我處分
遂直向京口至胡豆洲景覺大驚問岸上人云郭
元建猶在廣陵景大喜將依之鷗拔刀叱海師
使向京口景欲透水鷗抽刀斫之景乃走入船
中以小刀扶船鷗以稍入刺殺之世祖以鷗為
持節通直散騎常侍都督青冀二州諸軍事明
威將軍青州刺史封昌國縣公邑二千戶賜錢

五百萬米五千石布絹各一千匹又領東陽太
守征陸納加散騎常侍平峽中除西晉州刺史
破郢元建於東關遣使持節信武將軍東晉州
刺史承聖三年西魏圍江陵鷗赴援不及從王
僧悟征蕭愨於嶺表聞太尉僧辯敗乃還為侯
瑱所破於豫章遇害時年二十八

羊鴉仁字孝穆太山鉅平人也少驍果有膽力
仕郡為主簿普通中率兄弟自魏歸國封廣晉
縣侯征伐青齊間累有功績稍遷貞外散騎常

侍歷陽太守中大通四年為持節都督譙州諸
軍事信威將軍譙州刺史大同七年除太子左
衛率出為持節都督南北司豫楚四州諸軍事
輕車將軍北司州刺史侯景降詔鴉仁督士州
刺史桓和之仁州刺史湛海珍等精兵三萬趨
於渦陽魏軍漸逼鴉仁恐糧運不繼遂頓軍於
七州諸軍事司豫二州刺史仍會侯景敗
縣瓠應接景仍為都督豫司淮斐冀殽應西豫
上表陳謝高祖大怒責之鴉仁懼又頓軍於淮
上及侯景及鴉仁率所部入援太清二年景既
背盟鴉仁乃與趙伯超及南康王會理共攻賊
於東府城反為賊所敗臺城陷鴉仁見景為景
所留以為五兵尚書鴉仁常思奮發謂所親曰
吾以凡流受寵朝廷音無報效以答重恩社稷
傾危身不能死偷生苟免以至于今若以此終
沒有餘憤因遂泣下見者傷焉三年出奔江陵
其故部曲數百人迎之將赴江陵至東莞為故
北徐州刺史荀伯道諸子所害

史臣曰高祖革命受終光期寶運盛德所漸其
不懷來其皆徇難投身前後相屬元法僧之徒
入國並降恩過位重任隆擊鍾鼎食美矣而羊
侃鴉仁值太清之難並竭忠奉國俶則臨危不
撓鴉仁守義殞命可謂志等松筠心均鐵石古
之殉節斯其謂乎

列傳第三十三　　梁書三十九

梁書傳三十三

圭

羊侃傳幷其兄黙及三弟悅給元皆拜為刺史
悅南史作忱未知孰是

散騎常侍姚　思廉　撰

司馬褧

到溉

劉顯

劉之遴　弟之亨

許懋

二五十九　梁書傳三十四　　王元亨

司馬褧字元素河內溫人也曾祖純之晉大司農高密敬王祖讓之員外常侍父操善三禮仕齊官至國子博士褧少傳家業強力專精手不釋卷其禮文所涉書略皆遍觀沛國劉瓛為儒者宗嘉其學深相賞好少與樂安任昉善昉亦推重焉初為國子生起家奉朝請稍遷王府行參軍天監初詔通儒治五禮有司舉褧治嘉禮除尚書祠部郎中是時創定禮樂褧所議多見施行除步兵校尉兼中書通事舍人褧學尤精於事數國家吉凶禮當世名儒明山賓賀瑒等疑不能斷皆取決焉累遷正貟郎鎮南諮議參軍

兼舍人如故遷尚書右丞出為仁威長史長沙內史遷除雲騎將軍兼御史中丞頃之即真十六年出為宣毅南康王長史行府國丼石頭戍軍事褧雖居外官有敕預文德武德二殿長名問訊不限日十七年遷明威將軍晉安王長史未幾卒王命記室庾肩吾集其文為十卷所撰嘉禮儀注一百一十二卷

三四廿五　梁書傳三十四　二　王元

到溉字茂灌彭城武原人曾祖彥之宋驃騎將軍祖仲度驃騎江夏王從事中郎父坦齊中書郎溉少孤貧與弟洽俱聰敏有才學早為任昉所知由是聲名益廣起家王國左常侍遷後軍法曹行參軍歷殿中郎出為建安內史遷中書郎兼吏部太子中庶子湘東王讀為會稽太守以溉非直為輕車長史行府郡事高祖敕王曰到溉非直事汝行事足為汝師開有進止每須詢訪遭母憂居喪盡禮朝廷嘉之服闋猶疏食布衣者累載除通直散騎常侍御史中丞太府卿都官尚書鄞州長史江夏太守加招遠將

軍入爲左民尚書漑身長八尺美風儀善容止
所蒞以清白自脩性又率儉不好聲色虛室單
牀傍無姬侍自外車服不事鮮華冠履十年
一易朝服或至穿補傳呼清路示有朝章而
巳頃之坐事左遷金紫光祿大夫俄授散騎常
侍侍中國子祭酒漑素謹厚特被高祖賞接每
與對棊夕達旦漑第山池有奇石高祖戲與
賭之弁禮記一部漑並輸焉未進高祖謂朱异
曰卿謂到漑所輸可以送未漑斂板對曰臣既
事君安敢失禮高祖大笑其見親愛如此後因
疾失明詔以金紫光祿大夫散騎常侍就第養
疾漑家門雍睦兄弟特相友愛初與弟洽常共
居一齋洽卒後便捨爲寺因斷腥羶終身蔬食
別營小室朝夕從僧徒禮誦高祖每月三置淨
饌恩禮甚篤蔣山有延賢寺者漑家世創立故
生平公俸咸以供焉略無所取性又不好交游
惟與朱异劉之遴張綰同志友密及卧疾家園
門可羅雀三君每歲時常鳴騶枉道以相存問

置酒敘生平極歡而去臨終託張劉勒子孫以
薄葬之禮卒時年七十二詔贈本官有集二十
卷行於世時以漑洽兄弟比之二陸故世祖贈
詩曰魏世重雙丁晉朝稱二陸何如今兩到復
似凌寒竹子鏡字圓照安西湘東王法曹行參
軍太子舍人早卒鏡子藹早聰慧起家著作
佐郎歷太子舍人宣城王主簿太子洗馬尚書
殿中郎嘗從高祖幸京口登比顧樓賦詩藹受

詔便就上覽以示漑曰此子才藻恐卿從
來文章假手於藹因賜漑連珠曰研磨墨以騰
文筆飛毫以書信如飛蛾之赴火豈林燧身之可
吝必毫年其已及可假之於少藹其見知賞如
此除丹陽尹丞太清亂赴江陵卒
劉顯字嗣芳沛國相人也父顯晉安內史顯幼
而聰敏當世號曰神童天監初舉秀才解褐中
軍臨川王行參軍俄署法曹顯好學博涉多通
任昉嘗得一篇缺簡書文字零落歷示諸人莫
能識者顯云是古文尚書所刪逸篇昉檢周書

果如其說訪因大相賞異丁母憂服闋尚書令
沈約命駕造焉於坐策顯經史十事顯對其九
約曰老夫昏忘不可受策雖然聊試數事不可
至十也顯問其五約對其二陸倕聞之歡曰劉
郎可謂差人雖吾家平原詣張壯武王粲詞伯
咄必無此對其為名流推賞如此及約為太子
少傅乃引為五官掾兼廷尉正五兵尚書傳
昭掌著作撰國史引顯為佐九年始革尚書五
都選顯以本官兼吏部郎又除司空臨川王外
兵參軍遷尚書儀曹郎嘗為上朝詩沈約見而
美之時約郊居宅新成因命工書人題之於壁

曹侍郎兼中書舍人出為秣陵令又除驃
騎鄱陽王記室兼中書舍人累遷步兵校尉中
書侍郎舍人如故顯與河東裴子野南陽劉之
遴吳郡顧協連職禁中遞相師友時人莫不慕
之顯博聞強記過於裴顧時魏人獻古器有隱
起字無能識者顯案文讀之無有滯礙考校年

月一字不差高祖甚嘉焉遷尚書左丞除國子
博士出為宣遠岳陽王長史行府國事未拜遷
雲麾邵陵王長史尋陽太守大同九年王遷鎮
郢州除平西諮議參軍加戎昭將軍其年卒時
年六十三友人劉之遴啟皇太子曰之遴嘗聞
夷叔柳惠不逢仲尼一言則西山餓夫東國黜
士名豈施於後世信哉生有七尺之形終為一
棺之土不朽之事寄於題目懷珠抱玉有歿世
而名不稱者可為長太息軏過於斯竊痛友人

沛國劉顯韞櫝藝文研精覃奧聰明特達出類
拔羣闡棺郢都歸魂有日須鐫墓板之遷已略
撰其事行今輒上呈伏願鴻慈降弦睿藻榮其
枯骴以慰幽魂冒昧聞戰慄無地乃蒙令為
誌銘曰黻弱挺質空桑吐器見重播樂傳
名諧其均之美有髦士禮著幼年業明壯齒
飫典墳研精名理一見弗忘過目則記若訪賈
逵如問伯始穎脫斯出學優而仕議獄既佐芸
蘭乃握摛鳳池水推羊太學內參禁中外相藩

立斜光巳道殞彼西浮百川到海遂東流營

營返既沉沉虛舟白馬向郊 丹旐丹轅野興典

伏山雲輕重呂掩書壙揚歸玄豪闌其戒行

途窮玉龍弱葛方施業柯日栱壤柳菱春禽寒

斂耗長空常暗陰泉獨湧衕彼故坐流芬相踵

顯有三子蓍荏臻臻早著名

劉之遴字思貞南陽人也父虬齊國子博

士諡文範先生之遴八歲能屬文十五舉茂才

對策沉約任昉見而異之起家寧朝主簿吏部

三七

七

梁書傳三十四

朱光

尚書王瞻嘗候任昉值之遴在坐昉謂瞻曰此

南陽劉之遴學優未仕水鏡所宜輒擢瞻即辟

為太學博士時張稷新除尚書僕射託昉為讓

表昉令之遴代作操筆立成昉曰荊南秀氣果

有異才後仕必當過僕御史中丞樂藹即之遴

舅憲臺奏彈皆之遴草焉還平南行參軍尚

書起部郎延陵令荊州治中太宗臨荊州仍遷

宣惠記室之遴篤學明審博覽羣籍時劉顯

韋稜並強記之遴每與討論咸不能過也還除

通直散騎侍郎兼中書通事舍人遷正員郎尚

書石丞荊州太中正累遷中書侍郎鴻臚卿復

兼中書舍人出為征西鄱陽王長史南郡太守

高祖謂曰卿母年德並高故令卿衣錦還鄉盡

榮養之理後轉為西中郎湘東王長史太守如

故初之遴在荊府嘗寄居南郡廨忽夢剡太守

表褒謂曰卿後當為折臂太守即居此中之遴

後果損臂遂當為郡丁母憂服闋徵秘書監領

步兵校尉出為鄱州行事之遴意不願出固辭

三二四

八

梁書傳三十四

朱光

高祖手敕曰朕聞妻子且孝衰於親爵祿且忠

衰於君卿既內足理忘奉公之節遂為有司所

奏免父之為太府卿都官尚書太常卿之遴好

古愛奇在荊州聚古器數十百種有一哭似甌

可容一斛上有金錯字時人無能知者又獻古器四

種於東宮其第一種鑄銅鴟夷檻二枚兩耳有銀

鐷銘云建平二年造其第二種金銀錯鏤古鐏二

枚有篆銘云秦容成侯適楚之歲造其第三種

外國澡灌一口銘云元封二年龜茲國獻其第

08-330

四種古製裂滑盤一枚銘云初平二年造時鄱陽
嗣王範得班固所上漢書自具本獻之東宮皇太
子令之遊與張纘到溉陸襄等參校異同之遊
具異狀十事其大略曰案本漢書稱永平十六
年三月二十一日巳酉郎班固上而今本無上
書年月日字又案古本敘傳載班彪事行而今本
稱為敘傳又今本敘傳載班彪事行而古本云
稚生彪自有傳又今本紀及表志列傳不相合
為次而古本相合為次總成三十八卷入今本外
戚在西域後古本外戚次帝紀下又入今本高五
子文三王景十三王武五子宣元六王雜在諸
傳秩中古本諸王悉次外戚下在陳項傳前又
今本韓彭英盧吳述云信惟餓隸布實黥徒越
亦狗盜芮尹江湖雲起龍驤化為侯王古本述
云淮陰殺戮枕周章邦之傑子實惟彭英化
為侯王雲起龍驤又古本第三十七卷解音釋
義以助雅詁而今本無此卷之遊好屬文多學
古體與河東裴子野沛國劉顯常共討論書

籍因為交好是時周易尚書禮記毛詩並有高祖
義疏惟左氏傳尚闕之遊乃著春秋大意十科左
氏十科三傳同異十科合三十事以上之高祖大
悅詔答之曰省所撰春秋義比事論書辭微旨遠
編年之教言閫義繁丘明傳洙泗之風公羊稟
西河之學鐸椒之解不追瑕丘之說無取繼蹤
胡母賈誼之籯荀卿源本分鑣指歸殊致詳略
左氏貫盛因修荀卿源本弱年乃經研味一從遺置
紛然其來舊矣昔在弱年乃經研味一從遺置
近將五紀兼晚冬暴促機事空暇夜分求衣未遑
搜括須待夏景試取推尋若溫故可求別酬所
問也太清二年侯景亂之遊避難還鄉未至卒
於夏口時年七十二前後文集五十卷行於世
之亨字嘉會之遊第也少有令名舉秀才拜太
學博士稍遷兼中書通事舍人步兵校尉司農
卿又代兄之遊為安西湘東王長史南郡太守
在郡有異績數年卒於官時年五十荊土至今
懷之不忍斥其名號為大南郡小南郡云

許懋字昭哲高陽新城人魏鎮北將軍允九世
孫祖珪宋給事中著作郎桂陽太守父勇惠齊
太子家令兌從僕射懋少孤性至孝居父勇惠執
喪過禮篤志好學為州黨所稱十四入太學受
毛詩旦領師說晚而覆講座下聽者常數十百
人因撰風雅比興義十五卷盛行於世尤曉故
事稱為儀注之學起家後軍豫章王行參軍轉法
曹茂才遷驃騎大將軍儀同中記室文惠太子
聞而召之侍講于崇明殿除太子步兵校尉永
元中轉散騎侍郎兼國子博士與司馬褧同志
友善僕射江祏甚推重之號為經史笥天監初
更部尚書范雲舉懋參詳五禮除征西鄱陽王
諮議兼著作郎待詔文德省時有請封會稽禪
國山者高祖雅好禮因集儒學之士草封禪儀
將欲行焉懋以為不可因建議曰臣案舜幸岱
宗是為巡狩而鄭引孝經鈎命史云封于太山
考績柴燎禪乎梁甫刻石紀號此緯書之曲說非
正經之通義也依白虎通云封者言附廣也禪

者言成功相傳也若以禪授為義則禹不應傳
啓至桀十七世也湯又不應傳外景至紂三十
七世也又禮記云三皇禪亦亦謂盛廣也五帝
禪亦其亦特立獨起於身也三王禪梁甫連延不
絕父沒子繼也若謂禪亦亦為盛廣者古義以
伏羲神農黃帝是為三皇伏羲亦封太山禪云
黃帝封太山禪亦其亦特立獨起於身者
無所寄矣若謂五帝禪皆不禪亦亦而云
顓頊封泰山禪云帝嚳封泰山禪云堯封
太山禪云舜封太山禪云亦不禪亦其若
合黃帝以為五帝者少昊即黃帝子又非獨立
之義矣若謂三王禪梁甫連延不絕父沒子繼
者禹封太山禪云周成王封太山禪社首舊
書如此異乎禮說皆道聽所得失其本文假使
三王皆封太山禪梁甫者是為封太山則有傳
世之義既禪梁甫則有揖讓之懷或欲禪倦或欲
傳子義既予盾理必不然又七十二君夷吾所
記此中世數裁可得二十餘主伏羲神農女媧

大庭栢皇中央栗陸驪連赫胥尊盧混沌昊英

有巢朱襄葛天陰康無懷黃帝少昊顓頊高辛

堯舜禹湯文武中間乃有共工霸有九州非

帝之數云何得有七十二君封禪之事且燧人

以前至周之世未有君臣人心淳朴不應金泥

王撿外中刻石燧人伏羲神農三皇結繩而治

書契未作未應有鐫文告成且無懷氏伏羲後

第十六主云何得在伏羲前封太山禪云云夷

吾又曰惟受命之君然後得封禪周成王非受

命君云何而得封太山禪社首神農與炎帝是

一主而云神農封太山禪云云炎帝封太山禪云

云分爲二人妄亦甚矣若是聖主不須封若

是凡主不應封禪當是齊桓欲行此事管仲知

其不可故舉怪物以屈之也秦始皇登太山中

坂風雨暴至休松樹下封爲五大夫而事不遂

漢武帝宗信方士廣召儒生皮弁搢紳射牛行

事獨與霍嬗俱上既而子侯暴卒厭足用傷

至魏明使高堂隆撰其禮儀聞隆沒歎息曰天

不欲成吾事高生捨我亡也晉武太始中欲封

禪乃至太康議猶不定竟不果行孫皓遣司

空董朝兼太常周處至陽羨封國山此朝君子

有何功德不思古道而欲封禪者皆是主好名於

上臣阿旨於下也夫封禪者不出正經惟左傳

說禹會諸侯於塗山執玉帛者萬國亦不謂爲

封禪鄭玄有參柴之風不能推尋正經專信緯

候之書斯爲謬矣蓋禮云因天事天因地事地

固名山升中于天因吉土享帝于郊燔柴岱宗

即因山之謂矣故曲禮云天子祭天地是也又

祈穀一報穀一禮乃不顯祈報地推文則有樂

記云大樂與天地同和大禮與天地同節和故

百物不失故祀天祭地百物不失者天生之

地養之故知地亦有祈報是則一年三郊天三

祭地周官有貢立方澤者總爲三事郊祭天地

故小宗伯云兆五帝於四郊此即月令迎氣之

也也舜典有歲二月東巡狩至于岱宗夏南秋

西冬比五年一周若爲封禪何其數也此爲

九郊亦皆正義至如大旅於南郊者非常祭也
大宗伯國有大故則旅上帝月令云仲春玄鳥
至祀于高祺亦非常祭詩云克禋克祀以弗
無子并有雩禱亦非常祭禮云雩禜水旱也
是為合郊天地有三特郊天有九非常祭禮與
明堂雖是祭天而不在此數大傳云雩祀有十六地
三孝經云宗祀文王於明堂以配上帝雩祀者禘其
祭有三惟大禘祀不在數大禘祀以故云大
祖之所自出以其祖配之異於常祭與

梁書傳三十

於時祭案繫雲易之為書也廣大悉備有天
道焉有地道焉有人道焉兼三才而兩之故六
六者非他三才之道也乾彖云大哉乾元六
資始乃統天雲行兩施品物流形大明終始一往
時成此則應六年一祭坤元亦爾誠敬之道盡
此而備至於封禪非所敢聞高祖嘉納之因推
演懋議稱制旨以答請者由是遂停十年轉太
子家令宋齊舊儀郊天祀帝皆用袞冕至天
監七年懋始請造大裘至是有事於明堂儀注

十五　趙良

猶去服袞冕懋駁去禮去大裘而冕祀昊天上
帝亦如之良由天神尊遠須貴誠質令泛祭五
帝理不容文改服大裘自此始也又降敕問凡
求陰陽應各從其類令雩祭燔柴以火祈水意
以為疑懋答曰雩祭燔柴無其文良由先儒
不思故也按周宣雲漢之詩曰上下奠瘞靡神
不宗毛注云上祭天下祭地並有瘞埋之文不見有
此而言為旱而祭天下祭五帝必應燔柴者今明堂之
燔柴之說若以祭五帝不見有

梁書傳三十四

禮又無其事且禮又去埋少牢以祭時時之功是
五帝此又是不用柴之證矣昔雩壇在南方正
陽位有乖求神而已移於東實柴之禮猶未革
請停用柴其牲牢等物悉從坎瘞以符周宣雲
漢之說詔並從之凡諸禮儀多刊正以足疾出
為始平太守政有能名加散騎常侍轉天門太
守中大通三年皇太子召諸儒參錄長春義記
四年拜中庶子是歲卒時年六十九撰述行記
四卷有集十五卷

十六　趙良

陳吏部尚書姚察曰司馬聰儒術博通到溉文
義優敏顯懋之遜強學淡冶立職經便敏柔應對
左右斯蓋嚴朱之任焉而溉之遜遂至顯貴並
拾青紫然非遇時焉能致此仕也

列傳第三十四　　　　梁書四十

王規　散騎常侍姚　思廉　撰
　　　劉毅　宗懍

王承

褚翔

蕭介　從父兄洽

褚球

劉孺　弟覽　遵

劉潛　弟孝勝　孝威　孝先

殷芸　蕭幾

王規字威明琅邪臨沂人祖僧虔齊太尉南昌丈
憲公父騫金紫光祿大夫南昌安侯規八歲以
丁所生母憂居喪有至性太尉徐孝嗣毎見必
爲之流涕稱曰孝童叔父睞亦深器重之常曰
此兒吾家千里駒也年十二五經大義並略能
通既長好學有口辯州舉秀才郡迎主簿起家
祕書郎累選太子舍人安右南康王主簿太子
洗馬天監十二年改構太極殿功畢規獻新殿

賦其辭甚工拜祕書丞歷太子中舍人司徒左
西屬從事中郎晉安王諱出爲南徐州高選僚
屬引爲雲麾諮議參軍久之出爲新安太守父
憂去職服闋襲封南昌縣侯除中書黃門侍郎
敕與陳郡殷鈞琅邪王錫范陽張緬同侍東宮
俱爲昭明太子所禮湘東王時爲京尹與朝士
宴集屬規爲酒令規從容對曰自江左以來未
有茲舉特進蕭琛金紫傳昭在坐並謂爲知言
普通初陳慶之北伐剋復洛陽百僚稱賀規退
曰道家有云非爲功難成功難也羯寇遊魂爲
日已久桓溫得而復失宋武竟無成功我孤軍
無援深入寇境威勢不接餽運難係將是役也
爲禍階矣俄而王師覆沒其識達事機多如此
類六年高祖於文德殿餞廣州刺史元景隆詔
羣臣賦詩同用五十韻規援筆立奏其丈又美
高祖嘉焉即日詔爲侍中大通三年遷五兵尚
書俄領步兵校尉中大通二年出爲貞威將軍
驃騎晉安王長史其年王立爲皇太子仍爲吳

太守主書芮珍宗家在吳前守宰皆傾意附
之是時珍宗假還規遇之甚薄珍宗還都密奏
規云不理郡事俄徵為左民尚書郡吏民千餘
人詣闕請留表三奏上不許尋以本官領右軍
將軍未拜復為散騎常侍太子中庶子領步兵
校尉規辭疾不拜於鍾山宗熙寺築室居焉大
同二年卒時年四十五詔贈章皇太子出臨哭
夫賻錢二十萬布百匹諡曰威明
與湘東王諱令曰歲明昨宵奄復殂化甚可痛

傷其風韻遒正神峯標映千里絕迹百尺無枝
文辯縱橫才學優贍跌宕之情彌遠濠梁之氣
特多斯實俊民也一爾過隙永歸長夜金刀掩
芒長淮絕涸去歲冬中已傷劉子今茲寒孟復
悼王生俱往之傷信非虛說規集後漢眾家異
同注續漢書二百卷文集二十卷子襄字子漢
七歲能屬文外祖司空袁昂愛之謂賓客曰此
兒當成吾宅相弱冠舉秀才除祕書郎太子舍
人以父憂去職服闋襲封南昌侯除武昌王文

學太子洗馬兼東宮管記遷司徒屬祕書丞出
為安成內史太清中矣景陷京城江州刺史當
陽公大心舉州附賊賊轉冠南中襄郡拒
守大寶二年世祖命徵襄赴江陵既至以為忠
武將軍南平內史俄遷吏部尚書侍中承聖二
年遷左僕射參掌選事又加侍中其年
幼訓以誡諸子其一章云陶士衡曰昔大禹不
忝尺璧而重寸陰文士何不誦書武士何不馬
射若乃玄冬脩夜朱明未日肅其居處崇其牆
仞門無粱雜坐關號呶以之求學則仲尼之門
人也以之為文則賈生之外堂也古者盤盂有
銘几杖有誡進退循焉俯仰觀焉文王之詩曰
靡不有初鮮克有終立身行道終始若一造次
必於是君子之言歟儒家則尊甲等差吉凶降
殺君南面而臣北面天地之義也非組奇而遷
豆偶陰陽之義也道家則隳支體黜聰明棄義
絕仁離形去智釋氏之義見苦斷習證滅循道

明因辨果偶凡成聖斯雖爲教等差而義歸汲
引吾始平幼學及于知命旣崇周孔之教兼循
老釋之談江左以來斯業不墜汝能脩之五吕之
志也初有沛國劉瓛南陽宗懍與襄俱爲中興
佐命同參帷幄

劉瓛字仲寶晉丹陽君真長七世孫也少方正
有器局自國子禮生射策高第爲寧海令稍
遷湘東王記室參軍文轉中記室太清中族景
亂世祖承制上流書檄多委瓛焉瓛亦竭力盡

宗懍字元懍八世祖承晉宜都郡守屬永嘉東
遷吏部尚書國子祭酒餘如故
忠甚蒙賞遇歷尚書左丞御史中丞承聖三年
挑子孫因居江陵爲懍少聰敏好學晝夜不倦
鄉里號爲董子學士並通中爲湘東王府兼記
室轉刑獄仍掌書記歷臨波建成廣晉等令後
又爲世祖荊州別駕及世祖即位以爲尚書郎
封信安縣族邑一千戶累遷吏部郎中五兵尚
書吏部尚書承聖三年江陵沒與瓛俱入于周

王承字安期僕射晛十七歲通周易選補國子
生年十五射策高第除祕書郎歷太子舍人南
康王文學邵陵王友太子中舍人以父憂去職
服闋復爲中舍人累遷中書黃門侍郎兼國子
博士時膏腴貴遊咸以文學相尚罕以學術爲
業惟承獨好之發言吐論造次儒者在學訓諸
生述禮易義中大通五年遷長兼侍中俄轉國
子祭酒承祖儉及父睞嘗爲此職三世爲國師
前代未之有也當世以爲榮父之出爲戒昭將

軍東陽太守爲政寬惠吏民悅之視事未朞卒
於郡年四十一諡曰章子承性簡貴有風格
時石衞朱异當朝用事每休下車馬常填門時
有魏郡申英好危言高論以忤權右常指异門
曰此中輻輳皆以利往佞能不至者惟有大小王
東陽小東陽即承弟稚也當時惟承兄弟及褚
翔不至异門時以此稱之
褚翔字世舉河南陽翟人曾祖淵齊太宰文簡
公佐命齊室祖蓁太常穆子父向字景政年數

【上半葉】

歲父母相繼亡沒向哀毀若成人者親表咸異
之既長淹雅有器量高祖踐祚選補國子生起
家秘書郎遷太子舍人尚書殿中郎出為安成
內史還除太子洗馬中舍人累遷太尉從事中
郎黃門侍郎鎮右豫章王長史頃之入為長兼
侍中向風儀端麗眉目如點每公庭就列為眾
所瞻望

陵王長史三年卒官外兄謝舉為制墓銘其略
曰弘治推華子嵩勳量酒歸月下風清琴上論
者以為擬得其人翔初為國子生舉高第丁父
憂服闋除秘書郎累遷太子舍人宣城王主簿
中大通五年高祖宴華臣樂遊苑別詔翔與王
訓為二十韻詩限三刻成翔於坐立素高祖異
焉即日轉宣城王文學俄遷為友時宣城王主簿
學加亡王二等故以翔超為之時論美焉出為
義興太守翔在政潔己省繁苛去浮費百姓安
之郡之西亭有古樹積年枯宛翔至郡忽更生
枝葉百姓咸以為善政所感及秩滿吏民詣闕

【下半葉】

請之敕許焉尋徵為吏部郎去郡百姓無老少
追送出境涕泣拜辭翔居小選公清不為請屬
易意號為平允俄遷侍中頃之轉散騎常侍領
羽林監侍東宮出為晉陵太守在郡未幾以公
事免俄復為散騎常侍侍東宮太清二年遷守
吏部尚書其年冬疾景圍宮城翔於圍內丁母
憂以毀卒時年四十四詔贈本官翔少有孝性
為侍中時母疾篤請沙門祈福中夜忽見戶外
有異光又聞空中彈指及曉疾遂愈或以翔精
誠所致焉

蕭介字茂鏡蘭陵人也祖思話宋開府儀同三
司尚書僕射父惠蒨齊左民尚書介少穎悟有
器識博涉經史兼善屬文齊永元末釋褐著作
佐郎天監六年除太子舍人八年遷尚書金部
郎十二年轉主客郎出為吳令甚著聲績湘
東王聞介名思共遊處表請之普通三年乃以
介為湘東王諮議參軍大通二年除給事黃門
侍郎大同二年武陵王為揚州刺史以介為府

長史在職清白為朝廷所稱高祖謂何敬容曰

蕭介甚貧可處以一郡敬容未對高祖曰始興

郡頃無良守嶺上民頗不安可以介為之由是

出為始興太守介至任宣布威德境內肅清七

年徵為少府卿尋加散騎常侍會侍中闕選司

舉王筠等四人並不稱旨高祖曰我門中久無

此職宜用蕭介為之介博物強識應對左右多

所臣正高祖甚重之遷都官尚書每軍國大事

必先詢訪於介為高祖謂朱异曰端右之材也

介聞而上表諫曰臣抱患私門竊聞矦景以

渦陽敗績隻馬歸命陛下不悔前禍復敕容納

臣聞山人之性不移天下之惡一也昔呂布以

丁原以事董卓終誅董而為賊劉牢反王恭以

歸晉還背晉以構妖何者狼子野心終無馴狎

之性養獸之喻必見飢噬之禍矦景獸心之種

梁書傳三十五　九　趙良

鳴鏑之類以凶狡之才荷高歡翼長之遇位忝

台司任居方伯然而高歡墳土未乾即還反噬

逆力不逮乃復逃死關西宇文不容故復逃身

於我陛下前者所以不逆細流正欲以屬國降

胡以討匈奴冀獲一戰之效耳今既亡師失地

直是境上之一夫耳陛下愛其更鳴之晨歲暮之

效臣竊惟矦景必非歲暮之臣棄鄉國如脫屣

背君親如遺芥豈知遠慕聖德為江淮之純臣

事跡顯然無可致感一隅尚其如此觸類何可

具陳臣朽老疾侵不應輒干朝政但楚囊將死

有城郢之忠衞魚臨亡亦有尸諫之節臣恭為

宗室遺老敢忘劉向之心伏願天慈少恩危苦

之語高祖省表歎息卒不能用介性高簡少交

遊惟與族兄琛從兄眎素及洽從弟淑等文酒

賞會時人以比謝氏烏衣之遊初高祖招延後

進二十餘人置酒賦詩臧盾以詩不成罰酒斗

盾飲盡顏色不變言笑自若介染翰便成文無加

梁書傳三十五　十　趙良

點高祖兩美之曰臧盾之飲籌籌介之文即席之
美世年七十三卒於家第三子免初以兼散騎
常侍聘魏還為太子中庶子後至光祿大夫
洽字宏稱介從父兄世父惠基歷吏部尚書有
重名前世洽劬敏瘝年七歲誦楚辭略上口及
長好學涉獵亦善屬文齊永明中為國子生舉
明經起家著作佐郎遷西中郎外兵參軍天監
初為前軍邵陽王主簿尚書都郎遷太子中
舍人出為南徐州治中畿近畿重鎮吏數千人

前後居之者皆致巨富洽為之清身率職饋遺
一無所受妻子不免飢寒遷除司空從事中郎
為建安內史坐事免父之起為護軍長史北中
郎諮議參軍遷太府卿司徒臨川王司馬普通
初拜員外散騎常侍兼御史中丞以公事免頃
之為通直散騎常侍洽少有才思高祖令製局
泰大愛敬二寺剎下銘其文甚美二年遷散騎
常侍世為招遠將軍臨海太守為政清平不尚
威猛民俗便之還拜司徒左長史又敕撰當塗

堰碑辭亦贍麗六年卒官時年五十五有詔出
舉哀賻錢二萬布五十四集二十卷行於世
褚球字仲寶河南陽翟人高祖叔度宋征虜將
軍雍州刺史祖曖太宰外兵參軍父續太子舍
人並尚宋公球少孤貧篤志好學有才思宋
建平王景素元徽中誅滅惟有一女得存其故
吏何昌寓仕齊起家征虜行參軍俄署法曹遷右
軍曲江公主簿出為溧陽令在縣清白資公俸

而已除平西主簿天監初遷太子洗馬散騎侍
郎兼中書通事舍人出為建康令母憂去職以
本官起之固辭不拜服闋除北中郎諮議參軍
俄遷中書郎復兼中書通事舍人除雲騎將軍
累兼廷尉光祿卿舍人如故遷御史中丞球性
公強無所屈撓在憲司甚稱職普通四年出為
北中郎長史南蘭陵太守入為通直散騎常侍
領羽林監七年遷太府卿頃之遷都官尚書中
大同中出為仁威臨川王長史江夏太守以疾

不赴職改授光祿大夫未拜復為太府卿領步
兵校尉俄遷通直散騎常侍祕書監領著作遷
司徒左長史常侍著作如故自魏孫禮晉荀組
以後台佐加貂始有球也尋出為貞威將軍輕
車河東王長史南蘭陵太守入為散騎常侍領
步兵尋表致仕詔不許俄復拜光祿大夫加給
事中卒官時年七十

劉孺字孝稚彭城安上里人也祖勔宋司空忠
昭公父悛齊太常敬子孺幼聰敏七歲能屬文
年十四居父喪毀瘠骨立宗黨咸異之服闋叔
父瑱為義興郡攜以之官常置坐側謂賓客曰
此見吾家之明珠也既長美風彩性通和雖家
人不見其喜慍本州召迎主簿起家中軍法曹
行參軍時鎮軍沈約聞其名引為主簿常與遊
宴賦詩大為約所嗟賞累遷太子舍人中軍臨
川王主簿太子洗馬尚書殿中郎出為太末
令在縣有清績還除晉安王友轉太子中舍人
孺少好文章性又敏速嘗於御坐為李賦受詔

便成文不加點高祖甚稱賞之後侍宴壽光殿
詔羣臣賦詩時孺與張率並醉未及成高祖取
孺手板題戲之曰張率東南美劉孺雒陽才攬
筆便應就何事久遲回其見親愛如此轉中書
郎兼中書通事舍人頃之遷太子家令餘如故
出為宣惠晉安王長史丹陽尹丞遷太子中
庶子尚書吏部郎出為輕車軍湘東王長史會
稽郡丞公事免起為王府記室散騎侍郎
兼光祿卿累遷少府卿司徒左長史御史中丞
號為稱職大通二年遷散騎常侍三年遷左民
尚書領步兵校尉中大通四年出為仁威臨川
王長史江夏太守加貞威將軍五年為寧遠將
軍司徒左長史未拜改為都官尚書領右軍將
軍大同五年守吏部尚書其年出為明威將軍
晉陵太守在郡和理為吏民所稱七年入為侍
中領右軍其年復為吏部尚書以母憂去職居
喪未幾以毀卒時年五十九諡曰孝子孺少與
從兄苞孝綽齊名苞早卒孝綽數坐免黜位並

不高惟孺貴顯有文集二十卷子劭著作郎早
卒孺二第覽遵

覽字孝智十六通老易歷官中書郎以所生母
憂廬于墓再朞口不嘗鹽酪冬止著單布家人
患其不勝喪乃夜竊置炭於牀下覽因暖氣得
睡既覺驚動歐血高祖聞其有至性數省
視之服闋除尚書左丞性聰敏尚書令史七百
人一見並記名姓當官清正無所私姊夫御史
中丞褚湮從兄吏部郎孝綽在職頗通贓貨覽
劾奏並免官孝綽怨之嘗謂人曰犬羊行路覽見
嗟家人出為始興內史治郡尤勵清節還復為
左丞卒官

遵字孝陵必清雅有學行工屬文起家著作郎
太子舍人累遷晉安至宣惠廬二府記室甚
見賞禮轉南徐州治中王後為雍州復引為安
北諮議參軍帶邯縣令中大通二年王立為皇
太子仍除中庶子遵自隨藩及在東宮以舊恩
偏蒙寵遇同時莫及大同元年卒官皇太子深

悼惜之與遵從兄陽羡令孝儀令曰賢從中庶
奄至殂逝痛可言乎其孝友淳深立身貞固內
含玉潤外表瀾清美譽嘉聲流於士友言行相
符終始如一文史該富琬琰為心辭賦博玄
黃成來既以鳴謙表性又以難進自居未嘗造
請公卿締交榮利是以新沓莫之舉杜武弗之
知自阮放之官野王之職栖遲門下已踰五載
同僚已陟後進多外而怡然清靜不以少多為
念確爾之志亦何易得西河觀寶東江獨步書
籍所載必不是過吾昔在漢南連翩書記及乎
朱方從容坐首良辰美景清風月夜彫舟乍動未
醫徐鳴笳未嘗一日而不追隨一時而不會遇酒闌
耳熱言志賦詩校覆忠賢權揚文史益者三友此
寶其人及弘道下邑未申善政而能使民結去思
野多馴雉此亦威鳳一羽足以驗其五德比在春
坊所載獲申晤博望無通賓之務司成多節文之
科所賴故人時相娭偶而此子溘然實多慨之
惟與善人此為虛說天之報施豈若此乎想卿痛

痛悼之誠亦當何已往矣奈何投筆慨愴吾既
欲為誌銘介之為撰集五旨之少薄其才能巳
揚吹噓使得騁其才用今者為銘為集何益既
往故為痛惜之情不能巳巳耳

劉潛字孝儀秘書監孝綽弟也幼孤與兄弟相
勵勤學並工屬文孝綽常曰三筆六詩三即孝
儀六孝威也天監五年舉秀才起家鎮右始興
王法曹行參軍隨府益州兼記室王入為中撫
軍轉主簿遷尚書殿中郎敕令製雍州平等

金像碑文甚宏麗至貞安王諱出鎮襄陽引為安
北功曹史以母憂去職王立為皇太子孝儀服
闋仍補洗馬遷中舍人出為戎昭將軍陽羨令
復除中書郎頃之權兼司徒右長史又兼御
其有稱績權為建康令大同三年遷中書郎以
公事左遷安西諮議參軍兼散騎常侍使魏還
長史行彭城琅邪二郡事男遷尚書左丞兼御
史中丞在職彈糾無所顧望當時稱之十年出
為伏波將軍臨海太守是時政網疎闊百姓多

不遵禁典孝儀下車宣示條制勵精綏撫增內
翕然風俗大革中大同元年入守都官尚書太
清元年出為明威將軍豫章內史二年侯景寇
京邑孝儀道子勵帥郡兵三千人隨衡陽嗣王
守孝粲入援三年宮城不守孝儀為前衡州刺
史莊鐵所逼失郡大寶元年病卒時年六十七
孝儀為人寬厚內行尤篤第二兄孝能早卒孝
儀事寡嫂甚謹家內大小必先諮稟與妻子朝
夕供事未嘗失禮世以此稱之有文集二十卷

行於世第五弟孝勝歷官邵陵王法曹湘東王
安西主簿記室尚書左丞出為信義太守公事
免久之復為尚書右丞兼散騎常侍聘魏還為
安西武陵王紀長史蜀郡太守太清中庾景陷
京師紀僭號於蜀以孝勝為尚書僕射承聖中
隨紀出峽口兵敗被執下獄世祖宥之起為
司徒右長史第六弟孝威初為安北晉安王法
曹轉主簿以母憂去職服闋除太子洗馬累遷
中舍人庶子率更令並掌管記大同九年自雀

集東宮孝威上頌其辭甚美太清中遷中庶子
兼通事舍人及歿景寇亂孝威於圍城得出隨
司州刺史柳仲禮西上至安陸遇疾卒第七第
孝先武陵王法曹主簿王遷益州隨府轉安西
記室承聖中與兄孝勝俱隨紀遷侍中兄弟並善
五言詩見重於世文集值亂今不具存
不妄交遊門無雜客勵精勤學博洽羣書幼而
殷芸字灌疏陳郡長平人性儻佹不拘細行然

梁書傳三十五　九

盧江何憲見之深相歎賞永明中為宜都王行
參軍天監初為西中郎主簿後軍臨川王記室
七年遷通直散騎侍郎兼中書通事舍人十年
除通直散騎侍郎兼尚書左丞又兼中書舍人
遷國子博士昭明太子侍讀西中郎豫章王長
史領丹陽尹丞累遷通直散騎常侍祕書監司
徒左長史普通六年直東宮學士省大通三年
卒時年五十九
蕭幾字德玄齊曲江公遙欣子也年十歲能屬

文旱孤有第九人並皆稚小幾以恩愛篤睦聞於
朝野性溫和與物無競清貧自立好學善草隸
書湘州刺史楊公則曲江之故吏及公則卒幾謂
人曰康公此子可謂桓靈寶出及公則卒幾為
之誄時年十五沈約見而奇之謂其舅蔡撙曰
昨見賢甥楊平南誄文不減希逸之作始驗康
公積善之慶釋褐著作佐郎廬陵王文學尚書
殷中郎太子舍人掌管記遷庶子中書侍郎尚
書左丞末年專尚釋教為新安太守郡多山水

梁書傳三十五　二十

持其所好適性遊履遂為之記子為字
元專亦有文才仕至太子舍人永康令
史臣曰王規之徒俱著名譽旣逢休運才用各
展芙矣蕭洽當塗之制見偉辭人劉孝儀兄弟
並以文章顯君子知梁代之有人焉

列傳第三十五

梁書四十一

臧盾　弟厥

傳歧

臧盾字宣卿東莞莒人高祖憙宋左光祿大夫
祖潭之左民尚書父未甄博涉文史有才幹少
為外兄汝南周顒所知宋末起家為領軍主簿
所奉即齊武帝入齊歷太尉祭酒尚書主客郎
建安廬陵二王府記室前軍功曹史通直郎南

徐州中正丹陽尹丞高祖平京邑霸府建引為
驃騎刑獄參軍天監初除後軍諮議中郎南徐
州別駕入拜黃門郎遷右軍安成王長史少府
卿出為新安太守有能名還為太子中庶子司
農卿太尉長史丁所生母憂三年廬于墓側服
闋除廷尉卿出為安成王長史江夏太守卒官
盾幼從徵士琅邪諸葛璩受五經通章句璩學
徒常有數十百人盾勵其閒無所狎比璩異之
歎曰此生重器王佐才也初為撫軍行參軍遷

尚書中兵郎盾美風姿善舉止每趨奏高祖甚
悅焉入兼中書通事舍人除安右錄事參軍舍
人如故盾有孝性隨父宿直於廷尉母劉氏在
宅夜暴亡左手中指忽痛不得寢及曉宅信果
報凶問其感通如此服制未終父又卒盾居喪
五年不出廬戶形骸枯瘠遣家人不復識鄉人王
端以狀聞高祖嘉之敕累遣抑譬服闋除丹陽
尹丞轉中書郎復兼中書舍人遷尚書左丞為
東中郎武陵王長史行府州國事領會稽郡丞

還除少府卿領步兵校尉遷御史中丞盾性公
彊居憲臺甚稱職中大通五年二月高祖幸同
泰寺開講設四部大會衆數萬人南越所獻馴
象忽於衆中狂逸乘輦羽衛及會皆駭散惟盾
與散騎郎裴之禮嶷然自若高祖甚嘉焉俄有
詔加散騎常侍未拜又詔曰總一六軍非才勿
授御史中丞新除散騎常侍盾志懷忠密識用
詳慎當官平允處務勤恪必能緝斯戎政可兼
領軍常侍如故大同二年遷中領軍領軍管天

厥字獻卿亦以幹局稱初為西中郎行參軍尚
書主客郎入兼中書通事舍人累遷正員郎鴻
臚卿舍人如故遷尚書右丞未拜出為晉安太
守郡居山海常結聚通逃前二千石雖募討捕
而寇盜不止厥下車宣風化凡諸凶黨皆繼員
而出居民復業商旅流通然為政嚴酷少恩吏
民小事必加杖罰百姓謂之臧獸還除驃騎廬
陵王諮議參軍復兼舍人遷員外散騎常侍兼
司農卿舍人如故大同八年卒官時年四十八
厥前後居職所掌之局大事及裴蘭臺廷尉所不

博字孟弘桂陽內史次子仲博曲阿令厥弟厥
器朝服一具衣一襲錢布各有差諡曰忠子厥
六即日有詔舉哀贈侍中領軍如故給東園祕
綬七年疾愈復為領軍將軍九年卒時年六十
守視事未暮以疾陳辭拜光祿大夫加金章紫
稱至是盾復繼之五年出為仁威將軍吳郡太
繁職事甚理天監中吳平候蕭景居此職著聲
下兵要監局事多盾為人敏贍有風力長於撥

常侍遷行參軍兼尚書金部郎母憂去職居喪
驃騎諮議歧初為國子明經生起家南康王宏
史父翽天監中歷山陰建康令亦有能名官至
祖琰齊世為山陰令有治能自縣擢為益州刺
傅歧字景平地靈州人也高祖弘仁宋太常

三公郎

能決者敕並付厥辨斷精詳咸得其理厥卒
後有過登聞鼓訴者求付清直舍人高祖曰臧
厥既亡此事便無可付其見知如此子操尚書

盡禮服闋後疾廢久之是時政創北郊壇初起
歧監知繕築事畢除如新令縣民有因鬪相毆
而死者死家訴郡郡錄其仇人考掠備至終不
引咎郡乃移獄於縣歧即命脫械以和言問之
便即首服法當償死會冬節至歧乃於其還家
使過節一日復獄其縣令固爭曰古者有此於
今不可行歧對曰其若負信縣令當坐主者勿憂
竟如期而反太守深相歎異遂以狀聞歧後去
縣民無老小皆出境拜送啼號之聲聞於數十

至都除廷尉正入兼中書通事舍人遷寧遠岳陽王記室參軍舍人如故出爲建康令以公事免俄復爲舍人累遷安西中記室鎮南諮議參軍兼舍人如故岐美容止博涉能占對大同中與魏和親其使歲再至常遣岐接對焉太清元年累遷太僕司農卿舍人如故在禁省十餘年機事密勿於朱异此年冬豫州刺史貞陽侯蕭淵明率衆伐彭城兵敗陷魏二年淵明遣使還述魏人欲更通和好敕有司及近臣定

議左衛朱异曰高澄此意當復欲繼好不爽前和邊境且得靜寇息民於事爲便議者並然之岐獨曰高澄既新得志其勢非弱何事須和此必是設間故令貞陽遣使令侯景自疑當以貞陽易景景意不安必圖禍亂今若許澄通好正是墮其計中且彭城去歲喪師渦陽新復敗退令便就和益示國家之弱若如愚意此和宜不可許朱异等固執高祖遂從异議及遣和使侯景果有此疑累啓請追使敕但依違報之至八

月遂舉兵反十月入寇京師請誅朱异三年遷中領軍舍人如故二月景於闕前通表乞割江右四州安其部下當解圍求遣宣城西立盟求遣宣城王出送岐固執以爲宣城嫡嗣之重不宜許遣石城公大款送之及與景盟訖城中文武喜躍望得解圍岐獨言於衆曰賊舉兵爲逆未遂求和夷情獸心必不可信此和終爲賊所詐也衆並怨怪之及景背盟莫不歎服尋有詔以岐勤勞封南豐縣侯邑五百戶固辭不

受宣城失守岐帶疾出圍卒於宅

陳吏部尚書姚察曰夫舉事者定於謀故舉舉無遺策信哉是言也傳岐識齊氏之偏和可謂善於謀事是時若納岐之議太清禍亂固其不作申子曰一言倚天下靡此之謂乎

列傳第三十六

梁書四十二

韋粲

江子一　弟子四子五

張嵊

沈浚

柳敬禮

韋粲字長舊晉車騎將軍叡之孫北徐州刺史放
之子也有父風好學壯氣身長八尺容貌甚偉
初為雲麾晉安王行參軍俄署法曹遷外兵參
軍兼中兵時潁川庾仲容吳郡張率前董知名
與粲同府竝忘年交好及王遷鎮雍州隨轉記
室兼中兵如故王立為皇太子粲遷步兵校尉
入為東宮領直丁父憂去職尋起為招遠將軍
復為領直服闋襲爵永昌縣矦除安西湘東王
諮議累遷太子左衛率領直竝如故粲以舊
恩任寄綢密雖居職屢從常宿衛頗擅威橫謂
倨不為時輩所平右衛朱昇嘗於酒席屬色謂

粲曰卿何得已作領軍面向人中大同十一年
遷通直散騎常侍未拜出為持節督衡州諸軍
事安遠將軍衡州刺史皇太子出餞新亭執粲
手曰與卿不為久別太清元年粲至州無幾便
表解職二年徵為散騎常侍粲還至廬陵聞矦
景作逆便閏部下得精卒五千馬百匹倍道
赴援至豫章奉命報云賊已出橫江粲即就內
史劉孝儀共謀之孝儀曰賊必期如此當有別敕
豈可輕信單使妄相驚動或恐不然時孝儀置
酒粲怒以杯抵地曰賊已渡江便逼宮闕水陸
俱斷何暇有報假令無敕豈得自安韋粲今日
何情飲酒即馳馬出部分將發會江州刺史當
陽公大心遣使要粲粲乃馳往見大心曰上游
蕃鎮江州去京最近殿下情計實宜在前但中
流任重當須應接不可闕鎮今且張聲勢移
鎮盆城遣偏將賜隨於事便足大心然之遣
兵柳昕帥兵二千人隨粲粲次留家累於江州
以輕舸就路至南洲粲外弟司州刺史柳仲禮

亦帥步騎萬餘人至橫江粲即送糧仗贍給之并散私金帛以賞其戰士先是安北將軍鄱陽王範亦自合肥遣西豫州刺史裴之高與其長子嗣帥江西之衆赴京師屯於張公洲待上流諸軍至粲乃建議推仲禮爲大都督報下流衆軍裴之高自以年位恥居粲下議累日不決粲乃抗言於衆曰今同赴國難義在除賊所以推柳司州者政以其久捍邊疆先爲侯景所憚且士馬精銳無出其前若論位次柳在粲下語其年齒亦少於粲直以社稷之計不得復論今日形勢貴在將和若人心不同大事去矣裴公朝之舊齒年德已隆豈應復挾私情以沮大計粲請爲諸君解釋之乃單舸至之高營切讓之曰前日諸將之議豫州意所未同即二宮危逼猾寇滔天臣子當戮力同心豈可自相矛楯豫州必欲立異鋒鏑便有所歸之高垂泣曰吾荷國恩榮自應帥先士卒顧

恨衰老不能効命企望柳使君共平凶逆謂衆議已從無俟老夫耳若必有疑當剖心相示於是諸將定議仲禮方得進軍次新亭入粲營部分衆軍旦日將戰諸將各有據守令粲頓青塘青塘當石頭中路粲慮柵壘未立賊必爭之頗以爲憚謂仲禮曰下官才非禦侮直欲以身徇國節下善量其宜不可致有虧喪仲禮曰青塘立柵迫近淮渚欲以糧儲船乘盡就泊之此是大事非兄不可若疑兵少當更差軍相助乃使直閤將軍劉叔胤帥助粲帥所部水陸俱進時值昏霧軍人迷失道比及青塘夜已過半壘柵未曉未合景攻軍登禪靈寺門閣望粲營未立便率銳卒來攻軍副王長茂勸據柵待之粲不從令軍主鄭逸逆擊之命劉叔胤以水軍截其後叔胤畏懦不敢進遂敗賊乘勝入營左右牽粲避賊粲不動猶吒子弟力戰兵死略盡遂見害時年五十四粲子尼及三弟助警構從弟昂皆戰

張成

死親戚死者數百人賊傳粲首闕下以示城内
太宗聞之流涕曰社稷所寄惟在章公如何不
幸先死行陣詔贈助警護軍將軍世祖平義景追諡
曰忠貞弁追贈譙將軍及尼皆在中書郎昂首殺
散騎常侍粲長子瓚字君理歷官尚書三公郎
太子洗馬東宮領直庶景至帥兵屯西華門城
陷奔江州收舊部曲據豫章一為其部下所害
江子一字元貞濟陽考城人也散騎常侍統
之七世孫父法成天監中奉朝請子一少好學
有志操以家貧闕養因疏食終身起家王國侍
郎朝請啟求觀書祕閣高祖許之有敕直華林
省其姑夫右衛將軍朱异權要當朝休下之日
書儀曹郎出為遂昌曲阿令皆著美績除通直
散騎侍郎出為戎昭將軍南津校尉弟子四歷
尚書金部郎大同初遷右丞兄性並剛烈子
書詳擇施行焉為左民郎沈烱少府丞顧璵嘗奏
四自右丞上封事極言得失高祖甚善之詔尚
賓客輻湊子一未嘗造門其高絜如此稍遷尚

五

吳書傳三十七

事不允高祖厲色呵責之子四乃趨前代烱等
對言其激切高祖怒呼縛之子四據地不受高
祖怒亦殆乃釋之猶坐免職及庶景及攻陷歷
陽自橫江將渡子一帥舟師千餘人於下流欲
邀之其副董桃生家在江北因與其黨散走子
一乃退還南洲復收餘眾步道赴京師賊亦尋
至子一啟太宗云賊圍未合猶可出盪若營柵
一固無所用武請與其弟子四子五帥所領百
餘人開承明門桃賊許之子一乃身先士卒抽
戈獨進羣賊夾攻之從者莫敢繼子四子五見
事急相引赴賊並見害詔曰故戎昭將軍通直
散騎侍郎南津校尉江子一前尚書右丞江子
四東宮直殿主帥子五禍故有聞良以矜惻死
事加等抑惟舊章可贈子一給事黃門侍郎子
四中書侍郎子五散騎侍郎庶景平世祖又追
贈子一侍中諡義子子四黃門侍郎諡殺子子
五中書侍郎諡列子子一續黃圖及班固九品
并辭賦文筆數十篇行於世

六

張嶷字四山鎮北將軍穆之子也少力雅有志
操能清言父臨青州為土民所害嶷感家禍終
身蔬食布衣手不執刀刃州舉秀才起家祕書
郎累遷太子舍人洗馬司徒左西掾中書郎出
為求陽內史還除中軍宣城王司馬散騎常侍
又出為鎮南湘東王長史尋陽太守中大同元
年徵為太府卿俄遷吳興太守太清二年及景
圍京城嶷遣弟伊率郡丘數千人赴援三年
城陷御史中丞沈浚遠難東歸嶷徃見而謂曰

梁書傳三十七 七

賊臣憑陵社稷危恥正是人臣効命之秋今欲
牧集兵力保據貴卿若天道無靈忠節不展雖
復及死誠亦無恨浚曰郎郡雖小仗義拒逆誰
敢不從固勸嶷舉義於是收集士卒繕築城壘
時邵陵王東奔至錢唐聞之遣板授嶷征東將
軍加秩中二千石嶷曰朝廷危迫天子蒙塵今
日何情復受榮號卻板而已賊行臺劉神茂攻
破義興遣使說嶷曰君早降附當還以郡相處
復加爵賞嶷命斬其使仍遣軍主王雄等帥兵

於鱸瀆迎擊之破神茂神茂退走矣景聞神茂
敗乃遣其中軍族子鑒帥精兵二萬人助神茂
以擊嶷嶷遣軍主范智朗出郡西拒戰為神茂
所敗退歸賊騎乘勝焚柵柵內眾軍皆土崩嶷
乃釋嶷以送景景刑之於都市子弟同遇害者十
執嶷戎服坐於聽事賊臨之以刃終不為屈乃
餘人時年六十二賊平世祖追贈侍中中衞將
軍開府儀同三司諡曰忠貞子

沈浚字叔源吳興武康人祖憲齊散騎常侍齊

梁書傳三十七 八 何

史有傳浚少博學有才幹歷山陰吳建康令並
有能名入為中書郎尚書左丞庶景逼京城遷
御史中丞是時外援並至庶景表請求和詔許
之既盟景知城內疾疫後懷姦計遷疑不去數
日皇太子令浚詣景所景曰即已向熱非復行
時十萬之軍何由可去還欲立効朝廷君可見
為申聞浚曰將軍儲積內盡國家援軍外集十
支百日將軍此論意在得城城內兵糧尚
衆將何所資而反設此言欲賚朝廷邪景橫刃

於膝瞋目叱之浚正色責景曰明公親是人臣
舉兵向闕聖主申恩赦過巳共結盟口血未乾
而有翻背沈浚六十之年且天子之使死生有
命豈畏逆臣之刀乎不顧而出景曰是真司直
也然密衛之及破張嶸乃求浚以害之
柳敬禮開府儀同三司慶遠之孫父津太子詹
事敬禮與兄仲禮皆少以勇烈知名起家著作
佐郎稍遷扶風太守及景渡江敬禮率馬步三
千赴援至都據青溪埭與景頻戰恒先登陷陳

甚者威名甚盛埭敬禮與仲禮俱見於景道
仲禮經略上流留敬禮為質以為護軍景餞仲
禮於後渚敬禮密謂仲禮曰景今來會敬禮抱
之兄拔佩刀便可斫殺敬禮死亦無所恨仲禮
壯其言許之及酒數行敬禮目仲禮仲禮見備
衛嚴不敢動計遂不果會景征晉熙敬禮與南
康王會理共謀襲其城剋期將發建安庾蕭賁
知而告之遂遇害
史臣曰若夫義重於生前典垂誥斯蓋先哲之

九

所貴也故孟子稱生者我所欲義亦我所欲二
事必不可兼得舍生而取義至如張嶸二三
子之徒捐軀徇節赴死如歸英風勁氣籠罩今
古君子知梁代之有忠臣焉

列傳第三十七

梁書四十三

十

太宗十一王

世祖二子

太宗皇右生哀太子大器南郡王大連陳淑
容生潯陽王大心左夫人南海郡王大臨安陸
王大春謝夫人生瀏陽公大雅張夫人生新興
王大莊包昭華生西陽王大鈞范夫人生武寧
王大威裕俶華生建平王大球陳夫人生義安

三百二十　《梁書傳三十八》　一　太

王大昕朱夫人生綏建王大摯自餘諸子本書
不載

潯陽王大心字仁恕幼而聰朗善屬文中大通
四年以皇孫封當陽公邑一千五百戶大同元
年出為使持節都督郢南北司定新五州諸軍
事輕車將軍郢州刺史時年十三太宗以其幼
恐未達民情戒之曰事無大小悉委行事纖毫
不須措懷大心雖不親州務發言每合於理衆
皆驚服七年徵為侍中兼石頭戌軍事太清元

年出為雲麾將軍江州刺史二年侯景寇京邑
大心招集士卒遠近歸之衆至數萬與上流諸
軍赴援宮闕三年城陷上甲侯蕭韶南奔宣密
詔加散騎常侍進號平南將軍大寶元年封潯
陽王邑二千戶初歷陽太守莊鐵以城降侯景
旣而又奉其母來奔大心以鐵舊將厚為其禮
軍旅之事悉以委之仍以為豫章內史侯景數
遣軍西上冦抄大心輒令鐵擊破之賊不能進

時鄱陽王範卒衆棄合肥屯于柵口待援兵總

《梁書傳三十八》　二

大心令中兵參軍韋約等將軍擊之範西上以
廩饋其厚與勠力共除禍難會莊鐵據豫章反
集欲俱進大心聞之遣要範西上以溢城處之
乞降鄱陽世子嗣先與鐵遊處因稱其人才略
從橫且舊將也欲舉大事富資其力若降江州
必不全其首領嗣請援之範從之乃遣將侯瑱
率精甲五千往救鐵夜襲韋約等營大心聞
之大懼於是二藩疊起大心遣司馬韋質拒戰敗績時帳
地至于溢城大心遣司馬韋質拒戰敗績時帳

南海王大臨字仁宣大同二年封寧國縣公邑

二十九

胥慟哭大心乃止遂與約和二年秋遇害時年

遠涉險路糧儲不給豈謂孝子吾終不行因撫

汝又奉違顏色不念拜謁闕庭且吾已老而欲

未決其母陳淑容曰卽日聖御年尊儲宮萬福

固若輕騎往建州以圖後舉策之上者也大心

下猶有勇士千餘人咸說曰旣無糧儲難以守

事安南將軍揚州刺史又除安東將軍吳郡太

邑二千戶出爲使持節都督揚南徐二州諸軍

千餘頭城內賴以饗士而牛可犒軍命取牛得

賜大臨獨曰物乃賞士大寶元年封南海郡王

督城南諸軍事時議者皆勸收外財物擬供賞

使持節宣惠將軍屯新亭俄又徵還屯端門都

出爲輕車將軍琅邪彭城二郡太守屬景亂爲

書侍郎遷給事黃門侍郎十一年爲長兼侍中

泣毀瘠以孝聞後入國學明經射策甲科拜中

嘉靖八年補刊　梁書傳三八　三　嘉興

一千五百戶少而敏慧年十一遣左兼侍哭

攻大連命中兵參軍張彪擊斬之大寶元年封

復還楸州三年會稽山賊田領羣聚黨數萬來

寇京師大連率銳四萬來赴及臺城淺接軍散

年出爲使持節輕車將軍東揚州刺史族景入

事黃門侍郎轉侍中尋兼石頭戍軍事太清元

昨見大臨大連風韻可愛足以慰吾老年遷給

臣等未奉詔不敢輒胥敕各給馬試之大連兄

乘馬及爲啓謝詞又其美高祖佗日謂太宗曰

弟攜鞍往還各得馳驟之節高祖大悅卽賜所

連與兄大臨並從高祖問曰汝等習騎不對曰

學射策甲科拜中書侍郎十年高祖幸大

城縣公邑一千五百戶七年與南海王俱入國

雅有巧思妙達音樂兼善丹青大同二年封臨

南郡王大連字仁靖少俊爽能屬文舉止風流

于郡時年二十五

力如其挫敗以我說焉不可往也二年秋遇害

卿等勸大臨走投彪大臨曰彪若成功不資我

守時張彪起義於會稽吳人陸令公潁川庾孟

嘉靖八年補刊　梁書傳三八　四　嘉興

為南郡王邑二千戶景仍遣其將趙伯超劉神
茂求討大連設備以待之會將留異以城應賊
大連棄城走至信安為賊所攫景以為輕車
將軍行揚州事還平南將軍江州刺史大連既
迫寇手恆思逃竄乃與賊約曰軍民之事吾不
預焉候我存亡但聽鍾磬欲簡與相見因得亡
逸賊亦信之事未果二年秋遇害時年二十五
安陸王大春字仁經少博涉書記天性孝謹體
兒壤偉腰帶十圍大同六年封西豐縣公邑一
千五百戶拜中書侍郎後為寧遠將軍知石頭
戌軍事及景內冦大春奔京口隨邵陵王入援
戰于鍾山為賊所獲京城既陷大寶元年封安
陸郡王邑二千戶出為使持節雲麾將軍東揚
州刺史二年秋遇害時年二十二
瀏陽公大雅字仁風大同九年封瀏陽縣公邑
一千五百戶少聰警美姿儀特為高祖所愛太
清三年京城陷賊已乘城大雅猶令左右格戰
賊至漸衆乃自縋而下因發憤感疾薨時年十七

新興王大莊字仁禮大同九年封高唐縣公邑
一千五百戶大寶元年封新興郡王邑二千戶
嘗為使持節都督南徐州諸軍事宣毅將軍南
徐州刺史二年秋遇害時年十八
西陽王大鈞字仁輔性厚重不妄戲弄大寶
高祖嘗問讀何書對曰學詩因命諷誦音韻清
雅高祖因賜王羲之書一卷大寶元年封西陽
郡王邑二千戶出為宣惠將軍丹陽尹二年監
揚州將軍如故至秋遇害時年十三
丹陽尹其年秋遇害時年十三
年封武寧郡王邑二千戶出為信威將軍
武寧王大威字仁容美風儀眉目如畫大寶元
建平王大球字仁珽大寶元年封建平郡王邑
二千戶性明惠鳳成初及景圍京城高祖素歸
心釋教每發哲言顧恒云若有衆生應受諸苦悉
譚身代當時大球年甫七歲聞而驚謂母曰官
家尚爾兒安敢辭乃六時禮佛亦云凡有衆生
應復苦報志大球代受其早慧如此二年出為

義安王大昕字仁朗年四歲母陳夫人卒便哀
慕毀頓有若成人及高祖崩大昕奉慰太宗嗚
咽不能自勝左右見之莫不掩泣大寶元年封
義安郡王邑二千戶二年出為寧遠將軍琅邪
彭城二郡太守未之鎮遇害時年十一

綏建王大摯字仁瑛幼雄此有膽氣及京城陷
乃歎曰大丈夫會當滅虜乃屬姦媼驚掩其品曰
勿妄言禍將及大摯笑曰禍至非由此言大寶
元年封綏建郡王邑二千戶二年為寧遠將軍
遇害時年十歲

世祖諸男徐妃生忠壯世子方等王夫人生貞
惠世子方諸其愍懷太子方矩本書不載所
生別有傳夏賢妃生敬皇帝自餘諸子並本
書無傳

忠壯世子方等字實相世祖長子也母曰徐妃
少聰敏有俊才善騎射尤長巧思性愛林泉特

梁書傳三十八　〔七一〕

妖散逸嘗著論曰人生處世如白駒過隙耳一
壺之酒足以養性一簞之食足以怡形生在蓬
蒿死葬溝壑尾棺石槨何以異茲吾豈羨為魚
因化為鳥當其夢也何樂之及其覺也何憂
斯類良由吾之不及魚鳥者遠矣故魚鳥飛浮
任其志性吾之進退恒存乎掌握舉手懼觸
恐墮若使吾終得與魚鳥同遊則去人間如脫
屣耳初徐妃以嫉妒失寵方等意不自安世祖
聞之又忌方等方等益懼故述論以申其志焉

會高祖欲見諸王長子世祖遣方等入侍方等
欣然升舟冀免憂厲行至歷水值候景亂世祖
召之方等啟曰昔申生不愛其死方等豈顧其
生世祖省書歡息知無還意乃當
援京都賊每來攻方等必身當矢石宮城陷方
等歸荊州收集士馬甚得衆和世祖始歎其能
方等又勸修築城柵以備不虞既成樓雉相望
周回七十餘里世祖觀之甚悅入謂徐妃曰若
更有一子如此吾復何憂徐妃不答垂泣而退

梁書傳三十八　〔八〕

世祖忿之因疏其穢行牓于大閣方等入見益
以自危時河東王爲湘州刺史不受貳府之令
方等乃乞征之世祖許焉拜爲都督令帥精卒
二萬南討方等臨行謂所親曰吾此段出征必
死無二死而獲所吾豈愛生及至麻溪河東王
率軍逆戰方等擊之軍敗遂溺死時年二十二
世祖聞之不以爲感後追思其才贈侍中中軍
將軍揚州刺史諡曰忠世子弁爲招魂以哀
之方等注范曄後漢書未就所撰三十國春秋

及靜住子行於世

貞惠世子方諸字智相世祖第二子母王夫人
幼聰警博學明老易善談玄風彩清越辭辯
鋒生特爲世祖所愛母王氏又有寵及方等敗
没世祖謂之曰不有所廢其何以興因拜爲中撫
軍以自副又出爲郢州刺史鎮江夏以鮑泉爲
行事防遏下流時世祖遣徐文盛督眾軍與侯
景將任約相持未決方諸特文盛在近不恤軍
政日與鮑泉蒲酒爲樂族景知之乃遣其將宋

子仙率輕騎數百從閒道襲之會風雨晦冥子
仙至百姓奔告方諸與鮑泉猶不信曰徐文盛
大軍在下虜安得來始命閉門賊騎已入城遂
陷子仙執方諸以歸王僧辯軍至蔡洲景遂害
之世祖追贈侍中大將軍諡曰貞惠世子
史臣曰太宗世祖諸子雖開土宇運屬亂離
旣拘冠賊多殞非命吁可嗟矣

列傳第三十八

散騎常侍姚　思廉　撰

王僧辯

王僧辯字君才右衛將軍神念之子也以天監
中隨父來奔起家爲湘東王國左常侍王爲丹
陽尹轉府行參軍王出守會稽兼中兵參軍事
王爲荆州仍除中兵在限內時武寧郡及王命
僧辯討平之遷貞威將軍武寧太守尋遷振遠
將軍廣平太守秩滿還爲王府中錄事參軍如
故王被徵爲護軍僧辯兼府司馬王爲江州仍
除雲旗將軍司馬守湓城俄監安陸郡無幾而
還尋爲新蔡太守猶帶司馬將軍如故王除荆
州爲貞毅將軍府諮議參軍事賜食千人代柳
仲禮爲竟陵太守攺驍雄信將軍屬侯景发王
命僧辯假節總督舟師一萬兼糧餉赴援至
京都宮城陷沒天子蒙塵僧辯與柳仲禮兄弟
及趙伯超等先屈膝於景然後入朝景悉收其
軍實而厚加綏撫未幾遣僧辯歸于竟陵於是

倍道兼行西就世祖世祖承制以僧辯爲領軍
將軍及荆湘疑貳軍師失律世祖又命僧辯及
鮑泉統軍討之分給兵糧剋日就道時僧辯以
竟陵部下猶未盡來意欲待集然後上頓謂
鮑泉曰我與君俱受命南討而軍容若此計將
安之泉曰旣稟廟筭驅率驍勇事等沃雪何所
多慮僧辯曰不然君之所言故是文士之常談
耳河東少有武幹兵刃又彊新破軍師養銳待
敵自非精兵一萬不足以制之我竟陵甲士數

經行陣已遣召之不及當及雖期日有限猶可
重申欲與卿共入言之望相佐也泉曰我戒敗之
舉繫此一行遲速之宜終當仰聽世祖性嚴忌
微聞其言以爲遷延不肯去稍已含怒及僧辯
見世祖世祖迎問曰卿已辦乎何日當發言及
具對如向所言世祖大怒按劍屬聲曰卿懼行
邪因起入內泉震怖失色竟不敢言須更遣至
右數十人收僧辯旣至謂曰卿拒命不行是欲

同賊今唯有死耳僧辨對曰僧辨食祿旣深憂
責實重令日就戮豈敢懷恨但恨不見老母世
祖因研之中其左髀流血至地僧辨悶絕久之
方蘇即送付廷尉幷收其子姪並皆繫之會岳
陽王軍襲江陵人情搔擾未知其備世祖遣左
右往獄問計於僧辨僧辨其陳方略登卽敕爲
城內都督俄而岳陽奔退而鮑泉力不能剋長
沙世祖乃命僧辨代之數泉以十罪遣通舍人羅
重歡領齊伏二百人與僧辨俱發旣至道通泉

三

云羅舍人被令送王竟陵來泉甚愕然顧左右
曰得王竟陵助我經略賊不足平俄而重歡齎
令書先入僧辨從齊伏繼進泉方拂席坐而待
之僧辨旣入背泉而坐曰鮑卽有罪令卽下
我鏁卿勿以故意見待因語重歡出令下
地鏁于牀側僧辨仍部分將帥幷力攻圍遂平
湘土還復領軍將軍俟景浮江西寇軍次夏首
僧辨爲大都督率巴州刺史淳于量定州刺史
杜龕宜州刺史王琳郴州刺史裴之橫等俱赴

西陽軍次巴陵聞郢州巳没僧辨因據巴陵城
世祖乃命羅州刺史徐嗣徽武州刺史杜則並
會僧辨千巴陵景旣陷郢城兵衆益廣徒黨甚
銳將進冦荆州乃使僞儀同丁和統兵五千守
江夏大將軍宋子仙前驅一萬造巴陵景悉凶徒
水步繼進於是緣江成壘望風請服賊拓邏至
于隱磯僧辨悉上江渚米糧並沈公私船於水
及賊前鋒次江口僧辨乃分命衆軍輕騎至城
偃旗臥鼓安若無人翌日賊衆濟江固守

四

下問城內是誰答曰是王領軍賊曰語王領軍
事勢如此何不早降僧辨使人答曰大軍但向
荆州此城自當非碳僧辨百口在人掌握豈得
便降賊騎旣去俄爾又來曰我王巳至王領軍
何爲不出與王相見僧辨不答頃之又執王
珣等至干城下珣爲書誘說城內景帥船艦並
集比寺又分入港中登岸治道廣設氈屋耀軍
城東隴上芟除草茀開八道向城遣五十免頭
肉薄苦攻城內同時鼓譟矢石雨下殺賊旣多

賊乃引退世祖又命平北將軍胡僧祐率兵下
援僧辯是日賊復攻巴陵水步十處鳴鼓吹脣
肉薄斫上城中放木櫬火爨黿石殺傷甚多年
後賊退乃更起長柵繞城大列舸艦以樓船攻
水城西南角又遣人渡洲岸引𦨴柯推鍛墓車
填塹引障車臨城二日方止賊又於艦上豎木
桔槔聚苹置火以燒水柵風勢不利自焚而退
既頻戰挫衂賊帥任約又為陸法和所擒景乃
燒營夜遁）旋軍夏首世祖策勳行賞以僧辯為

征東將軍開府儀同三司江州刺史封長寧縣
公於是世祖命僧辯即率巴陵諸軍沿流討景
師次郢城步攻魯山魯山城主支化仁以景之騎
將也率其黨力戰衆軍大破之化仁乃降僧辯
仍督諸軍渡兵攻郢即入羅城宋子仙蟻聚金
城拒守攻之未剋子仙使其黨時靈護率衆二
千開門出戰僧辯又大破之生擒靈護斬首千
級子仙衆退據倉門帶江阻險衆軍攻之頻戰
不剋景既聞魯山巴沒郢鎮復失羅城乃率餘

眾悉道歸建業子仙等困蹙計無所之乞輸郢
城身還就景僧辯偽許之命給船百艘以老其
意子仙謂為信然浮舟將發僧辯命杜龕率精
勇千人攀堞而上同時鼓譟掩至倉門水軍主
宋遙率樓船暗江四面雲合子仙行戰行走至
城又僧辯軍至希榮等因拔江州刺史臨城公
棄城奔走世祖加僧辯侍中尚書令征東大將

軍進師九水賊偽儀同范希榮盧暉略尚據湓
于白楊浦乃大破之生擒子仙送江陵即率諸
軍給鼓吹一部仍令僧辯且頓江州須衆軍齊
集得時更進頓之世祖命江州衆軍悉同大舉
僧辯乃表皇帝凶問告于江陵仍率大將百餘
人連名勸世祖即位將欲進軍又重奉表雖未
見從並蒙優答事見本紀僧辯於是發自江州
直指建業乃先命南兗州刺史族瑱率鋭卒輕
舸襲南陵鵲頭等戍至即剋之先是陳霸先率
眾五萬出自南江剋軍五千行至湓口霸先偦
儻多謀策名蓋僧辯僧辯畏之既至湓口與僧

辯會于白茅洲登壇盟誓霸先為其文曰賊臣

族景凶羯小胡逆天無狀構造姦惡違背我恩

義破掠我國家毒害我生民殘毀我社廟我高

祖武皇帝靈聖聰明光宅天下劬勞兆庶亭育

萬民如我考妣五十所載哀景凶逆之窮見歸全景

殘殺之首置景要害之地崇景非次之榮我高

祖於景何薄我百姓於景何怨而景長戰彊弩

將戮之首何置景要害之地崇景非次之榮我高

陵蹂朝朝廷朝食含靈剗剗肝斷趾不愜

其快曝骨梵尸不謂為酷高祖菲食甲宮春秋

九十屈志凝威憤終賊手大行皇帝溫嚴恭黙

不守鴻名於景何有復加忍毒皇枝繼抱巳

上總功以還窮刀極俎旣屠且鱠豈有率土

之濱謂為王臣食人之禾飲人之水忍聞此痛

而不悼心況臣僧辯臣霸先等荷稱國藩湘東

王臣諱泣血銜哀之寄摩頂至足之恩世受先

朝之德身當將帥之任而不能瀝膽抽腸共誅

姦逆雪天地之痛報君父之仇則不可以稟靈

含識戴天履地今日相國　至孝玄感靈武斯發

巳破賊徒獲其元帥正　餘景凶尚在京邑臣僧

辯與臣霸先協和將帥　同心共契必誅凶堅尊

奉相國嗣膺鴻業以主　郊祭前途若有一功

一賞臣僧辯等不推巳　讓物先身帥眾則天地

宗廟百神之靈共誅共　青臣僧辯臣霸先同心

戮力不相欺負若有違　戾明神殛之於是升壇

歃血共讀盟文皆淚下　霑襟辭色慷慨及王師

次于南洲賊帥矦子鑒等率步騎萬餘人於岸

共事不相欺負若有違　戾明神殛之於是升壇

挑戰又以艅艎千艘並載土兩邊悉八十棹棹

手皆越人去來趣龍襲捷過　風電僧辯乃麾細船

皆令退縮悉使大艦夾泊兩岸賊謂水軍欲退

爭出趣之眾軍乃棹大艦截其歸路鼓譟大呼

合戰中江賊悉赴水僧辯即督諸軍汾流而下

進軍于石頭之斗城作連營以逼賊賊乃橫領

上築五城拒守矦景自出與王師大戰於石頭

城北霸先謂僧辯曰醜虜遊魂貫盈巳稔通誅

送死欲為一決我眾賊寡宜分其勢即遣疆弩

二千張攻賊西面兩城　仍使結陣以當賊僧辯

在後麾軍而進復大破之虜暉略聞景戰敗以

石頭城降僧辯引軍入據之景之退也比走朱

方於是景散兵走告僧辯僧辯令衆將入據臺

城其夜軍人採柏失火燒太極殿及東西堂等

時軍人鹵掠京邑剝剔士庶民爲其執縛者祖

衣不免盡驅逼居民以求購贖自石頭至于東

城緣淮號叫之聲震響京邑於是百姓失望僧

辯命疾趣裝之橫率精甲五千東入討景僧辯

牧賊黨王偉等二十餘人送于江陵僞行臺通

伯超自吳松江降於葰瑱瑱時送至僧辯僧辯

謂伯超曰趙公卿荷國重恩遂復同逆今日之

事將欲何如因命送江陵伯超既出僧辯顧坐

客曰朝廷昔唯知有趙伯超耳豈識王僧辯社

稷既傾爲我所復人之興廢亦復何常賓客皆

歎功德僧辯瞿然乃謬答曰此乃聖上之

前稱羣帥之用命老夫雖濫居我首何力之有

威德臺帥悉平京都剋定世祖即帝位以僧

焉於是逆冤悉平京都剋定世祖即帝位以僧

辯功進授鎮衛將軍司徒加班劍二十人改封

求寧郡公食邑五千戶侍中尚書令鼓吹並如

故是後湘州賊陸納等攻破衡州刺史丁道貴

於淥口盡收其軍實本洪雅又自零陵率衆出

空靈難稱助討納朝廷未連其心深以爲憂乃

遣中書舍人羅重歡徵僧辯上就驃騎將軍宜

豐矦循南征僧辯因督杜崱則讓都督東上諸軍事霸先

都督次巴陵詔僧辯爲都督東上諸軍事霸先

辯不受故世祖分爲東西都督而俱南討焉時

納等下據車輪夾岸爲城前斷水勢士卒驍猛

皆百戰之餘僧辯憚之不與輕進於是稍作連

城以逼賊賊見不敢交鋒並懷懼怠僧辯因其

無備命諸軍水步攻之親執旌鼓以誡進止於

是諸軍競出大戰於車輪與驃騎循并力苦攻

陷其二城賊大敗步走歸保長沙驅逼居民入

城拒守僧辯追躡乃命築壘圍之悉令諸軍廣

建園柵僧辯出坐壟上而自臨視賊望識僧辯

知不設備賊黨呂藏本賢明等乃率銳卒千人

開門掩出蒙楯直進逕趨僧辯時杜崱杜龕並
侍左右帶甲衛者止百餘人因下聞之與賊交
戰李賢明乘鎧馬從十餘騎大呼衝突僧辯尚
據胡牀不為之動於是指揮勇敢遂獲賢明因
即斬之賊乃退歸城內初陸納阻兵內逆以王
琳為辭朝廷乃遣王琳納等自當降附時衆
軍並進未之許也而武陵王擁衆上流內外駭
懼世祖乃遣琳和解之至是湘州平僧辯旋于
江陵因被詔會衆軍西討督舟師二萬與龕出
天居寺餞行俄而武陵敗績僧辯自枝江班師
于江陵旋鎮建業是月居少時復回江陵齊主
高洋遣郭元建率衆二萬列舟艦於合肥將
謀襲建業又遣其大將邢景遠步大汗薩東方
老等率衆纘之時陳霸先鎮建康既聞此事馳
報江陵世祖即詔僧辯次于姑熟即留鎮焉
先命豫州刺史徐嗣率精甲三千人築壘於東
關以拒比冦徵吳郡太守張彪吳興太守裴之
橫會瑱於關因與北軍戰大敗之僧辯率衆軍

振旅于建業承聖三年二月甲辰詔曰贊俊逐
賢稱于秦典自上安下聞之漢制所以仰恊台
曜俯佐弘圖使持節侍中司徒尚書令都督揚
南徐東揚三州諸軍事鎮衛將軍揚州刺史求
寧郡開國公僧辯器宇凝深風格詳遠行為士
則言表身文學貫九流武該七略頃歲征討自
西徂東師不疲勞民無怨謳王業艱難實兼夷
險宜其變此中台贊上將寄之經野匡我朝
獻加太尉車騎大將軍餘悉如故頃之丁母太
夫人憂世祖遣侍中謁者監護喪事策諡曰貞
敬太夫人夫人姓魏氏神念以天監初董率徒
衆據東關退保合肥濡湖西因娶以為室生僧
辯性甚安和蓋烈以緩接家門內外莫不懷之初
僧辯下獄夫人流涕徒行將謝罪世祖不與相
見時貞惠世子有寵於世祖軍國大事多關領
馬僧辯往詣閤自陳無訓涕泗鳴咽衆並憐之
及僧辯免出夫人深相責勵辭色俱嚴云人之
事君惟須忠烈非但保祐當世亦乃慶流子孫

及僧辯尅復舊京功蓋天下夫人恒自謙損不
以富貴驕物朝野咸共稱之謂為明哲婦人也
及薨殯殮甚見慇悼且以僧辯勳業隆重故喪
禮加焉靈柩將歸建康文遣詔者至舟渚弔祭
命尚書左僕射王褒為其文曰維爾世基武子
族懋惟陽元金相比映王德亦溫旣稱爾女則兼循
其儀惟民之則反命師旅旣偹我戎補茲袞職
楚發書圖鏡覽醇章討論敦賜祖豆訓及平原
兵孟軻成德盡忠資敬自家刑國顯允
奄有龜蒙母由子貴亶爾斯崇嘉命允集寵章
所隆居高能降處貴思沖資善始榮兼令終
崦嶁旣夕兼葭早秋奔難返衡濤詎留背龍
門而西顧過夏首而東浮越三宮之遐經三
江之沠流鬱鬱增嶺浮雲蔽虧滔滔江漢逝者
如斯銘雄故旐宇毀遺碑即虛舟而設奠想祖
魂之有知鳴呼哀哉其年十月西魏相宇文黑
泰遺兵及岳陽王衆合五萬將襲江陵世祖道
主書李膺徵僧辯於建業為大都督荊州刺史

別敕僧辯云黑泰背盟忽便舉斧國家猛將多
在下流荆陝之衆悉非勁勇公宜率貔虎星言
就路倍道兼行赴懸也僧辯因命豫州刺史
侯瑱等為前軍兗州刺史杜僧明等為後軍奧
分旣畢乃謂膺云泰兵驍猛與爭銳衆軍若
集吾便直指漢江截其後路凡千里饋糧尚有
饑色況賊越數千里者乎此孫臏剋龐涓時也
俄而京城陷沒宮車晏駕及敬帝初即梁上位
僧辯預樹立之功承制進驃騎大將軍中書監
都督中外諸軍事錄尚書與陳霸先參謀討伐
時齊主高洋又欲納貞陽侯淵明以為梁嗣因
與僧辯書曰梁國不造禍難仍屬景傾蕩建
業武陵彎弓巴漢卿志格玄穹精貫白日戮力
齊心芟夷逆醜凡在有情莫不嗟尚況我鄰國
緝事言前而西冠承間復相掩襲梁主不能固
守江陵殞身宗祏王師未及便已降敗士民小
大皆畢冠虜乃瞻南顧憤歎盈懷卿臣子之情
念當鯁裂如聞權立支子號令江陰年甫十餘

極為沖貌梁置未巳負荷諒難祭則衛君政由
寧氏幹弱枝彊終古所忌朕以天下為家大道
濟物以梁國淪滅有懷舊好存亡拯墜義在今
辰扶危嗣事非長伊德彼貞陽庶梁武猶子長
沙之亂以年以望堪保金陵故置為梁主納於
既不相及憤惋良深恐及西冠乘流復蹕江左
風馳助掃宼逆清河王岳前救荊城軍度安陸
彼國便詔上黨王渙總攝羣將扶送江表雷動
今轉次漢口與陸居士相會卿宜恊我良規屬
彼軍帥部分舟艫迎接全王鳩勤勁勇并心一
力西羌烏合本非劲冠直是湘東怯弱致此淪
胥今者之師何往不尅善建良圖副朕所望也
貞陽承齊道送將雷壽陽貞陽前後頻與僧辯
書論還國繼統之意僧辯率衆拒戰敗績僧辯
于東關散騎常侍裴之橫率衆拒戰敗績僧辯
因遂謀納貞陽仍定君臣之禮啓曰自秦兵宼
陝臣便營赴援縷及下邽荊城陷沒即遣劉周
入國具表丹誠左右勳豪初並同契周既多時

不還人情疑阻此冊降中使復遣處詢謀物
論參差未甚決定始得弇瑱信示西冠權景宣
書令以真跡上呈觀祝將帥恣欲同泰若一朝
仰遠大國臣不辭灰粉悲梁祚之威憑陸下至之
陸下便事濟江仰藉皇齊之威再輝死且非丟之
押別使曹沖馳表齊都續啓事以聞伏遲拜奉
略樹君以長雪報可期社稷再輝伏遲拜奉
在促貞陽答曰姜高至枉示具公忠義之懷家
國喪亂于今積年三后蒙塵四海騰沸天命元
輔臣救本朝弘濟艱難建武宗祐至於丘園板
築尚想來儀公室皇枝豈不虛遲聞孤還國理
會高懷但近再命行人或不宣具公既詢謀卿
士訪逮藩維沿泝往來理淹旬月使平屆止殊
副所期便是再立我蕭宗重興與我梁國億兆黎
頻遣信裴之橫奧示其可否答對驕凶殊駭聞
囑上黨王陳兵見衛欲敘安色無識之徒忽然
逆戰前旌未舉即自披猖驚悼之情彌以傷惻

上黨王深有孫嘻不傳首級更蒙封樹飾棺厚
殯務從優禮脅朝大德信感神民方仰藉皇威
敬憑元宰討逆賊於咸陽誅叛子於雲夢同心
叶力克定邦家覽所示權景宣書上流諸將本
有忠略棄親向讎庶當不爾防奸定亂終在於
公仝且頓東關更待來信末知水陸何處見迎
公之忠節上感蒼旻又羣帥同謀必匪攜貳則齊
夫建國立君布在方策入盟出質有自來矣若
之風曲被隣國郇災救難申此大猷皇家枝戚
莫不榮荷江東冠晃俱知憑仝敕不忘信信
實由東謹遣臣第七息顯顯所生劉弁弟子世
下惟遷叙言汜水之陽預有虢懼僧辯又重啓
席遷復行人曹沖奉表齊都即押送也渭橋之
師及旆義不陵江如致奕言誓以無克韜旗側

珍往彼充質仍遣左民尚書周弘正至歷陽本
迎艦舳浮江俟一龍之渡清宮冊陛候六傳之
入萬國傾心同榮晉文之反三善克宣方流宋

昌之議國祚既隆社稷有奉則羣臣竭節報厚
施于大齊勦力展效忠誠於陛下今遣吏部
尚書王通奉啓以聞僧辯因求以敬帝為皇太
子貞陽又答曰王尚書通至復枉示知欲遣賢
弟世珍以表誠質其悉憂國之懷非勉勞我
樹掌內明珠無累賢懷志在匡救寧非庭中玉
社稷弘濟我邦家懃歡之懷用忘興襄晉安王
東京貽厥之重西都繼體之賢嗣守皇家寧非
民望但世道喪亂宜立長君以其蒙尊難可承
業成昭之德自古希儔沖質之危何代無此孤
身當否運志不圖生忽荷不世之恩仍致非常
之舉自惟虛薄競懼已深若建承華本歸皇胄
心口相誓惟擬晉安如或虛言神明所殛覽令
所示深遂本懷戴慰之情無寄言象但公憂
勞之重既稟齊恩忠義之情復及梁貳華夷
兆庶豈不懷風宗廟明靈豈不相感正爾迴旆
仍向歷陽所期質累便望來彼衆軍不渡已著
明盟書斯則大齊聖主之恩規上黨英王之然諾

得原失信終不爲也惟遲相見便使在不縣御國
非遥觸曰虢咽僧辨使送質于郢貞陽求渡衛
士三千僧辨應其爲變止受散卒千人而已并
遣龍舟法駕徃迎貞陽濟江之日僧辨擁檝中
流不敢就岸後乃同會于江寧浦貞陽既踐偽
位仍授僧辨大司馬領太子太傅揚州牧餘悉
如故陳霸先時爲司空王南徐州刺史惡其飜覆
與諸將議因自京口舉兵十萬水陸俱至襲于
建康於是水軍到僧辨常處于石頭城是日正
視事軍人已踰城比而入南門又馳白有兵來僧
辨與其子頠遽走出閤左右心腹尚數十人衆
軍悉至僧辨計無所出乃據南門樓乞命拜請
霸先因命縱火焚之方共頠曰我
有何辜公欲與齊師賜討又曰何意全無
備僧辨曰委公北門何謂無備爾夜斬之長子
頠承聖初歷官至侍中初僧辨平建業遺霸先
守京口都無備防頠慮以爲言僧辨不聽竟及
於禍西魏冠江陵世祖遺頠督城內諸軍事荊

嘉靖七年補刋　梁書傳三十九　十九　頁錄

城陷顗隨王琳入齊寫音陵郡守齊遣琳鎮
壽春將圖江左陳霸平淮南顗聞琳死
乃出郡城南登高家上號哭一慟而絕顗弟頒
少有志節恒隨從世祖及荊城陷覆沒于西魏

史臣曰自羯景冠逆世祖據有上游以全楚之
兵委僧辨率之任及剋平禍亂功亦著焉在
平策勳當上台之賞敬帝以高祖貽厥有重世
祖繼體之尊泊渚宮淪覆理膺寶祚僧辨位當
將相義存伊霍乃受脅于齊庶苟欲行
夫忠義何忠義之遠矣樹國之道既虧謀身之
計不足自致殲滅悲矣

梁書傳三十九　二十　頁錄

列傳第三十九

梁書四十五

胡僧祐

徐文盛

杜崱　兄岸　弟幼安
　　　兄子龕

陰子春

胡僧祐字願果南陽冠軍人少勇決有武幹仕
魏至銀青光祿大夫以大通二年歸國頻上封
事高祖器之拜假節超武將軍文德主帥使戍
項城城陷復沒于魏中大通元年陳慶之送魏
北海王元顥入洛陽僧祐又得還國除南天水
天門二郡太守有善政性好讀書不解緝綴然
妄在公宴必彊賦詩文辭鄙俚多被謿謔僧祐
怡然自若謂己實工秒伐之愈甚晚事世祖為鎮
西録事參軍矦景亂西沮蠻反世祖令僧祐討
之使盡誅其渠帥僧祐諫忤旨下獄大寶二年
矦景寇荊陝圍王僧辯於巴陵世祖乃引僧祐
於獄拜為假節武猛將軍封新市縣矦令赴援

僧祐將發謂其子曰汝可開兩門一門擬朱一
門擬白吉則由朱門凶則由白門吾未捷不歸
也世祖聞而壯之至揚浦景遣其將住約卒銳
卒五千據白壖遶以待之僧祐由別路西上約
謂畏己而退急追之及於南安芊口呼僧祐曰
吳兒何為不早降走何處去僧祐不與之言潛
引卻至赤砂亭會陸法和至乃與并軍擊約
大破之擒約送于江陵矦景聞之遂遁世祖以
僧祐為侍中領軍將軍徵還荊州承聖二年進
為車騎將軍開府儀同三司餘悉如故西魏寇
至以僧祐為都督城東諸軍事魏軍四面起攻
百道齊集僧祐親當矢石晝夜督戰獎勵將士
明於賞罰眾皆感之咸為致死所向摧殄賊莫
敢前俄而中流矢卒時年六十三世祖聞之馳
往臨哭於是內外惶駭城遂陷

徐文盛字道茂彭城人也世仕魏為將父慶之
天監初率千餘人自北歸歐未至道卒文盛仍
統其眾稍立功績高祖其優寵之大同末以為

持節督寧州刺史先是州在僻遠所管羣蠻不識教義貪欲財賄劫簒相尋前後刺史莫能制文盛推心撫慰示以威德夷獠感之風俗遂改大清二年聞國難乃召募得數萬人來赴世祖嘉之以為持節散騎常侍左衞將軍督梁南秦沙東益巴北六州諸軍事仁威將軍秦州刺史授以東討之略於是文盛督衆軍東下至武昌遇侯景將任約遂與相持久之世祖又命護軍將軍尹悅平東將軍杜幼安巴州刺史王珣等會之並授文盛節度擊任約於貝磯約大敗退保西陽文盛進據蘆洲又與相持侯景聞之乃率大衆西上援約至西陽文盛不敢戰諸將咸曰景水軍輕進又甚饑疲可因此擊之必大捷文盛不許文盛妻石氏先在建鄴至是景載以還之文盛深德景遂密通信使都無戰心衆咸憤怨杜幼安宋子等乃率所領獨進與景戰大破之獲其舟艦以歸景密遣騎從間道襲陷郢州軍中兇懼遂大潰文盛奔還荊州世

祖仍以為城北面都督又聚賦汚甚多世祖大怒下令責之數其十罪除其官爵尋文盛既失兵權私懷怨望世祖聞之以下獄時任約被擒與文盛同禁怨望文盛謂約曰汝何不早降令我至此約曰門外不見卿馬跡使我何遽得降文盛無以答約遂死獄中

杜崱京兆杜陵人也其先自北歸南居於雍州之襄陽子孫因家焉祖靈啓齊給事中父懷寶少有志節常邀際會高祖義師東下隨南平王偉留鎮襄陽天監中稍立功績官至驍猛將軍梁州刺史大同初魏梁州刺史元羅舉州內附懷寶後進督華州值秦州所部武興氐王楊紹反懷寶擊破之五年卒於鎮崱即懷寶第七子也崱有志氣居鄉里以膽勇稱釋褐廬江驃騎府中兵參軍世祖臨荊州仍參幕府後爲新興太守太清二年隨岳陽王來襲荊州世祖以與之有舊密邀之崱乃與兄岸弟幼安兄子龕等夜歸于世祖世祖以為持節信威將軍武州刺

史俄遷宣毅將軍領鎮蠻護軍武陵內史枝江
縣族邑千戶令隨王僧辯東討侯景至巴陵會
黃來攻數十日不剋而遁加侍中左衛將軍進
爵為公增邑五百戶仍隨僧辯追景至石頭與
賊相持橫嶺及戰景親率精銳左右衝突崱從
嶺後橫截之景乃大敗東奔晉陵崱入據城景
平加散騎常侍持節督江州諸軍事江州刺史
增邑千戶是月齊將邢元建攻秦州刺史嚴超
遠於秦郡王僧辯令崱赴援陳霸先亦自歐陽
來會與元建大戰於土林霸先令彊弩射元建
衆却崱因縱兵擊大破之斬首萬餘級生擒千
餘人元建收餘衆而遁時世祖執王琳於江陵
其長史陸納等遂於長沙反世祖徵崱與王僧
辯討之承聖二年及納等戰於車輪大敗陷其
二壘納等走保長沙崱等圍之後納等降崱又
與王僧辯西討武陵王於硤口至即破平之於
是旋鎮遘疾卒詔曰崱則京兆舊姓元凱苗裔家傳
學業世載忠貞自驅傳江渚政號廉能推轂淺

源定聞清靜奄致殞喪惻愴于懷可贈車騎將
軍加鼓吹一部謚曰武崱兄弟九人兄崱弟從及
嶷獻岸及弟幼安並知名當世
岸字公衡少有武幹好從橫之術太清中與崱
同歸世祖世祖以為持節平北將軍梁州刺
史封江陵縣族邑二千戶岸因為南陽太守岳陽
遂走其兄崱獻於南陽獻時其城不剋岳陽
許之崱乃晝夜兼行先往攻其城崱走獻保
尋遣攻陷其城岸及獻俱遇害
幼安性至孝寬厚雄勇過人太清中與兄崱同
歸世祖世祖以為雲麾將軍西荊州刺史封河東
縣族邑一千戶令與平南將軍王僧辯討河東
王譽於長沙平之又命率精甲一萬助左衛將
軍徐文盛東討侯景至貝磯遇景將任約來逆
遂與戰大敗之斬其儀同吐羅子通湘州刺史
趙威方等傳首江陵乃進軍大舉因與景相持
別攻武昌拔之景渡盧洲上流以壓文盛等幼
安與衆軍攻之景大敗盡獲其舟艦會景密遣

龍為郢州執刺史方諸等以歸人情大駭徐文
盛由漢口遁歸衆軍大敗安遂降于景景殺
之以其多反覆復故也
僉龕嗣第二兄岑之子少驍勇善用兵亦太清中
與諸父同歸世祖世祖以為持節忠武將軍郎
州刺史盧陵縣矦邑二千戶與叔勿安俱隨王僧
辯討河東王平之又隨僧辯下繼徐文盛軍至
巴陵聞矦景龕陷郢州西上將至乃與僧辯等
守巴陵以待之景至圍其城旬不剋而遁遷太
府卿安北將軍督定州諸軍事定州刺史加通
直散騎常侍增邑五百戶仍隨僧辯追景至江
夏圍其城景將宋子仙棄城遁龕追至楊浦生
擒之大寶三年衆軍至姑熟景將矦子鑒逆戰
龕與陳霸先王琳等率精銳擊之大敗子鑒遂
至于石頭景親率其黨會戰龕與衆軍奮擊
大破景景遂東奔論功為最授平東將軍東揚
州刺史益封一千戶承聖三年又與王僧辯討陸
納等於長沙降之又征武陵王於西陵亦平之

後江陵陷齊納貞陽矦以紹梁嗣以龕為震州
刺史口吳興太守又除鎮南將軍都督南豫州諸
軍事南豫州刺史溧陽縣矦給鼓吹一部又加
散騎常侍鎮東大將軍會稽太守陳霸先襲陷京師執
王僧辯殺之龕僧辯之壻也為吳興太守以霸先
既非貴素兵又猥雜在軍府日都不以霸
經心及為本郡兵以法繩其宗門無所縱捨霸
先衛之切齒及僧辯敗龕乃據吳興以距之遣
軍副杜泰攻陳蒨於長城反為蒨所敗霸先乃
遣將周文育討龕龕令從弟北叟出距又為文
育所破走義興霸先親率衆圍之會齊將柳達
摩等救龕至京師霸先恐遂還與齊人連和龕聞齊
兵還乃降遂遇害

陰子春字幼文武威姑臧人也晉義熙末曾祖
龍驤隨宋高祖南遷至南平因家焉父智伯與高
祖隣居少相友善嘗入高祖卧內見有異光成
五色因握高祖手曰公後必大貴非人臣也天
下方亂安著生者其在君乎高祖曰幸勿多言

是情好轉密高祖每有求索如外府焉及高祖
踐阼官至梁秦二州刺史子春天監初起家宣
惠將軍西陽太守普通中累遷至明威將軍南
梁州刺史又遷信威將軍都督梁秦華三州諸
軍事梁秦二州刺史又遷侍中屬侯景亂世祖令
子春隨領軍將軍王僧辯攻邵陵王於郢州平
之又與左衛將軍徐文盛東討侯景至貝磯與
景遇子春力戰恒冠諸軍頻敗景值郢州陷没

軍遂退敗大寶二年卒於江陵孫顯少知名釋
初奉朝請歷尚書金部郎後入周撰瓊林二十卷
史臣曰胡僧祐勇幹有聞搴旗破敵者數矣及
抽軀徇節殞身王事雖古之忠烈何以加焉徐
文盛始立功績不能終其成名爲不義也杜崱
識機變之理知向背之宜加以身屢典軍頻殄
寇逆勳庸顯著卒爲中興功臣義哉

孝行

滕曇恭
沈崇傃
荀匠
庾黔婁
吉翂
甄恬
韓懷明
劉曇淨
江紑
庾沙彌
何烱
劉霽
褚脩
謝藺

梁書四十七　思廉　撰

梁書傳四十一

二

經云夫孝德之本也此生民之爲大有國之所

先職高祖創業開基飭躬化俗淪弊之風以革
孝治之術斯著毋發絲綸遠加旌表而淳和比
屋罕覯詭俗之變潛晦成風俗列踵羣之迹悲
於視聽蓋無幾焉今採綴以備遺逸云爾

滕曇恭豫章南昌人也年五歲毋楊氏患熱思
食寒瓜土俗所不産曇恭歷訪不能得銜悲哀
切俄值一桑門問其故曇恭拜謝因捧瓜還以薦其
毋舉室驚異尋訪桑門莫知所在及父母卒曇
有兩瓜分一相遺曇恭拜謝因捧瓜還以薦其
畫夜哀慟其門外有冬生樹二株時忽有神光
自樹而起俄見佛像及夾侍之儀容光顯著目
門而入曇恭家人大小咸共禮拜父之乃滅遠
近道俗咸傳之太守王僧虔引曇恭爲曾子天監元
辭不就王儉時隨僧虔在郡號爲功曹固
年陸璉奉使巡行風俗表言其狀曇恭有子三
人皆有行業時有徐普濟者長沙臨湘人居喪

恭水漿不入口者旬日感慟嘔血絕而復蘇隆
冬不著襦衣蔬食終身毋至巳日思慕不自堪

梁書傳四十一

二

未及葬而鄰家火起延及其舍普濟號慟伏棺
上以身蔽火隣人往救之焚炙巳悶絕累日方
蘇宣城宛陵有女子與母同床寢母為猛獸所
搏女號叫撃獸獸毛盡落行十數里獸乃棄之
女抱母還猶有氣經時乃絕太守蕭琛賻焉表
言其狀有詔旌其門閭

沈崇儀字思整吳興武康人也父懷明宋兗州刺
史崇儀六歲丁父憂哭踊過禮及長備書以養母
焉齊建武初為奉朝請求元末遷司徒行參
軍天監初為前軍鄱陽王參軍事三年太守柳憕
辟為主簿崇儀從憕到郡還迎其母母卒崇儀
以不及侍疾將欲致死水漿不入口晝夜號哭
旬日殆絕氣兄謂之曰殯葬未申遽自毀
滅非全孝之道也崇儀之瘵所不避雨雪倚墳
哀慟每夜恒有猛獸來望之有聲狀如歎息者
于墓側目以初行喪禮不備復以葬後更治服
三年久食麥屑不噉鹽酢坐臥於單薦因虛腫

不能起郡縣舉其至孝高祖聞即遣中書舍人
慰勉之乃下詔曰前軍沈崇儀少有志行居喪
蹈禮齊制不終未得大葬自以行乞淹年哀典
多闕方欲以求慕之晨更為再朞之始雖即
可矜禮有明斷可便今除釋擢補太子洗馬
喪固辭不受官苦自陳讓經年乃得為求寧令
彼門閭敦崇風教崇儀奉詔釋服而涕泣如居
自以祿不及養恒恨愈甚哀思不自堪至縣卒
時年三十九

荀匠字文師穎陰人也晉大保勖九世孫祖瓊
年十五復父仇於成都市以孝聞宋元嘉末渡
淮赴武陵王義為元凶追兵所殺贈員外散騎
侍郎父法超齊中興末為安復令卒於官凶問
至匠號慟氣絕身體皆冷至夜乃蘇既而奔喪
每宿江渚商旅皆不忍聞其哭聲服未闋兄斐
起家為鬱林太守征俚賊為流矢所中死於陣
喪還匠迎于豫章望舟投水傍人赴救僅而得
全既至家貧不得時葬居父憂并兄服歷四年

不出廬戶自括髮後不復櫛沐鬚皆禿落哭無
時聲盡雖係之以泣目皆爛形體枯頓皮骨
裁連雖家人不復識郡縣以狀言高祖詔遣中
書舍人為其除服擢為豫章王國左常侍匠雖
父之命難拒故亦揚名後世所顯豈獨汝身哉
天下汝行過古人故發明詔擢汝此職非唯君
即吉毀頓踰甚至拜竟以毀卒於家時年二十
一
庚黔婁妻字貞新野人也父易司徒主簿徵不
至有高名黔婁少好學多講誦孝經未嘗色
於人南陽高士劉虬宗測並歎異之起家本州
主簿遷平西行參軍出為編令治有異績先是
縣境多獸暴黔婁至獸皆渡往臨沮界當時以
為仁化所感齊永元初除孱陵令到縣未旬易
在家遘疾黔婁忽然心驚舉身流汗即日棄官
歸家家人悉驚其忽至時易疾始二日醫云欲
知差劇但嘗糞甜苦易泄痢黔婁輒取嘗之味
轉甜滑心逾憂苦至夕每稽顙比辰求以身代

俄聞空中有聲曰徵君壽命盡不復可延泓誠
禱既至止得申至月末及晦而易亡黔婁居要
過禮廬于家側和帝即位將起之鎮軍蕭穎曹
手書敦譬黔婁固辭服闋除西臺尚書儀曹郎
梁臺建鄧元起為益州刺史表黔婁為府長史
巴西梓潼二郡太守及成都平城中珍寶山積
元起悉分與僚佐惟黔婁一無所取元起惡其
異衆厲聲曰長史何獨爾為黔婁示不違之請
書數篋醫尋除蜀郡太守在職清素百姓便之元
起死于蜀部曲共殺黔婁身登殯殮攜持喪柩
歸鄉里還為尚書金部郎遷中軍表記室參軍
東宮建以本官侍皇太子讀甚見知重詔與太
子中庶子殷鈞中舍人到洽國子博士明山賓
等遞日為太子講五經義遷散騎侍郎荊州大
中正卒時年四十六
吉翂字彥霄馮翊蓮勺人也世居襄陽翂幼有
孝性年十一遭所生母憂水漿不入口殆將滅
性親黨異之天監初父為吳興原鄉令為奸吏

所誣逮詣廷尉翂年十五號泣衢路祈請公卿
行人見者皆為隕涕其父理雖清白耻為吏訊
乃虛自引咎罪當大辟翂乃撾登聞鼓乞代父
命高祖異之敕廷尉卿蔡法度曰吉翂請死贖
父義誠可嘉但其幼童未必自能造意卿可嚴
加脅誘取其款實法度受敕還寺盛陳徽纆備
列官司厲色問翂曰爾求代父死敕已相許便
應伏法然刀鋸至劇審能死不且爾童孺志不
及此必為人所教姓名是誰可具列答若有悔

異亦相聽許翂對曰囚雖蒙弱豈不知死可畏
憚顧諸弟稚藐唯囚為長不忍見父極刑自延
視息所以內斷胸臆上干萬乘今欲殉身不測
委骨泉壤此非細故柰何受人教邪明詔聽代
不異登仙豈有回貳法度知翂至心有在不可
屈撓乃更和顏誘語之曰主上知尊侯無罪行
當釋亮觀君神儀明秀足稱佳童今若轉辭幸
父子同濟奚以此妙年苦求湯鑊翂對曰凡鯤
鮞螻蟻尚惜其生況在人斯豈願齏粉但囚父

挂深劾必正刑書故思殞仆冀延父命命瞑目
引領以聽大戮情殫意極無言復對翂初見囚
獄掾依法備加桎梏法度矜之命脫其二械更
今著一小者翂弗聽曰翂求代父死死罪之囚
唯宜增益豈可減乎竟不脫械法度具以奏聞
高祖乃宥其父丹陽尹王志求其在廷尉故事
以旌其美將薦翂于歲首擢充純孝之選翂曰異哉
王尹何量翂之薄也夫父辱子死斯道固然若
翂故爲徼名則是因父置名一何甚

辱拒之而止年十七應辟爲本州主簿出監萬
年縣攝官期月風化大行自雍還至郢湘州刺
史柳悅復召爲主簿後鄉人裴儉併升陽尹王志
揚州中正張仄連名薦翂以爲孝行純至明通
易老敕付太常旌舉初翂以父陷罪因成悖疾
後因發而卒
甄恬字彥約中山無極人也世居江陵祖欽之
長寧令父標之州從事恬歲喪父哀感有若
成人家人矜其小以肉汁和飯飼之恬不肯食

年八歲問其母恨生不識父遂悲泣累日忽若
有見言其形貌則其父也時以為孝感家貧養
母常得珍羞及居喪廬於墓側恆恐有鳥獸雜
色集於廬樹恬哭則鳴哭止則止又有白雀栖
宿其廬將始興王憺表其行狀詔曰朕虛已
欽賢寤寐盈想詔彼羣岳務盡搜揚恬既聞
殊異聲著邦壤敦風厲俗弘益兹多牧守騰聞
義同親臨見可旌表室閭加以爵位恬官至安南
行參軍

韓懷明上黨人也客居荊州年十歲母患屍疰
每發輒危殆懷明夜於星下稽顙祈禱時寒甚
切忽聞香氣空中有人語曰童子母須憂永差
無勞自苦未曉而母豁然平復鄉里異之十五
喪父幾至滅性負土成墳贈助無所受免喪與
鄉人郭麞俱師事南陽劉虯虯嘗一日廢講獨
居涕泣懷明竊問其故虯家人答云是外祖二
日時虯母亦亡矣懷明聞之即日罷學還家就
養虯歎曰韓生無虞丘之恨矣家貧常肆力以

供甘脆嬉怡膝下朝夕不離母年九十一
以壽終懷明水漿不入口一旬號哭不絕聲有
雙白鳩巢其廬上字乳馴狎若家禽焉服釋乃
去飢除喪蔬食終身衣麤無改天監初刺史始
興王憺表言之州累辟不就卒于家

劉曇淨字元光彭城苴人也祖元真淮南太守
居郡得罪父篤行歷詣朝士乞哀懇惻甚至遂
以孝聞曇淨篤行有父風解褐安成王國左常
侍父卒於郡曇淨奔喪不食飲者累日絕而又
蘇毋哭輒嘔血服闋因毀瘠成疾會有詔士姓
各舉四科曇淨叔父慧舉以應孝行高祖用
為海寧令曇淨以兄未為縣因以讓兄乃除安
西行參軍父亡後事母尤淳至身營殯粥不以
委人母疾衣不解帶及母亡水漿不入口者殆
一旬母喪權瘞藥王寺時天寒曇淨身衣單布
廬於瘞所晝夜哭泣不絕聲哀感行路未及朞
而卒

何炯字士光廬江灊人也父擣太中大夫炯年

十五從兄胤受業一暮並通五經章句烟白晳
美容貌從兄求點每稱之曰叔寶神清弘治膚
清今觀此子復見衛杜在目烟常慕恬退不樂
進仕從叔昌寓謂曰求點皆已高蹈汝無宜復
彌且君子出處亦各一途年十九解褐揚州主
簿舉秀才累選王府行參軍尚書兵庫部二曹
郎出為永康令以和理稱還為仁威南康王限
內記室遷治書侍御史以父疾經旬衣不解帶
頭不櫛沐信宿之間形貌頓改及父卒號慟不
絕聲枕由藉地腰虛腳腫竟以毀卒

十一
十二

庚沙彌潁陰人也晉司空冰六世孫父佩玉輔
國長史長沙內史宋昇明中坐沈攸之事誅沙
彌時始生年至五歲所生母為製采衣輒不肯
服母問其故流涕對曰家門禍酷用是何為既
長終身布衣蔬食起家臨川王國左常侍遷中
軍田曹行參軍嫡母劉氏寢疾沙彌晨昏侍側
衣不解帶或應鍼灸輒以身先試之及母亡水
漿不入口累日終喪不解衰絰不出廬戶晝夜

諕慟鄰人不忍聞墓在新林因有旅松百餘株
白生墳側蓋族官尚書詠表言其狀應純孝
之垅高祖召見嘉之以補歜令還除輕車邵陵
王參軍事隨府會稽復丁所生母憂喪還都濟
浙江中流遇風舫將覆沒沙彌抱柩號哭俄而
風靜蓋孝感所致服闋除信威刑獄參軍兼
陽郡
　　　　　累遷寧遠錄事參軍轉司馬出為
長城令卒
江紑字含潔濟陽考城人也父蒨舊光祿大夫紑

十二

幼有孝性年十三父蒨眼有疾將蕪月衣不
解帶夜夢一僧云患眼者飲慧眼水必差及覺
說之莫能解者紑第三叔祿與草堂寺智者法
師善往訪之智者曰無量壽經云慧眼見真能
渡彼岸舊乃因智者啟捨同夏縣界牛屯里舍
為寺乞賜嘉名敕吝云純臣孝子往往感應晉
世顏含遂見冥中送藥近見智者知卿第二息
感夢云慧眼水慧眼則是五眼之一號若欲造
寺可以慧眼為名及就劃造泄故井井水清冽

異於常泉依夢取水洗眼及敷藥稍覺有瘳因
此遂差時人謂之孝感南康王為南州召為迎
主簿紓性靜好老莊玄言尤善佛義不樂進仕
及父卒紓廬于墓終日號慟不絶聲月餘卒
劉霽字士烜平原人也祖乘民宋冀州刺史父
聞慰齊工員郎霽年九歲能誦左氏傳宗黨咸
異之十四居父憂有至性每哭輒嘔血家貧與
弟杳敬相勵學既長博涉多通天監中起家
奉朝請稍遷宣　晉安王府參軍兼限內記室
出補西昌相入為尚書主客侍郎未幾除海鹽
令需前後宰二邑並以和理著稱還為建康正
非所好頃之以疾免尋除建康令母明氏
寢疾霽年已五十衣不解帶者七旬誦觀世音
經數至萬遍因感夢見一僧謂曰夫人筭盡
令霽精誠篤至當相為申延後六十餘日乃亡霽
廬于墓哀慟過禮常有雙白鶴馴翔廬側處士
阮孝緒致書抑譬霽思慕不已服未終而卒時
年五十二著釋俗語八卷文集十卷弟杳在文

士傳敬在處士傳
褚脩吳郡錢唐人也父仲都善周易為當時最
天監中歷官五經博士脩少傳父業兼通孝經
論語善尺牘頗解文章初為湘東王國侍郎稍
遷輕車湘東府行參軍並兼限內記室
為揚州引為宣惠參軍限內記室脩性至孝父
喪毀瘠過禮因丁母憂遂水漿不入口
二十三日氣絶復蘇每號慟嘔血遂以毀卒
謝蘭字希如陳郡陽夏人也晉太傅安八世孫
父經中郎諮議參軍蘭五歲每父母未飯乳媼
欲令蘭先飯蘭曰既不覺飢彊食終不進舅阮
孝緒聞之歎曰此兒在家則曾子之流事君則
蘭生之匹因名之曰蘭稍受以經史過目便能
諷誦孝緒每曰吾家陽元也及丁父憂盡夜號
慟毀瘠骨立母阮氏常自守視譬柳之服闋後
吏部尚書蕭子顯表其至行擢為王府法曹行
參軍累遷外兵記室參軍時甘露降士林館蘭
獻頌高祖嘉之因有詔使製北兗州刺史蕭楷

德政碑又奉令製宣城王奉述中庸頌太清元
年遷散騎侍郎兼散騎常侍使於魏會侯景舉
地入附境上交兵藺母慮不得還感氣卒及藺
還入境爾夕夢不祥旦便投劾馳歸旣至號慟
嘔血氣絕久之水漿不入口親友慮其不全相
對悲慟彊勸以飲粥藺初勉彊受之終不能進
經月餘日因夜臨而卒時年三十八藺所製詩
賦碑頌數十篇

史臣曰孔子稱毀不滅性教民無以死傷生也
故制喪紀爲之節文高柴仲由伏膺聖教曾參
閔損度恭孝道或水漿不入口泣血終年豈不
知劌鉅痛深蓁載慕切所謂先王制禮賢者俯
就至如丘吳終於毀滅若劉曇淨何烱江紑謝
藺者亦二子之志歟

二百五十　　梁書傳四十一　　　　十五　　　朱襄三

列傳第四十二

梁書四十八

散騎常侍姚 思廉 撰

儒林

伏曼容
何佟之
范縝
嚴植之
賀瑒
司馬筠
卞華
崔靈恩
孔僉
盧廣
沈峻 太史叔明
孔子袪
皇侃

梁書列傳四十二　一

漢氏承秦燔書大弘儒訓太學生徒動以萬數
郡國黌舍采皆充滿學於山澤者至或就爲列

梁書列傳四十二　二

肆其盛也如是漢末喪亂其道遂衰魏正始以
後仍尚玄虛之學爲儒者蓋寡時荀顗摯虞之
徒雖刪定新禮改官職未能易俗移風自是中
原橫潰衣冠殄盡江左草創日不暇給以迄于
宋齊國學時或開置而勸課未博建之不及十
年蓋取文具廢之多歷世祀其弗能易者也忽諸鄉里
莫或開館後生孤陋擁經而無所講習三德六藝
肯養衆矣高祖有天下深愍之詔求碩學治五
禮定六律改斗歷正權衡天監四年詔曰二漢
登賢莫非經術服膺雅道名立行成魏晉浮蕩
儒教淪歇風節罔樹抑此之由朕日昃思
聞俊異收士得人實惟酬獎可置五經博士各
一人廣開館宇招內後進於是以平原明山賓
吳興沈峻建平嚴植之會稽賀瑒補博士各主
一館館有數百生給其餼廩其射策通明者即
除爲吏十數月間懷經負笈者雲會京師又選
遣學生如會稽雲門山受業於盧江何胤分遣

博士祭酒到州郡立學七年又詔曰建國君民
在教為首砥身礪行由乎經術朕肇基明命光
宅區宇雖耕耘雅業傍闕藝文而成器未廣志
本猶闕非以鎔範貴遊納諸軌度思欲式敦譚
齒目家令聲訓所漸戎夏同風宜大啟庠
敩博延曹子務彼十倫弘此三德使陶宜被
微言載表於是皇太子皇子宗室王侯始就業
焉高祖親屈輿駕釋奠於先師先聖申之以讌
語勞之以束帛濟濟焉洋洋焉大道之行也如

傳云　　三　晃

是其伏曼容何佟之范縝有舊名於世為時儒
者嚴植之賀瑒等首膺茲選今並綴為儒林

伏曼容字公儀平昌安丘人曾祖滔晉著作郎
父胤之宋司空主簿曼容早孤與母兄客居南
海少篤學善老易倜儻好大言常云何晏疑易
中九事以吾觀之晏了不學也故知平叔有所
短聚徒教授以自業為驃騎記室曼容執經曼容素

周易集朝臣於清暑殿講詔曼容

美風采帝恒以方術宿叔夜使吳人陸探微畫叔
夜像以賜之遷司徒參軍表榮榮為丹陽尹請為
江寧令入拜尚書外兵郎昇明末為輔國長史
南海太守齊初為通直散騎侍郎承明初為太
子率更令侍皇太子講衛將軍王儉深相交好
令與河內司馬憲吳郡陸澄共撰喪服義既成
又欲與之定禮樂會儉薨中書郎大司馬
諮議參軍出為武昌太守建武中入拜中散高
夫時明帝不重儒術曼容宅在瓦官寺東施高

坐於聽事有實客輒升高坐為講說生徒常數
十百人梁臺建以曼容舊儒召拜司馬出為臨
海太守天監元年卒官時年八十二為周易毛
詩喪服集解老莊論語義子昉在良吏傳

何佟之字士威廬江灊人豫州刺史惲六世孫
也祖劭之宋員外散騎常侍父歆齊奉朝請佟
之少好三禮師心獨學彊力專精手不輟卷讀
禮論三百篇略皆上口時太尉王儉為時儒宗
雅相推重起家揚州從事仍為總明館學士頻

遷司徒車騎參軍事尚書祠部郎齊建武中為鎮北記室參軍侍皇太子講領丹陽邑中正時步兵校尉劉瓛徵士吳苞皆已卒京邑碩儒唯佟之而已佟之明習事數當時國家吉凶禮則皆取決焉於世歷步兵校尉國子博士尋遷驃騎諮議參軍轉司馬永元末京師兵亂佟之常集諸生講論致政不怠中興初拜驍騎將軍高祖踐阼算重儒術以佟之為尚書左丞是時百度草創佟之依禮定議多所裨益天監二

年卒官年五十五高祖甚悼惜將贈之官故事左丞無贈官者特詔贈黃門侍郎儒者榮之所著文章禮義百許篇子朝隱朝晦

范縝字子真南鄉舞陰人也晉安北將軍注六世孫祖璩之中書郎父濛早卒縝少孤貧事母孝謹年未弱冠聞沛國劉瓛聚衆講說始往從之卓越不羣而勤學璩甚奇之親為之冠在職門下積年去來歸家恒芒屩布衣徒行於路璩門多車馬貴游縝在其門聊無恥愧既長博通

經術尤精三禮性質直好危言高論不為士友所安唯與外弟蕭琛相善名曰口辯毋服縝簡諧起家齊寧蠻主簿累遷尚書殿中郎永明年中與魏氏和親歲通聘好特簡才學之士以為行人縝及從弟雲蕭琛琅邪顏幼明河東裴昭明相繼將命皆著名鄰國于時竟陵王子良盛招賓客縝亦預焉嘗侍子良子良精信釋教而都太守毋憂去職歸居于南州義軍至縝墨絰來迎高祖與縝有西邸之舊見之甚悅及建康

城平以縝為晉安太守在郡清約資公祿而已視事四年徵為尚書左丞縝去還雖親戚無所遺唯餉前尚書令王亮縝仕齊時與亮同臺為郎舊相友至是亮被擯弃在家縝自迎王師志在權軸既而所懷未滿亦常怏怏故私相親結以矯時去後竟陵王亮徙廣州語在其傳初縝在齊世嘗侍竟陵王子良子良問曰君不信因果世間何得有富貴何得有賤貧縝答曰人之生譬如一樹花同

發一枝俱開一蔕隨風而墮自有拂簾幌墜於
茵席之上自有關籬牆落於溷糞之側茵席
者殿下是也溷糞者下官是也貴賤雖復殊
途因果竟在何處子良不能屈深怪之縝退論
其理著神滅論曰或問子云神滅何以知其滅
也荅曰神即形也形即神也是以形存則神存
形謝則神滅也問曰形者無知之稱神者有知
之名知與無知即事有異神之與形理不容一
形神相即非所聞也荅曰形者神之質神者形
之用是則形稱其質神言其用形之與神不得
相異也問曰神故非質用不得為異其義安在
荅曰名殊而體一也問曰名既已殊體何得一
荅曰神之於質猶利之於刀形之於用猶刀之於
利利之名非刀也刀之名非利也然而捨利無
刀捨刀無利未聞刀沒而利存豈容形亡而神
在問曰刀之與利或如來說形之與神其義不
然何以言之木之質無知也人之質有知也人
既有如木之質而有異木之知豈非木有一人

三七三十一

有二邪荅曰異哉言乎人若有如木之質以為
形又有異木之知以為神則可如來論也今人
之質質有知也木之質質無知也人之質非木
之質木之質非人之質安有如木之質而復有
異木之知哉問曰人之質所以異木質者以其
有知耳人而無知與木何異荅曰人無無知之
質猶木無有知之形問曰死者之形骸非生者
之形骸骨骸何異生人之形邪荅曰生形之非
死形死形之非生形區已革矣安有生人之形
骸而有死人之骨骼邪問曰若生者之形骸
非死者之骨骼死者之骨骼應非生者之形
骸而有異矣荅曰如因榮木變為枯木枯木
之質寧是榮木之質邪問曰榮木變為枯木
枯木之骨骼非死者之骨骼則此骨骼從何而至
此邪荅曰是生者之形骸變為死者之骨骼也
問曰生者之形骸雖變為死者之骨骼豈不從
生而有死則知死體猶生體也荅曰如因榮木

三七三十一

變為枯木枯木之質寧是榮木之體問曰榮體
變為枯體枯體即是榮體絲體變為縷體縷體
即是絲體有何別焉荅曰榮枯即是榮木不應變為
枯應榮時凋零枯時結實也又榮枯木不應變為
枯以榮即是榮後枯何故方愛死形
問曰生形之謝便應豁然都盡何故方愛死形
綿歷未已邪荅曰生滅之體要有其次故也夫
欻而生者必欻而滅漸而生者必漸而滅故也
生者飄驟是也漸而生者動植是也有欻有漸
物之理也問曰形即是神者手等亦是邪荅曰
皆是神之分也問曰若皆是神之分神既能慮
手等亦應能慮荅曰手等亦應能有痛癢之
知而無是非之慮問曰是非之慮為一為異荅曰知即
是慮淺則為知深則為慮問曰若爾應有二慮
荅曰人體惟一神何得二問曰若不得二安有
是非之慮荅曰如手足雖異總為一人是
為二人是非痛癢雖復有異亦總為一神矣問

日是非之慮不關手足當關何處荅曰是非之
意心器所主問曰心非五藏之主邪荅曰
是也問曰五藏有何殊而心獨有是非之慮
乎荅曰七竅亦復何殊而司用不均問曰慮思
無方何以知是以心為慮本問曰五藏各有所司
無有能慮者是以知心為慮本問曰慮可寄於眼
分邪中荅曰慮可寄於眼分何故不寄於耳目
等分中荅曰慮體無本故可寄於眼目有本
不假寄於佗荅曰眼何故有本而慮無本荅
寄於佗邪問曰慮體無本故可寄於眼目有本
然也問曰聖人形猶凡人之形而有凡聖之殊
寄玉乙之軀李景之性托趙丁之體然乎哉不
無本於我形而可偏寄於異地亦可張甲之情
託聖人之體是以八采重瞳勛華之容龍顏馬
有聖人之神而寄凡人之器亦無凡人之神而
不能昭有能昭之精金寧有不昭之穢質又豈
故知形神異矣荅曰不然金之精者能昭穢者
口軒皞之狀形表之異也此比干之心七竅列角
伯約之膽其大若拳此心器之殊也是知聖人

凡聖均體，所未敢安。問曰：子去聖人之形，必異
定分，每絕常區。非惟道革羣生，乃亦形超萬有。

於凡者，敢問陽貨類大舜，舜項類孔
陽智革形同，其故何邪？答曰：珉似玉而非玉，雞
類鳳而非鳳，物誠有之。人故宜爾，項陽貌似而

非實，似心器不均貌，無益。問曰：凡聖之殊形
器不一，可也。貞極理無有二，而丘且殊姿，湯文
異狀，神不伴色於此，益明矣。齊逸王異色而均美，
形不必同也，猶馬殊毛而齊

敢問經云為之宗廟，以鬼饗之，何謂也？答曰：聖
是以晉棘荊和，等價連城，驊騮盜驪，俱致千里。
人之教然也，所以弭孝子之心，而厲偷薄之意。
問曰：形神不二，既聞之矣。謝神滅理，固宜然。
神而明之，此之謂矣。問曰：伯有被甲，彭生見，
墳素著其事，寧非設教而已邪？答曰：妖怪茫茫，
或存或亡，彊死者衆，不皆為鬼，彭生伯有，何獨
能然？乍為人豕，未必齊鄭之公子也。問曰：易稱
故知鬼神之情狀，與天地相似而不違，又曰載

鬼一車，其義云何？答曰：有禽焉，有獸焉，飛走之
別也；有人焉，有鬼焉，幽明之別也。人滅而為鬼，
鬼滅而為人，則未之知也。問曰：知此神滅，有何
利用邪？答曰：浮屠害政，桑門蠹俗，風驚霧起，馳
蕩不休，吾哀其弊，拯其溺。夫竭財以赴僧，破
産以趨佛，而不恤親戚，不憐窮匱者，何？良由厚
我之情深，濟物之意淺。是以圭撮涉於貧友，吝
情動於顏色；千鍾委於富僧，歡意暢於容髮，豈
不以僧有多徐之期，友無遺秉之報，務施關於

周急歸德，必於在己。又惑以茫昧之言，懼以阿
鼻之苦，誘以虛誕之辭，欣以兜率之樂，故捨逢
掖，襲龍衣，廢俎豆，列餅鉢，家家棄其親愛，人人
絕其嗣續，致使兵挫於行間，吏空於官府，粟罄
於惰遊，貨殫於泥木，所以奮尨弗勝，頌聲尚擁。
惟此之故，其流莫已，其病無限。若陶甄稟於自
然，森羅均於獨化，忽焉自有，怳爾而無，來也不
御，去也不追，乘夫天理，各安其性，小人甘其龍
畝，君子保其恬素，耕而食，食不可窮也，蠶而衣

衰不可盡也下有餘以奉其上上無為以待其
下可以全生可以臣國可以霸君用此道也此
論出朝野譁誼子良集僧難之而不能屈績在
南平年追還京既至以為中書郎國子博士卒
官文集十卷子脣字長于脣父學起家太學博
士脣有口辯大同中常兼主客郎對接比使遷
平西湘東王諮議參軍侍宣城王讀出為鄱陽
內史卒於郡

嚴植之字孝源建平秭歸人也祖欽宋通直散
騎常侍植之少善莊老能玄言精解喪服孝經
論語及長徧治鄭氏禮周易毛詩左氏春秋性
淳孝謹厚不以所長高人少遭父憂因菜食二
十三載後得風冷疾乃止齊永明中始起家為
廬陵王國侍郎還廣漢王國右常侍王誅國人
莫敢視植之獨奔哭手營殯徒跣送喪莫所
為起家葬畢乃還當時義之建武中遷員外郎
散騎常侍尋為康樂族相在縣清白民吏稱之
天監二年板後軍騎兵參軍事高祖詔求通儒

治五禮有司義稱之治凶禮四年初置五經博
士各開館教授以植之兼五經博士之館在
潮溝生徒常百數植之講五館生必至聽者千
餘人六年遷中撫軍記室參軍猶兼博士七年
卒於館時年五十二植之自疾後便不受廩俸
妻子困乏既卒喪無所寄生徒為市宅乃得成
喪焉植之性仁慈好行陰德雖在闇室未嘗怠
少嘗山行見一患者植之問其姓名不能荅載
與俱歸為營醫藥六日而死植之為棺殯斂之
卒不知何許人也嘗緣栅塘行見患人臥路側
植之下車問其故云姓黃氏家本荊州為人傭
賃疾既危篤船主將發棄之于此岸植之心惻然
載還治之經年而黃氏差請終身充奴僕以報
厚恩植之不受遣以資糧道之其義行多如
此撰凶禮儀注四百七十九卷
賀瑒字德璉會稽山陰人也祖道力善三禮仕
宋為尚書三公郎建康令少傳家業齊時沛
國劉瓛為會稽府丞見瑒深器異之齎與俱造

吳郡張融指瑒謂融曰此生神明聰敏將來當
為儒者宗瓛還薦之為國子舉明經揚州祭
酒俄兼國子助教瑒歷奉朝請太學博士太常丞
遭母憂去職天監初復為太常丞有司舉治賓
禮召見說禮義高祖異之詔朝朔望預華林講
子定禮撰五經義瑒悉禮舊事時高祖方創定
禮樂瑒所建議多見施行七年拜步兵校尉領
五經博士九年遇疾遣醫藥省問卒于館時年
五十九所著禮易老莊講疏朝廷議數百篇
賓禮儀注一百四十五卷瑒於禮尤精館中生
徒常百數弟子明經對策至數十人二子革字
文明少通三禮及長徧治孝經論語毛詩左傳
起家晉安王國侍郎兼太學博士侍湘東王讀
教於永福省為邵陵湘東武陵三王講禮稍遷
湘東王府行參軍轉尚書儀曹郎尋除秣陵令
遷國子博士於學講授生徒常數百人出為西
中郎湘東王諮議參軍帶江陵令王初於府置

〔三〇二十〕　梁書列傳四十二　十五　朱長二

學以革領儒林祭酒講三禮荊楚衣冠聽者甚
眾前後再臨南平郡為民吏所德尋加貞威將
軍兼平西長史南郡太守革性至孝常恨食祿
代耕不及養在荊州歷其為郡縣所得俸秩不
妻孥專擬還鄉造寺以申感思大同六年卒官
時年六十二弟季亦明三禮歷官尚書祠部郎
兼中書通事舍人累遷步兵校尉中書黃門郎
兼著作

〔三〇二十五〕　梁書列傳四十二　十六　朱長二

司馬褧字元素河內溫人晉驃騎將軍燕烈王
承七世孫祖亮宋司空從事中郎父端齊奉朝
請筠孤貧好學師事沛國劉瓛彊力專精深為
瓛所器異既長博通經術尤明三禮齊建武中
起家奉朝請遷王府行參軍天監初為本州治
中除暨陽令有清績又拜尚書祠部郎七年安成
太妃陳氏薨江州刺史安成王季荊州刺史始
興王憺並以慈母表解職詔不許還攝本任而
太妃薨京邑喪祭無主舍人周捨議曰賀彥先
稱慈母之子不服慈母之黨婦又不從夫而服

慈姑小功服無從故也庾蔚之云非徒子不從
母而服其黨又不從父而服其慈由斯而言
慈祖母無服明矣尋門內之哀不容自同於常
按父之祥禪子並受弔制今二王諸子宜以服
日單衣一日為位受弔今二王諸子姓之冠則世
子衣服宜異於常可著細布衣絹為領帶三年
攝祭事捨又曰禮云縞冠玄武子姓之冠則世
不聽樂又禮及春秋庶母不世祭蓋謂無王命
者耳吳太妃既朝命所加得用安成禮秩則當
祔廟五世親盡乃毀陳太妃命數之重雖則不
異其慈孫既不從服廟食理無傳祀子祭止是
會經文高祖因是敕禮官議皇子慈母之服箚
議宋朝五服制按曾子問云子游曰喪內有慈母
宜從小功之制按曾子服訓養母禮依庶母慈已
歟孔子曰非禮也古者男子外有傅內有慈母
君命所使教子也何服之有鄭玄注云此指謂
國君之子也若國君之子不服則王者之子不
服可知又喪服經云君子之子為庶母慈已者傳

三二三 梁書列傳四十二　　　十七　　　朱長二

曰君子子者貴人子也鄭玄引內則三母止施
於卿大夫以此而推則慈母之服上不在五等
之嗣下不逮三士之息儻無此服況乃施之皇
諸侯之子尚無此服況乃施之皇子謂宜依禮
刑除以反前代之感高祖以為不然曰禮言慈
母凡有三條一則妾子之無母使妾養之慈
養之命為母子服以三年喪服齊衰章所言慈
母是也二則嫡妻之子無母使妾養之慈撫鞠
至雖均乎慈愛但嫡妻之子妾無為母之義而
恩深事重故服以小功喪服小功章所以不直
言慈母而云庶母慈已者明異於三年之慈母
也其三則子非無母正是擇賤者視之義同師
保而不無慈愛故亦有慈母之名師保既無其
服則此慈母亦無服矣內則云擇於諸母與可者
使為子師其次為慈母其次為保母此其明文
此言擇諸母是擇人而為此三母非謂擇取兄
弟之母也何以知之若是兄弟之母其先有子
者則是長妾長妾之禮實有殊加何容次妾生

三二四 梁書列傳四十二　　　十八　　　朱長二

子乃退成保母斯不可也又有多兄弟之人於
義或可若始生之子便應三母關邪由是推
之內則所言諸母是謂三母非兄弟之母明矣
子游所問自是師保之慈非三母小功之慈也
故夫子得有此對豈非師保之慈母無服之證
乎鄭玄不辯三慈混為訓釋引彼彼無服以注慈
已後人致謬實此之由經言君子者此雖起
於大夫明大夫猶彌自斯以上彌應不異故傳

梁書傳四十二

古君子子者貴人之子也總言曰貴則無所不
包經傳互文相顯發則知慈加之義通乎大夫
以上矣宋代此科不乖禮意便加除削良是所
疑於是篤等請依制改定媚妻之子母沒為父
妾所養服之五月貴賤並同以為永制累遷王
府諮議權知左丞事尋除尚書左丞出為始興
內史卒官子壽傳父業明三禮大同中歷官尚
書華祠部郎出為曲阿令
卜華字昭丘濟陰冤句人也晉驃騎將軍忠勇
公靈六世孫父倫之給事中華幼孤貧好學年

十九
三十

十四召補國子生通周易既長編治五經與平
原明山賓會稽賀瑒同業友善起家齊孫章王
國侍郎累遷奉朝請征西行參軍天監初遷臨
川王參軍事兼國子助教轉安成王功曹參軍
兼五經博士聚徒教授華博涉有機辯說經析
理為當時之冠江左以來鍾律緯學至華乃通
焉遷尚書儀曹郎出為吳令卒
崔靈恩清河武城人也少篤學從師遍通五經
尤精三禮三傳先在北仕為太常博士天監十

梁書傳四十二

二十
三十

三年歸國高祖以其儒術擢拜員外散騎侍郎
累遷步兵校尉兼國子博士靈恩聚徒講授聽
者常數百人性拙樸無風采及解經析理甚有
精致京師舊儒咸稱重之助教孔僉尤好其學
靈恩先習左傳服解不為江東所行及改說杜
義每文句常申服以難杜遂著左氏條義以明
之時有助教虞僧誕又精杜學因作申杜難服
以答靈恩世並行焉僧誕會稽餘姚人以左氏
教授聽者亦數百人其該通義例當時莫及先

是儒者論天互執渾蓋二義論蓋不合於渾
渾不合於蓋靈恩立義以渾蓋爲一焉出爲長
沙內史還除國子博士講衆尤盛出爲明威將
軍桂州刺史卒官靈恩集注毛詩二十二
注周禮四十卷制三禮義宗四十七卷左氏
傳義二十二卷左氏條例十卷公羊穀梁文句
義十卷

孔僉會稽山陰人少師事何胤通五經尤明三
禮孝經論語講說並數十編生徒亦數百人歷
官國子助教三爲五經博士遷尚書祠部郎出
爲海鹽山陰二縣令僉儒者不長政術在縣無
績太清亂卒於家子儆立顏涉文學官至太學
博士僉兄子元素又善三禮有盛名早卒

盧廣范陽涿人自去晉司空從事中郎謙之後
也謙沒死卅閔之亂晉中原舊族謙有後廣爲
少明經有儒術天監中歸國初拜員外散騎侍
郎出爲始安太守事免頃之起爲折衝將軍
配千兵北伐還拜步兵校尉兼國子博士徧講

梁書傳四十二　二十二　卅

五經時北來人儒學者有崔靈恩孫詳蔣顯並
聚徒講說而音辭鄙拙惟廣言淸雅不類北
人僕射徐勉兼通經術深相賞好尋遷員外散
騎常侍博士如故出爲信武桂陽嗣王長史人尋
陽太守又爲武陵王長史太守如故卒官

沈峻字士嵩吳興武康人家世農夫至峻好學
與舅太史叔明師事宗人沈麟士門下積年晝
夜自課時或睡寐輒以杖自擊其篤志如此麟
士卒後乃出都編遊講肆遂博通五經尤長三
禮初爲王國中尉稍遷侍郎並兼國子助教時
吏部郎陸倕與僕射徐勉書薦峻曰五經博士
庾季達須換計公家必欲詳擇其人凡聖賢司
講之書必以周官立義則周官一書實爲羣經
源本此學不傳多歷年世北人孫詳蔣顯亦經
聽習而音革楚夏故學徒不至惟助教沈峻特
精此書比日時閒講肆舉儒劉嵒沈宏能之
徒並執經下坐北面受業莫不歎服人無間言
弟謂宜即用此人命其專此一學周而復始使

梁書傳四十三　二十二　卅

聖人正典廢而更與累世絕業傳於學者勉從
之奏峻兼五經博士於館講授聽者常數百人
出為華容令還除員外散騎侍郎復兼五經博
士時中書舍人賀琛奉敕撰梁官乃啟峻及孔
子袪補西省學士助撰書成入兼中書通事
舍人出為武康令卒官子文阿傳父業尤明左
氏傳太清中自國子助教為五經博士傳博
士尚書祠部郎太史叔明吳興烏程人吳太史

梁書傳四十二　二十三

慈後也少善莊老兼治孝經禮記其三玄尤精
解嘗世冠絕每講說聽者常五百餘人歷官國
子助教邵陵王綸好其學及出為江州刺史攜叔明
之鎮郢州又隨府所至輒講授江外人士
肯傳其學正焉大同十三年卒時年七十三
孔子袪會稽山陰人少孤貧好學耕耘樵採常
懷書自隨投閒則誦讀勤苦自勵遂通經術尤
明古文尚書初為長沙嗣王侍郎兼國子助教
講尚書四十遍聽者常數百人中書舍人賀琛

受敕撰梁官啟子袪為西省學士助撰錄
兼司文侍郎不就父之兼主客郎舍人學士如
故累遷湘東王國侍郎常外散騎侍郎又遷
雲麾廬江公記室參軍轉兼中書通事舍人尋遷
步兵校尉舍人如故賀琛撰五經講疏及孔子
袪正言專使子袪檢閱羣書以為義證事音敕子
累遷通直正員郎舍人如故中大同元年卒官
時年五十一子袪凡著尚書義二十卷

梁書列傳四十二　二十四　朱异二

書三十卷續朱异集注周易一百卷續何承天
集禮論一百五十卷
皇侃吳郡人也青州刺史吳象九世孫侃少好
學師事賀瑒精力專門盡通其業尤明三禮孝
經論語起家兼國子助教於學講說聽者數百
人撰禮記講疏五十卷書成奏上詔付秘閣頃
之召入壽光殿講禮記義高祖善之拜員外散
騎侍郎兼助教如故性至孝常日限誦孝經二
十遍以擬觀世音經丁母憂解職還鄉里平西

邵陵王欽其學厚禮迎之旣至因感心疾大
同十一年卒於厚首時年五十八所撰論語義
十卷與禮記義並見重於世學者傳焉
陳吏部尚書姚察曰昔叔孫通講論上桓榮
精力凶荒旣逢平定自致光寵若夫崔伏何嚴
互有焉曼容佟之講道於齊李未為時改瑒
嚴植之徒遭梁之崇儒重道咸至高官稽古
之力諸子各盡之矣茫縝墨經儌倖不遂其志
宜哉

列傳第四十二

梁書四十八

散騎常侍姚　思廉　撰

【梁書列傳四十三】　一

文學上

到沆

丘遲

劉苞

袁峻

庾於陵　弟肩吾

劉昭

吳均

周興嗣

鍾嶸

何遜

昔司馬遷班固書並為司馬相如傳相如不預
漢廷大事蓋取其文章尤著也固又為賈鄒枚
路傳亦取其能文焉後漢書有文苑傳
所載之人其詳已其然經禮樂而緯國家通古
今而迷美惡非文茍六可也是以君臨天下者莫

不敢悅其義縉紳之學咸貴尚其道古往今來
未之能易高祖聰明文思光宅區寓旁求儒雅
詔採異人文章之盛煥乎俱集每所御幸輒命
羣臣賦詩其文善者賜以金帛詣闕庭而獻賦
頌者或引見焉時至若彭城到沆約吳興丘遲東
海王僧孺吳郡張率等或入直文德通讌壽光
皆後來之選也約淹防僧孺率別以功迹論今
綴到沆等文兼學者至大清中人為文學傳云

【梁書列傳四十三】　二

到沆字茨瀯彭城武原人也曾祖彥之宋將軍
父撝齊五兵尚書沆切聰敏五歲時攝於屏風
抄古詩沆請教讀一遍便能諷誦無所遺失
既長勤學善屬文笔永隸美風神容止可悅齊
建武中起家後軍法曹參軍天監初遷征虜主
簿高祖初臨天下收拔賢俊甚愛其才東宮建
以為太子洗馬時文德殿置學士省召高才碩
學者待詔其中使校定墳史詔沆通籍焉時高
祖讌華元殿命羣臣賦詩獨詔沆為三百字二

刻使成沆於坐立奏其文甚美俄以洗馬管東
宮書記散騎省優策文三年詔尚書郎在職清
能或人才高妙者爲侍郎以沆爲殿中曹侍郎
沆從父兄凝洽並有才名時皆相代爲殿中當
世榮之四年遷北中郎參
丹陽尹丞以疾不能慮職事遷
論人長短樂安任昉南鄉范雲皆友善其年遷
軍五年卒官年三十高祖甚傷惜焉詔賜錢二
萬布三十匹所著詩賦百餘篇

丘遲字希範吳興烏程人也父靈鞠有才名仕
齊官至太中大夫遲八歲便屬文靈鞠常謂氣
骨似我黃門郎謝超宗徵士何點並見而異之
及長州辟從事舉秀才除太學博士遷大司馬
行參軍遭父憂去職服關除西中郎參軍累遷
殿中郎以母憂去職服除後爲殿中郎遷車騎
錄事參軍高祖平京邑霸府開引爲驃騎主簿
甚被禮遇時勸進梁王及殊禮皆遲文也高祖踐
柞拜散騎侍郎俄遷中書侍郎領吳興邑中正

待詔文德殿時高祖著連珠詔群臣繼作者數
十人遲文最美天監三年出爲永嘉太守在郡
不稱職爲有司所糾高祖愛其才寢其奏四年
中軍將軍臨川王宏北伐遲爲諮議參軍領記
室時陳伯之在此與魏軍來距遲以書喻之伯
之遂降還除中書郎遷司徒從事中郎
官時年四十五所著詩賦行於世

劉苞字孝嘗彭城人也祖勱宋司空父懱齊太
子中庶子苞四歲而父終及年六七歲見諸父
常泣時世叔父悛繪等並顯貴苞母謂其畏憚
怒之苞對曰早孤不及有識聞諸父多相似故
心中欲悲無有佗意因而歔欷母亦慟其初苞
父母及兩兄相繼亡沒悉未及之年十六始移
墓所經營改葬不資諸父未幾而皆畢繪常
歎服之少好學能屬文起家爲司徒法曹行參
軍不就天監初以臨川王妃弟故自征虜主簿
仍遷王中軍功曹屬遷尚書庫部侍郎冊陽尹
丞太子太傅丞尚書殿中侍郎南徐州治中以

公事免父之為太子洗馬掌書記待講壽光殿
自高祖即位引後進文學之士苞及從兄孝綽
從弟孺同郡到漑溉弟洽從弟沆吳郡陸倕張
率並以文藻見知多預讌坐雖仕進有前後其
賞賜不殊天監十年卒時年三十臨終呼友人
南陽劉之遴託以喪事務從儉率苞居官有能
名性和而直與人交面折其罪退稱其美情無
所隱士友咸以此歎惜之

袁峻字孝高陳郡陽夏人魏郎中令渙之八世
孫也峻早孤篤志好學家貧無書每從人假借
必皆抄寫自課日五十紙紙數不登則不休息
訥言語工文辭義師剋京邑鄱陽王恢東鎮破
岡峻隨王知管記事天監初鄱陽國建以峻為
侍郎從鎮京口王遷郢州兼都曹參軍高祖雅
好辭賦時獻文於南闕者相望焉其藻麗可觀
或見賞擢六年峻乃擬楊雄官箴奏之高祖嘉
焉賜束帛除員外散騎侍郎直文德學士嘗抄
史記漢書各為二十卷又奉敕與陸倕各製新

關銘辭多不載

庚於陵字子介散騎常侍黔婁之弟也七歲能
言玄理既長清警博學有才思齊隨王子隆為
荊州召為主簿使與謝朓宗史抄撰群書子隆
代還又以為送故主簿子隆尋為明帝所害僚
吏畏避莫有至者唯於陵獨留經理喪事
始安王遙光為撫軍引為行參軍兼記室元
末除東陽遂安令為民吏所稱天監初為建康
獄平遷尚書工部郎待詔文德殿出為湘州別
駕遷驃騎錄事參軍兼中書通事舍人俄領南
郡邑中正拜太子洗馬舍人如故舊事東宮官
屬通為清選洗馬掌文翰尤其清者近世用人
皆取甲族有才望時於陵與周捨並擢充職高
祖曰官以人而清豈限以甲族時論以為美俄遷
散騎侍郎改領荊州大中正累遷中書黃門侍
郎舍人中正並如故出為宣毅晉安王長史廣
陵太守行府州事以公事免復起為通直郎尋
除鴻臚卿復領荊州大中正卒官時年四十八

肩吾字子慎八歲能賦詩特為兄於陵所友愛
初為晉安王國常侍仍遷王宣惠府行參軍自
是每王徙鎮肩吾常隨府歷王府中郎雲麾參
軍並兼記室參軍中大通三年王為皇太子兼
東宮通事舍人除安西湘東王錄事參軍俄以
本官領荊州大中正累遷中錄事諮議參軍太
子率更令中庶子初太宗在藩雅好文章士時
肩吾與東海徐摛吳郡陸杲彭城劉遵劉孝儀

儀弟孝威同被賞接及居東宮又開文德省置
學士肩吾子信攜子陵吳郡張長公比地傳弘
東海鮑至等充其選齊永明中文士王融謝朓
沈約文章始用四聲以為新變至是轉拘聲韻
彌尚麗靡復踰於往時時太子與湘東王書論
之曰吾輩亦無所遊賞止事披閱性既好文時
復短詠雖是庸音不能閣筆有斲役牽更同故
態此見京師文體懦鈍殊常競學浮疎爭為闡
緩玄久脩夜思所不得既殊比興正背風騷若

夫六典三禮所施則有地吉凶嘉賓用之則有
所未聞吟詠情性反擬內則之篇操筆寫志更
摹酒誥之作遲遲春日翻學歸藏淇淇江沱遂
同大傳吾既拙於為文不致輕有掎摭但以當世
之作歷方古之才人遠則楊馬曹王近則潘陸
顏謝而觀其遣辭用心了不相似若以今文為
是則古文為非若昔賢可稱則今體宜弃弃俱為
盍各則未之敢許又時有效謝康樂裴鴻臚文
者亦頗有惑焉何者謝客吐言天拔出於自然

時有不拘是其糟粕裴氏乃是良史之才了無
篇什之美是為學謝則不屆其精華但得其
冗長師裴則蔑絕其所長惟得其所短故巧
不可階裴氏亦質不宜慕故閫冒馳騁斷之倡好名
不實之類方分肉於仁獸逞卻克於邯鄲入鮑
忘臭効尤致禍決羽謝生豈三千之可及伏膺
裴氏懼兩唐之不傳故王徽金銑反為拙目所
嗤巴人下里更合郢中之聽陽春高而不和妙
聲絕而不尋竟不精討錙銖覼量文質有異巧

心終愧妍手是以握瑜懷玉之士瞻鄭邦而知退
章甫翠履之人望閩鄉而歎息詩既若此筆又
如之徒以煙墨不言受其驅染紙札無情任其搖
壁其矢哉文之橫流一至於此如近世謝朓沈
約之詩任昉陸倕之筆斯實文章之冠冕述作
之楷模張士簡之賦周升逸之辯亦成佳手難
可復遇文章未墜必有英絕領袖之者非弟而
誰每欲論之無可與語吾子建一共商摧辯兹
清濁使如涇渭論茲月旦類彼汝南朱丹既定
雌黃有別使夫懷鼠知慙濫竽自恥譬斯袁紹
畏見子將同彼盜牛遙羨王烈相思不見我勞
如何太清中庾景寇陷京都及太宗即位必有
吾為度文尚書時上流諸蕃並據州柜景景矯
詔遣肩吾使江州喻當陽公大心大心尋舉州
降賊肩吾因逃入建昌界父之方得赴江陵未
幾卒文集行於世

劉昭字宣卿平原高唐人晉太尉寔九世孫也
祖伯龍居父憂以孝聞宋武帝敕皇太子諸王

並往弔慰官至少府卿父虎齊征虜晉安王記
室昭幼清警七歲通老莊義既長勤學善屬
文外兄江淹早稱賞天監初起家奉朝請累遷征
比行參軍尚書儀曹郎尋除無錫令歷茲為宣惠
豫章王中軍臨川記室初昭伯父彤集眾家晉
書注于寶晉紀為四十卷幼童傳十卷文集十卷
以注范曄書世稱博悉遷通直郎出為剡令辛官
集注後漢一百八十卷幼童傳大同中為尚書祠
子緄字明亦好學通三禮
部郎尋去職不復仕緄第緩字含度少知名歷
官安西湘東王記室時西府盛集文學緩居其
首除通直郎俄遷鎮南湘東王中錄事復隨府
江州卒

何遜字仲言東海剡人也曾祖承天宋御史中
丞祖翼員外郎父詢齊太尉中兵參軍遜八歲
能賦詩弱冠州舉秀才南鄉范雲見其對策大
相稱賞因結忘年交好自是一文一詠雲輒嗟
賞謂所親曰頃觀文人質則過儒麗則傷俗其

能含清濁中今古見之何生矣沈約亦愛其文
嘗謂遜曰吾每讀卿詩一日三復猶不能已其
為名流所稱如此天監中起家奉朝請遷中衞
建安王水曹行參軍兼記室王愛文學之士日
與遊宴及遷江州遜掌書記還為安西安成
王參軍事兼尚書水部郎母憂去職服闋除仁
威廬陵王記室復隨府江州未幾卒東海王僧
孺集其文為八卷初遜文章與劉孝綽並見重
於世世謂之何劉世祖者論論之云詩多而能
者沈約少而能者謝朓何遜時有會稽虞騫工
為五言詩名與遜相埒官至王國侍郎其後又
有會稽孔翁歸濟陽江避並為南平王大司馬
府記室翁歸亦工為詩遜博學有思理更注論
語孝經二人並有文集

鍾嶸字仲偉潁川長社人晉侍中雅七世孫也
父蹈齊中軍參軍嶸與兄岏弟嶼並好學有思
理嶸齊永明中為國子生明周易衞軍王儉領
祭酒頗賞接之舉本州秀才起家王國侍郎遷

撫軍行參軍出為安國令永元末除司徒行參
軍天監初制度雖革而日不暇給嶸乃言曰
永元肇亂坐弄天爵勳非即戎官以賄就揮一金
而取九列寄片札以招六校騎都塞市郎將填
街服既纓組尚為皁隸之卑職唯黃散猶躬胥
徒之役名實淆紊茲莫甚焉臣愚謂軍官是
素族士人自有清貫而因斯受爵一宜削除以
懲僥競若更姓寒人聽極其門品不當因軍遂
濫清級若僑雜傖楚應在綏附正宜嚴斷祿力
付尚書行之遷中軍臨川王行參軍衡陽王元
簡出守會稽引為寧朔記室專掌文翰時居士
何胤築室若邪山發洪水漂拔樹石此室獨
存元簡命嶸作瑞室頌以旌表之辭甚典麗選
西中郎晉安王記室嶸嘗品古今五言詩論其
優劣名為詩評其序曰氣之動物物之感人故
搖蕩性情形諸舞詠欲以照燭三才暉麗萬有
靈祇待之以致饗幽微藉之以昭告動天地感

鬼神莫近於詩昔南風之辭卿雲之頌厥義夐
矣夏歌曰鬱陶乎予心楚謠云名余曰正則雖詩
體未全然略是五言之濫觴也逮漢李陵始著
五言之目古詩眇邈人代難詳推其文體固是
炎漢之制非衣周也自王楊枚馬之徒辭
百年間有婦人焉而已詩人之風頓已缺喪
東京二百載中唯有班固詠史質木無文致降
賦競爽而吟詠靡聞從李都尉迄班婕妤將
及建安曹公父子篤好斯文平原兄弟鬱為文
屬車者蓋將百計彬彬之盛大備於時矣爾後陵
遲衰微訖於有晉太康中三張二陸兩潘一左
勃爾復興踵武前王風流未沫亦文章之中興
也永嘉時貴黃老尚虛談于時篇什理過其辭
淡乎寡味爰及江表微波尚傳孫綽許詢桓庾
諸公皆平典似道德論建安之風盡矣先是郭
景純用儁上之才創變其體劉越石仗清剛之
氣贊成厥美然彼眾我寡未能動俗逮義熙中

棟劉楨王粲為其羽翼次有攀龍託鳳自致於

謝益壽斐然繼作元嘉初有謝靈運才高辭盛
富體難蹤固已含跨劉郭陵轢潘左故知陳思
為建安之傑公幹仲宣為輔陸機為太康之英
安仁景陽為輔謝客為元嘉之雄顏延年為輔
斯皆五言之冠冕文辭之命世大四言文約意
廣取效風騷便可多得每苦文煩而意少故世
罕習焉五言居文辭之要是眾作之有滋味者
也故云會於流俗豈不以指事造形窮情寫物
最為詳切者邪故詩有六義焉一曰興二曰賦
三曰比文已盡而意有餘興也因物喻志比也
直書其事寓言寫物賦也弘斯三義酌而用之
幹之以風力潤之以丹采使味之者無極聞之者
動心是詩之至也若專用比興則患在意深意
深則辭躓若但用賦體則患在意浮意浮則文
散嬉成流移文無止泊有蕪漫之累矣若乃春
風春鳥秋月秋蟬夏雲暑雨冬月祁寒斯四候
之感諸詩者也嘉會寄詩以親離羣託詩以怨
至於楚臣去境漢妾辭宮或骨橫朔野或魂逐

飛蓬或負戈外戍或殺氣雄邊塞客衣單霜閨
淚盡又士有解珮出朝一去忘反女有揚蛾入
寵冉眄傾國凡斯種種感蕩心靈非陳詩何以
展其義非長歌何以釋其情故曰詩可以羣可
以怨使窮賤易安幽居靡悶莫尚於詩矣故辭
人作者罔不愛好今之士俗斯風熾矣纔能勝衣
甫就小學必甘心而馳騖焉於是庸音雜體各
為家法至於膏腴子弟耻文不逮終朝點綴分
夜呻吟獨觀謂為警策衆視終淪平鈍次有

輕蕩之徒笑曹劉為古拙謂鮑照羲皇上人謝
朓今古獨步而師鮑照終不及日中市朝滿學
謝朓劣得黃鳥度青枝徒自昇於高聽無涉於
文流矣嶸觀王公搢紳之士每博論之餘何嘗不
以詩為口實隨其嗜欲商榷不同淄澠並泛朱
紫相奪諠譁競起准的無依近彭城劉士章俊
賞之士疾其淆亂欲為當世詩品口陳標榜其文
未遂嶸感而作焉昔九品論人七略裁士校以
賓實誠多未值至若詩之為技較爾可知以類

推之殆同博弈方今皇帝資生知之上才體沈
鬱之幽思文麗日月學究天人昔在貴遊已為
稱首況八紘既掩風靡雲蒸抱玉者連肩握珠
者踵武固以瞰漢魏而弗顧吞晉宋於胸中諒
非農歌轅議敢致流別嶸之今錄庶周遊於間
里均之於談笑耳頃之於卒官岧字長兵嘗至府
參軍建康平著良史傳十卷岧字季登永嘉郡
丞天監十五年敕學士撰編略嶼亦預焉兄弟
並有文集

周興嗣字思纂陳郡項人漢太子太傅堪後也
高祖凝晉征西府參軍宜都太守興嗣世居姑
熟年十三遊學京師積十餘載逐博通記傳善
屬文嘗步自姑熟投宿逆旅夜有人謂之曰子
才學邁世初當見識貴臣卒被知英主言終不
測所之齊隆昌中侍中謝朏為吳興太守唯與
興嗣談文史而已及罷郡還因大相稱薦本州
舉秀才除桂陽郡丞太守王崚素相賞好禮之
其厚高祖革命興嗣奏休平賦其文甚美高祖

嘉之拜安成王國侍郎直華林省其年河南獻
儷馬詔興嗣與待詔到沆張率爲賦高祖以典
嗣爲工權員外散騎侍郎進直文德壽光省是
時高祖以三橋舊宅爲光宅寺敕興嗣與陸倕
各製寺碑及成俱奏高祖用興嗣所製者自是
銅表銘柵塘碻北伐檄次韻王羲之書千字並
使興嗣爲文每奏高祖輒稱善加賜金帛九年
除新安郡丞秩滿復爲員外散騎侍郎佐撰國史
十二年遷給事中撰史如故興嗣兩手先患風疽
是年又染癘疾左目盲高祖撫其手嗟曰斯人
也而有斯疾也手疏治疽方以賜之其見惜如
此任昉又愛其才常言曰周興嗣若無疾旬日
當至御史中丞十四年除臨川郡丞十七年復
爲給事中直西省左衞率周捨奉敕注高祖所
製歷代賦啟與嗣助焉普通二年卒所撰皇帝
實錄皇德記起居注職儀等百餘卷文集十卷
吳均字叔庠吳興故鄣人也家世寒賤至均好
學有俊才沈約嘗見均文頗相稱賞天監初柳

惲爲吳興召補主簿日引與賦詩均文體清拔
有古氣好事者或斅之謂爲吳均體遷建安王偉
爲揚州引兼記室掌文翰王遷江州補國侍郎
兼府城局還除奉朝請先是均表求撰齊春秋
書成奏之高祖以其書不實使中書舍人劉之
遴詰問數條竟支離無對敕付省焚之坐免職
尋有敕召見使撰通史起三皇訖齊代均草本
紀世家功已畢唯列傳未就普通元年卒時年
五十二均注范曄後漢書九十卷著齊春秋三
十卷廟記十卷十二州記十六卷錢唐先賢傳
五卷續文釋五卷文集二十卷先是有廣陵高
爽濟陽江洪會稽虞騫並工屬文爽齊永明中
贈衞軍王儉詩爲儉所賞及領丹陽尹塦爽陽郡
考廉天監初厲止官中軍臨川王參軍出爲晉陽
令坐事繫治作鏁魚賦以自況其文甚工後遇
赦獲免頃之卒洪爲建陽令坐事死騫官至王
國侍郎亦有文集

列傳第四十三

散騎常侍姚　思廉　撰

文學下

劉峻
劉沼
謝幾卿
劉勰
王籍
何思澄
劉杳
謝徵
臧嚴
伏挺
庾仲容
陸雲公
任孝恭
顏協

劉峻字孝標平原平原人父璇宋始興內史峻
生暮月母攜還鄉里宋泰始初青州陷魏峻年
八歲爲人所略至中山中山富人劉實愍峻以

東帛贖之教以書學魏人聞其江南有戚屬更
徙之桑乾峻好學家貧寄人廡下自課讀書常
燎麻炬從夕達旦或昏睡爇其髮既覺復讀
終夜不寐其精力如此齊永明中從桑乾得還
自謂所見不博更求異書聞京師有者必往祈
借清河崔慰祖謂之書淫時竟陵王子良博招
學士峻因人求爲子良國職吏部尚書徐孝嗣抑
而不許用爲南海王侍郎不就至明帝時蕭遙
欣爲豫州爲府刑獄參軍遙欣尋卒父之
不調天監初召入西省與學士賀蹤典校祕書
峻兄孝慶時爲青州刺史峻請假省之坐私載
禁物爲有司所奏免官安成王秀好峻學及遷
荊州引爲戶曹參軍給其書籍使抄錄事類名
曰類苑未及成復以疾去因遊東陽紫巖山築室
居焉爲山栖志其文甚美高祖招文學之士有
高才多被引進擢以不次峻率性而動不能隨
銀沉浮高祖頗嫌之故不任用峻乃著辯命論
以寄其懷曰主上嘗與諸名賢言及管輅歎其

有奇才而位不達時有在赤墀之下預聞斯議
歸以告余余謂士之窮通無非命也故謹述大
目因言其畧云臣觀管輅天才英偉珪璋特秀
實海內之髦傑豈曰臣日者卜祝之流而官止少府
丞年終四十八天之報施何其寡歟然則高才
而無貴仕饕餮而居大位自古所歎焉獨公明
而已哉故性命之道窮通之數天關紛綸莫知
其辯仲任蔽其源子長闡其惑至於褐冠甕牖
必以玄天有期鼎貴高門則曰唯人所召讟讟

讓咋異端俱起蕭闕遠論其本而不暢其流子玄
語其流而未詳其本嘗試言之曰夫通生萬物
則謂之道生而無主謂之自然自然者物見其
然不知所以然同焉皆得不知所以得鼓動陶鑄
而不爲功庶類混成而非其力生之無亭毒之
心死之宣虔劉之志墜乎大平萬寶以之
漢非其悅蕩乎大平萬寶以之化確乎純乎一
化而不易則謂之命命也者自天之命也定於
冥非終然不變鬼神莫能預聖哲不能謀觸山

高雲敬通鳳起權迅翮於風次此豈才不足而
浮屍於江流三閭沈骸於湘渚
臧倉之訴聖賢且猶若此而況庸庸者乎伍負
長沙馮都尉皓皓骲於郎署君山鴻漸於
叢蘭舟耕歌其茮茦夷叔甃淑媛之言子輿困
燋金流石文公蹠其糧顏回敗其
智所不免是以放勛之代浩浩襄陵天乙之時
於寸陰長則不可急之於箭漏至德未能踰上
之力無以抗倒日之誠弗能感短則不可緩之

行有遺哉近代有沛國劉瓛瓛弟璡並一時之
秀士也瓛則開西孔子通涉六經循循善誘服
膺儒行璡則志烈秋霜心貞玉亭亭高竦不
雜風塵皆毓德於衡門並馳聲於天地而官有
微於侍郎位不登於執戟相繼徂落宗祀無饗
因斯兩賢以言古則昔之玉質金相英髦秀達
皆擯斥於當年韞奇才而莫用候草木以共凋
與麋鹿而同死膏塗平原骨填川谷湮滅而無
聞者豈可勝道哉此則宰衡之與皂隸容彭之

與殤子獶頃之與黥婁陽文之與敢冶咸得之
於自然不假道於才智故曰死生有命富貴在
天其斯之謂矣然命體周流變化非一或先號
後笑或始吉終凶非可人以濟交
錯紛糾循環倚伏非可以一理徵非可以一途
驗而其道密微寂寥易慌無形可以見無聲可
以聞必御物以效靈亦憑人而成眾璧天王之晃
旄任自宮以司職而或者覩湯武之龍躍謂龜
亂在神功聞孔墨之挺生謂英睿擅奇響視彭

〔五〕

韓之豹變謂勢為猛致人爵見張桓之朱綬謂明
經拾青紫豈知有力者運之而趨平故言而非
命有六蔽焉余請陳其梗槩夫龐顏膩哆嘔
顧頠形之異也朝秀辰終龜鶴千歲年之殊也
聞言如響智氏戮麥神之辨也固知三者定乎
造化榮辱之境獨日由人是知二五而未識於
十其蔽一也龍犀日角帝王之表河目龜文公
侯之相撫鏡知其將刑壓細顯其膺錄星虹樞
電昭聖德之符夜哭聚雲欝與王之瑞皆兆發

於前期渙汗於後彙若謂驅貔獸奮尺釼入紫
微升帝道則未達寔之情未測神明之數其
蔽二也空桑之里變成洪川歷陽之都化為魚
鱉龜楚師屠漢卒睢河鯁秦人坑趙士沸聲
若雷電火炎崐岳礫石與琬琰俱焚嚴霜夜零
蕭艾與芝蘭共盡雖游夏之英才伊顏之殆庶
焉能抗之哉其蔽三也或曰明月之珠不能無
額夏后之璜不能無考故其伯死於縣長卿
卒於園令才非不傑也主非不明也而碎結綠

〔六〕

之鴻輝殘懸黎之夜色抑尺之星有短哉若然
者主父偃公孫弘對策不外第歷說而不入牧
豕淄原見棄州部設令忽如過隙溢死霜露其
為訴恥豈崔馬之流乎及至開東閣列五鼎電
照風行聲馳海外竉立前愚而後智先非而終是
將榮悴有定數天命有至極而諉生妍蚩其蔽
四也夫虎嘯風馳龍興雲屬故重華立而元凱
升辛受生而飛廉進然則天下善人少惡人多
闇主衆明君寡而菫蕕不同器梟鸞不接翼異

使渾沌橋杌踵武雲言之上仲容庭堅耕耘巖
石之下橫謂殷興在我無繫於天其蔽五也彼
戎狄者人面獸心宴安鴆毒以誅殺為道德以
蒸報為仁義雖大風立於青丘鑿齒奮於華野
此其狼戾曾何足喻自金行不競天地版蕩左
帶沸屑乘間電發遂覆灑洛傾五都居先王
之桑梓竊名號於中縣與三皇競其泯黎五帝
角其區寓種落繁熾尤刱神州嗚呼福善禍淫
徒虛言耳豈非否泰相傾盈縮遞運而汩之以

人其蔽六也然所謂命者死生焉貴賤焉貧富
焉理亂焉禍福焉此十者天之所賦也愚智善
惡此四者人之所行也夫神非舜禹心異朱均
才綖中庸在於所習是以素絲無恆玄黃代起
鮑魚芳蘭入而自變故季路學於仲尼厲風霜
之節楚穆謀於潘崇成悖逆之禍而酉臣之惡
盛業光於後嗣仲由之善不能息其結纓斯則
邪正由於人吉凶存乎命或以鬼神害盈皇天
輔德故宋公一言法星三徙殷帝自翦千里來

靈善惡無徵未洽斯義且于公高門以待封嚴
毋掃墓以望喪此君子所以自彊不息也如使
仁而無報冥為修善立名乎斯徑廷之辭也夫
聖人之言顯而晦微而婉幽遠而難聞河漢而
不極或立教以進庸情或言命以窮性靈積善
餘慶立教也鳳鳥不至言命也今以片言辯
其要趣何異乎夕死之類而論春秋之變哉且
荊昭德音丹雲不卷周宣祈雨珪璧斯露于叟

種德不遠勸華之高延年殘獷未甚東陵之酷
為善一為惡均而禍福異其流廢興殊其迹蕩
蕩上帝豈如是乎詩云風雨如晦雞鳴不已故
善人為善焉有息哉夫食稻粱進芻豢衣狐貉
襲冰紈觀窈眇之奇儻聽雲和之琴瑟此生人
之所急非有求而為也修道德習仁義敦孝悌
立忠貞漸禮樂之腴潤蹈先王之盛則此君子
之所急非有求而為也然則君子居正體道樂
天知命明其無可奈何識其不由智力逝而不
召來而不距生而不喜死而不感瑤臺夏屋不

能悅其神土室編蓬未足憂其慮不充詘於富
貴不遑遑於所欲豈有史公董相不遇之文乎
論成中山劉沼致書以難之凡再反峻乃爲書以
析以荅之會沼卒不見峻後報者峻有天倫之感未
序之曰劉歊既有斯難值余有異物緒言餘論蘊
之致也尋而此君長逝化爲異物緒言餘論蘊
而莫傳或有自其家得而示余者悲其音徽未
沬而涕泫然不知涕之無從雖隙駟不留尺波電謝而秋菊春
蘭英華靡絕故存其梗概更酬其旨若使墨翟
之言無爽宣室之談有徵冀東平之樹望咸陽
而西靡蓋山之泉聞弦歌而赴節但懸劍空壟
有恨如何其論文多不載峻又嘗爲自序其略
曰余自比馮敬通而有同之者三異之者四何
則敬通雄才冠世志剛金石余雖不及之而節
亮慷慨此一同也敬通值中興明君而終不試
用余逢命世英主亦擯斥當年此二同也敬通
有忌室至於身操井臼曰余有悍室亦令家道

九

轗軻此三同也敬通當更始之世手握兵符躍
馬食肉余自少迄長戚戚無懽此一異也敬通
有一子仲文官成名立余禍同伯道永無血胤
此二異也敬通贊力方剛老而益壯余有犬馬
之疾溘死無時此三異也敬通雖芝殘蕙焚終
填溝壑而爲名賢所慕余聲塵寂漠世不吾知
魂魄一去將同秋草此四異也所以自力爲敍
遺之好事云峻居東
陽吳會人士多從其學普通二年卒時年六十

門人謚曰玄靖先生
劉沼字明信中山魏昌人六代祖輿晉驃騎將
軍沼幼善屬文既長博學仕齊起家奉朝請冠
軍行參軍天監初拜後軍臨川王記室參軍秩
陵令卒
謝幾卿陳郡陽夏人曾祖靈運宋臨川內史父
超宗齊黃門郎並有重名於前代幾卿幼清辯
當世號曰神童後超宗坐事徙越州路出新亭
渚幾卿不忍辭訣遂投赴江流左右馳救得不

十

沈溺及居父憂哀毀過禮服闋召補國子生齊

文惠太子自臨策試謂祭酒王儉曰幾卿本長

玄理令可以經義訪之儉承旨發問幾卿隨事

辨對辭無滯者文惠大稱賞焉儉謂人曰謝超

宗為不死矣既長好學博涉有文采起家豫章

王國常侍累遷車騎法曹行參軍相國祭酒出

為寧國令入補尚書殿中郎太尉晉安王主簿

天監初除征虜鄱陽王記室尚書三公侍郎尋

為治書侍御史舊郎官轉為此職者世謂為南

〈梁書列傳四十四〉 十一

奔幾卿頗失志多陳疾臺事略不復理從為散

騎侍郎累遷中書郎國子博士尚書左丞幾卿

詳悉故曹僕射徐勉每有疑滯多詢訪之然性

通脫會意便行不拘朝憲嘗預樂遊苑宴不得

醉而還因詣道邊酒壚停車褰幔頭車前三騶

對飲時觀者如堵幾卿處之自若後以在省署

夜著犢鼻褌與門生登閣道飲酒酣囂為有司

糾奏坐免官尋起為國子博士俄除河東太守

秩未滿陳疾解尋除太子率更令還鎮衛南平

王長史普通六年詔遣領軍將軍西昌族蕭深

藻督衆軍北伐幾卿啓求行擢為軍師長史加

威戎將軍軍至渦陽退敗幾卿坐免官居宅在

白楊石井中交好者載酒從之賓客滿坐時

左丞庾仲容亦免歸二人意志相得遂肆情誕

縱或乘露車歷遊郊野既醉則執鐸挽歌不屑

物議湘東王在荊鎮與書慰勉之幾卿答曰下官

自本遺南浦卷迹東郊望日臨風瞻言佇立仰

尋惠渥陪奉遊宴漾桂棹於清池席落英於曾

〈梁書列傳四十四〉 十二

岨蘭香兼御羽觴競集側聽餘論沐浴玄流濤

波之辯懸河不足譬春藻之辭麗文無以匹莫

不相顧動容服心膀口不覺春日為遙更謂修

夜為促嘉會難常博雲易遠言念如昨忽焉素

秋恩光不遺善謔遠降因事罷歸豈云栖息既匪商官

理就一廛田家作苦實本乏金羈之飾

無假玉壁為資徒以老使形疲疾令心阻沈滯

狀算彌歷七旬夢幻俄頃貧窶傷在念竟知無益

思自袪遣尋理滌意即以任命為膏酥臨鏡照

08-409

形飄以支離代萱樹故得仰慕徽猷求言前哲
鬼谷深栖接輿高舉邈名屠肆發迹關市其人
緬邈餘流可想若令亡者有知寧不縈悲玄壤
恨隔芳塵如其逝者可作必當昭被光景懽同
遊豫使夫一介老圉得造虛心末席去日已踈
來侍未屠連釼飛鳥擬非其類懷私戒德竊用
早卒其子藻幼孤幾卿撫養甚至及藻成立歷
清官公府祭酒主簿皆幾卿獎訓之力也世以

涕零幾卿雖不持檢操然於家門篤睦兄才卿
此稱之幾卿未及序用病卒文集行於世
劉勰字彥和東莞莒人祖靈真宋司空秀之弟
也父尚越騎校尉勰早孤篤志好學家貧不婚
娶依沙門僧祐與之居處積十餘年遂博通經
論因區別部類錄而序之今定林寺經藏勰所
定也天監初起家奉朝請中軍臨川王宏引兼
記室遷車倉參軍出為太末令政有清績
除仁威南康王記室兼東宮通事舍人時七廟
饗薦已用蔬果而二郊農社猶有犧牲勰乃表

言郊宜與七廟同政詔付尚書議依勰所陳
遷步兵校尉兼舍人如故昭明太子好文學深
愛接之初勰撰文心雕龍五十篇論古今文體
引而次之其序曰夫文心者言為文之用心也
昔涓子琴心王孫巧心心哉美矣故用之焉
古來文章以雕縟成體豈取騶奭之羣言雕龍也
夫宇宙綿邈黎獻紛雜拔萃出類智術而已夫
月飄忽性靈不居騰聲飛實制作而已肖貌
天地稟性五才擬耳目於日月方聲氣乎風雷

其超出萬物亦已靈矣形甚草木之脆名踰金
石之堅是以君子處世樹德建言豈好辯哉不
得已也予齒在踰立嘗夜夢執丹漆之禮器隨
仲尼而南行旦而寤迺怡然而喜大哉聖人之
難見也迺小子之垂夢歟自生人以來未有如
夫子者也敷讚聖旨莫若注經而馬鄭諸儒弘
之已精就有深解未足立家唯文章之用貫經
典枝條五禮資之以成六典因之致用君臣所
以炳煥軍國所以昭明詳其本源莫非經典而

去聖久遠文體解散辭人愛奇言貴浮詭飾羽

尚畫文繡鞶帨離本彌甚將遂訛濫蓋周書論
辭貴乎體要尼父陳訓惡乎異端辭訓之異宜

觀衢路或臧否當時之才或銓品前修之文或
汎舉雅俗之旨或撮題篇章之意魏典密而不

體於要乎是如摳筆和墨乃始論文詳觀近代之

論文者多矣至如魏文述典陳思序書應瑒文

論陸機文賦仲治流別弘範翰林各照隙隟鮮

周陳書辯而無當應論華而疏略陸賦巧而碎

亂流別精而少功翰林淺而寡要又君山公幹

（十五）

之徒吉甫士龍之輩汎議文意往往間出並未

能振葉以尋根觀瀾而索源不述先哲之誥無

益後生之慮蓋文心之作也本乎道師乎聖體

乎經酌乎緯變乎騷文之樞紐亦云極矣若乃

論文叙筆則囿別區分原始以表末釋名以章

義選文以定篇敷理以舉統上篇以上綱領明

矣至於割情析表籠圈條貫攡神性圖風勢苞

會通閱聲字崇共於時序褒貶於才略怊悵於

知音耿介於程器長懷序志以馭羣篇下篇以

下毛目顯矣位理定名彰乎大易之數其為文

用四十九篇而已夫銓叙一文為易彌綸羣言為

難雖復輕采毛髮深極骨髓或有曲意密源以

近而遠辭所不載亦不勝數矣及其品評成文

有同乎舊談者非苟異也理自不可異也有異

乎前論者非苟異也理自不可同也同之與異

不屑古今擘肌分理唯務折衷按轡文雅之

場而環絡藻繪之府亦幾乎備矣但言不盡意

（十六）

聖人所難識在缾管何能矩矱茫茫往代既洗

予聞眇眇來世儻塵彼觀既成未為盛時流所稱

勰自重其文欲取定於沈約約時貴盛無由自

達乃負其書候約出于之於車前狀若貨鬻者

約便命取讀大重之謂為深得文理常陳諸几

案然勰為文長於佛理京師寺塔及名僧碑誌

必請勰製文有敕與慧震沙門於定林寺撰經

證功畢遂啟求出家先燔鬢髮以自誓敕許之

乃於寺變服改名慧地未朞而卒文集行於世

王籍字文海琅邪臨沂人祖遠宋光祿勳父僧
祐齊驍騎將軍籍七歲能屬文及長好學博涉
有才氣樂安任昉見而稱之嘗於沈約坐賦詠
得燭甚為約賞齊末為冠軍行參軍累遷外兵
記室天監初除安成王主簿尚書三公郎廷尉正
歷餘姚錢塘令並以放免久之除輕車湘東王諮
議參軍隨府會稽郡境有雲門天柱山籍嘗遊之
或累月不反至若邪溪賦詩其略云蟬噪林逾
靜鳥鳴山更幽當時以為文外獨絕還為大司

梁書傳四十四　　十七

馬從事中郎遷中散大夫尤不得志遂徙行市
道不擇交遊湘東王為荊州引為安西府諮議
參軍帶作塘令不理縣事日飲酒人有訟者鞭
而遣之少時卒文集行於世子碧亦有文才先
籍卒

何思澄字元靜東海郯人父敬叔齊征東錄事
參軍餘杭令思澄少勤學工文辭起家為南康
王侍郎累遷安成王左常侍兼太學博士南安
成王行參軍兼記室　隨府江州為遊盧山詩沈

約見之大相稱賞自以為弗逮約居宅新構
閣齋因命工書人題此詩於壁傳昭常請思澄
製釋奠詩辭文典麗除廷尉正天監十五年敕
太子詹事徐勉舉學士入華林撰徧略勉舉思
澄等五人以應選遷治書侍御史宋齊以來此
職稍輕天監初始重其選車前依尚書二丞給
三騶執盛印青囊舊事糾彈官印綬在前故也
久之遷秣陵令入兼東宮通事舍人除安西湘
東王錄事參軍兼舍人如故時徐勉周捨以才

梁書傳四十四　　十八

具當朝並好思澄學常遞日招致之昭明太子
薨出為黟縣令遷宣惠武陵王中錄事參軍
卒官時年五十四文集十五卷初思澄與宗人
遜及子朗俱擅文名時人語曰東海三何子朗
最多思澄聞之曰此言誤耳如其不然故當歸
遜思澄意謂門宜在己也子朗字世明早有才思
工清言周捨每與共談服其精理嘗為敗冢賦
擬莊周馬棰其文甚工世人語曰人中爽爽何
子朗歷官員外散騎侍郎出為固山令卒時年二

十四文集行於世

劉杳字士深平原平原人也祖秉人宋冀州刺
史父聞慰齊東陽太守有清績在齊書良政傳
杳年數歲徵士明僧紹見之撫而言曰此兒實
千里之駒十三丁父憂每哭哀感行路天監初
為太學博士宣惠豫章王行參軍杳少好學博
綜羣書沈約任昉以下每有遺忘皆訪問焉嘗
於約坐語及宗廟犧樽約云鄭玄荅張逸謂為書
鳳皇尾沙娑然今無復此器則不依古杳曰此

言未必可　按古者樽蓋皆刻木為鳥獸鑾頂及
背以出內酒頃魏世魯郡地中得齊大夫子尾送女
器有犧樽作犧牛形晉永嘉賊曹嶷疑於青州發
齊景公冢又得此二樽形亦為牛象二樽皆古
之遺器知非虛也約大以為然約又云何承天
篆文奇博其書載張仲師及長頸王事此何出
杳曰仲師長尺二十唯出論衡長頸是毗騫王
朱建安扶南以南記二云吾來至今不死約即取
三書尋檢一如杳言約郊居宅時新構閣齋

杳為贊二首并以所撰文章呈約約即命王書
人題其贊千壁仍報杳書曰生平愛嗜不在人
中林壑之懼多與事奪日暮塗殫此心往矣猶
復少存閑遠徵懷清曠絕宇東郊匪云止政
復頗寄風心時得休偃仲長遊居之地休璉所
述之美望慕空深何可髣髴君愛素情多惠以
二贊辭采妍富專義畢舉句韻之間光影相照
便覺此地自然十倍故知麗辭之益其事弘多
輒當置之閣上坐臥嗟覽別卷諸篇並為名製

又山寺既為驚策諸賢從時復高奇解顧愈疾
義兼千此遲比敘會更共申析其為約所賞如
此又在任昉坐有人餉昉胙酒而作握字昉問
杳此字是不杳對曰葛洪字苑作木旁若昉又
曰酒有千日醉當是虛言杳云桂陽程鄉有千
里酒飲之至家而醉亦其例也昉大驚曰吾自
當遺忘實不憶此書仍載其賦云三重五品商溪搽
鳳是魏代人此書仍載其賦云置郡事元
里時即檢楊記言皆不差王僧孺被救撰譜訪

杳血脈所因查桓譚新論云太史三世表旁
行邪上並效周譜以此而推當起周代僧孺歡
曰可謂得所未聞周捨又問杳尚書官著紫荷
囊橐相傳云契事孝武皇帝數十年韋昭張晏注並
云囊橐也近臣綴筆以待顧問范岫撰字書
音訓又訪杳出其博識疆記比皆此類也尋佐周
捨撰國史出為臨津令有善績秩滿縣人三百
餘人詣闕請留敕許焉杳以疾陳解還除雲麾
晉安王府參軍詹事徐勉舉杳及顧協等五人
入華林撰徧略書成以本官兼廷尉正又以足
疾解因著林庭賦王僧孺見之歎曰郊居以後
無復此作普通元年復除建康正遷尚書駕部
郎數月徙署儀曹郎僕射勉以臺閣文議專委
杳焉出為餘姚令在縣清潔人有饋遺一無所
受湘東王發教襄稱之還除宣惠湘東王記
室參軍母憂去職服闋復為王府記室兼東宮
通事舍人大通元年遷步兵校尉兼舍人如故

昭明太子謂杳曰酒非卿所好而為酒廚之職
政為不愧古人耳俄有敕代裴子野知著作郎
事昭明太子薨新宮建舊人例無停者敕
特留杳焉仍注太子祖歸賦稱為博洽僕射何敬
容奏轉杳為平西湘東王諮議參軍兼
仍除中書侍郎尋為尚書左丞大同二年卒
舍人知著作如故遷尚書左丞
官時年五十杳治身清儉無所嗜好為性不自
伐不論人短長及親釋氏經教常行慈忍天監十
七年自居母憂便長斷腥羶持齋蔬食及臨終
遺命斂以法服載以露車還葬舊墓隨得一地
容棺而已不得設靈筵祭醊其子遵行之杳自
少至長多所著述撰要雅五卷楚辭草木疏一
卷高士傳二卷東宮新舊記三十卷古今四
部書目五卷並行於世
謝徵字玄度陳郡陽夏人高祖景仁宋尚書左
僕射祖稚宋司徒主簿父璟少與從叔朓俱知
名齊竟陵王子良開西邸招文學璟亦預焉隆

昌中為明帝驃騎諮議參軍領記室遷中書郎
晉安內史高祖平京邑為霸府諮議梁臺黃門
郎天監初累遷司農卿祕書監左民尚書明威
將軍東陽太守高祖用為侍中固辭年老求金
紫未序會疾卒徵幼聰慧璟異之常謂親從曰
此兒非常器所憂者壽若天假其年吾無恨矣
既長美風采好學善屬文初為安西安成王法
曹遷尚書金部三公二曹郎豫章王記室兼中
書舍人遷除平北諮議參軍兼鴻臚卿舍人如

【梁書列傳四十四】　二十三

故徵與河東裴子野沛國劉顯同官友善子野
嘗為寒夜直宿賦以贈徵徵為感友賦以酬之
時魏中山王元略還北高祖餞於武德殿賦詩
三十韻限三刻成徵二刻便就其辭甚美高祖
再覽焉又為臨汝疾淵猷制放生文亦見賞於
世中大通元年以父喪去職續又丁母憂詔起
為貞威將軍還攝本任服闋除尚書左丞三年
昭明太子薨高祖立晉安王譚為皇太子出
詔唯召尚書左僕射何敬容宣惠將軍孔休源

及徵三人與議徵時年位尚輕而任遇已重四
年累遷中書郎鴻臚卿舍人如故六年出為此
中郎豫章王長史南蘭陵太守大同二年卒官
時年三十七友人琅邪王籍集其文為二十卷
臧嚴字彥威東莞莒人也晉祖壽榮左光祿祖
齊吏尚書右丞父稜後軍參軍嚴劭有孝性居
父憂以毀聞孤貧勤學行止書卷不離於手初
為安成王侍郎轉常侍從叔未甄為江夏郡攜嚴
之官於塗作屯遊賦任昉見而稱之又作七算

【梁書傳四四】　二十四

辭亦富麗性孤介於人間未嘗造請僕射徐勉
欲識之嚴終不詣還冠軍行參軍侍湘東王讀
累遷王宣惠輕車府參軍兼記室嚴於學多所
諳記尤精漢書諷誦略皆上口王嘗目執四部
書目以試之嚴自甲至丁卷中各對一事并作
者姓名遂無遺失其博洽如此王遷荊州隨府
轉西中郎安西錄事參軍歷監義陽武密郡累
任皆藥右前郡守常選武人以兵鎮之嚴獨以
數門生單車入境羣蠻悅服遂絕寇盜王入為

石頭戍軍事除安右錄事王遷江州仍為鎮南諮
議參軍卒官文集十卷

伏挺字士標父暅為豫章内史在良吏傳挺幼
敏寤七歲通孝經論語及長有才思好屬文為
五言詩善効謝康樂體父友人樂安任昉深相
歎異常曰此子日下無雙齊永明末州舉秀才對策為
天監初除中軍參軍事宅居在潮溝於宅講論

梁書傳四十四　二十五

語聽者傾朝遷建康正俄以劾免父之入為尚
書儀曹郎遷西中郎記室參軍累為晉陵武康
令罷縣還仍於東郊築室不復仕挺少有盛名
又善劇當時朝中勢素多與交遊故不能父事
隱靖時僕射徐勉以疾假還宅挺致書以觀其
意曰昔士德懷顧戀興敷日輔嗣思友情勞一
旬故知深心所係貴賤一也況復恩隆世親義
重知已道庇生人德弘覆蓋而朝野縣思隔山川
邈殊雖咳唾時沾而顔色不覩東山之歎豈

云旋復西風可懷孰能無邑加以靜者廊廡顔
影莫酬秋風四起園林易色涼野寂寞寒蟲吟
叫懷抱不可直置情慮不能無託時因吟詠多踟
躕盈篇楊生沈鬱且猶覆益惠子五車彌多踟躕
駁一日聊呈小文不期過賞還速隆淫累牘無
翰紙緝字磨誦復無已徒恨許與過當有傷凍
的昔子建不欲妄讚陳琳恐挺窺覦迹草萊事絶聞
奢餘論將不有累清談挺竊窺覦迹草萊事絶聞
見藉以謳謠得之興牧仰承有事砥石仍成簡

梁書傳四十四　二十六

通娛腸悅耳稍從擳洛宴處榮觀務在滌除綺
羅絲竹二列頻遣方丈貪案三柘僅存故以道變
區中情沖域外操彼絃誦貲茲觀損追留佞之邦
粒念韓卿之辭榮睠相東都屬懷南岳鑽仰來
既有符下風雖云幸甚然則未喻雖復帝道康寧
走馬却由庚得所寅亮則有歸寢裳之人展氏
猶且攘袂浩浩白水審更方欲寨裳誰其克遂君
子拯物義非徇已思與赤松子遊誰其克遂君
願驅之仁壽綏此多福雖則不言四時行矣

然後黔首有庇薦紳靡奪白駒不在空谷曷羊
豫蒙其資豈不休哉豈非杜真自閉深
室郎宗絕迹幽野難矣誠非所希井丹高潔相
如慢世尚復遊涉權門雍容鄉邑常謂此道爲
泰毋竊慕之方念擁篲延恩以陳侍者請至農
隙無待邀流俗挺誠好屬文不會今世不能促
局步以應事等昌菹謬彼偏嗜是用不差節
固陋無憚龍門昔敬通之賞景卿孟公之知仲
蔚止乎通人猶稱盛美況在時宗彌爲未易近

以蒲絷勿用箴素多關聊效東方獻書丞相須
得善爲更請潤詞儻逢子疾比復削牘勉報曰
復覽來書累牘兼翰事苟出虞言兼語默事義
周悉意致深遠發函伸紙倍增憤歎卿雄州擢
秀弱冠外朝穿綜百家佃漁六學觀眸表其韶
慧視色見其英朗若魯國之名駒邁雲中之白
鶴及占顯邑試吏腹壞將有武城弦歌桐鄉謠
詠豈與卓魯斷斷同年而語邪方當見賞良能
有加寵授飾茲智帶實彼周行而欲速慕卷舒

用懷愚智既知益之爲累爰悟滿則辭多高蹈
風塵良所欽挹況以金商戒節素秋御序蕭條
林野無人相樂偃卧墳籍遊浪儒玄物我兼忘
寵辱誰滯誠乃歡羨用有殊同今遂聽傍求
興懷竊宿白駒空谷幽人引領貧賤爲恥鳥獸
難羣故當捐此薛蘿出從鷄鶩無乖隱顯不亦
休力吾智多佐時才懃濟世稟承朝則不敢荒
寧力弱途遙愧心非一天下有道堯人何事得
因疲病念從閑逸若使車書混合尉候無警作

樂制禮紀石封山燃後乃返服衡門實爲多幸
但鳳有風欸遘茲虛眩瘠類士安贏同長孺薄
領沈廢臺閣未理娛耳爛腸因事而息非關欲
追松十遠慕留庾若乃天假之年自當靖恭所
職擬非倫四良覽辭賁覽復循環奐焉如失清
塵獨遠白雲飄蕩依然何極狠降書札示之文
翰覽復成誦流連縛紙昔仲宣才敏籍中郎而
表譽正平穎悟賴北海以騰聲望古料今吾有
慙德儻成卷帙力爲稱首無令獨耀隨掌空使

辭人扼腕式間願見宜事掃門亦有來思赴其
懸榻輕苦魚網別當以薦城闕之歡曷日無懷
所遲萱蘇書不盡意挺後遂出仕尋除南臺治
書因事納賄當被推刎挺懼罪遂竄服為道人
父之藏匿後遇赦乃出大心寺會邵陵王為江
復隨王遷鎮郢州徵入為京尹挺留夏首久之
還京師太清中客遊吳興吳郡屬景亂中卒著
邁說十卷文集二十卷子知命先隨挺事邵陵

【梁書傳四十四】

二十九

王掌書記亂中王於郢州奔敗知命仍下投族
景常以其父官途不至深怨朝廷遂盡心事景
景襲郢州圍巴陵軍中書檄皆其文也及景慕
位為中書舍人專任權寵傾內外景敗被執
送江陵於獄中幽死挺弟㨭亦有才名先為邵
陵王所引歷為記室中記室參軍
庚仲容字仲容潁川隔陵人也晉司空冰六代
孫祖徽之宋御史中丞父猗齊邵陵王記室仲
容幼孤為叔父泳所養飢長杜絕人事專精篤

學書夜手不輟卷初為安西法曹行參軍泳時
已貴顯吏部尚書徐勉擬泳子晏嬰為宮僚泳
垂泣曰兄子幼孤人才粗可願以晏嬰所忝迴
用之勉許焉因轉仲容為太子舍人遷安成王
主簿時平原劉孝標亦為府佐泳以疆學為王
所禮接遷晉安功曹史歷為永康錢唐武康令
治縣廹無異績多被劾父之除安成王中記室
當出隨府皇太子以舊恩特降餞宴賜詩曰孫
生沔陽道吳子朝歌縣未若樊林舉置酒臨華

【梁書傳四十四】

三十

殷時董鯷之遷安西武陵王諮議參軍除尚書
左丞坐推糾不直免仲容博學少有盛名顏任
氣使酒好危言高論士友以此少之唯與王籍
謝幾卿情好相得二人時亦不調遂相追隨誕
縱謀飲不復持檢操父之復為諮議參軍出為
黝縣令及太清亂客遊會稽遇疾卒時年七十
四仲容抄諸子書三十卷文集二十卷並行於
列女傳三卷文集二十卷並行於世
陸雲公字子龍吳郡人也祖閑州別駕父完寧

遠長史雲公五歲誦論語毛詩九歲讀漢書各
能記憶從祖徆沛國劉顯質問十事雲公對無
所失顯歎異之既長好學有才思州舉主分才累
遷宣惠武陵王平西湘東王行參軍雲公先制表
太伯廟碑吳興太守張纘罷郡經途讀其文歎
兼尚書儀曹郎（即真入直書省）以高祖召

【梁書傳四四】

知著作郎事俄除著作郎累遷中書黃門郎並
掌著作雲公羔昪弟基常夜侍御坐武冠觸燭火

三十

高祖笑謂曰燭燒卿貂高祖用雲公為侍中
故以此言戲之也是時天淵池新製鯿魚舟形
闊而短高祖暇日常泛此舟在朝唯引太常劉
之遴國子祭酒到溉右衛朱异雲公時年位尚
輕亦預焉為其恩遇如此太清元年卒時年三十
七高祖悼惜之手詔曰給事黃門侍郎掌著作
陸雲公風尚優敏後進之秀奄然殂謝良以惻
然可剋日舉哀賻錢五萬布四十四張纘時為
湘州與雲公叔襄兄昇子書曰都信至承賢兄

子賢弟黃門殞折非唯貴門喪寶實有識同
悲痛悵傷惜不能已已賢弟神情早著
摽令弱年經目所覩殆無再問懷抱奈票自
天情居坐列薪非因外獎學必聚之則一著能
立問以辯之則師心獨詣始踰弱歲辭藝通洽
外降多士秀也詩流見與齒過肩隨禮甚殊拜絕
懷抱相得忘其年義朝遊夕宴一載于斯歡古
披文終晷慕平生知舊零落稍盡老夫記意
其數幾何至若此生寧可多過賞心樂事所寄

三〇三十一 **【梁書列傳四四】**

伊人弟遷職瀟湘維舟洛汭將離之際彌見情
歎夕次帝郊亟淹信宿徘徊握手忍分岐路行
役數年羈病侵迫識慮惶悗久絕人世憑几口
授素無其功翰動若飛彌有多愧京洛遊故咸
成雲雨唯有此生音塵數嗣形迹之外不爲遠
近隔情襟素之中豈以風霜改節客遊半紀志
切首丘立日望東歸更敦昔歎如何此別求成異
世揮袂之初人誰自保但恐衰謝無復前期不
謂華齡方春梅質埋玉之恨撫事多情想引進

三十二 龜帖

之情懷抱素篤友于之至兼深家寶貪卷有此恤

當何可言臨白增悲言以無次雲公從兄才子亦

有才名歷官中書郎宣成王友太子中庶子延

尉卿先雲公卒才子雲公文集立行於世

任孝恭字孝恭臨淮人也曾祖禮農夫宋南

豫州刺史孝恭幼孤事母以孝聞精力勤學家

貪無書常崎嶇從人假借每讀一編諷誦略無

所遺外祖丘它與高祖有舊高祖聞其有才學

召入西省撰史初為奉朝請進直壽光省為司

梁書傳四十四　三十三

文侍郎俄兼中書通事舍人勅遣制衣建陵寺剎

下銘又啓撰高祖集序文立富麗自是專掌公

家筆翰孝恭為文敏速受詔立成若不留意每

奏高祖輒稱善累賜金帛孝恭少從蕭寺雲法

師讀經論明佛理至是疏食持戒信受甚篤而

性頗自伐以才能尚人於時輩中多有忽略世

以此少之太清二年疾景寇逼孝恭慕丘隸

蕭正德屯南岸及賊至正德舉眾入賊所孝還

赴臺臺門已閉因奔入東府尋為賊所攻城陷

見害文集行於世

顏協字子和琅邪 臨沂人也七代祖含晉侍中

國子祭酒西平靖 矦父見遠博學有志行初齊

和帝之鎮荊州也以見遠為錄事參軍及即位

於江陵以為治書侍御史俄兼中丞高矦夔禪

見遠乃不食發憤數日而卒高祖聞之曰我自

應天從人何預天下士大夫事而顏見遠乃至

於此也協幼孤養於舅氏少以器局見稱博涉

羣書工於草隸釋褐湘東王國常侍又兼府記

梁書傳四十四　三十四

室世祖出鎮荊州轉正記室時吳郡顧協亦在

蕃邸與協同名才學相亞府中稱為二協舅陳

郡謝暕卒協以有鞠養恩居喪如伯叔之禮議

者重焉又感家門事義不求顯達恒辭徵辟遊

於蕃府而已大同五年卒時年四十二世祖甚

歎惜之為懷舊詩以傷之其一章曰弘都多雅

度信乃含賓實鴻漸殊未昇上才淹下秩協所

撰晉仙傳五篇賓月月災異圖兩卷遇火湮滅有

二子之儀之推立早知名之推承聖中仕至正

陳吏部尚書姚察曰魏文帝稱古之文人鮮能
以名節自全何哉夫文者妙發性靈獨拔懷抱
易邀等夷必與孫露大則凌慢侯王小則傲蔑
朋黨速忌離訕啓自此作若夫屈賈之流斥桓
馮之擯放豈獨一世哉蓋恃才之禍也羣士值文
明之運搞麗藻之辭無鬱抑之虞不遭向時之
患美矣劉氏之論命之徒也命也者聖人罕言
欺就而必之非經意也

列傳第四十四文學下　　梁書五十

散騎常侍姚　思廉　撰

處士

何點　第胤　　阮孝緒

陶弘景

諸葛璩

沈顗

劉惠斐

劉歊

劉訏

范元琰

張孝秀

庾承先

〔梁書傳卷十五〕　　二　　王才

易曰君子遯世無悶獨立不懼孔子稱長沮桀
溺隱者也古之隱者或恥聞禪代高謙帝王以
萬乘為垢辱之死亡而無悔此則輕生重道希
世閒出隱之上者也或託仕監門寄臣柱下居

易而以求其志亂汙而不愧其色此所謂大隱
隱於市朝又其次也或躶體佯狂盲瘖絕世棄
禮樂以反道忍孝慈而不恤此全身遠害得大
雅之道又其次也然同不失
貞吉矣與夫没身亂世爭利干時者豈同年而
語哉孟子曰今人之於爵祿得之若其生失之
若其死淮南子曰人皆鑒於止水不鑒於流潦
夫可以揚清激濁抑貪止競其惟隱者乎自古
帝王莫不崇尚其道雖唐堯不屈巢許周武不
降夷齊以漢高肆慢而長揖黃綺光武按法而
折意嚴周自茲以來世有人矣有梁之盛繼紹
風猷斯乃道德可宗學藝可範故以備處士篇云
何點字子晳盧江灊人也祖尚之宋司空父鑠
宜都太守鑠素有風疾無故害妻坐法死點年
十一幾至滅性及長感家禍欲絕婚宦尚之彊
為之要琅邪王氏禮畢將親迎點累涕泣求執
本志遂得罷容貌方雅博通羣書善談論家
本甲族親姻多貴仕點雖不入城府而遨遊人

〔梁書傳兩十五〕　　二　　王才

世不籍不帶或駕柴車躧草屐恣心所適致
醉而歸士大夫多慕從之時人號爲通隱兄求
亦隱居吳郡獸丘山求卒菜食不飲酒詠于
三年要帶減半宋泰始末徵太子洗馬齊初累
徵中書郎太子中庶子竝不就與陳郡謝瀹初
爲宰相點謂人曰我作齊書贊云淵既世族儉
門園居之稚珪爲築室焉園內有卜忠貞家點
植花卉於家側每飲必舉酒酹之初褚淵既世族
國張融會稽孔稚珪爲莫逆友從弟遁以東雝
逃去司徒竟陵王子良欲就見之點時在法輪
寺子良乃往請點角巾登席子良欣悅無已遺
知不可見乃止預章王疑命駕造點點從後門
亦國華不賴男氏邉恤國家王儉聞之欲候點

點祕叔祓酒杯徐景山酒鎗點少時嘗惠渴痢
積歲不愈後在吳中石佛寺建講於講所晝寢
夢一道人形貌非常授九一掬夢中服之自此
而差時人以爲淳德所感性通脫好施與遠近
致遺一無所逆隨復散焉嘗行經朱雀門街有

自車後盜點衣盜者見而不言傍有人搶盜與之
點乃以衣施盜盜不敢受點命告有司盜懼乃
受之催令急去點雅有人倫識鑒多所甄拔知
吳興丘遲於幼童稱濟陽江淹於寒素來悉如其
言點既老又聚魯國孔嗣女嗣亦隱者也點雖
婚亦不與妻相見築別室以處之人莫諭其意
世吳國張融少時免官而爲詩有高尚之言點
苔詩曰昔聞東都日不在簡書責前雖戲言以點
父病之及點後婚融始爲詩贈點曰惜哉何居
有四載人事艱阻亦何可言自應運在天每思
士簿幕藩荒娃點亦病之而無以釋也高祖與
點有舊及踐阼手詔曰昔因多眼得訪逸軌坐
懀竹臨清池忘今語古何其樂也斬暫別丘園十

談天人敘故舊有所不臣何傷於高文先以皮
弁謁子桓伯況以穀絹見文叔求之往策不無
前例今賜卿鹿皮巾等後數日望能入也點以
巾褐引入華林園高祖其悅賦詩置酒恩禮如

舊仍下詔曰前徵士何點高尚其道志安容膝
脫落形骸栖志容冥朕日昊思治尚想前哲況
親得同時而不與為政喉脣任切必俟邦良誠
望惠然屈居歔替可徵為侍中辭疾不赴乃復
詔曰徵士何點居貞物表繼心塵外夷坦之風
祿此舊蓋前代盛軌往賢所同可議加資給並出
在所曰契資須太官別給旣人高曜卿故事同
惟舊昔仲虞邁俗受俸漢朝言諝言彼子陵情兼

垣下天監三年卒時年六十八詔曰新除侍中
何點栖遲衡沙白首不渝奄至殞喪倍懷傷惻
可給第一品材一具賵錢二萬布五十四喪事
所須內監經理又敕點弟胤曰賢兄徵君弱冠
拂衣華首一操心遊物表不滯近跡脫落形骸
寄之遠理性情勝致遇興高文會酒德撫際
逾遠朕膺籙受圖思長聲教朝多君子旣貴成
雅俗野有外臣宣弘此難進方賴清徽式隆大
業昔在布衣情期早著資以仲虞之秩待以

子陵之禮聽覽眼日角巾引見睿然汾射茲焉
有託一旦萬古良懷震悼卿友于純至親從澗
亡偕老之願致使反奪纏綿永恨伊何可任永
矣柰何點無子宗人以其從弟耿子遲任為嗣
胤字子季點之弟也年八歲居憂哀毀若成人
旣長好學師事沛國劉瓛受易及禮記毛詩又
入鍾山定林寺聽內典與汝南周顒深器異之
時人未之知也唯瓛與汝南周顒深器異之起
家齊秘書郎遷太子舍人出為建安太守為

政有恩信民不忍欺每伏臘放囚還家依期而
返入為尚書三公郎不拜遷司徒主簿注易又
解禮記於卷背書之謂為隱義累遷中書郎
貞外散騎常侍太子中庶子領國子博士冊陽邑
中正尚書令王儉受詔撰新禮未就而卒又使
事黃門侍郎太子中庶子領國子博士冊陽邑
特進張緒續成之緒又卒屬在司徒竟陵王子
良子良以讓胤乃置學士二十人佐胤撰錄永
明十年遷侍中領步兵校尉轉為國子祭酒鬱

林嗣位胤為后族甚見親待累遷左民尚書領
驍騎中書令領臨海巴陵王師胤雖貴顯常懷
止足建武初巴築郊外號曰小山胤恒與學徒遊
處其內至是遂賣園宅欲入東山未及發閒謝
朏罷吳興郡不還使御史中丞袁昂奏收胤尋
有詔許之胤以會稽山多靈異欲往居若邪
山雲門寺初胤二兄求剡為大山胤為小山亦曰東山
胤又隱世號點為大山胤為小山亦曰東山亦卒至是

元中徵太常太子詹事並不就高祖霸府建
引胤為軍謀祭酒與書曰想恒清豫縱情林壑
致足懽也既內絕心戰外勞物役以道養和履
候無蒜若邪檀美東匪山川相屬屬前世嘉賞是
為樂主僕推遷簿官自東祖西悟言素對用成
聯關傾首東顧昌日無懷疇昔懽遇曳裾儒肆
實欲卧遊千載畎漁百氏一行為吏此事遂乖
屬以世道威夷仍離屯故投袂數千剋黜疊禍
思得曬卷諮款寓情古昔夫豈不懷事與願謝

君清襟素託栖寄不近中居人世殆同隱淪既
俯拾青組又脫屣朱黻但理存用捨義實隨時
往識禍萌實為先覺超然獨善有識欽嗟今者
為邦貧賤感恥好仁由己幸無凝滯比別具白
此未盡言今遣候承音息矯首還翰慰其引領
胤不至高祖踐阼詔為特進右光祿大夫敕所
道雖復勸勞此樂致隆平而先王遺範尚蘊
方策自舉之用存乎其人兼以世道澆暮爭詐

敏求起改俗遷風良有未易自非以儒雅弘朝高
尚軌物則泪流所至莫知其限治人之與治身
獨善之與兼濟得失去取為用既多吾雖不學
頗好博古尚想高塵每懷擊節今世美必望深達
責息當不得不屈道巖阿共成世美吾望深達
往懷不吝濡足今遣領軍司馬王果宣旨諭意
遲面在近果至胤單衣鹿巾執經卷下牀跪受
詔書就席伏讀胤因謂果曰吾昔於齊朝欲陳
兩三條事一者欲正郊丘二者欲更鑄九鼎三

者欲樹雙闕世傳晉室欲立闕丞相指牛頭
山云此天闕也是則未明立闕之意闕者謂之
象魏縣象法於其上浹日而收之象者法也魏
者當塗而高大貌也鼎者神器有國所先故王
孫滿斥言楚子頓盡圓丘國郊舊典不同南郊
祠五帝靈威仰之類圓丘祠天皇大帝北極大
星是也往代令之郊丘先儒之巨失今梁德告
始不宜遂因前謬卿宜詣闕陳之果曰僕之鄙
劣豈敢輕議國典此當敬侯叔孫生耳胤曰卿
詎不遣傳詔還朝拜表留與我同遊邪果愕然
曰古今不聞此例胤曰檀弓兩卷皆言物始自
卿而始何必有例果曰今君逡當邈然絕世猶
有致身理不胤曰必事見推吾今
七月食四斗米不盡何容得有官情昔荷聖王
眄識今又蒙雄首甚願詣闕謝恩但比腰脚大
惡此心不遂耳果還以胤意奏聞有敕給白衣
尚書祿胤固辭又敕山陰庫錢月給五萬胤又
不受乃敕胤曰頃者學業淪廢儒術將盡閭閻

搢紳嘅聞好事吾每思弘奬其風未移當展興
言為歎本欲屈卿蹔出開道守後生既屬屢殷
業此懷未遂延佇之勞載盈夢想理舟虛席須
侯來秋所望惠然申其宿抱耳卿門徒中經明
行修厭數有幾且欲瞻彼堂堂實此周行便可
具以名聞副其勞望又曰比歲學者殊為寡少
良由無復聚徒故明經斯廢每一念此為之慨
然卿居儒宗加以德素當敕後進有意向者就
卿受業想深思誨誘使斯文載興於是遣何子
朗孔壽等六人於東山受學太守衡陽王元簡
深加禮敬月中常命駕式閭談論終日胤以若
邪亂勢迫臨不容徒乃遷秦望山山有飛泉
頃講隙從生徒遊之胤初遷將築室忽見二人
著玄冠容貌甚偉問胤曰君欲居此邪乃指一
西起學舍即林成援因巖為堵別為小閣室寢
處其中列自啓閉僮僕無得至者山側營田三
頃云此中殊吉忽不復見胤依其言而止焉尋
而山發洪水樹石皆倒拔唯胤所居室巋然獨

存元簡乃命記室參軍鍾嶸作瑞室頌刻石以
旌之及元簡去郡與胤別送至都賜塿去郡
三里因日僕自棄人事交遊路斷自非降貴山
藪豈容復望城邑此塿之遊於今絕矣執手涕
零何氏過江自晉司空充並葬吳西山胤家世
年皆不永唯祖尚之至七十二胤年登祖壽乃
不畢至胤常禁殺有虞人逐鹿鹿徑來趨胤伏
移還吳作別山詩一首言其懷愴至吳居祖
西寺講經論學徒復隨之東境守宰經途者莫
禽焉初開善寺藏法師與胤遇於秦望燕從還都
而不動又有異鳥如鶴紅色集講堂馴狎如家
卒於鍾山其死日胤在般若寺見一僧授胤香
奮并函書云呈何居士言託失所在胤開函乃
是大莊嚴論世中未有又於寺內立明珠柱乃
七日七夜放光太守何遠以狀啟昭明太子欽
其德遣舍人何思澄致手令以褒美之中大通
三年卒年八十六先是胤疾妻江氏夢神人告
之曰汝夫壽盡既有至德應獲延期尒當代之

梁書傳四十五

妻覺說焉俄得患疾乃瘞至是胤夢一
神女并八十許人並衣恰行列至前俱拜狀下
覺又見之便命營山具既而疾動因不自治胤
注百法論十二門論各一卷注周易十卷毛詩
總集六卷毛詩隱義十卷禮記隱義二十卷禮
答問五十五卷子撰亦不仕盧陵王辟為主簿
不就
阮孝緒字士宗陳留尉氏人也父彥之宋太尉
從事中郎孝緒七歲出後從伯胤之胤之毋周
氏卒有遺貯百餘萬應歸孝緒孝緒一無所納
盡以歸胤之姊琅邪王晏之毋聞者咸嘆異之
幼至孝性沈靜雖與見童遊戲恒以穿池築山
為樂年十三徧通五經十五冠而見其父彥之
誡曰三加彌算人倫之始宜思自勖以庇尒躬
答曰願迹松子於瀛海追許由於窮谷庶介躬
生以免塵累自是屏居一室非定省未嘗出戶
家人莫見其面親友因呼為居士外兄王晏貴
顯屢要至其門孝緒度之必至顛覆常逃匿不與

梁書傳四十五

相見留食盤羞美聞之云是王家所得便吐殄覆
臨及旦安誄其親臧咸為之懼孝緒曰親非不嘗
何坐之及音權克繼義師圍京城家貧無以暴僮
妾鯦隣人樵以繼火孝緒知之乃不食更令撤屋
而炊任防所居室唯有一鹿林竹樹環繞天監初御史
中丞任防尋其見履之欲造而不敢聖而歡曰此
郡范元琰俱徵竝不到陳郡袁峻謂之曰往者天
室雖過其六甚遠為名流所欽尚如此十二年典
地閒賢人隱今世路已清而子猶遁可乎答曰

昔周德雖興夷齊不厭薇蕨漢道方盛黃綺無
開山林為仁由己何關人世況僕非往賢之類
邪後於鍾山聽講母王氏忽有疾兄弟欲召之
毋曰孝緒至性冥通必當自到果心驚而返鄰
里嗟異之合藥須得生人復舊傳鍾山所出孝
緒躬歷幽險累日不值忽見一鹿前行孝緒感
而隨後至一所遂滅就果獲此草母得服之
遂愈時皆歎其孝感所致時有善筮者張有道
謂孝緒曰見子隱跡而心難明自非考之名龜著

無以驗也及布卦旣構五爻曰此將為咸應感
之法非嘉遁之兆孝緒曰安知後父不為上九
果成遁卦有道之歡曰此謂肥遁無不利象實應
德心迹并也孝緒曰雖獲遁卦而上九不發
升退之道便當高謝乃著高隱傳上自炎黃終
于天監之末斟酌分為三品凡若干卷又著論
云夫至道之本貴在無為聖人之跡存乎拯弊
弊拯由跡跡用有乖於本本旣無為為非道之
至然不垂其跡則世無以平不究其本則道實
交喪丘旦將存其跡故宜權晦其本老莊但明

其本亦宜深抑其跡跡旣可抑數子所以有餘
本方見晦尼丘是故不足非得一之士闕彼明
智體之徒獨懷鑒識然聖已極照反創其跡
賢未居宗更言其本良由跡須拯世非聖不能
本實明理在賢可照此若能體茲本跡悟彼抑揚
則孔莊之意其過半矣南平元襄王聞其名致
書要之不赴孝緒曰非志驕富貴但性畏廟堂
若使麋鹿可馴何以異夫驥駬初建武末清溪

宮東門無故自崩大風拔東宮門外楊樹或以
問孝緒曰青溪皇家舊宅齊為木行東者木位
今東門自壞木其衰矣郡陽忠烈王妃孝緒之
姊王嘗命駕欲就之遊孝緒鑿垣而逃卒不肯
見諸甥歲時饋遺一無所納人或怪之答云非
我願始故不受也其恒所供養石像先有損壞
心欲治補經一夜忽然完復眾並異之大同二
年卒時年五十八門徒諡其德行論曰文貞處
士所著七錄等書二百五十卷行於世

陶弘景字通明丹陽秣陵人也初母夢青龍自
懷而出并見兩天人手執香爐來至其所巳而
有娠遂產弘景幼有異操年十歲得葛洪神仙
傳書友研尋便有養生之志謂人曰仰青雲覩
白日不覺為遠矣及長身長七尺四寸神儀明
秀朗目疎眉細形長耳讀書萬餘卷善琴棋工
草隸未弱冠齊高帝作相引為諸王侍讀除奉
朝請雖在朱門閉影不交外物唯以披閱為務
朝儀故事多取決焉永明十年上表辭祿詔許

之賜以東帛及發公卿祖之於征虜亭供帳甚
盛車馬填咽咸云宋齊巳來未有斯事朝野榮
之於是止于句容之句曲山恒曰此山下是第
八洞宮名金壇華陽之天周回一百五十里昔
漢有咸陽三茅君得道來掌此山故謂之茅山
乃中山立館自號華陽隱居始從東陽孫遊岳
受符圖經法編歷名山尋訪仙藥每經澗谷必
坐臥其間吟詠盤桓不能巳巳時沈約為東陽
郡守高其志節累書要之不至弘景為人圓通

謙謹出處冥會心如明鏡遇物便了言無煩舛
有亦輒覺建武中齊宜都王鏗為明帝所害其
夜弘景夢鏗告別因訪其幽宜中事多說秘異
因著夢記焉永元初更築三層樓弘景處其上
弟子居其中賓客至其下與物遂絕唯一家僮
得侍其旁特愛松風每聞其響欣然為樂有時
獨遊泉石望見者以為仙人性好著述尚奇異
顧惜光景老而彌篤尤明陰陽五行風角星算
山川地理方圓產物醫術本草箸帝代年歷又

嘗造渾天象云脩道所須非止史官是用義師
平建康聞議禪代弘景援引圖讖數處皆成深
字令弟子進之高祖既早與之遊及即位後恩
禮逾篤書問不絕冠蓋相望天監四年移居積
金東澗善辟穀導引之法年逾八十而有壯容
深慕張良之為人云古賢莫比曾慶佛授其善
提記名為勝力菩薩乃詣鄮縣阿育王塔自誓
受五大戒後太宗臨南徐州欽其風素召至後
堂與談論數日而去太宗甚敬異之大通初令

獻二刀於高祖其一名善勝一名成勝並為佳
實大同二年卒時年八十五顏色不變屈申如
恒詔贈中散大夫謚曰貞白先生仍遣舍人監
護喪事弘景遺令薄葬弟子遵而行之
諸葛璩字幼玟琅邪陽都人世居京口璩幼事
徵士關康之博涉經史復師徵士臧榮緒榮緒
著晉書稱璩有發摘之功方之壺遂齊建武初
南徐州行事江祀薦璩於明帝曰璩安貧守道
悅禮敦詩未嘗投刺邦宰奥裾府寺如其簡

退可以揚清厲俗請辟為議曹從事帝許之璩
辭不去陳郡謝朓為東海太守教曰昔長孫東
組降龍丘之節文舉北輔高通德之稱所以激
貪立懦式揚風範處士諸葛璩高風所漸結
轍前偹豈懷珠披褐韜五待價將幽貞獨往不
事王侯者邪聞事親有啜菽之實可存問服闋
之給當宣得獨享萬鍾而忘茲五秉可餉穀百斛
天監中太守蕭琛剌史安成王秀鄱陽王恢並
禮異焉璩丁母憂毀瘠春恚累加存問服闋舉秀

才不就璩性勤於誨誘後生就學者日至居宅
狹陋無以容之太守張友為起講舍璩處身清
正妻子不見喜慍之色旦夕孜孜講誦不輟時
人益以此宗之七年高祖敕問太守王份份即
其以實對未及徵用是年卒於家璩所著文章
二十卷門人劉曒集而錄之
沈顗字處黙吳興武康人也父坦之齊都官郎
顗幼清靜有至行慕黃叔度徐孺子之為人讀
書不為章句箸述不尚浮華常獨處一室人

罕見其面顗從叔勃貴顯歷世毋還吳與賓客塡
咽顗不至其門勃就見顗送迎不越於闔勃歡
息曰吾兄今知貴不如賤俄徵爲南郡王左常
侍不就顗內行甚備事毋兄弟孝友爲鄉里所
稱慕永明三年徵著作郎建武二年徵太子舍
人俱不赴永元二年又徵通直郎亦不赴顗素
不治家產值齊末兵荒與家人并日而食或有
鎮其深肉者閉門不受唯以樵採自資怡然
恒不改其樂天監四年大舉北伐詔民丁吳興
懷大憝厚禮而遺之其年卒於家所箸文章數
十篇
太守柳惲以顗從役揚州別駕陸任以書責之

劉慧斐字文宣彭城人也少博學能屬文起家
安成王法曹行參軍嘗還都途經尋陽遊於匡
山遇處士張孝秀相得甚歡遂有終焉之志因
不仕居於東林寺又於山北構園一所號曰離
垢園時人仍謂爲離垢先生慧斐尤明釋典工
篆隸在山手寫佛經二千餘卷常所誦者百餘

卷晝夜行道孜孜不怠遠近欽慕之太宗臨江
州遺以几杖論者云自遠法師沒後將二百年
始有張劉之盛矣世祖及武陵王等書問不絕
大同二年卒時年五十九

范元琰字伯珪吳郡錢唐人也祖悅之太學博
士徵不至父靈瑜居父憂以毀卒元琰時童孺
哀慕盡禮親黨異之及長好學博通經史兼精
佛義然性謙敬不以所長驕人家貧唯以園蔬
爲業嘗出行見人盜其菜元琰遽退走毋問其
故具以實答毋問盜者爲誰答曰向所以退畏
其愧恥令啓其名願不泄也於是毋子秘之或
有涉溝盜其筍者元琰因伐木爲橋以渡之自
是盜者大慙一鄉無復草竊居常不出城市獨
坐如對嚴賓實見之者莫不改容正色沛國劉瓛
深加器異嘗表稱之齊建武二年始徵爲安北
參軍事不起天監九年縣令管慧辨上言義行
揚州刺史臨川王宏辟命不至十年王拜表薦
焉亦竟未徵其年卒于家時年七十

劉訏字彥度，平原人也。父靈真，齊武昌太守。訏幼稱純孝，數歲父母繼卒，訏居喪哭泣孺慕，幾至滅性，赴弔者莫不傷焉。後為宗族所稱。自伯父母及昆姊，孝友篤至。為伯父所養，事伯母有誤觸其諱者，未嘗不感結流涕。長兄絜為之娉妻，訏聞而逃匿，事息乃還。本州刺史張稷辟為主簿，訏不就。主者敦召，訏乃挂檄於樹而逃。訏善玄言，尤精釋典。曾與族兄劉歊聽講於鍾山諸寺，因共卜築宋熙寺東澗，有終焉之志。天監十七年卒於歊舍，時年三十一。臨終執歊手曰：氣絕便斂，斂畢即埋，靈筵一不須立，勿設饗杞，無求繼嗣。歊從而行之。宗人至友相與刊石立銘，諡曰玄貞處士。

劉歊字士光，訏族兄也。祖乘民，宋冀州刺史。父聞慰，齊正員郎。世為二千石，皆有清名。歊幼有識慧，四歲喪父，與羣兒同處，獨不戲弄。六歲誦論語毛詩，意所不解，便能問難。十一，讀莊子逍遙篇，曰：此可解耳。客因問之，隨問而答，皆有情

理。家人每異之。及長，博學有文才，未娶，不仕。與族弟訏並隱居求志，遨遊林澤，以山水書籍相娛而已。常欲避人世，以母老不忍遠離，每隨兄霅杳從宦。少時好施，務周人之急，人或遺之，亦不距也。歊每歎曰：死生之事，聖人罕言之，吾固無以報人，豈可常有愧乎？天監十七年，無何而著革終論，其辭曰：死生之義，妙盡難明矣。孔子曰：精氣為物，遊魂為變，知鬼神之情狀，與天地相似而不違。其言約，其旨妙，其事隱，其意深，未可以臆斷。難得而精數，聊肆狂瞽，請試言之。夫形慮合而為生，魂質離而稱死。合則起動，離得休寂。當其動也，人皆知其神。及其寂也，物莫測其所趣。皆知則不言而義顯，莫測則逾辯而理微。是以勵華曠而莫陳，姬孔抑而不說。前達往賢，互生異見。季札云：骨肉歸於土，魂氣無不之。莊周云：生為徭役，死為休息。尋此二說，如或相反。何者？氣無不之，神有也。死為休息，神無也。原憲云：夏后氏用明器，示民無知也。殷人

用祭器示人有知也周人兼用之示民疑也考
之記籍驗之前志有無之辯不可歷言若稽諸
内教判乎釋部則諸子之言可尋三代之禮無
越何者神為生本形為生具死者神離此具而
即非彼具也雖死者不可復反而精靈遞變未
嘗滅絕當其離此之日識用廓然故夏后明器
示其弗反殷人祭器示人有知也周人兼用之
顯其猶存不存則合乎並周猶存則同乎季札
各得一隅無傷厥義設其實也則亦無故周人
有兼用之禮尼父發遊魂之唱不其然乎若廢
偏攜之論探中途之旨則不仁不智之譏於是
平可息夫形也者無知之資也神也者有知之
性也有知不獨存依無知以自立故形之於神
逆旅之館耳及其死也神去此而適彼也神何所
去此館何用存速朽得理也神已適彼祭何所
禮樂之興出於澆薄俎豆綴兆生於俗弊以所
祭祭則失理而姬姐之教不然者其有以乎蓋
筵陳棺槨設饋奠建丘壟蓋欲令孝子有追思

之地耳夫何補於已遷之神乎故上古衣之以
薪弃之中野可謂尊盧赫胥皇雄炎帝蹈於失
理哉是以子羽沈川漢伯方壙文楚黄壤士安
麻索此四子者得理也忘教也若從四子而遊
則平生之志得矣然積習生常難卒改革一朝
肆志儻不見從今欲剪截煩厚務存儉易進不
孔子云欲首足形還葬而無槨斯亦貧者之禮
也余何陋焉且張奐止用幅巾王肅唯盥手足
裸尸退葬不見從今俗
范冉歛畢便葬袝珍無設墳壟康成使無卜吉
子廉牛車載柩叔起誠絕墳壟康成使無卜吉
此數公者尚或如之況於吾人而當華泰今欲
歸景行以為軌則儻合中庸之道庶免徒費
之識氣絕不須復魄盥洗而歛以一千錢市治
棺單故裙衫衣巾枕履此外送往之具棺中常
物及餘閒之祭一不得有所施世多信李彭之
言可謂惑矣余以孔釋為師差無此惑欲託記載
以露車歸於舊山隨得一地地足為坎坎足容

棺不須博覽不勞封樹勿設祭饗勿置机筵無
用茅君之虛座伯夷之杅水其蒸嘗繼嗣言象
所厭事止余身無傷世教家人長幼內外姻戚
凡厥友朋婆及寓所咸願成余之志幸勿棄之
明年疾卒時年三十二歇幼時嘗獨坐空室有
一老公至門謂歇曰心力勇猛能精心學佛但不
得父滯一方耳因彈指而去歇既長精心學佛
有道人釋寶誌者時人莫測也遇此三說歇未死
之春有人為其庭中栽柿齗謂兄子翕曰吾不
見此實尒其勿言至秋而亡人以為知命親故
驚起曰隱居學道清淨登佛如此
誄其行述謚曰貞節處士
更說字彥實新野人也幼聰警驚學經史百家
性記夷簡特愛林泉十畝之宅山池居半蔬食
無不該綜緯候書射棊筭機巧並一時之絕而
辟衣不治產業嘗乘舟從田舍還載米一百五
十石有人寄載三十石既至宅寄載者曰君三
十斛我百五十石詭嘿然不言恣其取足隣人

有被誣為盜者被治劾安款誑矜之乃以書質
錢二萬令門生詐為其親代之酬備隣人獲免
謝詭曰吾少與誑天下無辜豈期謝也其行多如
此類高祖少與誑善雅推重之及起義署為平
西府記室參軍誑距而不屈平生少所遊狎河東柳
憚欲與之交誑距距普通中詔曰明散振
滯為政所先旌賢求士夢竹斯急新野庾
足栖退自事却掃經史文藝多所貫習潁川庾
為鎮西府記室參軍不就普通中詔曰明散騎
承先學道黃老該涉釋教並不競不營安茲枯
槁可以鎮躁敦俗詭可黃門侍郎承先可中書
侍郎勒州縣時加敦遺庶能屈志方冀臨梅詭
稱疾不起晚年以後尤遵釋教宅內立道場環
繞禮懺六時不輟誦法華經每日一遍後夜中
忽見一道人自稱願公容止甚異忽呼詭為上行
先生授香而去中大通四年因晝寢忽驚覺曰
願公復來不可久住顏色不變言終而卒時年
七十八舉室咸聞空中唱上行先生已生彌陁

淨域矣高祖聞而下詔曰旌善表行前王所敦

新野庾詵荊山珠玉江陵杞梓靜候南度固有

名德獨貞苦節孤芳素履奄隨運往慟愴于懷

宜諡貞節處士以顯高烈詵所撰帝歷二十卷

易林二十卷續伍端休江陵記一卷晉朝雜事

五卷總抄八十卷行於世子曼倩字世華亦早

世祖常目送之謂劉之遴曰荊南信多君子雖

美歸田鳳清屬桓階賞德標奇未過此子後轉

諮議參軍所著喪服儀文字體例莊老義疏注

箏經及七曜歷術并所製文章凡九十五卷子

季于有學行承聖中仕至中書侍郎江陵陷隨

例入關

張孝秀字文逸南陽宛人也少仕州為治中從

事史遭母憂服闋為建安王別駕頃之遂去職

歸山居于東林寺有田數十頃部曲數百人率

以力田盡供山眾遠近歸慕赴之如市孝秀性

通率不好浮華常寇穀皮巾躡蒲履手執并櫩

梁書傳四五　二十七　二十　朱言

皮塵尾服寒食散盛冬能卧於石博涉羣書專

精釋典能善談論工隸書凡諸藝能莫不明習普

通三年卒時年四十二室中皆聞有非常香氣

太宗聞其傷悼焉與劉慧斐書述其貞白云

庾承先字子通潁川鄢陵人也少沈靜有志操

釋典靡不該悉九流七略咸所精練郡辟功曹

歲受學於南陽劉虯彊記敏識出於羣輩玄經

是非不涉於言喜慍不形於色人莫能窺也弱

不就乃與道士王僧鎮同遊衡岳晚以弟疾還

鄉里遂居于士臺山鄱陽忠烈王在州欽其風

味要與遊處又令講老子遠近名僧咸來赴集

論難鋒起異端競至承先徐相酬答皆得所未

聞忠烈王尤加欽重徽州主簿湘東王聞之亦

板為法曹參軍立不赴中大通三年廬山劉慧

斐至荊州承先與之有舊往從之荊陝學徒因

請承先講老子湘東王親命駕臨聽論議終日

深相賞接留連月餘日乃還山王親祖道并贈

篇什隱者美之其年卒時年六十

梁書傳四五　二十八　朱言

陳吏部尚書姚察曰世之誑處士者多云純盜
虛名而無適用蓋有負其實者若諸葛璩之學
術阮孝緒之簿閱其取進也豈難哉終於隱居
固亦性而已矣

散騎常侍姚　思廉　撰

止足

　顧憲之
　陶季直
　蕭眎素

易曰亢之為言也知進而不知退知存而不知亡
知進退存亡而不失其正者其唯聖人乎傳曰知
足不辱知止不殆然則不知夫進退不達乎止足
殆辱之累昔晉月而至矣古人之進也以康世濟務
也以弘道厲俗也然其進也苦節貞故庸曹之所已憚雖魚
所乾沒其退也輕舉高蹈寡平前史漢世張良為
敗危亡陳乎耳目而
功成身退卽病臥粒比於樂毅范蠡至乎顯狙斯為
優矣其後辭廣德及二疏等去就以禮有可稱焉
蒙魏略知足傳方田徐於管胡則其道本異謝靈運
晉書止足傳先論晉世文士之避亂者殆非其人唯
阮思曠遺榮好遁遠殆辱矣宋書止足傳有羊欣王

〔三七十〕◀梁書列傳四十六　　一

微感其流亞齊時沛國劉瓛字子珪辭祿懷道
樓遲養志不戚戚於貧賤不汲汲於富貴儒行
之高者也梁有天下小人道消賢士大夫相招
在位其量力守志則當世困閑時或有致事告
老或有基於少欲國史書之亦以為止足傳云
顧憲之字士思吳郡吳人也祖覬之宋鎮軍將
軍湘州刺史憲之未弱冠州辟議曹從事舉秀
才累遷太子舍人尚書比部郎撫軍主簿元徽
中為建康令時有盜牛者被主所認盜者亦稱

〔三〇二十〕◀梁書列傳四十六　　二

己牛二家辭理等前後令莫能決憲之至覆其
狀謂二家曰無為多言吾得之矣乃令解牛任
其所去牛迳還本主宅盜者始伏其事發姦摘
伏多如此類時人號曰神明至於權要請託長
吏貪殘據法直繩無所阿縱性又清儉彊力為
政甚得民和故京師飲酒者得醇旨輒號為顧
建康言醧清且美焉遷車騎功曹晉熙王友齊
帝執政以為驃騎錄事參軍遷太尉西曹掾齊
臺建為中書侍郎齊高帝即位除衡陽內史先

是郡境連歲疾疫死者太半棺木尤貴悉裹以
笙席棄之路傍憲之下車分告屬縣求其親黨
悉令殯葬其家人絕滅者憲之為出公祿使綱
紀營護之又土俗山民有病輒云先人為禍皆
開家剖棺水洗枯骨名為除崇憲之曉喻為陳
生死之別事不相由風俗遂改時刺史王奐新
至唯衡陽獨無訟者乃歎曰顧衡陽之化至矣
若九郡率然吾將何事還為太尉從事中郎出
為東中郎長史行會稽郡事山陰人呂文度有

梁書列傳四十六　三

寵於齊武帝於餘姚立邸頗縱橫憲之至郡即
表除之文度後還葬母郡縣爭赴弔憲之不與
相聞文度深銜之卒不能傷也遷南中郎中郎
王長史加建威將軍行婺州事時司徒竟陵王
於宣城臨成定陵三縣界立屯封山澤數百里
禁民樵採憲之固陳不可言甚切直王答之曰
非君無以聞此德音即命無禁遷給事黃門
侍郎兼尚書吏部郎中宋世其祖覬之嘗為吏
部於庭植嘉樹謂人曰吾為憲之種耳至是憲

之果為此職出為征虜長史行南兗州事遭母
憂服闋關建武中復除給事黃門侍郎領步兵校
尉未拜仍遷太子中庶子領吳邑中正出為寧
朔將軍臨川內史未赴改授輔國將軍晉陵太
守頃之遇疾陳解還鄉里永元初徵為廷尉不
拜除豫章太守有貞婦萬晞者少孀居無子事
舅姑尤孝父母欲奪而嫁之誓死不許憲之賜
以束帛表其節義中興二年義師平建康高祖
為揚州牧徵憲之為別駕從事史比至高祖已

梁書列傳四十六　四

受禪憲之風疾漸篤固求還吳天監二年就家
受太中大夫憲之雖累經宰郡資無擔石及歸
環堵不免飢寒八年卒於家年七十四臨終為制
以敕其子夫出生入死理均晝夜生既不知所
從來死亦安識所往延陵所云精氣上歸于天
骨肉下歸于地魂氣則無所不之良有以也雖
復茫昧難徵要若非妄百年之期迅若馳隙吾
今豫為終制瞑目之後念並遵行勿違吾志也
莊周澹臺達生者也王孫士安矯俗者也吾進

不及達退無所矯常謂中都之制允理愜情衣

周於身示不達禮棺周於衣足以蔽臭入棺之

物一無所須載以輀車覆以鹿布為使人勿惡

也漢明帝天子之尊猶祭以杅水脯糗范史云

烈士之高亦莫以寒水乾飯況吾里庸范之人其

可不節喪也喪易寧戚自是親親之情禮奢寧儉

致哀者有憑耳朔望祥忌可權安小牢襲設八

席唯下素饌勿用牲牢蒸嘗之祠貴賤同替備

物難辨多致踈怠祠先人自有舊典不可有闕

自吾以下祠止用蔬食時果勿同於上世也示

令子孫四時不忘其親耳孔子云雖菜羹瓜祭

必齊如也本貴誠敬豈求備物哉所箸詩賦銘

讚并衡陽郡記數十篇

陶季直丹陽秣陵人也祖愍祖宋廣州刺史父

景仁中散大夫季直早慧愍祖甚愛異之愍祖

嘗以四函銀列置於前令諸孫各取季直時用

四歲獨不取人問其故季直曰若有賜當先父

伯不應度及諸孫是故不取愍祖益奇之五歲

喪母哀苦成人初母未病於外染衣卒後家人

始贖季直抱之號慟聞者莫不酸傷及長好學

淡於榮利起家桂陽王國侍郎北中郎鎮西行參

軍並不起時人號曰聘君父憂服闋尚書令劉

景丹陽尹引為後軍主簿領郡功曹出為望

蔡令頃之以病免時劉景素鎮京口季直欲與之

日盛將圖之以景素重季直欲與之定策季直以

表劉儒者必致顛殞固辭不起俄而景等伏誅

齊初為尚書比部郎時褚彥回為尚書令與季

直素善頻以為司空司徒主簿委以府事彥回

卒尚書令王儉以彥回有至行欲謚為文孝公

季直請曰文孝是司馬道子謚恐其人非具美

不如文簡儉從之季直又請儉為彥回立碑終

始營護甚有吏節時人美之遷太尉記室參軍

出為冠軍司馬東莞太守在郡號為清和還除

散騎侍郎領左衛司馬轉鎮西諮議參軍齊武

帝作相誅鋤異己季直不能阿意明帝頗忌之

乃出為輔國長史北海太守邊職上佐素士罕
為之者或勸季直造門致謝明帝既見便留之
以為驃騎諮議參軍兼尚書左丞仍遷建安太
守政尚清靜百姓便之還為中書侍郎遷游擊將
軍兼廷尉梁臺建遷給事黃門侍郎常稱仕至
二千石始願畢矣無為務人間之事乃辭疾還
鄉里天監初就家拜太中大夫高祖曰梁有天
下遂不見此人十年卒于家時年七十五季直
素清苦絕倫又屏居十餘載及死家徒四壁子
孫無以殯斂聞者莫不傷其志焉

蕭際素蘭陵人也祖思話宋征西儀同三司父
惠明吳興太守皆盛名際素早孤貧為叔父
惠休所收邮起家為齊司徒法曹行參軍遷著
作佐郎太子舍人尚書三公郎永元末為太子
洗馬梁臺建高祖引為中尉驃騎記室參軍又遷
監初為臨川王友復為太子中舍人丹楊尹丞
初拜高祖賜錢八萬際素一朝散之親友又遷
司徒左西屬南徐州治中性靜退少嗜欲好學

能清言榮利不關於己喜怒不形於色在人間
及居職立任情通率不自矜高天然簡素士人
以此咸敬之及在京口便有終焉之志乃於攝
山築室會徵為中書侍郎遂辭不就因還山宅
獨居屏事非親戚不得至其籬門妻太尉王儉
女又與別居遂無子八年卒　親故迹其事行謚
曰貞文先生

史臣曰顧憲之陶季直引年者也蕭際素則官
情鮮焉比夫懷祿躭寵婆娑人世則殊間矣

良吏

　庾蓽　　　　　　散騎常侍姚　思廉　撰
　沈瑀
　范述曾
　丘仲孚
　孫謙
　伏暅
　何遠

梁書傳四十七　　　　　二

昔漢宣帝以為政平訟理其惟良二千石乎前
史亦云今之郡守古之諸侯也故長吏之職號
為親民是以導德齊禮移風易俗成必由之齊
末昏亂政移羣小賦調雲起徭役無度守宰多
倚附權門互長貪虐掊剋聚斂侵愁細民天
下搖動無所厝其手足高祖在田知民疾苦及
梁臺建仍下寬大之書書皆時雜調咸悉除省
於是四海之內始得息肩逮踐皇極躬覽庶事
日昃聽政求民之瘼乃命輶軒以省方俗置肺

石以達窮民務加隱卹舒其急病元年始去貨
計丁為布身服浣濯之衣御府無文飾官被不
過綾綵無珠璣錦繡太官撤牢饌每日膳菜蔬
飲酒不過三酸以儉先海內每選長吏務簡廉
平皆召見御前親勗治道始權尚書殿中郎到
漑為建安內史左民侍郎劉黯為晉安太守漑
等居官並以廉潔著又詔令小縣有能遷為大
縣大縣有能遷為二千石於是山陰令丘仲孚
治有異績以為長沙內史武康令何遠清公以

為宣城太守剖符為吏者往往承風焉若新野
庾蓽諸任職者以經術潤飾吏政或所居流惠
或去後見思蓋後來之良吏也綴為良吏篇云

庾蓽字休野新野人也父深之宋新野州刺史蓽
年十歲遭父憂居喪毀瘠為州黨所稱弱冠
為州迎主簿舉秀才累遷安西主簿尚書殿
中郎驃騎功曹史博涉羣書有口辯齊永明
中與魏和親以蓽兼散騎常侍報使還拜散
騎侍郎知東宮管記事鬱林王即位殿掌中

梁書傳四十七　　　　　二　　　　光

書詔出爲荊州別駕仍遷西中郎諮議參軍
復爲州別駕前後網紀皆致富饒華再爲之清
身率下杜絕請託被蔬食妻子不免饑寒明
帝聞而嘉焉手敕襃美州里榮之遷司徒諮議
參軍通直散騎常侍高祖平京邑霸府建引爲
驃騎功曹貿參軍遷尚書左丞出爲輔國長史會
稽郡丞行郡府事時承凋弊之後百姓凶荒所
在穀貴米至數千民多流散華撫循甚有治理
唯守公祿清節逾厲至有經日不舉火太守襄
陽王聞而饋之華謝不受天監元年卒傅屍無
以斂樞不能歸高祖聞之詔賜絹百匹米五十
斛初華爲西楚望族早歷顯官鄉人樂華有幹
用素與華不平互相陵競蔿事齊豫章王凝疑
蔿詡仕不得志自步兵校尉求助戎歸荊州時
華爲州別駕益忿蔿及高祖踐阼蔿以西朝勳
事微有譖華始得會稽行事既恥之矣會職
爲御史中丞華以譖其鄉人也使宣旨誨之華
大憤故發病卒

沈瑀字伯瑜吳興武康人也叔父昶事宋建平
王景素景素謀反昶先去之及敗坐繫獄瑀詣
臺陳請得免罪由是知名起家州從事奉朝請
當詣尚書右丞殷沵沵與語及政事甚器之
謂曰觀卿才幹當居吾此職司徒竟陵王子良
聞瑀名引爲府參軍領揚州部傳從事時建康
令沈徽孚恃勢陵瑀瑀以法繩之衆憚其彊
良甚相知賞雖家事皆以委瑀子良薨瑀復事
刺史始安王遙光遙光嘗被使上民丁速而無然遍
光謂同使曰爾何不學沈瑀所爲乃令專知州
獄事湖熟縣方山埭高峻冬月公私行侶以爲
艱難明帝使瑀行治之瑀乃開四洪斷行客
作三日立辦揚州書佐私行詐稱州使不肯就
作瑀鞭之三十書佐歸訴遙光遙光曰沈瑀必
不枉鞭汝罪復之果有詐明帝益善之永泰元年
所責減村官所量數十萬株桑四株柿及梨
爲建德令教民一丁種十五株桑
栗女子一半之人咸歡悅頃之成林去官還京師

兼行選曹郎隨陳伯之軍至江州會義師圍
郢城瑀說伯之迎高祖伯之泣曰余子在都不
得出城不能不愛之瑀曰不然人情匈匈皆思
改計若不早圖眾散難合伯之遂舉眾降瑀從
在高祖軍中初瑀在竟陵王家素與范雲善嘗
未嘗就雲宿夢坐屋梁王家上仰見天中字曰范
氏宅至是瑀為高祖說之高祖自暨陽令擢兼
尚書右丞時天下初定陳伯之表瑀催督運轉

軍國獲濟高祖以為能遷尚書駕部郎兼右丞
如故瑀薦族人沈僧隆僧照有吏幹高祖並納
之以毋憂去職起為振武將軍餘姚令縣大姓
虞氏千餘家請謁如市前後令長莫能絕自瑀
到非訟所通其有至者恣立之皆下以法繩之
縣南又有豪族數百家子弟縱橫遞相庇廕厚
自封植百姓甚患之瑀召其老者為石頭倉監
少者補縣僮皆號泣道路自是權右屏跡瑀初
至富吏皆鮮衣美服以自彰別瑀怒曰汝等寺下

縣吏何目擿貴人耶乃使著芒屩麤布侍立終
日足有蹉跌輒加榜棰瑀微時宦目至此醬南死
器為富人所辱故因以報焉由是士庶駭怨然
瑀廉白自守故得遂行其志後王師北伐徵瑀
為建威將軍督運漕尋兼都水使者頃之遷
少府卿出為安南長史尋陽太守
曹景宗疾篤瑀行府州事景宗卒仍為信威
蕭穎達長史太守如故瑀性屈彊毋忤穎達
穎達銜之天監八年因入謀事辭又激厲穎達
作色曰朝廷用君作行事耶瑀出謂人曰我死
而後已終不能傾側面從是日於路為盜所殺
時年五十九多以為穎達害言為子續累訟之
遇穎達亦尋卒事遂不窮竟續乃布衣蔬食
絡其身

范述曾字子玄吳郡錢唐人也幼好學從餘杭
呂道惠受五經略通章句道惠學徒常有百
數獨稱述曰曰此子必為王者師承文惠太子
竟陵文宣王幼時高帝引述曾為之師友起家

為守音熙王國侍郎齊初至南郡王國郎中令
遷尚書主客郎太子步兵校尉帶開陽令述曾
為人箸譔在官多所諫爭太子雖不能全用然
亦弗之罪也竟陵王深相器重號為周舍時太
子左衞率沈約亦以述曾方汲黯以父母年老
乞還就養乃拜中散大夫明帝即位除遊擊將
軍出為永嘉郡太守為政清平不尚威猛前後二
之所部橫陽縣山谷嶮峻所聚逃民俗便
千石討捕莫能息述曾下車開示恩信凡諸凶

黨讎負而出編戶屬籍者二百餘家自是商賈
流通居民安業在郡勵志清白不受饋明帝聞
甚嘉之下詔褒美為遊擊將軍郡送故
舊錢數二十餘萬述曾一無所受始之郡不將家
屬及衆吏無荷擔者民無老少皆出拜辭號哭
聞于數十里東皆時拜中散大夫還鄉里高祖
踐阼乃輕舟出詣闕仍辭還東高祖詔曰中散
大夫范述曾昔在齊世忠直奉主往茌永嘉治
身廉約宜加禮秩以厲清操可太中大夫賜絹

二十四述曾生平得奉祿皆以分施及老遂壁
立無所資以天監八年卒時年七十九注易文
言著雜詩賦數十篇
　　丘仲孚字公信吳興烏程人也少好學從祖
靈鞠有人倫之鑒常稱為千里駒也齊永明初選為
國子生舉高第未調還鄉里家貧無以資乃
召補主簿歷揚州從事太學博士于湖令有能
　　名太守呂文顯當時倖臣陵誣屬縣仲孚獨
不為之屈以父喪去職明帝即位起為烈武將
軍曲阿令值會稽太守王敬則舉兵反乘朝廷
不備及問始至而前鋒已屆曲阿仲孚謂吏民
曰賊乘勝雖銳而烏合易離令若收船艦鑒
長岡埭瀉瀆水以阻其路得留數日臺軍必
至則大事濟矣敬則軍至值瀆涸果頓兵不得
進遂敗散仲孚以距守有功遷山陰令居職甚
有聲稱百姓為之謠曰二傳沈劉不如一丘前

世傳琰父沈憲劉玉明相繼室山陰並有政
績言仲孚皆過之也齊末政亂頗有贓賄為有
司所舉將收之仲孚竊逃迻還京師詣闕
會赦得不治高祖踐阼復為山陰令仲孚長於
撥煩善適權黥吏民敬服號稱神明治為天下
第一起遷車騎長史長沙內史視事未朞徵為
尚書右丞遷左丞仍擢為衛尉卿恩任甚厚初起
雙闕以仲孚領大匠事畢出為安西長史南郡
太守遷雲麾長史江夏太守行郢州州府事遭
母憂起攝職坐事除名復起為司空參軍俄遷
豫章內史在郡更勵清節頃之卒時年四十八
詔曰豫章內史丘仲孚重試大邦責以後效非
直悔吝云亡寔亦政績克舉不幸殞喪良以傷
惻可贈給事黃門侍郎仲孚喪將還豫章老幼
號哭奔送車輪不得前仲孚為左丞撰皇典二
十卷南宮故事百卷又撰尚書具事雜儀行於
世焉

孫謙字長遜東莞莒人也少為親人趙伯符所

知謙年十七伯符為豫州刺史引為左軍行參
軍以治幹稱補父憂去職客居歷陽躬耕以養弟
妹鄉里稱其敦睦宋江夏王義恭聞之引為行
參軍歷仕大司馬太宰二府出為句容令清慎
彊記縣人號為神明泰始初事建安王休仁休
仁以為司徒參軍言之明帝擢為明威將軍巴
東建平二郡太守郡居三峽恃險好亂蠻獠
將述職敕募兵士百人自隨謙曰蠻夷不賓蓋待之
失節耳何煩兵役以為國費固辭不受至郡布
恩惠之化蠻獠懷之競餽金寶謙慰諭而一無
所納及掠得生口皆放還家俸秩出吏民者悉
原除之郡境又無虎狼威信大著視事三年徵還為
撫軍中兵參軍元徽初遷梁州刺史辭不赴職
遷越騎校尉征比司馬府主簿建平王景素為
患謙疆直詰事遣使京師然後作亂及建平誅
遷左軍將軍齊初為寧朔將軍錢唐令治煩以
簡獄無繫囚及去官百姓以謙在職不受餽遺
進載練帛以送之謙卻不受每去官輒無私宅

常借官空車廄居焉永明初為冠軍長史江夏
太守坐被代輒去郡繫尚方頃之免為中散大
夫明帝將廢立欲引謙為心膂使兼衞尉給甲
仗百人謙不願出為南中郎司馬東昏永元年遷
弗復任焉謙際會輒散甲士帝雖不罪而
大夫天監六年出為輔國將軍零陵太守已遷
老猶彊力為政吏民安之先是郡多虎暴謙至
絕跡及去官之夜虎即害居民謙為郡縣常勤
勤課農桑務盡地利收入常多於隣境九年以

梁書傳四七　十一　三

年老徵為光祿大夫既至高祖嘉其清絜其禮
異焉毎朝見猶請劇職自效高祖笑曰朕使卿
智不使卿力於十四年詔曰光祿大夫孫謙清慎

二十人并給扶謙自少及老歷二縣五郡所在
有聞白首不忘高年舊齒宜加優秩可給親信
廉潔居身儉素牀施蘧蔯屏風冬則布被莞席
席夏日無幬帳而夜卧未嘗有蚊蚋人多異焉
門力於仁義行已過人甚遠從兄靈慶常病寄
年逾九十彊壯如五十者毎朝會輒先衆到公

於謙出行還問起居靈慶曰向飲冷熱不調
即時猶渴謙退遣其妻有彭城劉融者行乞疾
篤無所歸友人舉送謙舍謙開聽事以待之及
融死以禮殯葬之衆咸服其行義十五年卒官
哀其悼惜之謙從子廉便辟巧官齊時已歷大
時年九十二詔贈錢三萬布五十四高祖為舉
縣尚書右丞天監初沈約范雲當朝用事廉傾
意奉之及中書舍人黃睦之等亦尤所結附凡
貴要毎食廉必曰進滋旨皆手自煎調不辭勤

梁書傳四七　十二　政

劇遂得為列卿御史中丞晉陵吳興太守時廣
陵高爽有險薄才客於廉廉委以文記爽當有
求不稱意乃為謎以嘲廉曰刺單不知嗁蹄
面不知瞋齒作步數持此得勝人譏其不計
恥辱以此取名是也

伏暅字玄耀曼容之子也幼傳父業能言玄理
與樂安任昉彭城劉曼俱知名起家齊奉朝請
仍兼太學博士等除東陽郡丞秩滿為鄞令時
曼容已致仕故頻以外職慰暅令其得養焉齊

末始為尚書都官郎仍為衛軍記室參軍高
祖踐阼遷國子博士父憂去職服闋關為車騎諮
議參軍累遷司空長史中書侍郎前軍將軍兼
五經博士與史部尚書徐勉中書侍郎周捨總
知五禮事出為永陽內史在郡清絜治務安靜
郡民何貞秀等一百五十四人詣州言狀湘州刺
史以聞詔勛以太守田米助之郡多麻苧家人乃至
登者輒以東陽太守

無以為繼其屬志如此屬縣始新遂安海寧並
同時生為立祠徵為國子博士領長水校尉時
始興內史何遠累著清績高祖詔擢瞰為黃門侍
郎俄遷信武將軍監吳郡瞰自以名非輩素在遠
前為吏俱稱廉白遠累見到瞰遷偕而已意望
不滿多託疾居家尋求假到東陽迎妹喪因留
會稽築宅自表解假高祖詔以為豫章內史瞰乃
出拜治書御史虞瞰奏曰臣聞失忠與信一心之
道以虧貌是情非兩觀之誅宜及未有陵犯名

教要員君親而可緯俗經邦者也風聞豫章內
史伏瞰去歲啟假以迎妹喪為會稽不
去入東之始貨宅賣車以此而推則是本無還
意瞰歷典二邦少免貪濁此自為政之本當得
稱功常謂人才品望居何遠之右而遠以清公
見瞰名位轉隆瞰深誹怨形於辭色興居歎咤
寤寐失圖天高聽甲無私不照去年十二月
十一日詔曰國子博士領長水校尉伏瞰為政廉
平宜加將養勿使憲望致衛士風可豫章內史

豈有人臣奉如此之詔而不亡魂破膽歸罪有
司擢髮抽腸少自論謝而循奉傲然了無異色
瞰識見所到足達此旨而貪寵不解宏斯苟得
故以士流解體行路沸騰辯跡求心無一可恕
竊以瞰蹤躡落魄三十餘年皇運勃興咸與維
始除舊布新濯之江漢一紀之間三世隆顯貪
不能少懷感激仰答萬分反覆拙謀成弦巧罪
不忠不敬於斯已及請以瞰大不敬論以事詳
法應棄市刑輒收所近獄洗結以法從事如法

梁書 列傳第四十一

所稱晦即主臣謹案豫章內史臣民伏晦含疵表
行藉悖戾忘語嘿一違貪敬兼盡幸屬昌時權
以不次谿壑可盈志解巾與乎激勵之致甘此脂膏執
足之歸負玆佩荼苦龜組豈殊繰繰宜明風憲肅正簡
非荼苦佩玆龜組豈殊繰繰宜明風憲肅正簡
書臣等參議請以見事免晦所居官凡諸位任
一旨削除有詔勿治晦遂得就郡視事凡三年徵
為給事黃門侍郎領國子博士未及普通元
年卒於郡時年五十九尚書右僕射徐勉為之
墓誌其一章曰東區南服愛結民胥相望伏闕
繼軌奏書或卧其轍或扳其車或圖其像或式
其間思耿借寇曷以尚諸初晦父曼容與樂安
任瑤皆曜於齊太尉王儉瑤子昉及晦並知
頃之昉才遇稍盛昉已為司徒右長史晦
猶滯於參軍事及其終也名位略相伴晦性儉
素車服麤惡衣雖退靜內不免心競故見譏於
時能推薦後來常若不及少年士子或以此依之
何遠字義方東海郯人也父慧炬齊尚書郎遠

釋褐江夏王國侍郎轉奉朝請永元中江夏王
寶玄於京口為護軍將軍崔慧景所奉入圍宮
城遠豫其事事敗乃亡抵長沙宣武王王深保
匿焉遠求得桂陽王融保藏之既而發覺收捕
者至遠逾垣以免融及遠亡渡江使其故人高江產
禍遠家屬繫尚方遠東昏黨聞之使王蕭欲捕遠等同
共聚眾欲迎高祖義師魏入壽陽見刺史王蕭欲同
眾復潰散遠因降迎遠等
義舉蕭不能用乃求迎高祖蕭許之遣兵援送
得達高祖高祖見遠謂張弘策曰何遠美丈夫
而能破家報舊德未易人也板輔國將軍隨軍
東下既破朱雀軍以為建康令高祖踐阼為步
兵校尉以奉迎勳封廣興男邑三百戶遷武將
軍後軍鄱陽王恢錄事參軍遠與恢素善在府
盡其志力知無不為不為恢錄事亦推心杖之恩寄甚密
頃之遷武昌太守遠本倜儻尚輕俠至是乃折
節為吏杜絕交遊饋遺秋毫無所受武昌俗皆
汲江水盛夏遠患水溫每以錢買民井寒水不

取錢者則捷水還之其他事率多如此跡雖似
偽而能委曲用意焉車服尤弊素器物無銅漆江
左多水族其賤遠每食不過乾魚數片而已然
性剛嚴吏民多以細事受鞭罰者遂為人所訟
徵下廷尉被劾數十條當時士大夫坐法皆不
受立遠度已無贓就立三七日不款猶以私藏
禁仗除名後起為鎮南將軍武康令愈屬廉節
除洮祀正身率職民其稱之太守王彬巡屬縣諸
縣盛供帳以待焉至武康遠獨設糗水而已彬

十七 朱曾

宣城太守自縣為近畿大郡近代未之有也郡
過陸納將不為古人所笑乎高祖聞其能擢為
經寇抄遠盡忠綏理復著名迹春年遷樹功將
軍始興內史時泉陵矣涤朗為桂州緣道剽掠
入始興界草木無所犯遠在官好開途巷脩葺
牆屋民居市里城隍殿庫所過若營家焉調以
俸錢並無所取歲暮擇民尤窮者充其祖調以
此為常然其聽訟猶人不能過絕而性果斷民

不敢非畏而惜之所至皆生為立祠表言治狀
高祖每優詔答焉天監十六年詔曰何遠前在
武康已著廉平復位二邦彌盡清白政治先治道
惠留民愛雖古之良二千石無以過也宜升內
梁以顯外績可給事黃門侍郎遠即還仍為仁
威長史頃之出為信武將軍吳郡吳頗有
酒失遷東陽太守遠處職疾彊富如仇雖視貧
細如子弟特為豪右所畏憚在東陽歲餘復為
受罰者所謗坐免歸遠耿介無私曲居人間絕

十八 楊仁

請謁不造詣貴賤書跪抗禮如一其所會遇
未嘗以顏色下人以此多為俗士所惡其清公
言榮厲士頹益以此多之其輕財好義周人之
急言不虛妄蓋天性也每戲語人云卿能得我
一妄語則謝卿以一縑衆共伺之不能記也後
子幾寒如下貧者及去東陽歸家經年歲口不
實為天下第一居數郡見可欲終不變其心妻
起為征西諮議參軍中撫司馬普通二年卒時
年五十二高祖厚贈賜之

陳吏部尚書姚察曰前史有循吏何哉世使然
也漢武役繁姦起循平不能故有奇酷誅戮以
勝之亦多怨濫矣梁興破觚為圓斷雕為樸教
民以孝悌勸之以農桑於是姦黠化為由余輕
薄變為忠厚淳風已洽民自知禁堯舜之民比
屋可封信矣若夫酷吏於梁無取焉

諸夷

　海南

　西北諸戎

　東夷

散騎常侍姚　思廉　撰

海南諸國大抵在交州南及西南大海洲上相去近者三五千里遠者二三萬里其西與西域諸國接漢元鼎中遣伏波將軍路博德開百越置日南郡其徼外諸國自武帝以來皆獻見後漢桓帝世大秦天竺皆由此道遣使貢獻及吳孫權時遣宣化從事朱應中郎康泰通焉其所經及傳聞則有百數十國因立記傳晉代通中國者蓋尟故不載史官及宋齊至者有十餘國始為之傳自梁革運其奉正朔脩貢職航海歲至踰於前代矣今採其風俗粗著者者綴為海南傳云

林邑國者本漢日南郡象林縣古越裳之界也伏波將軍馬援開漢南境置此縣其地縱廣可六百里城去海百二十里去日南界四百餘里北接九德郡其南界水步道二百餘里有西國夷亦稱王馬援植兩銅柱表漢界處也其國有金山石皆赤色其中生金金夜則出飛狀如螢火又出瑇瑁貝齒吉貝沈木香吉貝者樹名也其華成時如鵝毳抽其緒紡之以作布潔白與紵布不殊亦染成五色織為班布沈木者土人斫斷之積以歲年朽爛而心節獨在歲置水中則沈故名曰沈香次不沈不浮者曰棧香也漢末大亂功曹區連殺縣令自立為王傳數世其後王無嗣立外甥范熊代立死子逸嗣晉成帝咸康三年逸死無嗣文葬立文本日南西捲縣夷之范稚家奴常牧牛於山澗得鱧魚二頭化而鐵因以鑄刀鑄成文向石而呪曰若斫石破者文當王此國因舉刀斫石如斷芻甚怪文心獨異之范稚常使之商賈至林邑因教林邑王作宮室及兵車器械王寵任之後乃讒王諸子各奔餘國及王死無嗣文偽於隣國迓王子置毒於

凝中而殺之遂劫國人自立舉兵攻旁小國皆
吞滅之有衆四五萬人時交州刺史姜莊使所
親韓戢謝稚前後監日南郡並貪殘諸國患之
穆帝永和三年臺遣夏侯覽爲太守侵刻先甚
林邑先無田土貪日南地肥沃常欲略有之至
是因民之怨遂舉兵龍襲日南殺覽以其屍祭天
留日南三年乃還林邑復屠滅之進寇九德郡殘害
吏民遣使告藩願以日南北境橫山爲界藩不
許又遣督護陶緩李衢討之文歸林邑尋復屯
日南五年文死子佛立猶屯日南征西將軍桓
溫遣督護滕畯九眞太守灌邃帥交廣州兵討
之佛嬰城固守邃令畯盛兵於前邃自帥勁卒七
百人自後踰壘而入佛衆驚潰奔走邃追至林
邑佛乃請降哀帝昇平初復爲寇暴剌史溫放
之討破之安帝隆安三年佛孫須達復寇日南
執太守炅源又進寇九德執太守曹炳交趾太
守杜瑗遣都護鄧逸等擊破之即以瑗爲剌史

義熙三年須達復寇日南殺長史瑗遣海邁督
護阮斐討破之斬獲甚衆九年須達復寇九眞
行郡事杜慧期與戰斬其息交龍王甄知及其
將范健等生俘須達息那能及虜獲百餘人自
瑗卒後林邑無歲不寇日南九德諸郡殺傷甚
多交州遂致虛弱須達死子敵眞立其弟敵鎧
攜母出奔敵眞追恨不能容其母弟捨國而之
天竺禪位於其甥國相藏驎固諫不從殺之敵眞既
立而殺藏驎藏驎子又攻殺之而立敵鎧同母異
父之弟曰文敵文敵後爲扶南王子當根純所
殺大臣范諸農平其亂而自立爲王諸農死子
陽邁立宋永初二年遣使貢獻以陽邁爲林邑
王陽邁死子咄立篡其父復曰陽邁其國俗居
處爲閣名曰干闌門戶皆北向書樹葉爲紙男
女皆以橫幅吉貝繞腰以下謂之干漫亦曰都
漫穿耳貫小鐶貴者著革屣賤者跣行自林邑
扶南以南諸國皆然也其王著法服加瓔珞如
佛象之飾出則乘象吹螺擊鼓罩吉貝繖以吉

具為幡國不設刑法有罪者使象踏殺之其
大姓號婆羅門嫁娶必用八月女先求男由賤
男而貴女也同姓還相婚姻使婆羅門引壻見
婦握手相付呪曰吉利吉利以為成禮死者焚
之中野謂之火葬其寡婦孤居散髮至老國王
事尼乾道鑄金銀人像大十圍元嘉初陽邁侵
暴日南九德諸郡交州刺史杜弘文建牙欲討
交州刺史院彌之遣隊主相道生帥兵赴討攻
之聞有代乃止八年又冠九德郡入四會浦口

梁書傳四十八　五　茂史

三冊
區栗城不剋乃引還爾後頻年遣使貢獻而冠
盜不已二十三年使交州刺史檀和之振武將
軍宗愨伐之和之遣司馬蕭景憲為前鋒陽邁
聞之懼欲輸金一萬斤銀十萬斤還所略日南
民戶其大臣菩僧達諫止之乃遣大帥范扶龍
戍其北界區栗城景憲攻城剋之斬扶龍首獲
金銀雜物不可勝計乘勝逕進即剋林邑陽邁
父子並挺身逃奔獲其珍異皆是未名之寶又
銷其金人得黃金數十萬斤和之後病死見胡

神為崇孝武建元大明中林邑王范神成累遣
長史奉表貢獻明帝泰豫元年又遣使獻方物
齊永明中范文贊累遣使貢獻天監九年文贊
子天凱奉獻白猴詔曰林邑王范天凱介在海
表乃心欵至遠修職貢良有可嘉宜班爵號彼
以榮澤可持節督緣海諸軍事威南將軍林邑
王十年十三年天凱遣使獻方物俄而病死
子弼毳跋摩立奉表貢獻普通七年王高式勝
鎧遣使獻方物詔以為持節督緣海諸軍事綏

梁書傳四十八　六　楊化

三冊
南將軍林邑王大通元年又遣使貢獻中大通
二年行林邑王高式律陁羅跋摩遣使貢獻詔
以為持節督緣海諸軍事綏南將軍林邑王六
扶南國在日南郡之南海西大灣中去日南可
七千里在林邑西南三千餘里城去海五百里
有大江廣十里西北流東入於海其國輪廣三
千餘里土地洿下而平博氣候風俗大較與林
邑同出金銀銅錫沈木香象牙孔翠五色鸚鵡

其南界三千餘里有頓遜國在海崎上地方千
里城去海十里有五王並羈屬扶南頓遜之東
界通交州其西界接天竺安息徼外諸國往還
交市所湊然其西界漲海迴入海中千餘里漲海無
崖岸船舶未曾得逕過也其市東西交會日有
萬餘人珍物寶貨無所不有又有酒樹似安石
榴采其花汁停甕中數日成酒頓遜之外大海
洲中又有毗騫國去扶南八千里傳其王身長
丈二頭長三尺自古來不死莫知其年王神聖

國中人善惡及將來事王皆知之是以無敢欺
者南方號曰長頸王國俗有室屋衣服噉粳米
其人言語小異扶南有山出金金露生石上無
所限也國法刑罪人並於王前噉其肉國內不
受估客有往者亦殺而噉之是以商旅不敢至
王常樓居不血食不事鬼神其子孫生死如常
人唯王不死扶南王數遣使與書相報荅常遺
扶南王純金五十人食器形如圓盤又如瓦塸
名為多羅受五升又如椀者受一升王亦能作

天竺書書可三千言說其宿命所由與佛經相
似並論善事又傳扶南東界即大漲海海中有
大洲洲上有諸薄國國東有馬五洲復東行漲
海千餘里至自然大洲其上有樹生火中洲左
近人剝取其皮紡績作布極得數尺以為手巾
與焦麻無異而色微青黑若小垢洿則投火中
復更精潔或作燈炷用之不知盡扶南國俗本
躶體文身被髮不制衣裳以女人為王號曰柳葉
年少壯健有似男子其南有徼國有事鬼神者

字混填夢神賜之弓乘賈人舶入海混填晨起
即詣廟於神樹下得弓便依夢乘船入海遂入
扶南外邑柳葉人衆見舶至欲取之混填即張
弓射其舶穿度一面矢及侍者柳葉大懼舉衆
降混填混填乃教柳葉穿布貫頭形不復露
治其國納柳葉為妻生子分王七邑其後王混
盤況以詐力開諸邑令相疑阻因舉兵攻并之
乃遣子孫中分治諸邑號曰小王盤況年九十
餘乃死立中子盤盤以國事委其大將范蔓盤

盤立三年死國人共舉蔓為王蔓勇健有權略
復以兵威攻伐旁國咸復屬之自號扶南大王
乃治作大船窮漲海攻屈都昆九稚典孫等十
餘國開地五六千里次當伐金隣國蔓遇疾遣
太子金生代行萬姉子旃時為二千人將因篡
蔓自立遣人詐金生而殺之蔓死時有乳下兒
名長在民間至年二十乃結國中壯士襲殺旃
旃大將范尋又殺長而自立更繕治國內起觀
閣遊戲之朝旦中晡三四見客民人以焦蕉龜
鳥為禮國法無牢獄有罪者先齋戒三日乃燒
斧極赤令訟者捧行七步又以金鐶雞卵投沸
湯中令探取之若無實者手即焦爛有理者則
不又於城溝中養鰐魚門外圈猛獸有罪者輒
以餧猛獸及鰐魚魚獸不食為無罪三日乃放
之鰐大者長二丈餘狀如鼉有四足喙長六七
尺兩邊有齒利如刀劍常食魚遇得麞鹿及人
亦敢自蒼梧以南及外國皆有之吳時遣中郎
康泰宣化從事朱應使於尋國國人猶裸唯歸

人著貫頭泰應謂曰國中實佳但人亵露可怪
耳尋始令國內男子著橫幅橫幅今干漫也大
家乃載錦為之貧者乃用布晉武帝太康中尋
始遣使貢獻穆帝升平元年王竺旃檀奉表獻
馴象詔曰此物勞費不少駐令勿送其後王憍
陳如本天竺婆羅門也有神語曰應王扶南憍
陳如心悅南至盤盤扶南人聞之舉國欣迎
而立焉復改制度用天竺法
梨陁跋摩宋文帝世奉表獻方物齊永明中王
闍邪跋摩遣使貢獻天監二年跋摩復遣使送
珊瑚佛像并獻方物詔曰扶南王憍陳如闍邪
跋摩介居海表世纂南服厥誠遠箸重譯獻琛
宜蒙酬納班以榮號可安南將軍扶南王令其
國人皆醜黑拳髮所居不穿井數十家共一池
引汲之俗事天神天神以銅為像二面者四手
四面者八手手各有所持或小兒或鳥獸或日
月其王出入乘象嬪侍亦然王坐則偏踞翹膝
垂左髆至地以白疊敷前設金盆香鑪於其上

國俗居喪則剃除鬚髮死者有四葬水葬則投
之江流火葬則焚爲灰燼土葬則瘞埋之鳥葬
則棄之中野人性貪恡無禮義男女恣其奔隨
十年十三年跋摩累遣使貢獻其年死庶子留
陁跋摩殺其嫡弟自立十六年遣使竺當抱老
奉表貢獻十八年復遣使獻天竺二柹檀瑞像婆
羅樹葉并獻火齊珠鬱金蘇合等香普通元年
中大通二年大同元年累遣使獻方物五年復
遺使獻生犀又言其國有佛鬚長一丈二尺詔

遣沙門釋雲寶隨使往迎之先是三年八月高
祖改造阿育王寺塔出舊塔下舍利及佛爪鬚
鬚青紺色衆僧以手伸之隨手長短放之則旋
屈爲蠡形案僧伽經云佛鬚青而細猶如藕莖
絲佛三昧經云我昔在宮沐頭以尺量鬚長一
丈二尺放巳右旋還成蠡文則與高祖所得同
也阿育王即鐵輪王王閻浮提一天下佛滅度
後一日一夜役鬼神造八萬四千塔此即其一
也吳時有尼居其地爲小精舍孫綝尋毀除之

塔亦同泯吳平後諸道人復於舊處建立爲晉
中宗初渡江更脩飾之至簡文咸安中使沙門
安法師程造小塔未及成而亡弟子僧顯繼而
修立至孝武太元九年上金相輪及承露其後
西河離石縣有胡人劉薩何遇疾暴亡而心下
猶暖其家未敢便殯經十日更蘇說云有兩吏
見錄向西北行不測遠近至十八地獄隨報重
輕受諸楚毒見觀世音語云汝緣未盡若得活
可作沙門洛下齊城丹陽會稽並有阿育王塔

可往禮拜若壽終則不墮地獄語竟如墮高巖
忽然醒寤因此出家名慧達遊行禮塔次至丹
楊未知塔處乃登越城四望見長干里有異氣
色因就禮拜果是育王塔所屢放光明由是定
知必有舍利乃集衆就掘之入一丈得三石碑
並長六尺中一碑有鐵函函中又有銀函函中
又有金函盛三舍利及爪鬚各一枚鬚長數尺
即遷舍利近此對簡文所造塔西造一層塔十
六年又使沙門僧尚伽爲三層即高祖所開者

也初穿土四尺得龍窟及昔人所捨金銀鐶釧
釵鑷等諸雜寶物可深九尺許方至石磉磉下
有石函函內有鐵壺以盛銀坩坩內有金鏤罌
盛三舍利如粟粒大圓正光潔函內又有琉璃
椀內得四舍利及髮爪爪有四枚並為沈香色
至其月二十七日高祖又到寺禮拜設無导大
會大澈天下是日以金鉢盛水泛舍利其最小
者隱鉢不出高祖禮數十拜舍利乃於鉢內放
光旋回久之乃當鉢中而止高祖問大僧正慧
念今日見不可思議事不慧念苦曰法身常住
湛然不動高祖曰弟子欲請一舍利還臺供養
至九月五日又於寺設無导大會遣皇太子王
侯朝貴等奉迎是日風景明和京師傾屬觀者
百數十萬人所設金銀供具等物並留寺供養
并施錢一千萬為寺基業至四年九月十五日
高祖又至寺設無导大會堅二剎各以金罌次
玉罌重盛舍利及爪髮內七寶塔中又以石函
盛寶塔分入兩剎下及王侯妃主百姓富室所

捨金銀鐶釧等珍寶充積十一年十一月二日
寺僧又請高祖於寺發般若經題爾夕二塔俱
放光明敕鎮東將軍邵陵王綸製寺大功德碑
文先是二年改造會稽鄮縣塔開舊寺出舍利
遣光宅寺釋敬脫等四僧及舍人孫照暨迎還
臺高祖禮拜竟即送還縣入新塔下此縣塔亦
是劉薩何所得也晉咸和中丹陽尹高悝行至
張侯橋見浦中五色光長數尺不知何怪乃令
人於光處掊視之得金像未有光趺悝乃下車
載像還至長干巷首牛不肯進悝因令人任
牛所之牛徑牽車至寺悝乃令
中夜常放光明又聞空中有金石之響經一歲
捕魚人張係世於海口忽見有銅花趺浮出水
上條世取送縣縣以送臺乃施像足宛然合會
簡文咸安元年交州合浦人董宗之採珠沒自
於底得佛光豔交州押送臺以施像又合焉自
咸和中得佛像至咸安初歷三十餘年光趺始具
初高悝得像後西域胡僧五人來詣悝曰昔於

天竺得阿育王造像來至鄴下值胡亂埋像於
河邊今尋覓失所五人嘗一夜俱夢見像曰己
出江東為高悝所得悝乃送此五僧至寺見像
噓欷涕泣像便放光照燭殿宇又尾官寺慧邃
欲模寫像形寺主僧尚慮虧損金色謂邃曰若
能令像放光回身西向乃可相許慧邃便懇到
拜請其夜像即轉坐西向放光回身西向明旦便許
模之像趺先有外國書模有識者後有三藏邸
求跋摩識之云是阿育王為第四女所造也及
大同中出舊塔舍利敕市寺側數百家宅地以
廣寺域造諸堂殿并瑞像周回閣等窮於輪奐
焉其圖諸經變亦吳人張繇運手繇丹青之工
一時冠絕

盤盤國宋文帝元嘉孝武孝建大明中並遣使
貢獻大通元年其王使使奉表曰揚州閻浮提
震旦天子萬善莊嚴一切恭敬猶如天淨無雲
明耀滿目天子身心清淨亦復如是道俗濟濟
並蒙聖王光化濟度一切求作舟航臣聞之慶

十五　荓戚

善我等至誠敬禮常勝天子足下稽首問訊今
奉薄獻願垂哀受中大通元年五月累遣使貢
牙像及塔并獻沈檀等香數十種六年八月復
使送菩提國真舍利及畫塔并獻菩提樹葉詹
糖等香

丹丹國中大通二年其王遣使奉表曰伏承聖
主至德仁治信重三寶佛法興顯眾僧殷集法
事日盛威嚴整肅朝望國執慈慈蔭著生八方六
合莫不歸服化隣諸天非可言喻不任慶善君

斬馘奉見尊足謹奉送牙像及塔各二軀并獻火
齊珠古貝雜香藥等大同元年復遣使獻金銀
瑠璃雜寶香藥等物

干陀利國在南海洲上其俗與林邑扶南略同
出班布古貝檳榔檳榔特精好為諸國之極宋
孝武世王釋婆羅邮憐陀遣長史竺留陀獻金
銀寶器及天監元年其王瞿曇脩跋陀羅以四月
八日夢見一僧謂之曰中國今有聖主十年之
後佛法大興汝若遣使貢奉敬禮則土地豐樂

十六　何益

商旅百倍若不信我則境土不得自安脩陁陁
羅初未能信既而又夢此僧曰汝若不信我當
與汝往觀之乃於夢中來至中國拜觀天子既
覺心異之陁羅本工畫乃寫夢中所見高祖容
質飾以丹青仍遣使并畫工奉表獻王盤等物
同焉因盛以寶函日加禮敬後跋陁死子毗邪
使人既至以模寫高祖形以還其國比本畫則符
跋摩立十七年遣長史毗員跋摩奉表曰常勝
天子陛下諸佛世尊常樂安樂六通三達為世

聞算是名如來應供正覺遺形舍利造諸塔像
莊嚴國土如須彌山邑居聚落次第羅蒲城郭
館宇如忉利天宮具足四兵能伏怨敵國土安
樂無諸患難人民和善受化正法慶無不通猶
處雷山流注雪水八味清淨百川洋溢周回屈
曲順趣大海一切衆生咸得受用於諸國土殊
勝第一是名震旦大梁揚郡天子仁廕四海德
合天心雖人是天降生護世功德寶藏救世大
悲為我尊生威儀具足是故至誠敬禮天子足

下稽首問訊奉獻金芙蓉雜香藥等願垂納受
普通元年復遣使獻方物
狼牙脩國在南海中其界東西三十日行南北
二十日行去廣州二萬四千里土氣物產與南
略同偏多蔆沈婆律香等其俗男女皆袒而被
髮以古貝為干縵其王及貴臣乃加雲霞布覆
臏以金繩為絡帶金鐶貫耳女子則被布以瓔
珞繞身其國界樓閣門樓王出乘象有
幡毦旗鼓罩台蓋兵衞甚設國人說立國以來

四百餘年後嗣襄弱王族有賢者國人歸之王
聞知乃加囚執其鏁無故自斷王以神因不
敢害乃斥還出境遂奔天竺天竺妻以長女俄
而狼牙王死大臣迎還為王二十餘年死子婆
伽達多立天監十四年遣使阿撤多奉表曰大
吉天子足下離淫怒癡哀愍衆生慈心無量端
嚴相好身光明朗如水中月普照十方眉間白
毫其白如雪其色照曜赤如月光諸天善神之
所供養以垂正法寶梵行衆增莊嚴都邑城閣

高峻如乾陁山樓觀羅列道途平正人民熾盛
快樂安穩著種種衣服猶如天服於一切國為極
尊勝天王愍念羣生民人安樂慈心深廣律儀
清淨正法化治供養三寶名稱宣揚布滿世界
百姓樂見如月初生譬如梵王世界之主人天一
切莫不歸依敬禮大吉天子足下猶如現前添
承先業慶喜無量今遣使問訊大意欲自往復
畏大海風波不達今奉薄獻願大家曲垂領納
婆利國在廣州東南海中洲上去廣州二月日
行國界東西五十日行南北二十日行有一百

【梁傳四十八】　十九　孫璠

三十六聚土氣暑熱如中國之盛夏穀一歲再
熟草木常榮海出文螺紫貝有石名蚶貝羅初
採之柔軟及刻削為物乾之遂大堅彊其國人
披古貝如帊及為都縵王乃用班絲布以瓔珞
繞身頭箸金冠高尺餘形如弁綴以七寶之飾
帶金裝劍偏坐金高坐以銀蹬支足侍女皆為
金花雜寶之飾或持白氍拂及孔雀扇王出以
象駕輿輿以雜香為之上施羽蓋珠簾其導從

吹螺擊鼓王姓憍陳如自古未通中國問其先
及年數不能記焉而言曰淨王夫人即其國女
也天監十六年遣使奉表曰伏承聖王信重三
寶興立塔寺校飾莊嚴周徧國土四衢平坦清
淨無穢臺殿羅列狀若天宮壯麗微妙世無與
人士女麗服光飾市廛豐富充積珍寶王法清
等聖主出時四兵具足羽儀道從布滿左右都
整無相侵奪學徒皆至三乘競集敷說正法雲
布雨潤四海流通交會萬國長江眇漫清泠深

【梁書傳四十八】　二十　許忠

廣有生咸資莫能消穢陰陽和暢災厲不作大
梁揚都聖王無等臨覆上國有大慈悲子弔萬
民平等忍辱怨親無二加以周窮無所藏積廉
不照燭如日之明無不受樂猶如淨月宰輔賢
良羣臣貞信盡忠奉上心無異想伏惟皇帝是
我真佛臣是婆利國主令敬稽首禮聖王足下
惟願大王知我此心此心久矣非適今也山海
阻遠無緣自達今故遣使獻金席等表此丹誠
並貢通三年其王頻伽復遣使珠貝智貢白鸚鵡

青門蟲蛛人鍫瑠璃器古貝螺林雜香藥等數十種

中天竺國在大月支東南數千里地方三萬里

一名身毒漢世張騫使大夏見邛竹杖蜀布國

今云市之身毒漢即天竺蓋傳譯音字不同

其實一也從月支高附以西南至西海東至槃

越列國數十每國置王其名雖異皆身毒也

漢時羈屬月支其俗土著與月支同而卑濕暑

熱民弱畏戰弱於月支國臨大江名新陶源出

崐崘分為五江總名曰恒水其水甘美下有真

鹽色正白如水精土俗出犀象貂羃瑇瑁火齊

金銀鐵金縷織成金皮罽細靡好婆羅毾㲪

火齊狀如雲母色如紫金有光耀別之則薄如

蟬翼積之則如紗縠之重沓也其西與大秦安

息交市海中多大秦珍物珊瑚琥珀金碧珠璣

琅玕鬱金蘇合蘇合是合諸香汁煎之非自然

一物也又云大秦人採蘇合先笮其汁以為香

膏乃賣其滓與諸國賈人是以展轉來達中國

不大香也欝金獨出罽賓國華色正黃而細與

芙蓉華裏被蓮者相似國人先取以上佛寺積

日香橋乃糞去之賈人從寺中徵雇以轉賣與

佗國也漢桓帝延熹九年大秦王安敦遣使自

日南徼外來獻漢世唯一通焉其國人行賈往

往至扶南日南交趾其南徼外諸國人少有到

秦者孫權黃武五年有大秦賈人字秦論來到

交趾交趾太守吳邈遣送詣權權問方土謠俗

論具以事對時諸葛恪討丹陽獲黝歙短人論

見之曰大秦希見此人權以男女各十人差吏

會稽劉咸送論於道物故論乃徑還本國漢

和帝時天竺數遣使貢獻後西域反叛遂絕至

桓帝延熹二年四年頻從日南徼外來獻魏晉

世絕不復通唯吳時扶南王范旃遣親人蘇物

使其國從扶南發投拘利口循海大灣中正西

北入歷灣邊數國可一年餘到天竺江口逆水

行七千里乃至焉天竺王驚曰海濱極遠猶有

此人即呼令觀視國內仍差陳宋等二人以月

支馬四匹報旃遣物等還積四年方至其時吳

遣中郎康泰使扶南及見陳宋等具問天竺土
俗云佛道所興國也人民敦厖土地饒沃其王
號茂論所都城郭水泉分流繞于渠塹下注江
其宮殿皆雕文鏤刻街曲市里屋舍樓觀鐘鼓
音樂服飾香華水陸通流百賈交會奇玩珍瑋
恣心所欲左右嘉維合衛葉波等十六大國去
天竺或二三千里共尊奉之以為在天地之中
也天監初其王屈多遣長史竺羅達奉表曰伏
聞彼國據江傍海山川周固衆妙悉備莊嚴國

梁書傳四十八　二十三　洭

土猶如化城宮殿莊飾街巷平坦人民充滿歡
娛安樂王出遊四兵齊從聖明仁愛不害衆生
國中臣民循行正法大王仁聖化之以道慈悲
羣生無所遺棄常修淨戒式導不及無上法船
沈溺以濟百官氓庶受樂無恩諸天護持萬神
侍從天魔降服莫不歸仰王身端嚴如日初出
仁澤普潤猶如大雲於彼震旦最為殊勝臣之
所住國土首羅天守護令國安樂王王相承未
曾斷絕國中皆七寶形像衆妙莊嚴臣自循撿

如化王法臣名屈多弈世王種惟願大王聖體
和平今以此國羣臣民庶山川珍重一切歸屬
五體投地歸誠大王使人竺達多由來忠信是
故今遣大王若有所須珍奇異物悉當奉送此
之境土便是大王之國王之法令善道悉當奉
用願二國信使往來不絕此信返還願賜一使
其宣聖命備物所宜款至之誠望不空返所白如
允願加採納今奉獻琉璃唾壺雜香古貝等物

梁書傳四十八　二十四　滕

師子國天竺旁國也其地和適無多夏之異五
穀隨人所種不須節其國舊無人民止有鬼神
及龍居之諸國商估來共市易鬼神不見其形
但出珍寶顯其所堪價商人依價取之諸國人
聞其土樂因此競至或有停住者遂成大國晉
義熙初始遺獻形製殊特非人工此像歷晉宋
世在瓦官寺寺先有徵士戴安道手製佛像五
軀及顧長康維摩畫圖世人謂為三絕至齊東
昏遂毀王像前截臂次取身為嬖妾潘貴妃作

釚劍宋元嘉六年其王刹利摩訶遣使
貢獻大通元年後王伽葉伽羅訶梨邪使奉表
曰謹白大梁明主雖山海殊隔而音信時通伏
承皇帝道德高遠覆載同於天地明照齊乎日
月四海之表無有不從方國諸王莫不奉獻以
表慕義之誠或泛海三年陸行千日畏威懷德
無遠不至我先王以來唯以脩德為本不嚴而
治奉事正法道天下欣人為善慶若己身欲與
大梁共弘三寶以度難化信還伏聽告敕今奉
薄獻願垂納受

東夷之國朝鮮為箕子之化其器物猶
有禮樂云魏時朝鮮以東馬韓辰韓之屬世通
中國自晉過江泛海東使有高句驪百濟而宋
齊間常通職貢梁興又有加焉扶桑國在昔未
聞也普通中有道人稱自彼而至其言元本尤
悉故并錄焉
高句驪者其先出自東明東明本北夷槀離王
之子離王出行其侍兒於後任娠離王還欲殺

之侍兒曰前見天上有氣如大鷄子來降我因
以有娠王囚之後遂生男王置之豕牢以口
氣噓之不死王以為神乃聽收養長而善射王
忌其猛復欲殺之東明乃奔走南至淹滯水以
弓擊水魚鼈皆浮為橋東明乘之得渡至夫餘
而王焉其後支別為句驪種也其國漢之玄菟
郡也在遼東之東去遼東千里漢魏世南與朝
鮮穢貊東與沃沮北與夫餘接漢武帝元封四
年滅朝鮮置玄菟郡以高句驪為縣以屬之句

驪地方可二千里中有遼山遼水所出其王都
於丸都之下多大山深谷無原澤百姓依山谷
居食澗水雖土著無良田故其俗節食好治宮
室於所居之左立大屋祭鬼神又祠零星社稷
人性凶急喜冦抄其官有相加對盧沛者古鄒
加主簿優台使者皂衣先人等甲各有等級言
語諸事多與夫餘同其性氣衣服有異本有五
族有消奴部慎奴部藋奴部桂婁部本消奴部
為王微弱桂婁部代之漢時賜衣幘朝服鼓吹

常從玄菟郡受之後稍驕恣不復詣郡但於東界
築小城以受之至今猶名此城為幘溝婁溝婁
者句驪名城也其置官有對盧則不置沛者有
沛者則不置對盧其俗喜歌儛國中邑落男女
每夜輩聚哥戲其人潔清自喜善藏釀跪拜
申脚行步皆走以十月祭天大會名曰東明其
公會衣服皆錦繡金銀以自飾大加主簿頭著
著幘如幘而無後其小加著折風形如弁其國無
牢獄有罪者則會諸加評議殺之沒入妻子其

俗好淫男女多相奔誘已嫁娶便稍作送終之
衣其死葬有槨無棺好厚葬金銀財幣盡於
送死積石為封列植松栢兄死妻嫂其馬皆小便
登山國人尚氣力便弓矢刀子有鎧甲習戰鬭
沃沮東藏皆屬焉王莽初發高驪兵以伐胡不
欲行彊迫遣之皆亡出塞為冠盜州郡歸咎於
句驪侯騶嚴尤誘而斬之王莽大悅更名高句
驪為下句驪當此時為侯矣光武八年高句
王遣使朝貢始稱王至殤安之間其王名宮數

冠遼東玄菟太守蔡風討之不能禁宮死子伯
固立順和之間復數犯遼東冠抄靈帝建寧二年
玄菟太守耿臨討之斬首虜數百級伯固乃降
屬遼東公孫度之雄海東也伯固與之通好伯
固死子伊夷摸立伊夷摸自伯固時已數冠遼
東又受亡胡五百餘戶建安中公孫康出軍擊
之破其國焚燒邑落降胡亦叛伊夷摸伊夷摸
更作新國其後伊夷摸復擊玄菟玄菟與遼東
合擊大破之伊夷摸死子位宮立位宮有勇力

便鞍馬善射獵魏景初二年遣太傅司馬宣王
率衆討公孫淵位宮遣主簿大加將兵千人助
軍正始三年位宮冠西安平五年幽州刺史
毋丘儉將萬人出玄菟討位宮位宮將步騎萬
人逆軍大戰於沸流位宮敗走儉軍追至峴
懸車束馬登九都山屠其所都斬首虜萬餘級
位宮單將妻息遠竄六年儉復討之位宮輕將
諸加奔沃沮儉使將軍王頎追之絕沃沮千餘
里到肅慎南界刻石紀功又到九都山銘不耐

城而還其後復通中夏晉永嘉亂鮮卑慕容廆據昌黎大棘城元帝授平州刺史句驪王乙弗利頻寇遼東廆不能制弗利死子劉代立康帝建元元年慕容廆子晃率兵伐之劉與戰大敗單馬奔走晃乘勝追至丸都焚其宮室掠男子五萬餘口以歸孝武太元十年句驪攻遼東玄菟郡後燕慕容垂遣弟農伐之句驪復二郡垂子寶立以句驪王安為平州牧封遼東帶方二國正安始置長史司馬參軍官後略有遼東郡至孫高璉晉安帝義熙中始奉表通貢職歷宋齊並授爵位年百餘歲死子雲齊隆昌中以為使持節散騎常侍都督營平二州征東大將軍宜隆秩命武弘朝典可撫東大將軍開府儀同三司持節常侍都督營平二州諸軍事寧東將詔曰高璉即位進雲車騎大將軍天監七年樂浪公高雲乃誠款著貢驛相尋累遣使貢獻十七年雲死子安立普通元年詔安慕襲封爵持節督營平二州諸軍事寧東將

二九

軍七年安卒子延立遣使貢獻詔以延襲爵中大通四年六月大同元年七年累奉表獻方物太清二年延卒詔以其子襲延爵位百濟者其先東夷有三韓國一曰馬韓二曰辰韓三曰弁韓弁辰韓各十二國馬韓有五十四國大國萬餘家小國數千家總十餘萬戶百濟即其一也後漸彊大兼諸小國其國本與句驪在遼東之東晉世句驪既略有遼東百濟亦據有遼西晉平二郡地吳自置百濟郡晉太元中王須義熙中王餘映宋元嘉中王餘毗並遣獻生口餘毗死立子慶慶死子牟都立都死立子牟太齊永明中除都督百濟諸軍事鎮東大將軍百濟王牟太齊王天監元年進太號征東將軍尋為高句驪所破衰弱者累年遷居南韓地普通二年王餘隆始復遣使奉表稱累破句驪今始與通好而百濟更為彊國其年高祖詔曰行都督百濟諸軍事鎮東大將軍百濟王餘隆守藩海外遠修貢職廼誠款到朕有嘉焉宜率舊章

三十

授茲榮命可使持節都督百濟諸軍事寧東大
將軍百濟王五年隆死詔復以其子明為持節
督百濟諸軍事綏東將軍百濟王號所治城曰
固麻謂邑曰檐魯如中國之言郡縣也其國有
二十二檐魯皆以子弟宗族分據之其人形長
衣服淨潔其國近倭頗有文身者今言語服章
略與高驪同行不張拱拜不申足則異呼帽曰
複衫袴曰褌其言參諸夏亦秦韓之遺俗云中
大通六年大同七年累遣使獻方物并請涅盤

三、卅五　梁書傳四十八　三十一

等經義毛詩博士并工匠畫師等敕並給之太
清三年不知京師寇賊猶遣使貢獻既至見城
闕荒毀並號慟涕泣戾景怒囚執之及景平方
得還國

新羅者其先本辰韓種也辰韓亦曰秦韓相去
萬里傳言秦世亡人避役來適馬韓馬韓亦割
其東界居之以秦人故名之曰秦韓其言語名
物有似中國人名邦為國弓為弧賊為寇行酒
為行觴相呼皆為徒不與馬韓同又辰韓王常

（汪）

用馬韓人作之世相係辰韓不得自立為王明
其流移之人故以為馬韓所制辰韓始有六
國稍分為十二新羅則其一也其國在百濟東
南五千餘里其地東濱大海南與句驪百濟
接魏時曰新盧宋時曰新羅或曰斯羅其國小
不能自通使聘普通二年王募名秦始使使隨
百濟奉獻方物其俗呼城曰健牟羅其邑在內
曰啄評在外曰邑勒亦中國之言郡縣也國有
六啄評五十二邑勒土地肥美宜植五穀多桑

三六四　梁書傳四十六　三十三

麻作縑布服牛乘馬男女有別其官名有子賁
旱支齊旱支謁旱支壹告支奇貝旱支其冠曰
遺子禮襦曰尉解袴曰柯半靴曰洗其拜及行
與高驪相類無文字刻木為信語言待百濟而
後通焉

倭者自云太白之後俗皆文身去帶方萬二千
餘里大抵在會稽之東相去絕遠從帶方至倭
循海水行歷韓國乍東乍南七千餘里始度一
海海闊千餘里名瀚海至一支國又度一海千

餘里名未盧國又東南陸行五百里至伊都國
又東南行百里至奴國又東行百里至不彌國
又南水行二十日至投馬國又南水行十日陸
行一月日至祁馬臺國即倭王所居其官有伊
支馬次曰彌馬獲支次曰奴往鞮民種禾稻紵
麻蠶桑織績有薑桂橘椒蘇出黑雉真珠青玉
有獸如牛名山鼠又有大蛇吞此獸蛇皮堅不
可斫其上有孔乍開乍閉時或有光射之中蛇
則死矣物產略與儋耳朱崖同地溫暖風俗不
淫男女皆露紒富貴者以錦繡雜采為帽似中
國胡公頭食飲用邊豆其死有棺無槨封土作
家人性皆嗜酒俗女多壽考多至八九
十或至百歲其俗女多男少貴者至四五妻賤
者猶兩三妻婦人無婬妬無盜竊少諍訟若犯
法輕者沒其妻子重則滅其宗族漢靈帝光和
中倭國亂相攻伐歷年乃共立一女子卑彌呼
為王彌呼無夫壻挾鬼道能惑眾故國人立之
有男弟佐治國自為王少有見者以婢千人自

侍唯使一男子出入傳教令所處宮室常有兵
守衛至魏景初三年公孫淵誅後卑彌呼始遣
使朝貢魏以為親魏王假金印紫綬正始中卑
彌死更立男王國中不服更相誅殺復立卑彌
呼宗女臺與為王其後復立男王並受中國爵
命晉安帝時有倭王贊贊死立弟彌彌死立子
濟濟死立子興興死立弟武齊建元中除武持
節督倭新羅任那伽羅秦韓慕韓六國諸軍事
鎮東大將軍高祖即位進武號征東將軍其南
有朱儒國人長三四尺又南黑齒國裸國去倭
四千餘里船行可一年至又西南萬里有海人
身黑眼白裸而醜其肉美行者或射而食之
文身國在倭國東北七千餘里人體有文如獸
其額上有三文文直者貴文小者賤土俗歡樂
物豐而賤行客不齎糧有屋宇無城郭其王所
居飾以金銀珍麗繞屋為塹廣一丈實以水銀
雨則流于水銀之上市用珍寶輕罪者則鞭
仗犯死罪則置猛獸食之有枉則猛獸避而不

食經宿則赦之

大漢國在文身國東五千餘里無兵戈不攻戰

風俗並與文身國同而言語異

扶桑國者齊永元元年其國有沙門慧深來至

荊州說云扶桑在大漢國東二萬餘里地在中

國之東其土多扶桑木故以為名扶桑葉似桐

而初生如笋國人食之實如梨而赤績其皮為

布以為衣亦以為綿作板屋無城郭有文字以

扶桑皮為紙無兵甲不攻戰其國法有南北獄

三╱二十年 ▎梁書傳四十八

若犯輕者入南獄重罪者入北獄有赦則赦南

獄不赦北獄者男女相配生男八歲為奴生女

九歲為婢犯罪之身至死不出貴人有罪國乃

大會坐罪人於坑對之宴飲分訣若死別焉以

灰繞之其一重則一身屛退二重則及子孫三

重則及七世名國王為乙祁貴人第一者為大

對盧第二者為小對盧第三者為納咄沙國主

行有鼓角導從其衣色隨年改易甲乙年青景

丁年赤戊巳年黃庚辛年白壬癸年黑有牛角

三十五　王

長以角載物至勝二十斛車有馬車牛車鹿車

國人養鹿如中國畜牛以乳為酪有桑梨經年

不壞多蒲桃其地無鐵有銅不貴金銀市無租

佔其婚姻壻往女家門外作屋晨夕灑掃經年

而女不悅即驅之相悅乃成婚婚禮大抵與中

國同親喪七日不食祖父母喪五日不食兄弟

伯叔姑姊妹三日不食設靈為神像朝夕拜奠

不制縗絰嗣王立三年不視國事其俗舊無佛

法宋大明二年罽賓國嘗有比丘五人游行至

三╱二十三 ▎梁書傳四十八

其國流通佛法經像教令出家風俗遂改慧深

又云扶桑東千餘里有女國容貌端正色甚潔

白身體有毛髮長委地至二三日競入水則任

娠六七月產子女人胷前無乳項後生毛根白

毛中有汁以乳子一百日能行三四年則成人

矣見人驚避偏畏丈夫食鹹草如禽獸鹹草葉

似邪蒿而氣香味鹹天監六年有晉安人渡海

為風所飄至一島登岸有人居止女則如中國

而言語不可曉男則人身而狗頭其聲如犬其食

三十六

有小豆其衣如布築土為墻其形圓其戶如

寶云

西北諸戎漢世張騫始發西域之迹甘英極臨

西海或遣侍子或奉貢獻于時雖窮兵極武僅

而克捷比之前代其略遠矣魏時三方鼎跱日

事干戈晉氏平吳以後少獲寧息之繼以中原喪亂胡人遞起

官諸國亦未賓焉徒置

西域與江東隔礙重譯不交呂光之涉龜茲亦

猶蠻夷之伐蠻夷非中國之意也自是諸國分

并勝負強弱難得詳載明珠翠羽雖仍於後宮

蒲梢龍文希入於外署有梁受命其奉正朔而

朝獻庭者則仇池宕昌高昌鄧至河南龜茲于

闐滑諸國焉今綴其風俗為西北戎傳云

河南王者其先出自鮮卑慕容氏初慕容弈洛

于有二子庶長曰吐谷渾嫡曰廆廆洛于卒廆嗣

位吐谷渾避之西徙厖追留之而牛馬皆西走

不肯還因遂西上隴度枹罕出涼州西南至赤

水而居之其地則張掖之南隴西之西在河之

南故以為號其界東至鹽川西隣于闐北接高

昌東北通秦嶺方千餘里蓋古之流沙地焉其

草木少水潦四時恒有冰雪唯六七月雨霄甚

盛若晴則風飄沙礫常蔽光景其地有麥無穀其

有青海方數百里放牝馬其側輒生駒土人謂

之龍種故其國多善馬有屋宇雜以百子帳即

穹廬也著小袖袍小口袴大頭長裙帽女子

披髮為辮其後吐谷渾孫葉延頗識書記自謂

曾祖奕洛于始封昌黎公五世孫之子也禮

以王父字為國氏因吐谷渾亦為國號至其

末孫阿犲始受中國官爵弟子慕延立宋元嘉末

又自號河南王慕延死從弟拾寅立乃用書契

起城池築宮殿其小王並立宅國中有佛法拾

寅死子度易侯立易侯死子休留代立休留代為

中以代為使持節都督西秦河沙三州鎮西將

軍護羌校尉西秦河二州刺史梁興進代為征

西將軍代死子休運籌龍襲爵位天監十三年遣

使獻金裝馬腦鍾二口又表於益州立九層佛

寺詔許為十五年又遣使獻赤舞龍駒及方物
其使或歲再三至或再歲一至其地與益州隣
常通商賈民慕其利多往從之教其書記為之
辭譯稍殊脫吳並與通元年又奉獻方物籌為死
子呵羅真立大通三年詔以為寧西將軍護羌死
世子又遣使獻白龍駒於皇太子
高昌國闞氏為主其後為河西王沮渠茂虔弟
校尉西秦河二州刺史真死子佛輔龔爵位其
無諱襲破之其王闞爽奔于芮芮無諱據之
子子堅便持節驃騎大將軍散騎常侍都督瓜
州諸軍事瓜州刺史河西郡開國公儀同三司
高昌王嗣位其國蓋軍師之故地也南接河南
授車騎將軍司空公都督秦州諸軍事秦州刺史
金城郡開國公在位二十四年卒謚曰昭武王
稱王一世而滅國人又立麴氏為王名嘉嘉元魏
東連燉煌西次龜茲比隣敕勒置四十六鎮交
河田地高寧臨川橫截柳婆淥林新興由寧始
昌篤進白刀　等皆其鎮名官有四鎮將軍及雜

號將軍長史司馬門下校郎中兵校郎通事舍
人通事令史諮議校尉主簿國人言語與中國
略同有五經歷代史諸子集面貌類高驪辮髮垂
之於背著長身小柚袍緄襠袴女子頭髮辮而
不垂著錦纈纓珞釧姻有六禮其地高燥築而
土為城架木為屋土覆其上寒暑與益州相似
備植九穀人多嗜麪炙及羊牛肉出良馬蒲陶酒
石鹽多草木草實如鹽鹵中絲如細纑名為白
疊子國人多取織以為布甚軟白交市用

焉有朝烏者旦旦集王殿前為行列不畏人
出然後散去大同中子堅遣使獻鴰鹽蒲陶
良馬氍能等物
滑國者車師之別種也漢永建元年八滑從班
勇擊北虜有功勇上八滑為後部親漢侯自魏
晉以來不通中國至天監十五年其王厭帶
夷栗陁始遣使獻方物普通元年又遣使獻
黃師子白貂裘波斯錦等物七年又奉表貢獻
元魏之居桑乾也滑猶為小國屬　芮芮後稍彊

大征其旁國波斯盤盤劇賓焉著龜茲踈勒姑
墨干闐句盤等國開地千餘里土地溫暖多山
川樹木有五穀國人以麨及羊肉為粮其獸有
師子兩脚駱駝野驢有角人皆善射箸小袖長
身袍用金玉為帶女人被裘頭上刻木為角長
六尺以金銀飾之少女子兄弟共妻無城郭壇
屋為居東向開戶其王坐金床隨太歲轉與妻
並坐接客無文字以木為契與旁
國胡為胡書羊皮為紙無職官事天神火神每
日則出戶祀神而後食其晚一拜而止葬以
木為椰父母死其子截二耳葬訖即止其言語
待河南人譯然後通
周古柯國滑旁小國也普通元年使使隨滑來
獻方物呵跋檀國亦滑旁小國也凡滑旁之國
衣服容貌皆與滑同普通元年使使隨滑來
獻方物胡蜜丹國亦滑旁小國也普通元年
使使隨滑使來獻方物白題國王姓支名史稽
毅其先蓋匈奴之別種胡也漢灌嬰與匈奴戰

三百四　梁書傳四八　沈思遠　四一　四二

斬白題騎一人今在滑國東去滑六日行西極
波斯土地出粟麥瓜菓食物略與滑同普通三
年遣使獻方物
龜茲者西域之舊國也後漢光武時其王名弘
為莎車王賢所殺滅其族賢使其子則羅為龜
茲王國人又殺則羅匈奴立龜茲貴人身毒為
王由是屬匈奴然龜茲在漢世常為大國都
曰延城魏文帝初即位遣使貢獻晉太康中遣
子入侍太元七年秦主苻堅遣將呂光伐西域至
龜茲龜茲王帛純載寶出奔光入其城城有
三重外城與長安城等室屋壯麗飾以琅玕金玉
光立帛純弟震為王而歸自此與中國絕不
通普通二年王屋瑞摩珠郍勝遣使奉表貢獻
于闐國西域之屬也後漢建武末王俞為莎車
王賢所破徙為驪歸王以其弟君得為莎車
王賢所破徙為驪歸王以其弟君得為莎車
暴虐百姓患之永平中其種人都末殺君得大
人休莫霸又殺都末自立為王霸死兄子廣得
立後擊虜於莎車王賢以歸殺之遂為彊國西北

三十二　梁書傳四八　劉璠　四三

諸小國皆服從其地多水潦沙石氣溫宜稻麥
蒲桃有水出玉名白玉河國人善鑄銅器其治
曰西山城有屋室市井菓蓏菜蔬與中國等
尤敬佛法王所居室加以朱畫玉冠金幘如今
胡公帽與妻並坐接各國中婦人皆辮髮衣裘
袴其人恭相見則跪其跪則一膝至地書則以木
爲筆札以玉爲印國人得書戴於首而後開札
魏文帝時王習獻名馬天監九年遣使獻方
物十三年又獻波羅婆步鄣十八年又獻瑠璃

甌大同七年又獻外國刻玉佛
渴盤陀國于闐西小國也西鄰滑國南接罽賓
國此連沙勒國所治在山谷中城周迴十餘里
國有十二城風俗與于闐相類衣古貝布等長
身小袖袍小口袴地宜小麥資以爲糧多牛馬
駱駝羊等出好氈金玉王姓葛沙氏中大同元
年遣使獻方物
末國漢世且末國也勝兵萬餘戶比與丁零東
與白題西與波斯接土人剪髮著氈帽小袖衣爲

衫則開頸而縫前多牛羊驟驢其王安末深盤
普通五年遣使來貢獻
波斯國其先有波斯匿王者子孫以王父字爲
氏因爲國號國有城周迴三十二里城高四丈
皆有樓觀城內屋宇數百千閒城外佛寺三
百所西去城十五里有土山山非過高其勢連
接甚遠中有就駁羊土人極以爲患國中有
優鉢曇花鮮華可愛出龍駒馬鹹池生珊瑚樹
長二尺亦有琥珀馬腦眞珠玫瑰等國內不

以爲珍市買用金銀婚姻法下聘訖女壻將數
十人迎婦壻著金線錦袍師子錦袴戴天冠婦
亦如之婦兄弟便來捉手付慶夫婦之禮於茲
永畢國東與滑國西及南俱與婆羅門國比與
汎慄國接中大通二年遣使獻佛牙
宕昌國在河南之東南益州之西北隴西之西
羌種也宋孝武世其王梁瓘忽始獻方物天監
四年王梁彌博來獻甘草當歸詔以爲使持節
都督河涼二州諸軍事安西將軍東羌校尉河

涼二州刺史隴西公宕昌王佩以金章彌博死
子彌泰立大同七年復授以父爵位其衣服風
俗與河南略同
鄧至國居西涼州界羌別種也世號持節平北
將軍西涼州刺史宋文帝特王象屈眾遣使獻
馬天監元年詔以鄧至王象舒彭為督西涼州
諸軍事號安北將軍五年舒彭遣使獻黃耆四
百斤馬四匹其俗呼帽曰突何其衣服與宕昌同
武興國本仇池楊難當自立為秦王宋文帝遣

三十　梁書傳四十八　四十五　朱梓

裴方明討之難當奔魏其兄子文德又聚眾茄
盧宋因授以爵位魏又攻之文德奔漢中從弟
僧嗣又自立復成茄盧卒文德弟文度立以弟
文洪為白水太守屯武興宋世以為武都王武
興之國自於此矣難當族弟廣香又攻殺文度
自立為陰平王荊盧鎮王卒子㝎死子崇
祖立崇祖死子孟孫立齊永明中魏氏南梁州
刺史仇池公楊靈珍據泥切山歸款齊世以靈
珍為此梁州刺史仇池公文洪死以族人集始

為北秦州刺史武都王天監初以集始為使持
節都督秦雍二州諸軍事輔國將軍平羌校尉
北秦州刺史武都王靈珍為冠軍將軍襲爵
假節督沙州刺史陰平王集始死子紹先襲爵
位二年以靈珍為持節督隴右諸軍事左將軍
北梁州刺史仇池王十年孟孫死詔贈安北將
軍此雍州刺史仇池子定襲封爵紹先率四千
大同元年剋復漢中智慧遣使上表求率四千

三十　梁書傳四十六　四十六

戶歸國詔討為即以為東益州其國東連秦嶺
西接宕昌去宕昌八百里南去漢中四百里北
去岐州三百里東去長安九百里本有十萬戶
世分減其大姓有苻氏姜氏言語與中國同
著烏皂突騎帽長身小袖袍小口袴皮靴地植
九穀婚姻備六禮知書疏種桑麻出紬絹精布
漆蠟椒等山出銅鐵
芮芮國蓋芮芮別種魏晉世自元魏南遷因擅
部各有名號芮芮其一部也自
其故地無城郭隨水草畜牧以穹盧為居辮髮

08-473

衣錦小袖袍小口袴深雍鞾其地苦寒七月
流澌亘河宋昇明中遣王洪軌使焉引之共伐
魏齊建元元年洪軌始至其國王率三十萬
騎出燕然山東南三千餘里魏人閉關不敢戰
後稍侵弱求明中爲丁零所破更爲小國而南
移其居天監中始破丁零復其舊土始築城
郭名曰木末城十四年遣使獻鳥貂裘普通元
年又遣使獻方物是後數歲二至焉大同七年
又獻馬一匹金一斤其國能以術祭天而致風

二、八十七　　【梁書傳四十八】　　四十七　　五十五

雪前對皎日後則洿潦橫流故其戰敗莫能追
及或於中夏爲之則暘而不雨問其故以暎云
史臣曰海南東夷西北戎諸國地窮邊裔各有
疆域若山奇海異怪類殊種方物土莫究其
記故知九州之外八荒之表犛前古未聞往諜不
極高祖以德懷之故朝貢歲至羙矣

散騎常侍姚　思廉　撰

豫章王綜

武陵王紀

臨賀王正德

河東王譽

《梁書傳四十九》　　一　王溪

豫章王綜字世謙高祖第二子也天監三年封
豫章郡王邑二千戶五年出為使持節都督南
徐州諸軍事仁威將軍南徐州刺史尋進號北
中郎將十年遷都督郢司霍三州諸軍事雲麾
將軍郢州刺史十三年遷安右將軍領石頭戍
軍事十五年遷西中郎將兼護軍將軍又遷安
前將軍丹陽尹十六年復為此中郎將南徐州
刺史普通二年入為侍中鎮右將軍置佐史初
其母吳淑媛自齊東昏宮得幸於高祖七月而
生綜宮中多疑之者及淑媛寵衰怨望遂陳疑
似之說故綜懷之既長有才學善屬文高祖御
諸子以禮朝見不甚數綜恒怨不見知毋出藩

淑媛恒隨之鎮至年十五六尚躶裼嬉戲於前
書夜無別內外咸有穢議綜在徐州政刑酷暴
又有勇力手制奔馬常微行夜出無有期度毋
高祖有敕疏至輒忿恚形於顏色羣臣莫敢言
者恒於別室祠齊氏七廟又微服至曲阿拜齊
明帝陵然猶無以自信聞俗說以生者血瀝死
者骨滲即為父子綜乃私發齊東昏墓出骨瀝
臂血試之并殺一男取其骨試之皆有驗自此
常懷異志四年出為使持節都督南兗徐青
冀五州諸軍事平北將軍南兗州刺史給鼓吹
一部聞齊建安王蕭寶寅在魏遂使人入北與
之相知謂為叔父許興鎮歸之會大舉北伐六
年魏將元法僧以彭城降高祖乃令綜都督眾
軍鎮于彭城與魏將安豐王元延明相持高祖
以連兵既久慮有覺生敕綜退軍綜夜奔于延
明魏無因夜與寶寅相見乃與數騎南歸則
以為侍中太尉高平公丹陽王邑七千戶錢三
百萬布絹三千四雜彩千四馬五十四羊五百

《梁書傳四十九》　　二

口奴婢一百人綜乃改名纘字德文追為齊東
昏服斬衰於是有司奏削哥附主絕屬籍改其姓
為悖氏俄有詔復之封其子直為永新縣邑千
戶大通二年蕭寶寅在魏據長安反綜自洛陽此
遁將赴之為津吏所執魏人殺之時年四十九
初綜既不得志嘗作聽鍾鳴悲落葉辭以申其
志大略曰聽鍾鳴當知在帝城參差定難數歷
亂百愁生去聲縣窈窕來繁急徘徊誰傳漏
字辛苦建章臺聽鍾鳴聽聽非一所懷瑾握瑜

三

窈攎去攀松折桂誰相許昔朋舊愛今東西譬
如落葉不更齊漂漂孤鴈何所栖依依別鶴夜
半啼聽鍾鳴此何窮極二十有餘年淹留在
京域親明鏡罷聽容色雲悲海思徒撫抑其悲落
葉悲落葉連翩下重疊落且飛從橫去不歸悲落
葉云悲落葉人生疊言如此零落當田
時還凡昔共根本無復一相關當時見者莫不悲之
武陵王紀字世詢高祖第八子也少勤學有文
才屬辭不好輕華甚有骨氣天監十三年封為

武陵郡王邑二千戶歷位寧遠將軍琅邪彭城
二郡太守輕車將軍丹陽尹出為會稽太守尋
以其郡為東揚州仍為刺史加使持節東中郎
將徵為侍中領石頭戍軍事出為宣惠將軍江
州刺史徵為侍中領軍將軍改授持節都督益梁二
州諸軍事安西將軍益州刺史加鼓吹一
部大同十一年授散騎常侍征西大將軍開府
儀同三司初天監中震太陽門成字曰紹宗梁

四

位唯武王解者以為武陵王也於是朝
野屬意焉及太清中侯景亂紀不赴援高祖崩
後紀乃僭號於蜀改年曰天正立子圓照為皇
太子圓正為西陽王圓滿竟陵王圓普南譙王
圓肅宜都王以巴西梓潼二郡太守永豐侯蕭撝
為征西大將軍益州刺史封秦郡王司馬王僧
略直兵參軍徐怦並諫紀以為貳於己皆殺
之永豐族撝歎曰王不免矣夫善人國之基也
今反誅之不亡何待又謂所親曰昔桓玄年號

大耳識者謂之三月了而玄之敗實在仲春今
年曰天正在文為一止其能久乎太清五年夏
四月紀帥軍東下至巴郡以討庾景為名將圖
荊陝聞西魏侵蜀遣其將南梁州刺史譙淹迴
軍赴援五月日西魏將尉遲迴帥衆逼涪水達
州刺史楊乾運以城降之迴分軍據守即趨成
都丁丑紀次于西陵舳艫翳川旌甲曜日軍容
甚盛世祖命護軍將軍陸法和於硤口夾岸築
二壘鎮江以斷之時陸法和於硤口蜀軍復逼物情

〈梁傳四十九〉 五

恇擾世祖憂焉法和告急旬日相繼世祖乃拔
任約於獄以為晉安王司馬撤禁兵以配之并
遣宣猛將軍劉棻共約西赴六月約築連城攻
絕鐵鑌世祖復於獄拔謝答仁為步兵校尉配
衆一旅上赴法和世祖與紀書曰皇帝敬問假
黃鉞太尉武陵于目九黎侵軼三苗寇擾天長
喪亂獯醜馮陵虔劉象魏黍離王室朕枕戈東
望泣血西浮殞愛子於二方無諸侯之八百身
被屬甲手貫流矢俄而風樹之酷萬恨始纏霜

露之悲百憂繼集把心飲膽志不圖全直以宗
社綴旒鯨鯢未剪嘗膽待旦龔行天罰司獨運四
聰坐揮八柄雖復結壇待將褰帷納士拒赤壁
之兵無謀於魯肅燒烏巢之米不訪於荀攸才
智將殫金貝始竭傍無寸助險阻備嘗遂得斬
長狄於駒門挫彊尤於楓木怨恥既雪天下無
塵經營四方專資一力方與岳牧同茲清靜隆
暑炎赫弟比何如文武具僚當有勞弊今遣散
騎常侍光州刺史鄭安忠指宣往懷仍令喻意

〈梁傳四九〉 六

於紀許其還蜀專制岷方紀不從命報書如家
人禮庚申紀將庾裹率衆緣山將規進取任約
謝答仁與戰破之既而陸納平諸軍並西赴世
祖又與紀書曰其甚苦大智季月煩暑流者熾
蚊成雷封狐千里以茲玉體羈胡行陣乃春西
顧我勞如何自獲醜醜馮陵羯胡叛換吾年為一
日之長屬有平亂之功厴此樂推事歸當留璧僵
遣使平戾所遲也如曰不然於此投筆友于兄弟
分形共氣兄肥弟瘦無復相代之期讓棗推梨

長罷懍愉之曰上林靜拱聞四鳥之哀鳴宣室
披圖嗟萬始之長逝心乎愛矣書不盡言大智
紀之別字也紀遣所署度支尚書樂奉業至于
江陵論和緝之計依前目還蜀世祖知紀必破
遂拒而不許景戌巴東民符昇徐子初等斬紀
答仁等因進攻戍斅陷其三壘於是兩岸十餘
城遂俱降將軍樊猛獲紀及其第三子圓滿俱
殺之於破口時年四十六有司奏請絕其屬籍

【梁書傳卌九】 七

世祖許之賜姓饕餮氏初紀將儲號妖怪非一
其最異者內寢栢殿柱繞節生花其盛四十有
六霏霏可愛狀似荷花識者曰王敦杖花非佳
事也紀年號天正與蕭棟暗合僉曰天字二人
也正字一止也棟紀儲號各一年而滅

臨賀王正德字公和臨川靖惠王第三子也少
麤骯險不拘禮節初高祖未有男養之為子及高
祖踐極便希儲貳後立昭明太子封正德為西
豐縣侯邑五百戶自此怨望悒悒不軌瞬睨宮扆

觀幸災變會普通六年以黃門侍郎為輕車將軍
置佐史頃之遂逃奔于魏有司奏削封爵七年
又自魏逃歸高祖不之過也復其封爵仍除征
虜將軍中大通四年為信武將軍吳郡太守徵
為侍中撫軍將軍置佐史封臨賀郡王邑二千
戶又加左衛將軍而凶暴日甚招聚亡命庶景
知其有姦心乃密令誘說厚相要結遺正德書
曰今天子年尊姦臣亂國憲章錯謬政令顛倒

【梁書傳卌九】 八

辱天下義士竊所痛心在景愚忠能無忿忿今
四海業業歸心大王大王豈得顧此小情無恢
億兆景雖不武實思自舊顧王尤副蒼生望斯
誠款正德覽書大喜曰侯景意暗與我同此天
贊也遂許之及景至江正德潛運舟舸詐稱迎
荻以濟景景為朝廷未知其謀猶道正德守朱雀
航景至正德乃引軍與景俱進景推正德為天
子改年為正平元年景為丞相臺城沒復太清
之號降正德為大司馬正德有怨言景聞之應

其為孌矯詔殺之

河東王譽字重孫昭明太子第二子也普通二
年封枝江縣公大通三年改封河東郡王邑二
千戶除寧遠將軍石頭戍軍事出為琅邪彭城
二郡太守還除侍中輕車將軍置佐史出為南
中郎將湘州刺史未幾疾景寇京邑譽率軍入
援至青草湖臺城沒有詔班師譽還湘鎮時世
祖軍于武城新除雍州刺史張纘密報世祖曰
河東起兵岳陽聚米共為不逞將襲江陵世祖

梁書傳卌九　九

甚懼因步道間還遣諮議周弘直至譽所督其
糧衆譽曰各自軍府何忽隸人前後使三反譽
竝不從世祖大怒乃遣世子方等征之反為譽
所敗死又令信州刺史鮑泉討譽并與書陳示
禍福許其遷善譽不答修浚城池為拒守之計
謂鮑泉曰既軍之將勢豈譽勇欲前即前無所
多說泉軍于石槨寺譽帥衆逆擊之不利而還
泉進軍于橘洲譽又盡銳攻之不剋會已暮士
卒疲弊泉因出擊大敗之斬首三千級溺死者

萬餘人譽於是焚長沙郭邑驅居民於城內鮑
泉度軍圍之譽幼而驍勇兼有膽氣能撫循士
卒甚得衆心及被圍既久外內斷絕而備守
猶固後世祖又遣領軍將軍王僧辯代鮑泉攻
譽僧辯築土山以臨城內日夕苦攻矢石如雨
城中將士死傷者太半譽窘急乃潛裝海船將
潰圍而出會其麾下將慕容華引僧辯入城譽
顧左右皆散逐被執謂守者曰勿殺我得一見
七官中此讒賊死亦無恨主者曰奉命不許遂

梁書傳卌九　十

斬之傳首荊鎮世祖反其首以葬焉初譽之將
敗也私引鏡照面不見其頭又見長人蓋屋兩
手據地瞰其齋又見白狗大如驢從城而出不
知所在譽甚惡之俄而城陷
史臣曰蕭綜蕭正德並悖逆猖狂自致夷滅宜
矣太清之寇蕭紀據庸蜀之資遂不勤王赴難
申臣子之節及賊景誅翦方始起兵師出無名
成其釁舋禍嗚呼身當管蔡之罰訓蓋自貽哉

列傳第四十九　　　　　　梁書五十五

梁書五十六

散騎常侍姚
思廉
撰

侯景

侯景字萬景朔方人或云鴈門人少而不羈見
憚鄉里及長驍勇有膂力善騎射以選為北鎮
戍兵稍立功效魏孝昌元年有懷朔鎮兵鮮于
脩禮於定州作亂攻沒郡縣又有柔玄鎮兵牒
斤洛周後脩禮見殺復幽冀與脩禮相合衆十
餘萬洛後脩禮見殺散騎懷朔鎮將葛榮因

吉國　左州　梁書傳五十　一

榷集之攻殺吐斤洛周盡有其衆謂之葛賊四
年魏明帝殂其后胡氏臨朝天柱將軍爾朱榮
自晉陽入弒胡氏并誅其親屬景始以私衆見
榮榮甚奇景即委以軍事會葛賊南逼榮自
討命景先驅至河內擊大破之生擒葛榮以功
擢為定州刺史大行臺封濮陽郡公景自恃威
名遂著頃之齊神武帝為魏相又入洛誅爾朱
氏景復以衆降之仍為神武所用景性殘忍酷
虐駈軍甚嚴整然破掠所得財資皆班賜將士故

咸為之用所同多捷總攬兵權與神武相亞魏
以為司徒南道行臺擁衆十萬專制河南及神
武疾篤謂子澄曰侯景狡猾多計反覆難知我
死後必不為汝用乃遣書召景景知之偽上表
請降曰臣聞股肱體合則四海和平上下猜貳
則封疆幅裂故周邵同德越常之貢來臻飛惡
離心諸夏所以背叛此蓋成敗之所由古今共
畫一者也臣昔與魏丞相高王並肩戮力共平
禍亂太清元年乃遣其行臺郎中丁和來上表

高國　八年　禮列　梁書傳五十　二

於是扶危戴主匡弼社稷中興以後無復不從
天平及此有事先出攻城每陷野戰必殄筋力
消於鞍甲忠言貞竭於寸心乘機運位階陛鼎輔
宜應誓言死敵節仰報時恩隕首流腸溫焉罔貳
何言翰墨一旦論此臣所恨義非死所壯士弗
為臣不愛命但恐死之無益耳而丞相既遭疾
患政出子澄澄天性險忌觸類猜嫉諂諛進
名共相搆毀而部分未周累信賜召不顧社稷之
安危惟恐私門之不植甘言厚幣規滅忠梗其

父若殞將何賜容懼讒畏戮拒而不返遂觀兵
波潁擁旆周韓乃與豫州刺史高成廣州刺史
郎椿襄州刺史李密兗州刺史邢子才南兗州
刺史石長宣齊州刺史許季良東豫州刺史
元征洛州刺史朱渾願揚州刺史丘
刺史梅季昌比揚州刺史元神和等皆河南牧
伯大州帥長各陰結私圖剋相影會秣馬潛戈
待時即發函谷以東瑕丘以西咸願歸誠聖朝
息有道戮力同心死無二志惟有青徐數州

八　梁書傳卒　三

僅須折簡一驛走來不勞經略且臣與高氏釁
隙已成臨患賜徵前已不赴縱其平復終無合
理黃河以南臣之所職易同反掌附化不難惟
臣顯仰聽臣而唱若齊廷議尚書僕射謝舉及
陛下天綱宏開方同書軌聞茲寸款惟應濟然
丁和既至高祖召羣臣廷議高祖
百辟等議皆云納欵景非宜高祖不從是議而
納景及齊神武卒其子澄嗣是為文襄帝高祖
乃下詔對景河南大將軍使持節董督河南南

比諸軍事入行臺承制輒行如鄧禹故事給鼓
吹一部齊文襄遣大將軍慕容紹宗圍景於長
社景請西魏遣其五城王元慶等率
兵救之紹宗乃退景復請兵於司州刺史羊鴉
仁鴉仁遣長史鄧鴻率兵至汝水元慶又夜
遁於是撤懸瓠城眾遣刺史以鎮之羊
思建為殷州刺史鎮項城魏既新襄元帥景又
鴉仁為豫司二州刺史移鎮縣瓠西陽太守羊

舉河南內附齊文襄慮景與西南合從方爲己

八　宋書傳卒　四

患乃以書喻景曰盖聞位爲大寶守之未易仁
誠重任終之實難或殺身成名或去食存信比
闚夷險孤子相於偏所眷屬繾綣衿期絹繆寖
動無過事進不見惡退無誚言先王與司徒
性命於鴻毛等節義於熊掌夫然者舉不失德
語義貫終始情存歲寒司徒自少及長從微至著
共相成生非無恩德既爵冠鄉黨榮華被於親
容駟馬室饗萬鍾財利潤於鄉黨榮華被於親
戚意氣相傾人倫所重感於知己義在忘軀眷

為國士者乃立漆身之節饋以蜜殯者便致扶
輪之效若然尚同不能已況其重於此乎幸以故
舊之義欲持子孫相託方為秦晉之匹共成劉
范之親假使日往月來時移世易門無強藩家
有幼孤猶加璧羊不遺分宅相濟無忘先德以恤
後人況聞負杖行歌便已狼顧大噬於名無所
力不足以自強勢不足以自保率烏合之眾為
成於義無所取不蹈忠臣之跡自陷叛人之地
累卵之危西求救於黑秦南請援於蕭氏以狐
疑之心為首鼠氏之事入則秦人不容歸則吳人
不信當今相視未見其可不知終父持此安歸
相推本心必不應爾當是不逞之人曲為口端
之說遂懷市獸之疑乃致投杼之惑耳比來舉
止事已可見人相疑誤想自覺知合門大小泣
付司冠近者聊命偏師前驅致討南兗揚州應
時剋復即欲乘機長驅懸瓠屬以炎暑欲為後
圖方憑國靈龍翼行天罰吳呪精新士馬彊盛內
外感德上下齊心三令五申可蹈湯火君使旗

鼓相望埃塵相接勢如沃雪事等注燧堂夫明者
去危就安智者轉禍為福寧使我負人不使人
負我當開從善之門決改先迷之路今刷心盪
意除嫌去惡想猶致疑未便見信若能卷甲來
朝垂橐還闕者當授豫州刺史即使終君之世
所部文武更不追攝進得保其祿位退則不喪
功名君門眷屬可以無苦寵妻愛子亦復相還
仍為通家卒成親好所不食言有如皎日君既
不能東封函谷南向稱孤受制於人威名頓盡
空使兄弟子姪足首異門垂髮戴白同之塗炭
聞者酸鼻見者寒心矧伊骨肉能無愧也孤子
今日不應方遣此書但見蔡遵道云司徒本無
歸西之心深有悔禍之意聞西兵將至遣遵道
向崤中參其多少少則與其同力多則更為其
備又云房長史在彼之日司徒嘗欲遣書啟將
改過自新已差李龍仁垂欲發遣聞房已遠遂
復得改發未知遵道此言為虛為實但既有所聞
不容不相盡告吉凶之理想自圖之景報書曰

蓋聞立身揚名者義也在躬所寶者生也苟事

當其義則節士不愛其軀刑罰斯舛則君子實

重其命昔微子發狂而去殷陳平懷智而背楚

者良有以也僕郷曲布衣本乘藝用初逢天柱

賜泰帷幄之謀晚遇永熙委以干戈之任出身

爲國綿歷二紀犯危覆難豈避風霜遂得躬被

袞衣口殘玉食冨貴當年光榮身世何爲一旦

舉旗施援將鼓而比面相抗者何哉寔以畏懼

危亡恐招禍捐軀非義身名兩滅故耳何者

往年之暮尊王遘疾神不祐善祈禱莫瘳遂使

斧鉞已臨既旌旗相對尺尺不送飛書毎奏兼

申鄙情而羣卒恃雄眈然不顧運戟推鋒專欲

屠滅築圍堰水三板僅存舉目相看命懸晷刻

突幸擅威權閣寺肆詭惑上下相猜心腹離貳

僕妻子在宅無事見圍叚康之謀莫知所以盧

潜入軍未審何故異翼小心常懷戰慄有靦面

目寧不自媿及廻師長杜希自陳狀簡書未達

不忍死亡出戰城下禽獸惡死人倫好生送地

七

拘泰非樂爲也但尊王平昔見與比肩共獎帝

室雖形勢參差寒暑小異丞相司徒鴈行而已

福祿官榮自是天爵勞而後受理猶謂爲盜祿去公

吞炭何其謬也然竊人之財猶謂之盜況在禮未

室相爲不取今魏德雖衰天命未改祈恩私第

而不法何以取訓竊以分財養幼事歸令終捨

教僕賢祭仲而裹季氏無主之國在禮未聞動

何足闕言賜示僕衆不足以自強危如

宅存孤誰云隙末復言

累卵然紂有億兆夷人卒降十亂桀之百剋終

自無後潁川之戰即是殷監輕重由人非鼎在

德苟能忠信雖弱必彊殷憂啟聖亂危何苦況

今梁道邑熙招攜以禮被我獸文廮之好爵方

欲死五岳而池四海掃夷穢以拯黎元東夷甌

越西通洴隴吳楚剽勁帶甲千羣吳兵冀馬控

弦十萬兼僕所部義勇如林奮戈取威不期而

發大風振枯幹必摧凝霜斬慧落秋蔕自殞此

而爲弱誰足稱彊又見誣兩端受疑二國斟酌

八

物情一何至此昔陳平背楚歸漢則王百里出

虞入秦斯霸蓋昏明由主用捨在時奉禮而行

神其庇也書稱士馬精新剋日齊舉誇張形勝

指期盪滅竊以寒颸白露節候乃同秋風揚塵

馬首何異徒知北方之力爭未識西南之合從

亦笑君之晦昧今已引二邦揚旌北討熊豹齊

令歸正朔轉禍以脫網羅彼既嗤僕之愚迷此

苟欲徇意於前途不覺坑穽在其側若云去危

奮剋復中原荊襄廣潁已屬關右項城懸瓠亦

梁書傳五十　九▼

奉南朝幸自取之何勞恩賜然權轝不一理有

萬途爲君計者莫若割地兩和二分鼎峙燕衞

晉趙足相奉祿齊宋魯悉歸大梁使僕得輸

力南朝北敦姻好束帛交行戎車不動僕立當

世之功君卒祖禰之業各保疆界躬享歲時百

姓乂寧四民安堵孰若驅農夫於隴畝抗勍敵

於三方避干戈於首尾當鋒鏑於心腹縱太公

爲將不能獲存歸之高明何以剋濟復尋來書

云僕妻子悉拘司寇以之見要庶其可反當是

見疑褊心未識大趣何者昔王陵附漢母在不

歸太上囚楚乞羹自若剋伊妻子而可介意

脫謂誅之有益止不能殺之無損徒復坑戮

家累在君何關僕也而導道所傳頗亦非謬但

在縲絏恐不備盡故陳辭更論款曲所望良

圖時惠報旨然昔與盟主事等琴瑟讒人閒之

翻爲讎敵撫弦搆矢不覺傷懷裂帛還書知何

之又遣其行臺左丞王偉左民郎中王則詣闕

梁書傳五十　十▼

能述十二月景率軍圍譙城不下退攻城甫拔

獻策求諸元子弟立爲魏主輔以北伐許之詔

遣太子舍人元貞爲咸陽王須渡江許即偽位

乘輿副御以資給之齊文襄又遣慕容紹追

景景退入渦陽馬尚有數千匹甲卒數萬人車

萬餘兩相持於渦北景軍食盡士卒並北人不

樂南渡其將暴顯等各率所部降於紹宗景軍

潰散乃與腹心數騎自峽石濟淮稍收散卒得

馬步八百人奔壽春監州韋黯納之景啟求貶

削優詔不許仍以爲豫州牧本官如故景既據

壽春遂懷反叛屬城居民悉召募為軍士輒停責市估及田租百姓子女悉以配將卒又啟求錦萬匹為軍人袍領軍朱异議以御府錦署止充頒賞遠近不容以供邊城戎服請送青布以給之景得布悉用為袍衫因尚青色又以臺所給仗多不能精啟請為東冶鍛工欲更營造弘未嘗給之拒絕先是豫州刺史貞陽侯淵明督眾軍圍彭城兵敗沒于魏至是遣使還述魏人請追前好

二年二月高祖又與魏連和景聞之懼馳啟固諫高祖不從爾後表疏跋扈言辭不遜鄱陽王範鎮合肥及司州刺史羊鴉仁俱累啟稱景有異志領軍朱异曰景數百叛虜何能為役並抑不奏聞而逾加賞賜所以姦謀益果又知臨賀王正德怨望朝廷密令要結正德許為內應八月景遂發兵反攻馬頭木柵執太守劉神茂戍主曹璆等於是詔鄱州刺史鄱陽王範為南道都督北徐州刺史封山侯正表為北道都督

司州刺史柳仲禮為西道都督通直散騎常侍裴之高為東道都督同討景濟自歷陽又令開府儀同三司丹陽尹邵陵王綸持節董督眾軍向合肥十月景留其中軍王顯貴守壽春城出軍偽向合肥遂襲譙州助防董紹先開城降之執刺史豐城侯泰高祖聞之遣太子家令王質率兵三千巡江遏防景進攻歷陽歷陽太守莊鐵以城降之又以鐵為向導鐵弟均率眾數百人夜斫景營不克均戰沒蕭正德先遣大船數十艘偽稱載荻實以濟景景至京口將渡廬陵王質為梗俄而質無故退景聞之尚未信也乃密遣覘之謂使者曰質若審退可折江東一樹枝為驗覘人如言而返景大喜曰吾事辦矣乃自採石濟馬數百匹兵數千人京師不之覺景即分兵襲姑熟執淮南太守文成侯寧遂至慈湖於是詔以揚州刺史宣城王大器為都督城內諸軍事都官尚書羊侃為軍師將軍以副焉南浦侯推守東府城西豐公大春守石頭城輕車長史謝禧守白下既而景至朱

雀航蕭正德先屯丹陽郡至是率所部與景合
建康令庾信率兵千餘人屯航北見景至航命
徹航始除一舶遂棄軍走南塘遊軍復開航渡
景皇太子以所乘馬授王質配精兵三千使授
庾信質至領軍府與賊遇未陣便奔走景乘勝
至闕下西豐公大春棄石頭城走景遣其儀同
于子悅據之謝禧亦棄東西華諸門城中倉卒
攻城持火炬燒大司馬東府便景於是百道
未有其備乃鑿門樓下水沃火久之方滅賊又
斫東掖門將開羊侃鑒門扇刺殺數人賊乃退
又登東宮牆射城內至夜太宗募人出燒東宮
東宮臺殿遂盡景又燒城西馬廄林館太府
寺明日景又作木驢數百攻城城上飛石擲之
所值皆碎破景苦攻不剋傷損甚多乃止攻築
長圍以絕內外啟求誅中領軍朱异太子右衛
率陸驗兼少府卿徐驎制局監周石珍等城內
亦射賞格出外有能斬景首授以景位并錢一
億萬布絹各萬匹女樂二部十一月景立蕭正

德爲帝即僞位於儀賢堂改年曰正平初童謠
有正平之言故三號以應之景自爲相國天柱
將軍正德以女妻之景又攻東府城設百尺樓
車鉤城堞盡落城遂陷景使其儀同盧暉略率
數千人持長刀夾城門悉驅城內文武躶身而
出賊交兵殺之死者二千餘人南浦戻是日
景又於城東西各起一土山以臨城內城亦
遇害景使正德子見理儀同盧暉略守東府城
作兩山以應之公以下皆負土初景至便望
克定京師號令甚明不犯百姓既攻城不下人
心離阻又恐援軍總集衆必潰散乃縱兵殺掠
交尸塞路富室豪家恣意哀剝子女妻妾以配
軍營及築土山不限貴賤晝夜不息亂加毆棰
疲羸者因殺之以填山號哭之聲響動天地百
姓不敢藏隱並出從之旬日之間衆至數萬景
儀同范桃棒密遣使送款乞降會事泄見殺至
是邵陵王綸率西豐公大春新涂呆將軍永安矦
確超武將軍安南鄉矦駿前譙州刺史趙伯超

武州刺史蕭弄璋步兵校尉尹思合等馬步三
萬發自京口直據鍾山景黨大駭具舟船咸欲
逃散分遣萬餘人距綸綸擊大破之斬首千餘級
旦日景後陳兵覆舟山北綸亦列陣以待之景
不進相持會日暮景引軍還南安庶駿率數十
騎挑之景迴軍與戰駿退時趙伯超陳於玄武
湖北見駿急不赴乃率軍前走衆軍因亂遂敗
績綸奔京口賊盡獲輜重器甲斬首數百級生
俘千餘人獲西豐公大春綸司馬莊立惠達直
閣將軍胡子約廣陵令霍儁等來送城下徇之
逼云已擒邵陵王儁獨云王小小失利已全軍
還京口城中但堅守援軍尋至賊以刀鐶之儁
言辭顏色如舊昌皆義而釋之是日鄱陽世子嗣
裴之高至後渚結營于蔡洲景分軍屯南岸
十二月景造諸攻具及飛樓橦車登城車登堞
車階道車火車並高數丈一車至二十輪陳於
闕前百道攻城並用焉以火車焚城東南隅火
樓賊因火勢以攻城城上縱火悉焚其攻具賊

乃退又築土山以逼城城內作地道以引其土
山賊又不能立焚其攻具還入于柵材官將軍
宋嶷降賊因為立計引玄武湖水灌臺城城外
水起數尺闕前御街並為洪波矣又燒南岸民
居營寺莫不咸盡司州刺史柳仲禮衡州刺史
韋粲南陵太守陳文徹宣猛將軍李孝欽等皆
來赴援鄱陽世子嗣裴之高營南苑韋粲營青塘
崔航南裝之高營青塘陳文徹緣淮
孝欽屯丹陽郡鄱陽世子嗣營小航南裴緣淮
造柵及曉景方覺乃登禪靈寺門樓望之見韋
粲營壘未合先渡兵擊之粲拒戰敗績景斬粲
首徇于城下柳仲禮聞粲敗不遑貫甲與數十
騎馳赴之遇賊交戰斬首數百投水死者千餘
人仲禮深入馬陷泥亦被重創自是賊不敢濟
岸邵陵王綸與臨成公大連等自東道集于南
岸荊州刺史湘東王諱遣世子方等兼司馬吳
岸天門太守樊文皎下赴京師營于湘子岸前
高州刺史李遷仕前司州刺史羊鴉仁又率兵

繼至既而鄱陽世子嗣永安侯確羊鴉仁李遷
仕樊文皎率眾渡淮攻賊東府城前柵破之遂
結營于青溪水東景遣其儀同宋子仙頓南平
王第緣水西立柵景食稍盡至是米斛數
十萬人相食者十五六初拒景兵至北岸百姓扶
老攜幼以候王師繞得過淮便競剝掠賊黨有
欲自拔者聞之咸止賊之始至城中繞得固守
平蕩之事期望援軍既而四方雲合眾號百萬
連營相持已月餘日城中疾疫死者太半景首
歲首以來乞和朝廷未之許至是事急乃聽焉
請割江右四州之地并求宣城王大哭出送然
後解圍濟江仍許遣其儀同于子悅左丞王偉
入城為質中領軍傅岐議以宣城王嫡嗣之重
不容許之乃請石城公大款出送詔許焉遂於
西華門外設壇遣尚書僕射王克兼侍中上甲
鄉侯韶兼散騎常侍蕭瑳與于子悅王偉等登
壇共盟左衛將軍柳津出西華門下景出其柵
門與津遙相對刑牲歃血南兗州刺史南康嗣

王會理前青異二州刺史湘潭侯退西昌侯世
子彧率眾三萬至于馬卬州景慮北軍自白下
而上斷其江路請悉勒聚南岸乃遣北軍進
江潭苑景啟稱永安侯趙威方頓隔柵見誑臣
云天子自與汝盟我終當逐汝乞召入城即當進
發救竝召之景又啟云西岸信至高澄已得壽
春鍾離即以奉還朝廷初彭城劉邈說景曰大
將軍頓兵已久攻城不拔今援眾雲集未易而
破如聞軍糧不支一月運漕路絕野無所掠嬰
兒掌上信在於今未若乞和全師而返此計之
上者景然其言故請和後知援軍號令不一終
無勤王之効又聞城中死疾轉多必當有應之者
景謀臣王偉又說曰王以人臣舉兵背叛圍守
宮闕已盈十旬逼辱妃主凌轢宗廟今日持此
何處容身願王且觀其變景然之乃抗表曰臣
聞書不盡言言不盡意然則意非言不宣言非
筆不盡臣所以含憤蓄盈積不能默已者也竊惟

陛下睿智在躬多才多藝世昌因世季龍翔漢沔
夷凶剪亂克雪家怨然後踵武前王光宅江表
憲章文武祖述堯舜兼屬魏國凌遲外無勍敵
故能西取華陵北封淮泗結好高氏輶軒相屬
疆場無虞十有餘載躬覽萬機勤勞治道刊正
南風而歎息也豈圖名與實貳英聞見不同臣自
周孔之遺文訓釋真如之祕奧享年長久本枝
盤石人君藝業莫之與京臣所以踊躍一隅望
委質策名前後事跡從來表奏已具之矣不勝

嘉靖十年刊

憤懣復爲陛下陳之陛下與高氏通和歲踰一
紀冊車徒復相望道路必將分災卹患同休等
戚寧可納臣一介之使貪臣汝潁之地便絕好
河北檄書高澄聘使未歸喪則止四夫之交託
侵逼彭宋夫敵國相伐聞喪則止
孤寄命豈有萬乘之主見利忘義若此者哉其
失一也臣與高澄既有仇憾義不同國歸身有
道陛下授以上將任以專征歌鍾女樂車服弓
矢臣受命不辭實思報效方欲挂旆嵩華縣旌

冀趙劉夷蕩滌一匡宇內陛下朝服濟江告成
東岳使大梁與軒黃等盛臣與伊呂比功垂裕
後昆流名竹帛此實生平之志也而陛下欲分
其功不能賜使臣擊河北欲自與徐方遺庸
懦之貞陽任驕令貪之胡趙裁見旗鼓鳥散魚潰
慕容紹宗乘勝席卷渦陽諸鎮靡不棄甲疾
雷不及掩耳散地不可固全使臣狼狽失據妻
子爲戮斯實陛下負臣之深其失二也韋黯之
守壽陽衆無一旅慕容凶銳欲飲馬長江非臣

萬曆八年補刊門

退保淮南其勢未之可測既而逃遁邊境獲寧
今臣作牧此州以爲藩捍方欲收合餘燼勞來
安集勵兵秣馬剋申後戰封韓山之屍雪渦陽
之恥陛下喪其精騎無復守氣便信貞陽謬啓
復請通和臣頓陳執疑開不聽翻覆若此童子
猶且羞之況在人君二三其德其失三也夫畏
懦逗留軍有常法子玉小敗見誅於楚王恢失
律受戮於漢貞陽精甲數萬器械山積慕容輕
兵曾無百乘不能拒抗身受囚執以帝之猶子

而面縛敵庭實宜絕其屬籍以興募征鼓陛下
曾無追責怜其苟存欲以微臣規相貿易人君
之法當如是哉其失四也懸瓠大藩古稱汝潁
臣舉州內附羊鴉仁固不肯入旣入之後無故
棄之陛下曾無嫌責使還居此司鴉仁棄之旣
不爲罪臣得之不以爲功其失五也臣渦陽退
蚵非戰之罪臣由陛下君臣相與見誤乃還壽
春曾無悔色祗奉朝廷掩惡揚善鴉仁自知棄
州切齒歎恨內懷慙懼遂啟臣欲反欲當有

形迹何所徵驗誣陷頓爾陛下曾無辯究黙而
信納豈有誣人莫大之罪而噤肩事主者乎
其失六也趙伯超拔自無能任居方伯惟漁獵
百姓多蓄士馬非欲爲國立功直是自爲富貴
行貨權幸徵買聲名朱異之徒積受金貝遂使
咸稱胡趙比昔開張誣譖爲貞實韓山
之役女妓自隨裁聞敵鼓與妾俱逝不待貞陽
故隻輪莫返論其此罪應誅九族而納賄中人
還劇州任伯超無罪臣功何論賞罰無章何以

爲國其失七也臣御下素嚴無所侵物關市征
稅咸悉停原壽陽之民頗懷優復裳之悌助
戍在彼憚臣檢制遂無故逬歸又啟臣欲反陛
下不責違命離局方受其浸潤之譖處臣如此
使何地自安其失八也臣雖才謝古人實頗更
事撫民率衆自幼至長少來運動多無遺策及
歸身有道罄竭忠規每有陳奏恒被抑過朱異
專斷軍旅周石珍總尸兵仗陸驗典司穀
帛皆明言求貨非令不行境外虛實定計於舍

人之省舉將出師責奏於主者之命臣無賄於
中故恒被抑折其失九也鄱陽之鎮合肥與臣
鄰接臣推以皇枝每相祗敬而嗣王庸怯虛見
備御臣有使命必加彈射或聲言臣反或啟臣
纖介招攜當須以禮忠烈何以堪於此哉其失
十也其餘條目不可具陳進退惟谷頻有表疏
言直辭強有忤龍鱗遂發嚴詔便見討襲重華
純孝猶逃凶父之杖趙盾忠賢不討殺君之賊
臣何親何罪而能坐受殲夷韓信雄桀亡項霸

漢末爲女子所烹方悔蒯通之說臣每覽書傳
心常笑之豈容遵彼覆車而快陛下使臣之手
是以興晉陽之甲亂長江而直濟願得升赤墀之
踐文石口陳柱直指畫臧石誅君側之惡臣清
國朝之粃政然後還守藩翰以保忠節實臣之
至願也三月朔旦城内以景違盟舉烽鼓譟於
是羊鵶仁柳敬禮鄱陽世子嗣進軍於東府城
北柵壘未立爲景將宋子仙所襲敗績赴死
者數千人賊送首級於闕下景又遣于子悦至
更請和遣御史中丞沈浚至景所景無去意浚
固責之景大怒即决石關前水百道攻城晝夜
不息城遂陷於是悉鹵掠乘輿服玩後宮嬪妾
收王庾朝士送永福省撤二宮侍衛使王偉守
武德殿于子悦屯太極東堂矯詔大赦天下自
爲大都督督中外諸軍事錄尚書其侍中使持
節大丞相王如故初城中積屍不暇埋瘞又有
已死而未歛或將死而未絕景悉聚而燒之臭
氣聞十餘里尚書外兵郎鮑正疾篤賊曳出焚

之宛轉火中久而方絕於是擭兵並散景矯詔
曰日者姦臣擅命幾危社稷賴丞相英發入輔
朕躬征鎮牧守可各復本任降蕭正德爲侍中
大司馬百官皆復其職景遣董紹先率兵襲廣
陵南兗州刺史南康嗣王會理以城降之景以
紹先爲南兗州刺史北兗州刺史定襄矦
與湘潭矦退及前潼州刺史郭鳳同起兵將赴
援至是鳳謀以淮陰應景袛等力不能制並奔
于魏景以蕭弄璋爲北兗州刺史州民發兵拒
之景遣廟公立子英直閤將軍羊海率衆赴援
海斬子英率其軍降于魏魏遂據其淮陰景又
遣儀同于子悦張大黑率兵入吳吳郡太守袁
君正迎降于子悦等既至破掠吳中多所調發
掠子女毒虐百姓吳人莫不怨憤於是各立城
柵拒守是月景移屯西州遣儀同任約爲南道
行臺鎮姑熟五月高祖崩于文德殿初臺城既
陷景先遣王偉陳慶入謁高祖高祖曰初景今安
在卿可召來時高祖坐文德殿景乃入朝以甲

士五百人自衛帶劍升殿拜訖高祖問曰卿在
戎日久無乃爲勞景默然又問卿何州人而敢
至此乎景又不能對從者代對及出謂廂公王
僧貴曰吾常據鞍對敵矢交下而意氣安緩
了無怖心今日見蕭公使人自憎豈非天威難
犯吾不可再見之高祖雖外跡已屈而意猶忿
憤時有事奏聞多所譴却景深敬憚亦不敢逼
景遣軍人直殿省內高祖問制局監周石珍曰
是何物人對曰丞相高祖乃謬曰何物丞相對

梁書傳五十　二十五

曰是戌丞相高祖怒曰是名景何謂丞相是後
每所徵求多不稱旨至於御膳亦被裁抑遂憂
憤感疾而崩景乃密不發喪殯于昭陽殿自
外文武咸莫知之二十餘日升梓宮於太極前
殿迎皇太子即皇帝位於是矯詔赦北人爲奴
婢者冀收其力用焉又遣儀同來亮率兵攻宣
城宣城內史楊華誘亮斬之景復遣其將李賢
明討華華以郡降景遣儀同宋子仙等率眾東
次錢塘新城戍戴僧易據縣拒之是月景遣中

軍庾子鑒入吳軍收于于悅張大黑還京誅之
時東揚州刺史臨成公大連據州吳興太守張
嶠據郡自南陵以上皆各據守景制命所行惟
吳南以西南陵以北而已六月景以儀同郭元
建爲尚書僕射北道行臺揔江北諸軍事鎮新
秦郡人陸緝戴文舉等起兵萬餘人殺景太守
蘇單于推前淮南太守文成爲主以拒景
宋子仙聞而擊之緝等棄城走景乃分吳郡海
鹽胥浦二縣爲武原郡至是景殺蕭正德於永

梁書傳五十　二十六

福省封元羅爲西秦王元景龍爲陳留王諸元
子弟封王者十餘人以柳敬禮爲使持節大都
督隸大丞相參戎事景遣其中軍庾子鑒監行
臺劉神茂等軍東討破吳興執太守張嶠父子
送京師景並殺之景以宋子仙爲司徒任約爲
領軍將軍朱季伯叱羅子通彭儁董紹先張
化仁于慶魯伯和紇奚斤史安和時靈護劉歸
義並爲開府儀同三司是月鄱陽嗣王範率兵
次柵口江州刺史尋陽王大心要之西上景出

頓姑熟範將裴之悌夏候威生以衆降景十一
月宋子仙攻錢塘戴僧易降景以錢塘為臨江
郡富陽為富春郡以王偉元羅迸為儀同三司
十二月宋子仙趙伯超劉神茂進攻會稽東揚
州刺史臨川王大連棄城走遣劉神茂追擒之
夏候威生為使持節平北將軍南豫州刺史以
景以裴之悌為使持節平西將軍合州刺史是
月百濟使至見城邑丘墟於端門外號泣行路
見者莫不灑淚景聞之大怒送小莊嚴寺禁止
不聽出入大寶元年正月景矯詔自加班劍四
十人給前後部羽葆鼓吹置左右長史從事中
郎四人前江都令祖晧起兵於廣陵斬景刺史
董紹先推前太子舍人蕭勔為刺史又結魏人
為援馳檄遠近將以討景景聞之大懼即日率
侯子鑒等出自京口水陸並集晧嬰城拒守景
以侯子鑒攻之景車裂晧以徇城中無少長皆斬之
攻城陷之景以候子鑒監南兗州事是月景召宋子仙還京
口四月景以元思虔為東道行臺鎮錢塘以候

子鑒為南兗州刺史文成候寧於吳西鄉起兵
旬日之間衆至一萬率以西上景廂公孟振候
子榮擊破之斬寧傳首於景七月景以秦郡為
西兗州陽平郡為北兗州任約略攻晉熙
郡殺鄱陽世子嗣景以王偉為中書監任約進
軍龍襲江州江州刺史尋陽王大心降之世祖時
聞江州失守遣衛軍將軍徐文盛率衆軍下武
昌拒約景又矯詔自進位為相國封太山等二
十郡為漢王入朝不趨讚拜不名劍履上殿如
蕭何故事景以柳敬禮為護軍將軍姜詗義為
相國左長史徐洪為左司馬陸約為右長史沈
衆為右司馬是月景率舟師上皖口十月盜殺
武林候諮於廣莫門諮常出入太宗臥內景黨
不能平故害之景又矯詔曰蓋縣象在天四時
取則於辰斗羣生育地萬物仰照於大明是以
垂拱當展則八絃共轅負圖正位則九域同歸
故乃雲名水號之君龍官人爵之后莫不啓符
河洛封禪岱仙宗奔走四夷來朝萬國遞聽虞夏

厥遠彌新爰及商周未之或改逮幽厲不競戎
馬生郊惠懷失御胡塵犯蹕逐使犲狼肆毒侵
穴伊瀍獫狁巢栖咸洛自晉鼎東遷多歷
年代周原不復歲實永久雖宋祖經略中原遠
圖齊號和親空勞冠蓋我大梁膺符作帝出震
揚鑣來庭入觀等塗山而比轍玄龜出洛白雉
歸豐鳥塞同文胡天共軌不謂高澄玄龜出洛白雉劉
魏邦扇動華夷不供王職遂乃狼顧北侵馬首

南向值天厭昏僞醜徒數盡龍豹應期風雲會
節相國漢王上德英姿蓋惟天授雄謨勇略出
自懷抱珠庭辰昴叶暉剖析六韜錙銖四
履騰文豹變鳳集亂翔奮雷翼來儀負圖而降爰
初秉律實先啟行奉茲廟筭克除獮醜直以鼎
湖上征六龍晏駕干戈暫止九代未申而惡稔
貫盈元凶殞斃弟洋繼逆續長亂階異彼洋音
同茲荐食偷竊僞號心希舉斧豐水君臣奉圖
乞援關河百姓泣血請師咸願承奉國靈思覘

王化朕以寡昧纂戎下武庶拯堯黎冀康禹跡
且夫車服以庸名因事著周師克殷應揚創自
尚父漢征戎狄明友實始度遼況乃神規叡筭
聆乎難測大功懋績事絕言象安可以習彼常
軍乃有宇宙之號平齊太宗太宗驚曰將
諸軍事餘悉如故以詔文呈大將軍都督六合
名保茲守固相國可加宇宙大將軍安可以資礪任
行臺郭元建率兵赴援術退其將辛術圍陽平景
約率水軍逆戰文盛大破之仍進軍大舉口時

景屯於皖口京師虛弱南康王會理及北兗州
司馬成欽等將襲之建安矦賁知其謀以告景
景遣收會理與其弟祈陽矦通理柳敬禮成欽
等並害之十二月景矯詔封貴為竟陵王賞發
南康之謀也是月張彪起義於會稽攻破上虞
景太守蔡臺樂討之不能禁至是彪又破諸暨
永興等諸縣景遣儀同田遷趙伯超謝答仁等
東伐彪二年正月彪遣別將寇錢塘富春田遷
進軍與戰破之景以王克為太師宋子仙為太

保元羅爲太傅郭元建爲太尉張化仁爲司徒
任約爲司空干慶爲太子太師時靈護爲太子
太保紇奚斤爲太子太傅王偉爲尚書左僕射
索超世爲尚書右僕射北荒州刺史蕭邕謀降
魏事洩景誅之是月世祖遣巴州刺史王珣等
無備兵少又遣宋子仙率輕騎三百襲陷之執

西陽徐文盛率水軍邊戰大破之景訪知郢州
率衆下武昌景自率水軍二萬西上援約四月景次
於景三月景自率二萬西上援約四月景次
刺史方諸行事鮑泉盡獲武昌軍人家口徐文
盛等聞之大潰奔歸江陵景乘勝西上初世祖
遣領軍王僧辯率衆東下代徐文盛軍次巴陵
會景至僧辯因堅壁拒之景設長圍築土山晝
夜攻擊不克軍中疾疫死傷太半世祖遣任約
將軍胡僧祐率兵二千人救巴陵景聞遣任約
以精卒數千逆擊僧祐僧祐與居士陸法和退
據赤亭以待之約至與戰大破之生擒約景聞
之夜遁以丁和爲郢州刺史留宋子仙時靈護

等助和守以張化仁闔洪慶守魯山城景還京
帥王僧辯乃率衆東下次漢口攻魯山及郢城
皆陷之自是衆軍所至皆捷景乃廢太宗幽於
永福省作詔草成逼太宗寫之至先皇念神器
之重思社稷之固歔欷鳴咽不能自止是日景
迎豫章王棟即皇帝位外太極前殿大赦天下
改元爲天正元年有回風自永福省吹其文物
皆倒折見者莫不驚駭初景既平京邑便有篡

奪之志以四方須定且未自立既巴陵失律江
郢喪師猛將外殲雄心內沮便欲僭偕大號遂
其姦心其謀臣王偉云自古移鼎必須廢立故
景從之其太尉郭元建聞之自秦郡馳還諫景
曰四方之師所以不至者政爲二宮萬福若遂
行弒逆結怨海內事幾一去雖悔無及王偉固
執不從景乃矯棟詔追尊昭明太子爲昭明皇
帝豫章安王爲安皇帝金華敬妃爲敬皇后豫
章國太妃王氏爲皇太后妃張氏爲皇后以劉
神茂爲司空徐洪爲平南將軍秦晃之王華李

賢明徐求徐珍國宋長寶尹思合竝為儀同三
司景以哀太子妃賜郭元建元建曰豈有皇太
子妃而降為人妻竟不與相見十月壬寅夜景
遣其衛尉彭儁王脩纂纂奉酒於太宗曰丞相以
陛下屢爲憂旣久故令臣等奉進一觴太宗知其
將弑乃大酣飲酒旣醉輿還寢脩纂以妃盛土加
於腹因崩焉歛用法服以薄棺密瘞於城北酒
庫初太宗久見幽繫朝士莫得觀慮禍將及
常不自安惟舍人殷不害後稍得接入太宗指所

居殿謂之曰龐消當死此下又曰吾昨夜夢吞
土卿試爲思之不害曰昔重耳餽塊卒反晉國
陛下所夢將符是乎太宗曰儻幽冥有徵冀斯
言不妄耳至是見弑實以土焉是月景司空東
道行臺劉神茂儀同尹思合劉歸義王曇雲廲
將軍桑乾王元頵等據東陽歸順仍遣元頵及
別將李占趙惠朗下據建德江口尹思合收景
新安太守元義奪其兵張彪攻永嘉永嘉太守
秦遠降彪十一月景以趙伯超爲東道行臺鎮

錢塘遣儀同田遷謝答仁等將兵東征神茂景
矯蕭棟詔自加九錫之禮置丞相以下百官陳
備物於庭忽有野鳥翔於景上赤足丹嘴形似
山鵲賊徒悉駭競射之不能中景以劉勸戚霸
朱安王爲開府儀同三司索九昇爲護軍將軍
南兗州刺史庾子鑒獻白獐建康獲白鼠以獻
蕭棟歸之于景景以郭元建爲南兗州刺史太
尉北行臺如故景又矯蕭棟詔追崇其祖爲大
將軍考爲丞相自加見十有二旒建天子旌旗

出警言人蹕乘金根車駕六馬備五時副車置旄
頭雲罕樂儛八佾鍾虡宮懸之樂一如舊儀景
又矯蕭棟詔禪位於己於是南郊柴燎于天升
壇受禪文物竝依舊儀以輼輬車狀載鼓吹橐駞
負儀牲輦上置筌蹄垂脚景所帶劍水精標
無故墮落手自拾之之將登壇有兔自前而走俄
失所在又白虹貫日景還升太極前殿大赦改
元爲太始元年封蕭棟爲淮陰王幽于監省偽
有司奏改警蹕爲永吉避景名也改梁律爲漢

律改左民尚書爲殿中尚書五兵尚書爲七兵
尚書直殿主帥爲直寢景三公之官動置十數
儀同尤多或匹馬孤行自執羈絆其左僕射王
偉請立七廟景曰何謂爲七廟偉曰天子祭七
世祖考故置七廟并請七世之諱救太常具祭
祀之禮景曰前世吾不復憶惟阿爺名標衆聞
咸竊笑之景嘗有知景祖名周者自外悉是王
偉制其名位以漢司徒侯霸爲始祖晉徵士戾
瑾爲七世祖於是追尊其祖周爲大丞相父標

梁書傳五十　三十五

爲元皇帝十二月謝答仁李慶等至建德攻元
頵李占柵大破之執頵占送景景截其手足徇
之經日乃死景二年正月朔臨軒朝會景自巴
丘挫衂軍兵略盡恐齊人乘釁與西師掎角乃
遣郭元建率步軍趣小峴庚子鑒率舟師向濡
須曜兵肥水以示武威子鑒至合肥攻羅城剗
之郭元建庚子鑒俄聞王師既近燒合肥百姓
邑居引軍退子鑒保姑熟元建還廣陵時謝答
仁攻劉神茂神茂別將王華麗通迤據外營降

答仁劉歸義尹思合等懼各棄城走神茂孤危
復降答仁王僧辯軍至蕪湖蕪湖城主宵遁景
遣史安和宋長貴等率兵二千助子鑒守姑熟
追田遷等還京師是月景黨郭長獻馬駒生角
三月景往姑熟巡視壘柵又誡子鑒曰西人善
鑒乃捨舟登岸閉營不出僧辯等遂停軍十餘
得馬步一交必當可破汝但堅壁以觀其變子
水戰不可與爭鋒徃年任約敗績良爲此也若
日賊黨大喜告景曰西師懼吾之強必欲遁逸

梁書傳五十　三十六

不擊將失之景復命子鑒爲水戰之備子鑒乃
率步騎萬餘人渡洲并引水軍俱進僧辯逆擊
大破之子鑒僅以身免景聞子鑒敗大懼涕下
覆面引衾以卧良久方起歎曰誤殺紀孝斤守
進軍次張公洲景以盧暉略守石頭紇奚斤守
捍國城悉逼百姓及軍士家累入臺城內僧辯
焚景水柵入淮至禪靈寺渚景大驚乃緣淮立
柵自石頭至朱雀航僧辯及諸將遂於石頭城
西步上連營立柵至于落星墩景大恐自率衆

子鑒于慶史安和王僧貴等於石頭東北立柵
拒守使王偉索超世呂季略守臺城宋長貴守
延祚寺遣掘王僧辯父墓剖棺焚屍王僧辯等
進營於石頭城北景列陣挑戰僧辯率眾軍奮
擊大破之矦子鑒史安和王僧貴各棄柵走盧
暉略紀栄斤並以城降景既退敗不入宮斂其
散兵屯于闕下遂將逃竄王偉攬轡諫曰自古
豈有叛天子令宮中衛士尚足一戰寧可便走
棄此欲何所之景曰我在此打賀拔勝破葛榮

三十七

揚名河朔與高王一種人今來南渡大江取臺
城如返掌打邵陵王於北山破柳仲禮於南岸
皆乃所親見今日之事恐是天亡乃好守城我
當復一決耳仰觀石闕逡巡歎息久之乃以皮
囊盛二子挂馬鞍與其儀同田遷汜希榮等百
餘騎東奔王偉委臺城竄逸矦子鑒等奔廣陵
王僧辯遣矦進次嘉興趙伯超據錢塘劫之景
永還吳郡吳達松江而矦瑱軍掩至景眾未陣皆

舉幡乞降景不能制乃與腹心數十人單舸走
推墮二子於水自滬瀆入海至臺豆洲前太子
舍人羊鯤殺之送屍于王僧辯傳首西臺曝屍
於建康市百姓爭取屠膾啖食焚骨揚灰曾罹
其禍者乃以灰和酒飲之及景首至江陵世祖
命梟之於市然後煮而漆之付武庫景長不蒲
七尺而眉目疎秀性猜忍好殺戮刑人或先斬
手足割舌劓鼻經日方死曾於石頭立大舂碓
有犯法者皆擣殺之其慘虐如此自篡立後時

三十八

著白紗帽而尚披青袍或以牙梳插髻林上常
設胡牀及筌蹄著靴垂脚坐或匹馬遊戲於宮
內及華林園彈射烏鳥為謀臣王偉不許輕出於
是鬱怏更成失志所居殿常有鵂鶹鳥鳴景惡
之每使人窮山野討捕焉普通中童謠曰青絲
白馬壽陽來後景果乘白馬兵皆青衣所乘
馬每戰將勝輒踴躍嘶鳴意氣駿逸其奔蹶必
低頭不前初中大同中高祖嘗夜夢中原牧守
皆以地來降舉朝稱慶寤甚悅之旦見中書舍

人朱異說所夢異曰此豈宇內方一天道前見
其徵乎高祖曰吾為人少夢昨夜感此良足慰
懷及太清二年景果歸附高祖欣然自悅謂與
神通乃議納之而意猶未決曾夜出視事至武
德閤獨言我家國猶若金甌無一傷缺今便受
地詎是事宜脫致紛紜非可悔也朱異接聲而
對曰聖明御宇上應蒼玄北土遺黎誰不慕仰
為無機會未達其心今虔景擄河南十餘州分
魏土之半輸誠送款遠歸聖朝且非天誘其衷

人獎其計原心審事殊有可嘉今若拒而不容
恐絕後來之望此誠易見願陛下無疑高祖深
納異言又信前夢乃定議納景及貞陽覆敗邊
鎮恇擾高祖固已憂之曰吾今悔如此勿作晉
家事平先是丹陽陶弘景嘗應於華陽山博學多
識嘗為詩曰夷甫任散誕平叔坐談空不意昭
陽殿化作單于宮大同末人士競談玄理不習
武事至是景果居昭陽殿天監中有釋寶誌曰
掘尾狗子自發狂當死未死囓人傷須臾之間

自滅亡起自汝際死三湘又曰山家小兒果擾
臀太極殿前作獸視掘尾狗子山家小兒皆猴
狀景遂覆陷都邑毒害皇室大同太醫令朱眈
嘗直禁省無何夜夢犬羊各一在御坐覺而惡
之告人曰犬羊者非佳物也今擄御坐將有僧
通道人者意性若狂飲酒噉肉不異凡等世間
遊行已數十載姓名鄉里人莫能知初言隱伏
久乃方驗人並呼為闍梨景甚信敬之景嘗於

後堂與其徒共射時僧通在坐奪景弓射景陽
山大呼云得奴已景後又宴集其黨又召僧通
僧通取肉搵鹽以進景問曰好不景答所恨太
鹹僧通曰不鹹則爛臭果以鹽封其屍王偉陳
留人少有才學景之表啟書檄皆偉所製景既
得志規慕篡奪皆偉之謀及凶送江陵烹於市
百姓有遭其毒者並割炙食之

史臣曰夫道不恒夷運無常泰斯則窮通有數
盛衰相襲時屯陽九蓋在兹焉若乃族景小豎

叛換本國識不周身勇非出類而王偉爲其謀
主成此女妖應驅率醜徒陵江直濟長戟強弩淪
晉復宮闕禍纏宸極毒徧黎元肆其恣睢之心成
其負簣盜之禍嗚呼國之將亡必降妖孼子雖曰人
事抑乃天時昔夷昇亂夏犬戎厄周漢則莽卓
流災晉則敦玄搆禍方之羯賊有逾其酷悲夫

北平圖書館藏梁書宋刊元補本凡四十卷亦
眉山七史之一此已全數影印原闕列傳第一
之四第十六之十九第三十六之三十九第四
十三四第四十九第五十又各卷間有闕葉均
以涵芬樓藏元明遞修本補配曾鞏序言臣等
校正其文字是本本紀第五列傳第七第十五第三
修各卷即原有之亦已亡佚無可考矣史有闕
十三尚各卷今行世各本皆
無之獨是本本紀第五列傳第七第十五第三
文孔子所稱是本前後有墨丁三十六空格九
凡闕七十六字後出諸本補完無闕大都采自
南史然亦有不盡合者如列傳第四十二司馬

【梁跋 一】

篤傳二王在遠諸子宜攝祭事句是本諸字墨
丁而南史則作世字第四十七良吏傳篇首故
長吏之職號為親民是本為字墨丁而南史
則作日字蓋治平原刻紹興時已亡闕不全其
後收合補綴文字庸有損蝕眉山刊行主其事
者度必於南史之外見有別本如上文諸之奧
闕其有合於貞觀之世因避唐諱故改丙為景
是書成於貞觀之世因避唐諱改丙為景蜀
世度之與日之異同不能決為何字故甯從之蓋
虎為獸與武改淵為深書中各數十見明代重
刻乃復其初錢竹汀以明人擅改本文斥為不
學一若明以前本盡避唐諱者然以宋刊各卷
攷之則本紀第二天監四年下丙午省鳳皇銜

書伎又十月丙午北伐五年下夏四月丙申廬
陵高昌之仁山獲銅劍二六年下十二月丙辰
尚書左僕射夏侯詳卒列傳第十一王珍國傳
十二月丙寅曰珍國引稷於衞尉府丙字均不
作景又本紀第五大寶三年下何必西瞻虎據
乃建王宮列傳第五張弘策傳虎據兩州參分
天下第八任昉傳媜人倫於扠虎第十一張齊
傳伯之子虎賁中郎將第十四陳伯之
兄弟虎牙等走盱眙又伯之又遣信還都報虎牙
魏又虎牙為魏人所殺第二十蕭琛傳琛乃著
虎皮靴策桃枝杖直造儉坐第三十一謝舉傳
徵士何胤自虎丘山赴之第三十四許懋傳依

【梁跋 二】

白虎通云封者言附廣也第四十七孫謙傳先
是郡多虎暴謙至絕迹及去官之夜虎即害居
民虎字均不作獸與武又列傳第十四劉季連
傳太宰褚淵又子仲淵字欽回又新城人帛養逐遂寧太
守諓希淵又子仲淵字欽回又送季連弟通直
郎子淵及季連二子使蜀第十五王志傳褚淵
為司徒引志為主簿淵謂僧虔曰第二十二夏
医夔傳刺史蕭淵明引為府長史淵明彭城戰
歿又魏淵明在州有四妾並還京第淵字均不
明沒魏其妾妄還京蜀第淵字均不作深此必非
思廉原文宋元刊本即已如是其竄易不知始
於何時固不能專責明人也王阮盛曰宋齊各
書畫唐人宋人皆未細校然則是書也其亦未能

免於是歟武英殿本卷首有曾鞏序諸本均不
載疑錄自元豐類藁是本原闕故不補海鹽張
元濟

梁谿

三

百衲本二十四史

梁書

撰　　者◆姚思廉

發行人◆王春申

編輯指導◆林明昌

營業部兼任
編輯部經理◆高珊

編印者◆本館古籍重印小組

承製者◆辰皓國際出版製作有限公司

出版發行：臺灣商務印書館股份有限公司
23150 新北市新店區復興路 43 號 8 樓
電話：(02)8667-3712　傳真：(02)8667-3709
讀者服務專線：0800056196
郵撥：0000165-1
E-mail：ecptw@cptw.com.tw
網路書店網址：www.cptw.com.tw
網路書店臉書：facebook.com.tw/ecptwdoing
臉書：facebook.com.tw/ecptw
部落格：blog.yam.com/ecptw

局版北市業字第 993 號
初版一刷：1937 年 1 月
臺一版一刷：1970 年 1 月
臺二版一刷：2010 年 8 月
臺二版二刷：2016 年 5 月

定價：新台幣 1300 元

 ISBN 978-957-05-2507-6

梁書 ／ 姚思廉撰. --臺二版. -- 臺北市 ： 臺
灣商務， 2010. 08
　　冊 ； 公分. --（百衲本二十四史）

　　ISBN 978-957-05-2507-6（精裝）

1. 南朝史

623. 5301　　　　　　　　99010105